로스쿨

물권법

THE LAW OF REALITY

김학동 외

博 英 社

머리말

「로스쿨 민법총칙」을 펴냈던 분들이 이제 두 번째 로스쿨 교재를 발간합니다. 이 교재의 성격과 서술방식은 민법총칙에서와 동일합니다. 민법총칙 머리말에서 밝힌 바와 같이, 이 책자는 로스쿨의 교육방식을 고려해서 만든 판례 중심의 교재입니다. 즉 구체적 사례를 통하여 민법상의 개념과 제도에 접근하도록 하기 위하여, 이론적 설명은 다른 본교재에 맡기고 오로지 판례만을 담았습니다. 다만 판례의 내용을 심도있게 이해하고 다각적으로 분석해 보도록 하기 위하여 각 판례마다 검토사항·기타 쟁점·관련사례 등을 덧붙였습니다. 특히 관련사례에서는 주된 판례와는 다른 결론의 판례도 소개함으로써 서로를 비교하고 어떤 점이 그러한 차이를 낳게 하였는지를 생각해 보도록 하였습니다.

또한 이 책자의 서술방식은 여러 분들이 많은 논의를 거쳐 다듬은 것입니다. 그리하여 각자의 개인적 생각은 유보하고 공통적인 것만을 취하였습니다. 주제별로 저자를 명시하지 않은 것은 그 때문입니다.

이번 작업에 참여하신 분은 대체로 지난 번 민법총칙에서와 같지만, 몇 분이 개인적 사정으로 참여치 못하게 되어 몇 분이 새롭게 참여하였습니다.

이 책자가 새로 시도되는 형태이고 더욱이 여러 분들이 함께 만든 것이기 때문에, 책자에 대한 평가가 매우 궁금합니다. 많은 관심과 조언을 부탁드리고, 아울러 로스쿨에서의 교재로서 바람직한 모델이 되도록 노력할 것을 약속드립니다.

2011. 8. 17.

저자를 대표하여 김학동 씀

차 례

제 1 장 물권법 총설

제 2 장 물권의 변동

제 3 장 점 유 권

제 5 장 용익물권

제 6 장 담보물권

제 1 장 물권법 총설

1. 물권법정주의

판례 1

대판 2002. 2. 26. 2001다64165

[사안] 이 사건 X토지는 현재 甲(피고)의 소유이고, 그에 인접된 Y토지는 乙 등 수인(원고)의 소유이다. 그리고 X토지는 公路로부터 Y토지에 이르는 유일한 도로인 이 사건 자연도로의 일부를 이룬다. 이 자연도로는 6·25 이전부터 개설된 것이고, 1985. 당시 X토지의 소유자이던 A가 위 도로 중 일부를 콘크리트로 포장하였고, 1988.경에는 새마을사업의 일환으로 그 도로 전체가 콘크리트로 포장되었으며, 乙 등은 Y토지에 거주하거나 이곳에서 사업을 수행을 하는 자들로서 위 도로를 통행하고 있다. 甲은 1985. 2. 3.경 임의경매절차에서 X토지를 낙찰받아 그 소유권을 취득한 후 乙을 포함한 Y토지(자연부락) 주민 등이 위 도로를 통행하는데 아무런 이의를 제기하지 아니한 채 일반의 통행에 제공되는 것을 승인하여 오다가, 1988. 4. 초에 이르러 乙 등에게 X토지를 매수할 것을 요구하였는데, 여의치 않자 그 때부터 X토지상에 쇠말뚝을 박는 등의 방법으로 乙 등의 위 도로 통행을 방해하였다. 그러자 乙 등은 甲을 상대로 하여, 자신들이 X토지를 통행할 권리가 있음을 확인해 달라는 소를 제기하였다.

[원심] 이 사건 도로가 개설된 후 장기간에 걸쳐 일반의 통행에 제공되어 왔고, 피고도 X토지의 소유권을 취득한 후 3년 이상의 기간 동안 원고들을 포함한 일반인의 통행에 아무런 이의를 제기하지 않았던 한편, 이 사건 도로는 공로로부터 위 자연부락에 이르는 유일한 통로로서 이 도로에의 통행이 금지되는 경우에

는 그 주변 토지를 매입하는 등의 방법으로 우회도로를 개설할 수밖에 없어 막대한 비용과 노력을 들여야만 하는 사정을 알 수 있고, 이러한 점에 비추어 보면 원고들은 적어도 이 사건 도로에 관하여 관습상의 통행권을 가진다고 보아야 할 것이라고 판단하여, 원고들의 청구를 인용하였다.

[판지] 민법 제185조는, "물권은 법률 또는 관습법에 의하는 외에는 임의로 창설하지 못한다"고 규정하여 이른바 물권법정주의를 선언하고 있고, 물권법의 강행법규성은 이를 중핵으로 하고 있으므로, 법률(성문법과 관습법)이 인정하지 않는 새로운 종류의 물권을 창설하는 것은 허용되지 아니한다 할 것인바, 원심이 인정한 관습상의 통행권은 성문법과 관습법 어디에서도 근거가 없으므로(기록상 위 지역에 그와 같은 관습법이 존재한다고 볼 자료도 전혀 없다), 원심이 원고들에게 관습상의 통행권이 있다고 판단하여 원고들의 통행권 확인청구를 인용한 것은 물권법정주의에 관한 법리를 오해하여 판결 결과에 영향을 미친 위법을 저지른 것이라 하겠다.

☑ 쟁 점

위 판결은 타인 소유의 토지를 장기간 도로의 일부로 사용해온 경우 그 토지에 관하여 관습상의 통행권(사용권)을 가지는가 하는 점이 문제된 것이다.

☑ 검토할 사항

- 물권법정주의의 의의와 취지를 살피시오.
- 제 1 조와 제185조와의 관계를 살피시오. 즉 제 1 조에서는 관습법을 법률에 규정이 없는 경우에 비로소 法源으로 인정하면서(보충적 효력), 제185조에서는 관습법을 법률과 함께(즉 동등하게) 法源으로 인정하는 바(대등적 효력), 그 이유는 무엇인가? 그리고 관습법의 효력에 관하여 서로 다르게 규율하는 것이 타당한지 검토하시오.
- 제185조는 관습법에 의하여 물권이 성립할 수 있음을 명언하는데, 위 판결이 관습상의 통행권을 부인한 이유는 무엇인가?
- 乙 등이 도로를 계속해서 사용할 수 있는 근거로서 관습상의 통행권 이외에 생각할 수 있는 것으로는 무엇이 있는가?

☑ 관련사례

- 甲이 A의 X토지에 지어진 무허가의 미등기건물 Y를 점유 사용하고 있는데, 乙이 A로부터 위 X토지 및 Y건물을 양수하고 X토지에 관하여 이전등기를 마친 경우,

乙은 甲에 대하여 X토지에 대한 소유권에 기하여 건물의 철거 및 토지의 인도를 청구할 수 있는 이외에, Y건물에 관하여 관습상의 소유권에 기하여 이의 명도를 청구할 수 있는가(즉 미등기 무허가건물의 양수인에게 소유권에 준하는 관습상 물권이 인정되는가)? (대판 2007. 6. 15. 2007다11347; 대판 1996. 6. 14. 94다53006 참조)

- 甲의 X토지 위에 무허가의 미등기건물 Y가 지어져 있는데, 위 건물이 여러 사람에게 전매되었다가 乙이 이를 매수하여 무허가인 채로 장기간 점유 사용하고 있는 중에, X토지 및 Y건물이 도로구역에 편입되어 그에 따른 보상금의 지급이 예정되자 甲과 乙 간에 Y건물에 대한 보상금의 수령권자를 둘러싸고 다툼이 생겼으며, 그리하여 乙이 甲에 대하여 위 건물에 관한 관습상의 소유권을 근거로 Y건물에 대한 소유권확인의 소를 제기하였다. 乙의 청구는 타당한가? (대판 2006. 10. 27. 2006다49000 참조)
- 甲이 乙에게 자신의 토지를 농촌지도소 사무실 부지로 사용하는 것을 승낙하여 주민들이 비용을 들여 위 건물을 신축하였으며, 그후 20년 이상 갑은 위 토지사용에 대한 임료를 청구하지 않고 을은 갑에 대하여 그 토지에 관한 세금을 부과하지 않다가, 갑이 위 건물의 철거 및 토지인도를 청구한 경우, 갑은 위 토지소유권의 사용·수익 권능을 대세적으로 포기한 것으로서 혹은 토지에 관한 사용수익권을 을에 대한 관계에서 채권적으로 영구히 포기한 것으로, 따라서 갑의 위 청구는 배척될 것인가? (대판 2009. 3. 26. 2009다228,235 참조)

판례 2

대판 1967. 12. 18. 66다2382,2383 ……………………………………

[사안] 이 사건 임야는 원래 A(소외인)의 소유였는데, 甲(참가인)이 1963. 8. 13. A로부터 위 임야에 서 있던 立木을 매수하고 10. 5. 입산을 금지한다는 판자 표말을 위 임야 내 여러 곳에 붙여놓았다. 그후 乙(피고)이 A로부터 위 임야를 매수하였으며, 丙(원고)은 乙로부터 위 입목을 매수하고 1964. 1. 20. 입목에 관하여 甲과 마찬가지로 소유권 변동을 명인하는 방법을 실시하였다. 그리고 丙이 乙에 대하여 위 임야 상의 입목에 대한 소유권확인의 소를 제기하였다.

[판지] 원심은 명인방법을 먼저 실시한 참가인이 후에 명인방법을 강구한 원고에게 입목소유권 취득을 주장할 수 있다고 판단하였는 바, 여기에 아무 위법이 없을 뿐 아니라, 1심에서 실시한 검증조서 기재에 의하면 원고가 1964. 1. 20.에 표지(명인판)를 붙이러 오니까 별지도면 부위에 송판으로 '입산금지 甲 백'이라고 쓴 것을 보았다고 스스로 인정한다고 진술하였음을 확인할 수 있을 뿐 아니라

원고 소송대리인은 원심변론에서도 같은 취지의 진술을 재확인하고 있다. 임야지반과 분리하여 입목을 매수하여 입목의 소유권 양도를 받은 사람이 임야에 수개소에 '입산금지 소유자 아무'라는 푯말을 써서 붙였다면 입목소유권 취득의 명인방법으로 부족하다 할 수 없으며, 원심은 본건 입목이 지반과 함께 피고에게 이전되었다 하더라도 임야의 전 소유자인 A로부터 입목을 매수하고 그 명인방법을 참가인이 먼저 실시하였을 때에는 피고로부터 이중으로(결과적으로 이중매도가 된다) 입목을 매수한 원고가 나중에 명인방법을 강구하였다 하더라도 먼저 명인방법을 실시한 참가인에게 입목소유권을 주장할 수 없다고 판단한 취지가 명백하므로, 원심판결이유에 소론과 같은 이유설시에 모순이 있다 할 수 없다.

☑ 쟁 점

위 판결은 동일한 입목에 관하여 복수의 명인방법이 행해진 경우 누가 그 소유권을 취득하는가 하는 점이 문제된 것이다.

☑ 검토할 사항

- 입목은 통상적으로 그것이 심어져 있는 토지[地盤]와 별개의 물건인가?
- 입목을 그 지반인 토지와 별도로 처분할 수 있는가?
- 입목을 매수한 자는 그에 관한 소유권을 취득할 수 있는가?
- 제186조는 법률행위로 인한 물권의 득실변경은 등기해야 그 효력이 생긴다고 규정한다. 그런데 위 판결은 甲이 입목에 관하여 등기하지 않았음에도 입목에 대한 소유권을 취득한다고 하는 바, 그 근거는 무엇인가?
- 명인방법은 어떻게 해야 하는가?
- 동일한 입목에 관하여 복수의 명인방법이 행해진 경우, 누가 그 소유권을 취득하는가?

☑ 관련사례

- 甲이 자신의 토지에 있는 입목을 A에게 매각하고, A는 B에게, B는 乙에게 순차매도하였는데, 위 입목에는 명인방법이 갖추어지지 않았다. 乙은 甲에 대하여 위 입목에 대한 소유권을 주장할 수 있는가? (대판 1963. 9. 19. 63다350 참조)
- 甲이 A의 임야에 있던 입목 중 97,000재(약 323.33㎡)를 특정하지 않은 채 단지 지적만으로 표시하여 매수하고, 그 공시를 위하여 단지 그 입목이 자신의 소유라는 푯말을 게시하여 명인방법을 실시한 경우, 그러한 특정되지 않은 입목에 대한 명인방법은 유효한가? 즉 그후 A가 위 임야를 乙에게 매각하여 乙이 이전등기를 마친

경우, 甲은 그 입목에 관한 소유권을 보유하는가? 만약 乙이 甲의 위와 같은 입목 매수사실을 알았다면 어떠한가? (대판 1975. 11. 25. 73다1323 참조)

- 토지의 주위에 울타리를 치고 그 안에 수목을 정원수로 심어 가꾸어 온 사실만으로는 명인방법을 갖춘 것으로 볼 수 있는가? (대판 1991. 4. 12. 90다20220 참조)
- A가 甲 소유의 토지를 임차하여 쪽파를 재배하였으며, B가 이를 매수하였으나 명인방법을 갖추지 아니하였다. 그런데 甲과 A는, A가 1994. 4. 25.까지 위 쪽파를 수확하지 않을 경우에는 甲이 이를 임의처분하여도 이의를 제기하지 않기로 약정하였다. 위 일자 이후 甲이 위 쪽파를 손괴한 경우, 甲의 재물손괴죄가 성립하는가? (대판 1996. 2. 23. 95도2754 참조)

☑ 기타 검토사항

- 오늘날 명인방법 이외에 입목에 대하여 소유권을 취득할 수 있는 방법으로는 무엇이 있는가?
- 명인방법을 취한 경우와 입목법에 의한 등기를 한 경우, 어떠한 실제적 차이를 가지는가? 즉 예컨대 양 경우 모두 입목에 관하여 저당권을 설정할 수 있는가?

☑ 참고문헌

- 정조근, 물권법정주의와 관습법, 토지법학 17호, 229-234면, 2001.
- 남윤삼, 물권법정주의의 현대적 과제: 현대 거래유형의 다양화와 관련하여, 법제 518호(2001. 02), 51-62면.
- 신성택, 입목의 명인방법, 법조 30권 4호(1981. 04), 51-56면.
- 조종현, 명인방법에 관한 연구, 민사법학 4·5호, 63-97면, 1985.

2. 1물1권주의

대판 2006. 11. 9. 2004다67691

[사안] 건설회사 甲(피고)이 소유 토지에 지하 1층 지상 18층의 이 사건 아파트 1동을 건축하기 위하여 1991. 6. 26. 건축허가를 받아 공사를 시작하였는데, 6층 골조공사까지 마친 상태에서 1992. 2. 18.경 부도가 났다. 건설회사 A가 1992. 9. 신축중인 위 건물을 매수하여(매매대금은 건물 완공 후 아파트 일부에 대한 소유권을 甲에게 이전해 주는 것으로 갈음하기로 하였음) 공사를 진행하였으나 A 역시 부도가 나 약정기한까지 매매대금을 지급하지 못하였으며, 그리하여 甲은 1994. 4. A와의 매매계약을 해제하였다. 그런데 A는 매매계약 해제에도 불구하고 계속 공

사를 진행하다 1994. 10.경 공사를 중단하였으며, 공사 중단 당시 건물 중 18층 구조의 좌측 부분은 18층까지 골조공사, 17층 일부 벽면까지 조적공사, 16층 일부까지 미장공사가 되어 있었고, 7층 구조의 우측 부분은 7층까지의 골조 및 조적공사, 지붕 및 옥상공사가 되어 있었으나, 18층 구조의 좌측 부분의 옥상 지붕공사, 17층 일부 및 18층 전체의 조적공사는 되어 있지 않았고, 건물 전체적으로 일부 배선설비 외에는 전기설비공사가 대부분 시공되지 않았고, 외장 및 실내공사, 난방, 상·하수도 배관설비공사 등은 전혀 시공되지 않은 상태였다. 한편 甲에게 금전을 대출하였던 J은행은 1996. 7. 그 담보로서 위 토지에 설정하였던 근저당권을 실행하여, 1997. 3. B가 경락받았다. J은행은 1997. 2. 위 경매절차에서 변제받지 못한 甲에 대한 나머지 대출금채권을 피보전채권으로 하여 아직 미완성상태(당시의 공정률에 관하여, J은행은 60% 정도, 丙은 38%~40% 정도라고 각 주장)인 위 건물에 대하여 가압류결정을 받았으며, 이 가압류결정에 따른 법원의 촉탁에 의하여 위 건물에 甲 명의의 소유권보존등기 및 J은행 명의의 가압류등기가 경료되었다. 건설회사 乙(원고)은 1998. 8. 28. 위 토지를 낙찰받은 B로부터 토지를 양수받고, 동시에 甲으로부터 위와 같은 상태의 신축 중 건물을 양수받아 사업주체 명의를 변경한 후 약 39억 원 이상의 공사비를 투입, 공사를 진행하여 18층 지붕공사 및 17층까지를 포함한 조적공사 및 전체 건물의 외장공사 및 실내공사 등 전체적인 잔여 공사를 시행하여 건물을 완공하였다. 그런데 甲에 대한 채권자 대표인 丙(피고)이 1998. 9. 23. 甲의 대표이사가 되자, 위 건물이 乙에게 인도되어 잔여 공사가 속행되고 있음에도 불구하고, 2000. 10. 3. 甲회사의 이사회를 개최하여 건물 94세대 중 81세대를 자신이 매수하기로 결의한 후 2000. 10. 6. 甲 명의의 위 소유권보존등기에 터잡아 丙 명의로 소유권이전등기를 경료하였고, 나머지 13세대를 丁 등(피고)에게 매도하고 그들 명의로 소유권이전등기를 각 경료하였다. 이에 乙은 위 건물에 관하여 甲 명의로 경료된 소유권보존등기 및 이에 터잡은 丙·丁 등의 소유권이전등기는 등기할 수 없는 토지의 정착물에 불과한 건축 중인 건물에 관하여 경료된 것이어서 부적법한 무효의 등기에 해당한다고 하여 이의 말소를 구하였다.

[소송의 경과]

1. 제 1 심—건축주의 사정으로 건축공사가 중단되었던 미완성의 건물을 양도받아 나머지 공사를 마치고 완공한 경우, 공사가 중단된 시점에서 사회통념상 독립

한 건물이라고 볼 수 있는 형태와 구조를 갖추고 있었다면 원래의 건축주가 그 소유권을 원시취득하고(대판 2002. 4. 26. 2000다16350), 최소한의 기둥과 지붕 그리고 주벽이 이루어지면 독립한 부동산으로서의 요건을 갖춘 것이라는 대법원 판결(대판 2001. 1. 16. 2000다51872; 대판 2003. 5. 30. 2002다21592,21608)을 인용하면서, 원고가 이 사건 건물에 대하여 비용과 노력을 들이기 시작한 1998. 10. 경 이전에 지하 1층부터 지상 17층까지의 구분건물은 기둥과 지붕 그리고 주벽이 이루어져 사회통념상 독립한 부동산으로 볼 수 있는 형태와 구조를 갖추고 있었다 할 것이므로, 원고는 17층 이하의 각 구분건물에 대하여는 소유권을 원시취득하지 못한다고 하여—피고 甲으로부터 이 사건 건물을 매수하였음을 들어 소유권이전등기를 구함은 별론으로 하더라도— 이 부분에 관하여 피고 甲 명의의 보존등기의 말소를 구할 수 없다고 판시하였다.

그러나 이 사건 건물 중 18층에 위치한 구분건물은 원고가 공사를 시작한 1998. 10.경 당시 골조공사만 시공되었을 뿐 지붕공사 등이 이루어지지 않아 사회통념상 독립한 건물이라고 볼 수 없으므로 원고가 18층의 각 구분건물의 소유권을 원시취득한다고 하여, 18층의 각 구분건물에 관하여 피고 甲 명의로 경료된 등기는 원인무효라고 판시하였다.

2. 원심—제 1 심이 인용한 대법원 판결은 신축중인 1동의 건물을 토지의 부합물이 아닌 별개의 부동산으로 볼 수 있는지에 관하여 그 기준을 제시한 것이므로 이 사건과 같이 집합건물에 관한 다수 공사업자들간의 원시취득 여부에 관한 기준이 될 수 없다고 하면서, 일반적인 독립건물과는 달리 집합건물의 경우에는 각 구분건물이 구분소유의 대상이 되기 위하여는 1동의 건물 중 구조상 구분된 수개의 부분이 독립한 건물로서 사용될 수 있을 때 비로소 구분소유의 목적이 되는 것이므로 결국 집합건물에서의 '독립한 건물'의 개념은 1동의 전체가 기둥, 벽체, 지붕 등 독립한 건물의 요건을 갖추어야 할 뿐만 아니라, 구분소유권의 목적인 각 세대별 구분건물도 독립한 건물로 볼 수 있을 정도의 구조상·이용상 독립성이나 개별성을 갖춘 후에야 비로소 집합건물로서 독립한 건물의 물리적 완성도를 갖추었다고 봄이 상당하고, 이 사건과 같이 집합건물의 건축 도중 집합건물이 양도되어 사업주체가 변경된 경우의 집합건물의 원시취득의 문제는 특별한 사정이 없는 한 집합건물 양도 및 사업주체 변경합의가 이루어진 당사자들 사이에 '전체 집합건물 및 각 구분건물을 각 독립한 건물로 볼 수 있을 정도로

완성한 최종적인 사업주체에게 집합건물 전체의 소유권을 일괄적으로 귀속시키기로 하는 합의 내지 묵시적 특약이 있다'고 해석하는 것이 집합건물을 규제하고 있는 제반 법률규정의 취지 및 집합건물에 관한 공사실태에도 부합한다고 하여 원고의 주위적 청구를 전부 인용하면서, 위와 같이 해석하지 않을 경우 공사업자가 여러 차례 변경된 경우 각 공사부분에 따라 각 구분소유의 목적이 되는 세대마다 원시취득자를 달리 보아야 하는데 이는 기록상 특정이 불가능하다는 이유를 부연하였다.

[판지] 건물이 설계도상 처음부터 여러 층으로 건축할 것으로 예정되어 있어 이에 따라 같은 내용으로 건축허가를 받아 건축공사를 진행하던 중에 건축주의 사정으로 공사가 중단되었고 그와 같이 중단될 당시까지 이미 일부 층의 기둥과 지붕 그리고 둘레 벽이 완성되어 있어 그 구조물을 토지의 부합물로 볼 수 없는 상태에 이르렀다고 하더라도, 제 3 자가 이러한 상태의 미완성 건물을 종전 건축주로부터 양수하기로 하고 이를 인도받아 나머지 공사를 계속 진행한 결과 건물의 구조와 형태 등이 건축허가의 내용과 사회통념상 동일하다고 인정되는 정도에 이르도록 건물을 축조한 경우에는, 그 구조와 형태가 원래의 설계 및 건축허가의 내용과 동일하다고 인정되는 건물 전체를 하나의 소유권의 객체로 보아 그 제 3 자가 그 건물 전체의 소유권을 원시취득한다고 보는 것이 옳고, 건축허가를 받은 구조와 형태대로 축조된 전체 건물 중에서 건축공사가 중단될 당시까지 기둥과 지붕 그리고 둘레 벽이 완성되어 있던 층만을 분리해 내어 이 부분만의 소유권을 종전 건축주가 원시취득한다고 볼 것이 아니다. 또한 구분소유가 성립하는 시점은 원칙적으로 건물 전체가 완성되어 당해 건물에 관한 건축물대장에 구분건물로 등록된 시점이라고 할 것이므로(대판 1999. 9. 17. 99다1345 등 참조), 건축공사가 중단될 당시까지 종전 건축주에 의하여 축조된 미완성 건물의 구조와 형태가 구분소유권의 객체가 될 수 있을 정도가 되었다고 하더라도 달리 볼 것이 아니다.

원심이 인정한 사실에 의하면, 원고는 이 사건 미완성 건물을 피고 甲으로부터 양수하기로 하고 이를 인도받아 나머지 공사를 진행하여, 구조와 형태면에서 원래의 설계 및 건축허가의 내용과 사회통념상 동일하다고 인정될 정도로 건물을 축조함으로써 이 사건 건물 전체의 소유권을 원시취득하였다고 할 것이다. 원고의 소유권 원시취득에 관한 원심의 설시는 다소 부족한 점이 있지만, 원심이 원고가 이 사건 건물 전체를 원시취득하였다고 판단하여 원고의 청구를 받아들인 것은 결론에 있어 정당하고, 결국 상고이유의 주장은 이유 없다.

☑ 쟁 점

위 판결은 甲이 소유 토지에 집합건물을 신축하던 중 일부 층에 관해서만 기둥과 주벽 및 천정을 갖춘 상태에서 공사를 중단하였고, 乙이 이러한 상태의 미완성 건물을 양수하여 원래의 설계대로 건물을 완공한 경우, 누가 건물의 소유권을 원시취득하는가 하는 점이 문제된 것이다.

☑ 검토할 사항

- 1물1권주의의 의의 및 취지를 살피시오.
- 물리적으로 1개의 건물은 언제나 법률상으로 1개의 건물이 되는가?
- 건물은 그 부지와 독립한 물건인가?
- 건물은 언제부터 부지와는 독립한 부동산이 되는가? 즉 건물을 신축하는 경우, 그 공작물은 언제부터 토지의 부합물에서 벗어나 독립한 부동산으로 되는가?
- 1동의 집합건물은 전체로서 1개의 건물인가(즉 건물 전체가 1개의 소유권의 객체가 되는가), 아니면 구분된 각 호마다 1개의 건물인가(즉 각 호마다 1개의 소유권의 객체가 되는가)?
- 1인의 소유로 예정된 건물의 신축 중 미완성상태에서 타인이 공사를 계속하여 건물을 완공한 경우와 다수인의 소유로 예정된 건물에서 그렇게 된 경우, 누가 신축 건물의 원시취득자가 되는가?
- 위 판결이 건물 전체를 하나의 소유권의 객체로 보아 乙이 그 건물 전체의 소유권을 원시취득한다고 한 이유는 무엇인가?
- 판결에 의하면 자칫 甲은 자신이 들인 건축비용을 회수하지 못하게 될 위험이 있는데, 이를 해결하기 위한 방법으로는 어떤 것이 있을까?

☑ 관련사례

- A가 자신의 토지 위에 12층의 주상복합건물을 신축하던 중 지하 1층부터 지하 3층까지의 기둥, 벽체 및 층간 바닥 슬래브공사가 완료된 상태에서 공사를 중단하였다. 그런데 A는 甲으로부터 금전을 차용하고 그 담보로 위 토지에 근저당권을 설정하였는데, A가 차용금을 반환치 못하여 위 토지에 경매가 실시되어 乙이 위 토지를 경락받았다. 다른 한편 甲은 신축 중이던 위 건물을 乙에게 양도하여 건축공사를 시공하는 한편, 乙을 상대로 자신이 A로부터 신축중의 건물과 함께 법정지상권을 양수하였다고 하면서 A를 대위하여 위 토지에 관하여 (법정)지상권등기를 청

구하였다. 타당한가? (대판 2003. 5. 30. 2002다21592,21608 참조)

- 乙이 甲과의 임대차계약에 기해서 자신의 비용으로 甲의 건물을 증축하여 기존 건물과는 전혀 다른 구조와 별개의 용도를 가진 볼링장 시설을 한 경우, 그 증축부분은 기존 건물과는 독립한 건물로 되는가, 그 소유권은 누구에게 귀속되는가? (대판 1996. 8. 20. 94다44705,44712 참조)
- 甲이 市로부터 건축허가를 받아 건물공사를 시작한 후 공정이 30퍼센트 정도 진척된 상태에서 A에게 건축중 건물을 양도하여 A가 기성고를 인수하여 건물을 준공하였는데 甲명의로 준공검사가 나온 경우, 부동산취득세의 납부의무자는 누구인가? (대판 1984. 6. 26. 83다카1659 참조)
- 건축주가 신축중인 건물을 타인에게 양도하여 건축주의 명의를 변경하였으나, 위 양도 당시 신축중인 건물이 사회통념상 독립한 건물이라고 볼 수 있는 형태와 구조를 갖춘 경우, 누가 완성된 건물을 원시취득하는가? (대판 2002. 3. 12. 2000다24184,24191 참조)

☑ 기타의 쟁점

- 토지의 근저당권은 건물에도 미치는가?
- 토지의 근저당권자 J은행은 저당권의 실행에서 신축중이던 건물도 함께 경매할 수 있는가?

☑ 참고문헌

- 박용표, 집합건물공사 중 건축주가 변경된 경우 건물소유권의 원시취득자, 판례연구 19집(부산판례연구회), 231-282면, 2008.
- 박재영, 건축중인 건물의 소유권귀속, 사법논집 제46집, 501-576면, 2008.
- 이상태, 건축중 공작물의 소유권 귀속에 관한 이론과 실무, 부동산법학(한국부동산법학회) 6집, 15-38면, 2000.
- 이범상, 건물공사 중 건축주가 변경된 경우 건물 소유권의 원시취득 시기, 경영법무 통권132호(한국경영법무연구소), 14-21면, 2007.
- 황경웅, 공사가 중단된 집합건물을 양수하여 완공한 경우 건물소유권의 취득시기, 중앙법학 9집 3호, 267-289면, 2007.

제 2 장
물권의 변동

제 1 절 부동산물권의 변동

제 1 항 법률행위에 기한 경우

1. 물권변동의 요건

가. 실체적 요소

(1) 등기원인

대판 1999. 2. 26. 98다50999

[사안] 이 사건 대지는 원래 甲(피고)의 소유였는데, 乙(원고)이 1989. 9. 6. 甲으로부터 이를 매수하였다. 그런데 乙이 丙(피고)의 고소에 의하여 사기죄 등으로 구속・기소되자, 乙은 위 대지에 관하여 이전등기를 마치지 않은 상태에서 丙에게 위 대지의 소유권을 넘겨주는 등의 조건으로 형사합의하려 하였으나, 丙이 요구하는 추가 지급에 관한 이견 등으로 인하여 합의가 성립되지 않았다. 그럼에도 丙이 甲과 사이에서 甲으로부터 직접 자신에게로 이전등기할 것을 합의하고, 이에 기해서 1995. 3. 17. 丙 명의의 소유권이전등기가 경료되었다. 이에 乙이 甲과 丙을 상대로 등기의 말소를 소구하였다.

[원심] 이 사건 대지에 관하여 피고 丙 명의의 소유권이전등기가 경료될 당시 소유 명의자였던 피고 甲과 피고 丙 사이에 등기 이전에 관한 합의가 있었으므로 그에 기한 피고 丙 명의의 소유권이전등기는 등기원인이 존재하지 않는 것은 아니지만, 그 등기 이전의 합의가 피고 丙의 기망에 의한 것이어서 원고의 대위

권 행사에 의하여 취소되었으므로, 결국 피고 丙 명의의 소유권이전등기는 원인무효로 돌아간다고 판단하였다.

[판지] 소유권이전등기에 있어서 등기원인이라 함은 등기를 하는 것 자체에 관한 합의가 아니라 등기하는 것을 정당하게 하는 실체법상의 원인을 뜻하는 것으로서, 등기를 함으로써 일어나게 될 권리변동의 원인행위나 그의 무효·취소, 해제 등을 가리킨다. 그런데 원심이 판시한 바에 의하더라도, 피고 丙과 甲 사이에 성립한 등기이전의 합의는 원래 피고 甲이 원고와 사이에 체결한 매매계약에 따라 원고에게 소유권이전등기를 경료하여 주어야 할 것을, 피고 丙과 원고 사이에 이 사건 대지의 소유권을 피고 丙에게 넘겨주기로 합의하였음을 전제로 바로 丙에게 소유권이전등기를 하여 주기로 합의한 것이어서, 그 자체가 피고 丙과 甲 사이에 권리변동의 원인이 되는 행위가 되는 것이 아니라, 단지 원고에 대한 소유권이전등기를 생략하고 피고 丙 명의로 바로 소유권이전등기를 경료하여 주기로 하는 중간생략등기의 합의에 지나지 아니하므로, 그것이 이 사건 대지에 대한 피고 丙 명의의 소유권이전등기에 대한 등기원인이라고 할 수는 없다. 따라서 이 사건 대지에 대한 피고 丙 명의의 소유권이전등기가 등기원인이 있다고 하기 위하여는 피고 丙과 원고 또는 피고 甲과 사이에 권리변동의 원인행위가 있어야 할 것인데, 원심이 판시한 바에 의하면 원고와 사이에서는 위 대지의 소유권이전에 관한 합의가 성립되지 않았다는 것이고, 기록에 의하면 피고 甲과 사이에서도 권리변동의 원인행위가 이루어졌다는 자료가 전혀 없으므로, 결국 이 사건 대지에 대한 피고 丙 명의의 소유권이전등기는, 그에 관하여 피고 甲과 사이에 원고를 거치지 않고 바로 등기를 이전하기로 합의하였는지 여부와 그 합의에 있어 피고 丙이 피고 甲을 기망하였는지 여부와 관계없이, 등기원인을 결한 원인무효의 등기라고 할 것이고, 피고 丙과 피고 甲 사이에 권리변동의 원인행위가 존재하였다고 볼 수 없는 이상 이중매매의 법리 혹은 무효행위의 전환 또는 추인의 법리가 적용될 여지가 없다고 할 것이다.

원심이 그 판시 이유는 다르나, 이 사건 대지에 대한 피고 丙 명의의 소유권이전등기가 원인무효라고 본 결론은 결과적으로 정당하고, 거기에 이중매매나 무효행위의 전환 또는 추인에 관한 법리를 오해하여 판결 결과에 영향을 미친 위법이 있다고 할 수 없다.

☑ 쟁 점

위 판결은 丙이 甲으로부터 토지를 매수한 乙과 사이에서 토지이전에 관한 합의가 없었음에도 단지 甲과의 등기이전 합의에 기해서 甲으로부터 직접 이전등기를 경료받은 경우, 丙과 甲 사이의 그러한 합의가 등기원인에 해당하는가 하는 점이 문제된 것이다.

☑ 검토할 사항

- 등기원인의 의의를 살피시오.
- 丙은 甲과의 사이에서 甲으로부터 자신에게로의 등기이전에 합의하였음에도, 위 판결이 그 등기에 등기원인이 존재하지 않는다고 한 이유는 무엇인가?

☑ 관련사례

- 甲이 부동산을 A에게 매도하였고, A는 이를 乙에게 전매하였는데, A의 요청에 따라 甲과 乙은 위 부동산에 관한 등기명의를 A는 생략하고 甲으로부터 직접 乙에게 이전하기로 합의하고 甲과 乙 사이에 매매계약이 체결된 양 형식적인 매매계약서를 작성하였다. 그런데 甲이 乙에게 이전등기를 해주지 않는 경우, 乙은 직접 甲에 대하여 채무불이행을 이유로 손해배상을 청구할 수 있는가? (대판 1979. 12. 11. 79다1777 참조)
- 甲이 대리인 乙을 통하여 丙의 부동산을 매수하는 계약을 체결하고 乙을 통하여 대금을 완납하였는데, 乙이 소지하던 甲의 인장을 이용하여 무단히 계약서에 매수인을 자신으로 변경하여 丙이 乙에게 이전등기를 경료해준 경우, 甲은 乙과 丙을 상대로 그 등기의 말소를 청구할 수 있는가? (대판 1970. 7. 21. 70다849 참조)

(2) 물권행위

대판 1977. 5. 24. 75다1394

[사안] 甲(원고)이 乙(피고)의 토지를 임차하여 주유소를 설치 운영하다가 A에게 주유소 운영권을 양도하였으며, 이에 기해서 이의 시설물 일체 및 주유소설치허가명의·주유소 운영에 따른 채권채무 등을 이전하고 1971. 5. 8. 위 시설물을 인도하였다. 그런데 A가 위 양도계약상의 채무를 이행하지 않아 甲이 7. 10. 양도계약을 해제하였다. 그럼에도 A가 위 시설을 반환하지 않고 점유하면서 주유소를 운영하다가, 토지의 소유자 乙에 대한 토지임대료채무의 대물변제로서 1974. 2. 4. 위 시설물을 양도하였다. 그리고 乙은 이를 다시 丙에게 양도하였다.

그리하여 甲이 乙에 대하여, 위 시설물은 자신의 소유이므로 乙이 이를 처분한 것은 불법처분이라고 하여 손해배상을 청구하였다.

[원심] 원고의 이건 물건들에 관한 A와 사이의 양도계약이 적법하게 해제되었다고 하더라도 양도계약 해제는 A와 원고 사이에 있어서 원상회복의무 등 채권적 효과를 발생할 뿐 위 양도계약의 목적물인 이건 물건들의 소유권이 당연히 원고에게로 복귀된 것이라고는 할 수 없으니, A로부터 적법하게 이건 물건들의 소유권을 취득한 피고에게는 위 양도계약 해제의 효력을 주장할 수 없다 할 것이고, 따라서 피고로서는 이건 물건들의 정당한 소유자로서 이를 처분한 행위가 불법처분이라고는 할 수 없다고 하여 원고의 손해배상청구를 기각하였다.

[판지] 민법 제548조 제 1 항 본문에 의하면 계약이 해제되면 각 당사자는 상대방을 계약이 없었던 것과 같은 상태에 복귀케 할 의무를 부담한다는 뜻을 규정하고 있는바, 계약에 따른 채무의 이행으로 이미 등기나 인도를 하고 있는 경우에 그 원인행위인 채권계약이 해제됨으로써 원상회복된다고 할 때 그 이론구성에 관하여 해제가 있더라도 이행행위 그 자체는 그대로 효력을 보유하고 다만 그 급부를 반환하여 원상회복할 채권채무관계가 발생할 뿐이라는 소위 채권적 효과설과, 이미 행하여진 이행행위와 등기나 인도로 물권변동이 발생하고 있더라도 원인행위인 채권계약이 해제되면 일단 이전하였던 물권은 당연이 복귀한다는 소위 물권적 효과설이 대립되어 있다. 우리의 법제가 물권행위의 독자성과 무인성을 인정하고 있지 않는 점과 민법 제548조 제 1 항 단서가 거래안정을 위한 특별규정이란 점을 생각할 때, 계약이 해제되면 그 계약의 이행으로 변동이 생겼던 물권은 당연히 그 계약이 없었던 원상태로 복귀한다고 봄이 타당하다 할 것이다. 그러므로 원심판결이 위에서 본바와 같이 계약해제의 효력이 채권적 효과밖에 없다 하여 원고와 A 간의 이 사건 물건에 관한 양도계약이 해제되었더라도 원고는 그 물건을 인도받기 전에는 아직 이에 대한 소유권이 복귀되지 아니한다고 판시하였음은 계약해제에 관한 법리를 오해한 위법이 있다 할 것이니 이점에 관한 논지는 이유 있어 원심판결은 파기를 면할 수 없다.

☑ 쟁 점

위 판결은 매매계약이 해제되었음에도 목적물을 급부받았던 매수인(A)이 그 급부물을 그대로 점유하다가 이를 제 3 자(乙)에게 처분한 경우, 매도인(甲)은 乙에 대하여 손해배상을 청구할 수 있는가 하는 점이 문제된 것이다.

☑ 검토할 사항

- 위 사안은 손해배상청구사건임에도 판결이 해제의 효과 및 물권행위의 성질에 관하여 판단한 이유는 무엇인가? 즉 후자에 관한 각 견해와 손해배상청구 가부는 어떤 관련성을 가지는가?
- 일반적으로 타인 소유의 물건을 마치 자신의 소유인 것처럼 제 3 자에게 처분한 경우, 그 처분행위는 불법행위가 되는가?
- 판결이 매도인이 매매계약을 해제한 경우 이미 급부했던 물건의 소유권은 당연히 매도인에게 복귀된다고 하는 근거는 무엇인가?
- 물권행위의 독자성 및 무인성의 의의 그리고 이에 관한 견해를 살피시오.
- 물권행위의 무인성 여부에 관한 견해와 해제의 효과에 관한 견해와의 관계를 살피시오.
- 만약 이 판결이 해제의 효과에 관한 물권적효과설에 따라서 甲의 손해배상청구를 인용하는 취지라면, 그러한 결과의 타당성과 관련하여 문제되는 점이 무엇인가를 검토하시오.

☑ 관련사례

- 甲이 1926년 乙에게 부동산을 팔고 인도하지 않은 채 이전등기를 경료하였는데, 乙이 대금을 갚지 않아 얼마 후 양자는 위 매매계약을 합의해제하였다. 그런데 甲이 위 이전등기를 말소하지 않고 있다가, 1970년대에 이르러 乙에 대하여 등기의 말소를 청구하였다. 타당한가? (대판 1982. 7. 27. 80다2968 참조)
- 甲으로부터 부동산을 매수한 A가 잔대금의 지급을 지체하자, 甲은 A가 위 부동산을 담보로 자금을 융통할 수 있도록 미리 소유권이전등기를 경료해 주면서, 아울러 A의 채무불이행으로 매매계약이 해제되는 경우를 대비해서 甲 앞으로 가등기를 경료하였다. 그런데 A가 위 잔금을 지급치 않은 채 위 부동산을 乙에게 양도하고 이전등기를 마쳤다. 그러자 甲이 A와의 위 매매계약을 해제하고 A명의의 인감증명을 변조 사용하여 위 가등기에 기하여 본등기를 경료하였고, 이에 따라 乙의 소유권이전등기가 직권말소되었다. 乙은 甲의 위 가등기에 기한 소유권이전의 본등기가 원인무효의 등기임을 이유로 말소를 청구할 수 있는가? (대판 1982. 11. 23. 81다카1110 참조)

☑ 참고문헌

- 홍성재, 부동산물권변동과 물권행위론, 김홍규 박사 화갑기념논문집 II, 172-208면, 1992.

- 김용담, 계약의 해제, 민사판례연구 6권, 109-118면, 1984.
- 김학동, 해제의 물권적 효과에 관한 판례 검토, 서울법학(서울시립대) 제18권 2호, 183-211면, 2010.

(3) 처 분 권

대판 2001. 11. 9. 2001다44291

[사안] 이 사건 임야는 1974. 2. 26.에 甲(피고) 명의로 소유권이전등기가 경료되었으며, 지방자치단체 A(부산광역시 동래구)는 1997. 2. 11. 공공용지의취득및손실보상에관한특례법에 기하여 甲으로부터 위 임야를 협의취득하면서 그 손실보상금을 甲에게 지급하였다. 그런데 위 임야 중 일부(甲의 법정상속분 19/25을 넘는 6/25의 지분)는 乙(원고)의 소유임이 드러났다. 그리하여 乙이 甲에 대하여 A로부터 받은 손실보상금 중 6/25에 해당하는 금액의 반환을 청구하였다. 이에 대하여 甲은 위 임야에 대한 자신 명의의 소유권이전등기 중 6/25지분이 원인무효라면 A가 협의취득을 원인으로 하여 위 지분에 관하여 마친 소유권이전등기 역시 원인무효라고 할 것이므로 乙이 위 지분에 관한 소유권을 상실하였다고 볼 수 없다고 하면서, 따라서 乙에게 손실이 발생하였음을 전제로 하는 위 부당이득반환청구는 이유 없다고 항변하였다.

[원심] 피고가 받은 손실보상금 중 위 지분을 넘은 부분에 해당하는 것은 법률상 원인 없이 얻은 이익이므로 이를 부당이득으로서 반환할 의무가 있고 하면서, 위의 피고의 항변을 다음과 같은 이유에서 이를 받아들이지 않았다 ―피고가 원고에게 이전하여야 할 의무가 있는 임야 지분을 제 3 자에게 처분하여 원고가 피고에 대하여 그 지분의 이전을 구하는 것을 현저히 곤란하게 한 이상, 원고에게 그 지분의 회복을 구할 수 있는 여지가 법률적으로 남아 있다는 사정만으로 아무런 법률상 손실이 발생하지 아니하였다고 볼 수 없고, 한편으로 피고는 원고의 A에 대한 이 사건 임야의 지분에 관한 소유권이전등기의 말소청구가 받아들여지는 경우 A에 대하여 위 손실보상금 중 6/25지분 상당액을 반환하여야 할 처지에 놓이게 되는 점에 비추어 볼 때, 피고가 원고의 이 사건 부당이득반환청구에 대하여 원고에게 A로부터 위 임야지분을 회복할 수 있는 권리가 남아 있다는 이유로 항쟁하는 것은 신의성실의 원칙에 비추어 보아도 허용될 수 없다.

[판지] A가 무권리자인 피고로부터 원고의 지분에 해당하는 이 사건 임야 중

6/25지분을 협의취득하였다고 하더라도 이는 원인무효가 되어 원고가 그 지분에 대한 소유권을 상실하지 아니함은 상고이유의 주장과 같다. 그런데 무권리자가 타인의 권리를 자기의 이름으로 또는 자기의 권리로 처분한 경우에, 권리자는 후일 이를 추인함으로써 그 처분행위를 인정할 수 있고, 이러한 경우 특별한 사정이 없는 한 권리자 본인에게 위 처분행위의 효력이 발생함은 사적 자치의 원칙에 비추어 당연하다 할 것이고, 이 경우 추인은 명시적으로뿐만 아니라 묵시적인 방법으로도 가능하며 그 의사표시는 무권대리인이나 그 상대방 어느 쪽에 하여도 무방하다 할 것이다.

기록에 의하면, 원고는 이 사건 임야 중 원고의 지분에 대한 A의 협의취득이 유효함을 전제로 피고가 수령한 이 사건 임야에 대한 손실보상금 중 원고의 지분에 상당한 금원의 반환을 구하고 있음이 분명한바, 이는 원고가 무권리자인 피고의 위 처분행위를 묵시적으로 추인한 것이라고 봄이 상당하고, 그렇다면 A는 이 사건 임야 중 원고의 지분에 대하여도 소유권을 적법하게 취득하게 되었다 할 것이다. 그리고 이와 같이 무권리자에 의한 처분행위를 권리자가 추인한 경우에 권리자는 무권리자에 대하여 무권리자가 그 처분행위로 인하여 얻은 이득의 반환을 구할 수 있다고 봄이 상당하므로, 피고는 원고에게 위 협의취득으로 수령한 손실보상금 중 원고 지분 상당액을 부당이득으로서 반환할 의무가 있다고 할 것이다.

따라서 소유권자인 원고에게 A로부터 그 지분의 회복을 구할 수 있는 여지가 법률적으로 남아 있다는 취지로 판단한 원심에는 무권리자의 처분행위의 추인과 부당이득의 법리 등에 대한 법리를 오해한 잘못이 있다고 할 것이나, 원고의 피고에 대한 이 사건 부당이득의 반환청구를 받아들인 원심의 결론은 정당하고, 거기에 상고이유의 주장과 같이 부당이득에 관한 법리를 오해한 위법이 있다고 할 수 없다.

☑ 쟁 점

위 판결은 甲이 乙과 공유인 토지에 대한 보상금 전부를 수령하자 乙이 부당이득반환청구소송을 제기한 경우, 甲은 부당이득반환의무를 지는가 하는 점이 문제된 것이다.

☑ 검토할 사항

- 위 부동산이 甲의 소유로 등기되어 있는 토지를 처분하였음에도 불구하고 그의 지분을 넘는 부분에 대한 처분은 원인무효가 되는 이유는 무엇인가?
- 무효행위의 추인의 의의 및 요건을 살피시오.

☑ 관련사례

- 무권리자의 처분행위에 대한 권리자의 추인에 관한 판례는 로스쿨 민법총칙, 317면 이하 참조

☑ 기타 검토사항

- A가 공공용지의취득및손실보상에관한특례법에 기하여 토지를 협의취득하는 경우, A는 등기해야 소유권을 취득하는가?

나. 등 기

(1) 등기가 요건인지 문제되는 경우

대판 1997. 7. 8. 96다53826 ··

[사안] 이 사건 X토지는 A의 소유였는데, A가 1964. 9. 12.에 사망하여 그의 처 乙(피고)과 자녀 丙 등 6인(피고)이 이를 공동상속하였으나 乙 등 상속인은 상속등기를 하지 아니한 채 등기부상 소유자 명의는 A의 명의로 그대로 두었다. 그런데 지방자치단체 甲(원고)은 도시계획사업의 일환으로 공단조성사업을 하면서 1974. 2. 17. 토지수용법에 따라 乙 등과 사이에 위 공업용지에 편입되는 위 토지를 1,290,000원에 취득하기로 하는 협의가 성립되어, 그 취득시기인 같은 해 3. 8.에 乙 등에게 손실보상금 전액을 지급하였다. 甲은 위 토지를 취득한 이후 이를 분할하여 그 중 한 필지(X1)를 공장용지로 조성한 다음 지목을 대지로 변경하여 B회사에 분양하였고(이 토지는 그 후 다른 회사들에게 전전 매매되었음), 다른 필지(X2)는 지목을 도로로 변경하여 위 공업용지 내의 도로로 이를 점유·사용하여 왔다. 그런데 甲이 소유권이전등기절차를 지연하고 있는 사이에 乙 등이 이 사건 부동산에 대하여 1986. 11. 26. 乙 등 명의로 재산상속을 원인으로 한 소유권이전등기를 경료한 다음 그 중 1부동산에 대하여는 그날 바로 乙·丙을 제외한 나머지 상속인들의 지분을 丙에게 이전하는 지분이전등기를 경료하였다. 그러

자 甲은 자신이 토지수용법의 규정에 따라 X부동산을 협의취득하였는바, 이는 위 법의 규정에 따른 원시취득이라고 할 것이어서 자신은 소유권이전등기 없이도 이를 취득한 소유권자라고 할 것인데 그 이후 丙이 이에 대하여 매매를 원인으로 지분소유권이전등기를 경료하였다고 하면서, 乙·丙 등에 대하여 등기말소 및 협의취득을 원인으로 한 이전등기의 이행을 청구하였다.

[판지] 기업자와 토지소유자 사이에 토지수용법 제25조가 정하는 협의가 성립하였으나 기업자가 같은 법 제25조의2가 정하는 바에 따라 협의성립에 관하여 관할 토지수용위원회의 확인을 받지는 아니한 경우에 기업자가 토지소유권을 취득하기 위하여는 법률행위로 인한 부동산물권변동의 일반원칙에 따라 소유권이전등기를 마쳐야 하고, 소유권이전등기를 마치지 아니하고도 토지소유권을 원시취득하는 것은 아니다.

☑ 쟁 점

위 판결은 공공사업시행자 甲이 토지수용법에 따라 乙로부터 토지를 협의매수하였으나 이전등기를 하지 않은 동안 乙이 위 토지를 처분한 경우, 그 처분행위는 유효한가 하는 점이 문제된 것이다.

☑ 검토할 사항

- 공공사업시행자가 토지수용법에 따라 토지를 협의매수하는 경우, 그 협의만으로 소유권이 이전하는가, 아니면 이전등기를 해야 소유권이 이전하는가? 이 문제의 관건은 무엇인가?

☑ 관련사례

- X토지는 원래 승려 A의 소유인데 A가 사망하자 B가 상속을 원인으로 등기를 마친 후 전매하여 현재 C 앞으로 순차 소유권이전등기가 이루어져 있는데, K가 B·C 등을 상대로 위 등기의 말소청구소송을 제기하였으며, 아울러 위 토지에 관하여 그 예고등기와 처분금지 가처분등기가 행해졌다. 그런데 위 소송이 진행 중에 공공사업자 乙(제주도개발공사)이 도시계획법 및 토지수용법에 기하여 당시의 등기명의인 C를 피수용자로 하여 위 토지를 수용하고 이에 따라 乙 앞으로 소유권이전등기를 마쳤다. 그 후 위 소송에서 甲이 독립당사자로 참가하여 승소확정판결을 받아 위 토지가 甲의 소유로 확정되었다. 그리하여 甲이 乙에 대하여 위 토지에 대한 소유권확인소송을 제기하였다. 타당한가? (대판 1971. 6. 22. 71다873 참조)
- 甲(한국수자원공사)이 X토지에 신도시건설사업을 수행하는 계획을 수립하였다. 乙

은 자신의 Y토지가 위 사업시행지에 포함되자, 당시 인근 지표면보다 약 1m 이상 낮은 이 토지를 인근 도로와 같은 높이로 조성하는 것이 보상면에서 유리하다고 보고 조성공사를 하였는데, 乙은 경비를 절감하기 위하여 토사와 함께 산업폐기물 등으로 이를 불법매립하였다. 그 후 甲은 공공용지취득및손실보상에관한특례법에 기하여 乙의 Y토지를 협의매수하고 이전등기를 경료하였다. 그런데 Y토지에 폐기물이 불법 매립되어 있음이 드러나, 甲이 이를 소각하고 乙에 대하여 하자담보책임 혹은 채무불이행책임으로서 그 비용에 상당하는 손해배상을 청구하였다. 타당한가? (대판 2004. 7. 22. 2002다51586 참조)

- 그 외에 재단법인에서의 출연재산의 귀속시기에 관한 대판(전) 1979. 12. 11. 78다481(로스쿨 민법총칙, 61면); 계약의 해제에 관한 대판 1977. 5. 24. 75다1394(13면); 귀속재산의 매각에 관한 대판(전) 1984. 12. 11. 84다카557(71면) 참조.

☑ 기타 검토사항

- 甲은 가사 협의매수가 원시취득이 아니어서 자신의 위 청구가 타당하지 않더라도, 자신이 위 토지를 乙 등으로부터 매수하였는데 그 이후 丙이 다른 상속인들로부터 그들의 지분을 매수하여 이전등기를 경료하였는바, 이는 丙이 나머지 상속인들의 배임행위인 이중매매에 적극 가담하여 이루어진 것으로 무효라고 하면서, 이의 말소 및 이전등기의 이행을 청구하였다. 이러한 청구는 타당한가? 이의 관건은 무엇인가?
- 甲이 乙 등으로부터 위 토지를 협의매수하여 그 일부를 B에게 분양하고 다른 일부를 도로로 사용하는 경우, 甲의 위 이전등기청구권에 관하여 소멸시효가 진행하는가?
- A소유의 위 토지가 乙 · 丙 등 상속인에게 이전하는 시기는 언제인가?

☑ 참고문헌

- 노태악, 원인무효의 등기가 마쳐진 부동산에 대하여 공공용지의취득및손실보상에관한특례법에 의한 협의취득의 효과, 대법원판례해설 제38호, 69-77면, 2002.

⑵ 등기의 형식적 하자

㈎ 부동산표시의 오류

대판 2007. 7. 26. 2007다19006,19013 ··································

[사안] △△동 115번지 일대 토지에 무허가 건물들이 다수 들어서 있는데, A는 115-1 및 114-4에 있던 무허가건물 X를, B는 115-6 및 115-4에 있던 무허가건물 Y를 각각 그 신축자로부터 매수하였다. 1978. 11.경 이 일대 토지의 지주 K

가 무허가건물들의 부지를 각 무허가건물의 소유자에게 매도하자, A와 B도 위 무허가건물의 부지를 K로부터 매수하였다. 그런데 위 토지매매에서 K가 기초로 삼았던 '약사도'에 '115-1' 지번과 '115-6' 지번이 서로 뒤바뀌어 기재되어 있던 탓에, A는 '115-1' 토지가 아니라 '115-6' 토지를 X건물의 부지로 알고 매수하였으며, B는 '115-6' 토지가 아니라 '115-1' 토지를 Y건물의 부지로 알고 매수하였으며, 그리하여 A는 115-6 토지 중 일부(62.8/916 공유지분)와 114-4 토지 중 일부(6.6/602 공유지분)에 관하여 소유권이전등기를 마쳤고, B는 115-1 토지 중 일부(49.7/106 공유지분)와 115-6 토지에 관하여 소유권이전등기를 마쳤다. 다른 한편 서울시의 위 일대 무허가건물의 양성화 방침에 따라 A는 X건물의 지번을 115-6 및 114-4로, 면적을 7평 5홉 7작(25.02㎡)으로 하여 소유권보존등기를 마쳤고, B는 Y건물의 지번을 115-1로, 면적을 10평 8홉(35.7㎡)으로 하여 소유권보존등기를 마쳤다.

그 후 A의 처 甲(원고)은 A로부터 X건물 및 이의 부지지분을 이전받아 1982. 1. 30.자로 각 소유권이전등기를 마쳤으며, D는 B로부터 Y건물 및 이의 부지지분을 매수하여 1999. 10. 23. 각 이전등기를 마쳤다. 그러자 甲이 1999. 12. D를 상대로 X건물의 실제 부지인 115-1 토지에 관하여 취득시효 완성을 이유로 이전등기청구소송을 제기하였으며, 이에 대하여 D는 甲이 거주하는 X건물이 자신의 소유라고 하면서 위 건물의 인도 및 임료 상당의 부당이득금을 구하는 반소를 제기하였다. 이 소송의 제 1 심에서 甲이 패소하고 D의 반소승소판결이 확정되었다. 그런데 그 후 위 당사자 간에서 D는 판결 내용을 청구하지 않고 甲은 위 부동산에 관한 권리 주장을 하지 않는다는 것과 합의 위반시 배상금을 지급한다는 내용의 화해가 성립하였다(관련소송 1). 그 후 D는 2003. 5. 2. Y건물을 E에게 증여하여 이전등기가 마쳐졌다.

甲이 2004. 9. 다시 B, D, E 등을 상대로 소유권이전확인 등의 소송을 제기하였으며(D는 앞의 관련소송 1 이후의 화해에 기하여 배상금 등의 지급을 구하는 반소를 제기), 이 소송의 1심에서 원고의 본소 중 D에 대한 소는 각하하고, B, E 등에 대한 소유권확인청구 부분은 인용(D의 甲에 대한 반소청구 역시 인용)하는 내용의 판결이 선고되었고, 그에 대한 일부의 항소가 취하되어 2006. 2. 14. 위 판결이 확정되었다(관련소송 2).

그 후 E는 2005. 3. 30. Y건물 및 그 부지를 乙(피고)에게 매도하여, 乙이 2005.

3. 31. 소유권이전등기를 경료하였다. 그런데 乙은 나아가 자신의 소유로 등기된 115-1 토지상의 X건물 일부를 점유하였다. 그러자 甲은 다시 乙을 상대로 X건물(115-6 지상으로 등기되었으나 실제로는 115-1 지상의 이 사건 건물)을 A를 통하여 이전받아 소유권을 취득하였다고 하면서 소유권확인 및 乙의 점유부분에 대한 인도를 구하는 소를 제기하였다. 이에 대하여 乙은 甲의 소제기가 위 화해(합의)에 반하거나 관련소송 1의 기판력에 저촉된다는 항변과 함께, 115-1 지상에 있는 X건물 부분은 자신의 소유라고 하면서 甲의 퇴거를 구하는 반소를 제기하였다. (소송 중 甲이 X건물을 그의 子 丙에게 증여하여 甲이 탈퇴하고 丙이 원고인수참가인으로 소송을 수행하였으며, 乙로부터 Y건물을 임차한 丁이 선정자로 소송에 참가하였다.)

[원심] ⑴ 민법 제186조에 의하면 부동산에 관한 법률행위로 인한 물권의 득실변동은 등기하여야 그 효력이 생기므로, 원고가 이 사건 X건물의 소유권을 적법하게 취득하려면 그에 따른 소유권이전등기를 마쳤어야 할 것이다. 그런데 위 인정사실에 비추어 보면 등기부상의 표시 부동산과 이 사건 X건물을 사회관념상 동일하거나 유사한 것이라고 볼 수 없으므로, 위 소유권보존등기와 그에 터잡은 소유권이전등기가 이 사건 X건물을 표상하는 등기로서의 효력을 갖는다고 할 수 없다. 따라서 원고는 X건물의 소유권을 취득하였다고 할 수 없고, 결국 이를 전제로 하는 소유권확인청구는 이유 없다.

⑵ 다만 X건물의 소유권을 취득하였음을 이유로 피고를 상대로 인도를 구하는 원고의 청구에는, 그와 같은 사실이 인정되지 아니하는 경우 X건물의 원시취득자로서 A에게 이를 매도하여 원고에게 순차 이전하게 한 위 건물의 신축자를 대위하여 위 건물의 인도를 구하는 취지도 포함되어 있다고 보아야 할 것인데, 피고는 위 신축자로부터 X건물을 이전받은 원고의 의사에 반하여 위 건물을 점유하고 있어 위 신축자에 대한 관계에서도 불법점유자에 해당하고, 이러한 경우 비록 원고가 아직 X건물에 대한 소유권이전등기를 마치지 못하여 그 소유자가 아니라고 하더라도 불법점유자인 피고에 대하여는 위 신축자를 대위하여 점유부분의 인도청구를 할 수 있으며, 이때 원고는 피고에 대하여 직접 자기에게 인도할 것을 청구할 수도 있는 것이므로, 특별한 사정이 없는 한 피고는 원고에게 X건물의 점유부분을 인도할 의무가 있다.

[판지] ⑴ 일반적으로 부동산에 관한 등기의 지번 표시에 다소의 착오 또는 오류가 있다 할지라도, 적어도 그것이 실질상의 권리관계를 표시함에 족한 정도로

동일 혹은 유사성이 있다고 인정되는 경우에 한하여 그 등기를 유효시하고 그 경정등기도 허용된다고 할 것이고, 만일 이 표시상의 착오 또는 오류가 중대하여 그 실질관계와 동일성 혹은 유사성조차 인정할 수 없는 경우에는 그 등기는 마치 없는 것과 같은 외관을 가지므로 그 등기의 공시의 기능도 발휘할 수 없으니, 이런 등기의 경정을 무제한으로 인정한다면 제 3 자에게 뜻밖의 손해를 가져 올 경우도 있을 것이므로 이와 같은 경우에는 경정등기를 허용할 수 없고, 그 등기는 무효라고 볼 것이다.

원심은 원고가 A로부터 이 사건 실제 115-1 지상의 X건물을 취득하고 이를 공시하기 위하여 A의 보존등기에 기초하여 이전등기를 마쳤으나 위 등기부의 표제부에 그 건물의 지번 표시가 115-6으로 잘못 기재되어 있고, 지적 또한 실제 면적인 90.18㎡와 다르게 25.02㎡로 기재되어 있는 사실을 인정하고, 위 등기부상의 표시 부동산과 이 사건 실제 115-1 지상 건물을 사회관념상 동일하거나 유사한 것이라고 볼 수 없으므로, 위 소유권보존등기와 그에 터잡은 각 소유권이전등기가 X건물을 표상하는 등기로서의 효력을 갖는다고 할 수 없다는 이유로 원고의 X건물에 대한 소유권확인청구를 기각하였는바, 앞서 본 법리와 기록에 비추어 살펴보면 원심의 위와 같은 사실인정과 판단은 정당하다.

(2) 원심은 원고가 X건물의 소유권을 취득하였음을 이유로 피고를 상대로 이의 인도를 구하는 원고의 청구에는 만약 그러한 소유권 취득이 인정되지 아니하는 경우 위 건물의 신축자를 대위하여 이의 인도를 구하는 취지도 포함되어 있다고 보아야 한다고 하면서, 특별한 사정이 없는 한 피고는 원고에게 X건물을 인도할 의무가 있다고 판단하였다.

그러나 원고가 X건물의 소유권을 취득하였음을 이유로 피고를 상대로 이의 인도를 구하는 것과 X건물의 원시취득자로서 A에게 이를 매도하여 원고에게 순차 이전하게 한 위 건물의 신축자를 대위하여 각 점유하고 있는 부분의 인도를 구하는 것은 법률효과에 관한 요건사실이 다르다 할 것이고, 법원은 변론주의의 원칙상 법률상의 요건사실에 해당하는 주요사실에 관한 한 당사자가 주장하지 아니한 사실을 기초로 판단할 수 없는 것인바, 기록에 의하면 원고는 이 사건 소제기시부터 원심 변론종결시까지 일관되게 X건물이 원고의 소유임을 전제로 피고를 상대로 이의 인도를 구하였을 뿐, 이와 달리 위 건물의 원시취득한 매도인을 대위하여 직접 그 인도를 구하였다고 주장한 바 없음이 명백하고, 가사 원심이 변론 전체의 취지 등에 의하여 원고가 위와 같은 주장을 한 것이라고 본다고 하더라도 법원은 당사자가 명백히 간과한 것으로 인정되는 법률상의 사항에 관하여는 당사자에게 의견진술의 기회를 주어야 하므로, 피고가 이 점에 관하여 아무런 답변이나 항변을 하지 아니하고 있는 상황에서 원심법원으로서는 그에 관한 피고의 견해를 묻고 법률상 및 사실상의 반대 주장을 할 수 있는 기회를 부여한 다음 그러한 판단에 나아갔어야 할 것이다.
그럼에도 불구하고 원심은 원고가 주장하지도 아니한 채권자대위권을 행사한다는 주장에 기초하여 피고에게 의견진술의 기회조차 부여하지 아니한 채 원고가 아직 X건물에 대한 소유권이전등기를 마치지 못하여 그 소유자가 아니라고 하더라도 불법점유자인 피고에 대하여는 위 신축자를 대위하여 각 점유부분의 인도청구를 할 수 있으며, 이때 원고는 피고에 대하여 직접 자기에게 인도할 것을 청구할 수 있다고 판단하여 원고의 이 부분 청구를 인용하였으니, 거기에는 변론주의 원칙에 위반하여 판결 결과에 영향을 미친 위법이 있다고 할 것이다.

☑ 쟁 점

위 판결은 115-1의 지상에 건축된 X건물이 115-6의 지상에 있는 것으로 등기된 경우(건물의 지번에 잘못 표시된 경우), X건물을 매수하고 그와 같이 표시된 X건물의 등기부상에 이전등기를 경료한 甲은 X건물에 대한 소유권을 취득하는가 하는 점이 문제된 것이다.

☑ 검토할 사항

- 부동산에 관한 등기의 지번 표시에 오류가 있는 경우, 그 등기는 그 부동산에 대한 것으로서 유효한가?
- 위의 경우 등기명의자가 경정등기에 의하여 이를 수정할 수 있는 범위는 어떠한가?
- 매수인이 매수 건물의 소유권이전등기를 경료하였으나 그 건물등기부상의 표시란에 지번이 잘못 기재되어 있는 경우, 매수인은 그 건물에 대한 소유권을 취득하는가?
- 매수인이 매수 건물의 소유권이전등기를 경료하였으나 그 건물등기부상의 표시란에 지번이 유사성을 인정할 수 없을 정도로 잘못 기재되어 있는 경우, 매수인은 어떤 방법으로 등기부상의 지번표시의 오류를 수정할 수 있는가?
- 매수건물의 지번이 잘못 표시된 등기부에 이전등기를 경료한 매수인이 당해 건물을 점유하고 있는 자에 대하여 건물의 인도를 구할 수 있는 방법은 무엇인가?

☑ 관련사례

- A는 ○○동 394의 1의 하천부지 위에 X건물을 신축하였으나 착오로 그 소재 지번을 같은 동 345로 하는 건물의 보존등기가 경료되었으며, A로부터 X건물을 매수한 甲이 소유권이전등기를 마친 후 그 대지 지번을 394의 1로 경정등기를 필한 경우, 그 경정등기는 유효하고 따라서 甲은 X건물의 소유권을 취득하는가? 그리하여 그 사이 A로부터 X건물을 이중으로 매수한 乙이 X 건물을 점유하고 있는 경우, 甲은 乙을 상대로 건물의 명도를 청구할 수 있는가? (대판(전) 1975. 4. 22. 74다2188 참조)
- A 소유의 부동산에 B' 및 C' 명의의 가등기가 행해져 있었는데, B'는 B의 가명이고 C'는 C를 잘못 기재한 것이었다. B와 C는 경정등기에 의해서 위 가등기권리자를 B'와 C'에서 자신의 명의로 변경할 수 있는가? 만약 이미 경정등기에 의해서 가등기명의를 B'와 C'에서 B와 C로 변경되었으며, 이에 터잡아서 甲 명의의 소유권이전등기가 마쳐진 경우, 甲 명의의 등기는 실체관계에 부합하는 것으로서 유효한가? (대판 1989. 9. 26. 88다카11930, 11947 참조. 그 외에 대판 1993. 7. 27. 93다7945 참조)
- 연립주택 2동에 관한 등기를 함에 있어서 실제 건물표시상의 가동과 나동이 뒤바뀌어 등기부상의 부동산표시가 되었으나 그밖에 건물등기부 표시란의 기재사항인 건물의 소재, 지번, 종류, 구조와 면적 등이 실제건물의 현황과 일치하는 경우, 그 등기를 무효라고 할 수 있는가? (대판 1989. 11. 28. 89다카2735 참조)
- 1동의 상가건물 내에 있는 몇 개의 점포에 관하여 이를 마치 독립한 건물인 것처럼 하여 보존등기한 경우, 그 보존등기는 유효한가? (대판 1965. 8. 17. 64다1721 참조)
- 건물에 관한 보존등기가 어떤 건물을 공시하는 효력이 있는가의 여부는 무엇으로 결정하는가? 어떤 건물의 등기가 동일성을 인식할 수 없는 경우 그 등기에 터잡아 진행된 경매에서 경락을 받은 자는 소유권을 취득할 수 있는가? (대판 1986. 7. 22. 85다카1222 참조)
- 분할 전 토지에 대한 등기부의 지적이 분할 후 동일 지번을 가지는 일부 토지의 지적으로 경정등기된 경우, 경정등기 후의 등기부가 분할 후의 일부 토지에 대한 등기부로서의 효력을 가지는가? 나아가 그에 따라 유효한 것으로 인정되는 경정등기 후에 경료된 소유권이전등기가 경정등기 전의 동일성이 없는 종전 토지에 대한 등기로서 효력을 갖는가? (대판 2000. 3. 10. 99다40975 참조)

☑ 기타 검토사항

- 甲과 D 간에 행해진 화해계약의 효력은 D로부터 Y건물을 전전 취득한 乙에게도

미치는가?

- 甲의 본소 청구는 관련소송 1의 기판력에 저촉되는가? 즉 X건물에 대한 소유권확인청구와 X건물의 인도청구는 소송물을 같이 하는가?

☑ 참고문헌

- 윤상목, 경정등기의 효력, 사법논집 6집(1975. 12), 177-203면.
- 채영수, 변경 · 경정등기와 그 한계, 재판자료43집(1988. 12), 495-547면.

㈏ 중복등기

판례 1

대판(전) 1990. 11. 27. 87다카2961, 87다453

[사안] X토지는 A가 농지개혁법에 의하여 국가로부터 분배받아 1953. 12. 20. 상환을 완료하고 1957. 11. 2. 자신 명의로 소유권이전등기(선등기)를 경료한 것이다. 甲(원고)은 1957. 8. 24. A로부터 X토지를 매수한 다음, X토지가 아직 미등기인 것으로 잘못 알고 1964. 2. 7. 다시 자신 명의로 소유권보존등기(후등기)를 경료하였다. 그 후 1975. A가 사망하자 그 공동상속인 乙 등(피고)이 X토지에 관하여 1984. 6. 11. 위 선등기에 기하여 소유권이전등기를 경료하였고, 1984. 12. 3. 다시 丙(피고) 명의로 소유권이전등기가 경료되었다. 이에 甲은 乙과 丙을 상대로 등기말소 혹은 이전등기의 이행을 청구하였다.

[원심] 원고가 A의 재산상속인인 피고를 상대로 한 이 사건 토지에 관한 소유권이전등기청구의 소에 대하여, 원고가 위 분할 전 토지에 관하여 위와 같이 매매에 기하여 원고 명의로 소유권보존등기를 마침으로써 위 분할 전 토지의 소유권을 취득한 이상 위 분할 전 토지에서 분할된 이 사건 토지에 관하여 다시 소유권이전등기절차의 이행을 거듭 구할 소의 이익이 없다고 판단하여 같은 이유로 위 소를 각하한 제 1 심판결을 유지하였다.

[판지] 동일 부동산에 관하여 등기명의인을 달리하여 중복된 소유권보존등기가 경료된 경우에는 먼저 이루어진 소유권보존등기가 원인무효가 되지 아니하는 한 뒤에 된 소유권보존등기는 비록 그 부동산의 매수인에 의하여 이루어진 경우에는 1부동산1용지주의를 채택하고 있는 부동산등기법 아래에서는 무효라고 해석함이 상당하다. 그런데 위 분할 전 토지에 관한 A 명의의 소유권이전등기의 토

대가 된 소유권보존등기(기록상 언제 누구 명의로 경료되어 있었는지 밝혀져 있지 않다)가 원인무효라고 볼 아무런 주장·입증이 없는 이 사건에 있어서는 원고가 1957. 8. 24. A로부터 위 분할 전 토지를 매수하였다 하더라도 A 명의의 소유권이전등기에 기하여 소유권이전등기를 경료하지 아니하고 소유권보존등기를 경료한 이상 뒤에 경료된 원고 명의의 소유권보존등기는 이중등기로서 무효라고 할 것이므로(그 결과 원고는 민법 부칙 제10조 제 1 항에 의하여 그 소유권을 상실하게 되었다), 원고는 매도인인 A의 상속인인 피고를 상대로 이 사건 부동산에 관하여 위 매매를 원인으로 한 소유권이전등기를 소구할 이익이 있다고 보지 않을 수 없다. 따라서 위의 견해와 어긋나는 취지의 대판 1981. 2. 10. 80다2027과 대판 1981. 9. 8. 80다1513은 이를 폐기하기로 한다.

결국 원심이 원고가 A로부터 동인 소유인 위 분할 전 토지를 매수하고 이미 A 명의로 소유권이전등기가 경료되어 있던 위 부동산에 관하여 원고 명의의 소유권보존등기를 경료하여 그 소유권을 취득하였으므로 다시 A의 상속인인 피고들에게 그 소유권이전등기절차의 이행을 구할 소의 이익이 없다고 판단한 제 1 심 판결을 유지한 것은 이중등기의 효력에 관한 법리를 오해한 것이라 할 것이고 그로 인하여 직권조사사항인 소의 이익에 관하여 판단을 그르쳤음이 명백하므로 원심판결 중 이 부분은 파기를 면할 수 없다.

판례 2

대판(전) 1978. 12. 26. 77다2427 ··

[사안] 이 사건 토지는 원래의 X토지에서 1958. 12. 15.과 1960. 3. 9.의 두차례에 걸쳐 분할이 이루어진 여러 필지 중의 일부인데, 그 분할 전 토지에 관하여는 이미 1957. 5. 24.자로 A명의의 소유권보존등기가 되었다가, B, C 명의를 거쳐 1976. 7. 26.자로 甲(원고) 명의의 이전등기가 경료되었다. 그런데 다른 한편 乙(피고, 대한민국)은 이와 같이 분할되어 내려온 본건 토지들에 관하여 1961. 9. 29.자로 분할된 지번, 지목, 지적에 의하여 각각 소유권보존등기를 마쳤으며, 이는 다시 D(제 1 심 공동피고)를 거쳐 丙(피고) 앞으로 이전등기가 경료되었다. 그리하여 甲이 乙·丙 등에 대하여 위 보존등기 및 이전등기의 말소를 청구하였다. 이에 대하여 乙은 A명의의 보존등기가 원인무효의 등기라고 주장하였다.

[원심] A의 분할 전의 보존등기와 피고 대한민국에 의한 분할 후에 있어서의 보존등기는 동일한 토지에 관하여 서로 중복관계에 있는 이른바 2중등기에 해당하고, 이와 같이 동일 부동산에 관하여 2중으로 보존등기가 이루어진 경우에는 1부동산1용지주의를 채택하고 있는 현재의 등기제도 하에서는 먼저 이루어진 등기에 관하여 그것이 실체적 권리관계에 부합하는지의 여부에 불구하고 뒤에 이루어진 등기는 당연무효로서 말소를 면치 못한다는 취지로 판단하여, 피고의 주장을 배척하고 피고 丙의 이전등기의 말소를 명하였다.

[판지] 부동산등기법 제15조에서 1부동산1용지주의를 채택하고 있는 결과로서 이른바 2중등기가 허용되지 않는다고 하는 것은 등기신청 당시에 2중등기임이 명백하여 등기공무원이 같은 법 제55조 제 2 호 소정의 "사건이 등기할 것이 아닌 때"에 해당한다는 이유로 형식적 심사권에 의하여 그 신청을 각하하여야 하고, 또는 등기를 완료한 후에 위에 해당된 것임을 발견하였을 경우에 등기공무원이 같은 법 제175조 이하의 규정에 의하여 이를 직권으로 말소할 수 있는 것과 같이 등기수리단계에 있어서의 절차법상의 요건에 지나지 않는다고 이해되어야 할 것이다. 그러므로 본건에 있어서와 같이 현실적으로 동일 부동산에 관하여 등기명의인을 달리하여 중복하여 보존등기가 이루어지고 또 이것이 그대로 존속하여 소송절차에서 서로 그 등기의 효력을 다투는 경우에 있어서는 법원으로서는 그 실체적 관계에 들어가서 어느 것이 진실한 소유권에 기하여 이루어진 것인가를 확정함으로써 그 유·무효를 결정하는 것이 옳다고 할 것이다.

뒤에 된 보존등기가 실체적 권리관계에 부합하고 오히려 먼저 된 보존등기는 무권리자에 의하여 이루어진 것이라고 가정할 경우, 먼저 된 등기는 비록 등기절차상에 있어서는 합법적이었다고 하더라도 실체적으로는 원인무효의 등기로서 그 등기는 결국은 말소되고야 말 처지에 있다고 할 것인데, 이와 같은 무효의 등기로 인하여 오히려 진실한 권리자에 의한 실체법상 유효한 등기가 단순히 절차상 시기적으로 늦게 되었다는 형식적 이유만으로서 일단 당연 무효가 되고 먼저 말소되어야 한다고 함은 실체법상으로나 등기제도의 궁극적 목적에 비추어 결코 합리적인 것이 되지 못하기 때문이다.

따라서 본원은 같은 취지에서의 본원 1961. 4. 6. 선고 4293민상 제30호 판결을 그대로 유지하고, 이와 배치되는 종전의 다른 판결들은 이 판결로서 이를 폐기하기로 한다.

그렇다면 원심이 위와 같은 점에 유의하지 아니하고, 본건 토지들에 관하여 A에 의한 먼저의 보존등기가 그 실체관계에 부합되지 않는 무효의 등기라는 피고 등의 주장을 심리할 필요조차 없다고 하여 배척하고 원고의 본소청구를 인용하여 피고들에게 그 등기의 말소를 명하였음은 결국 부동산등기법에 관한 법리를 오해함으로써 그 심리를 다하지 아니한 위법이 있다고 할 것이다.

☑ 쟁 점

위 두 판결은 동일 부동산에 관하여 2중으로 보존등기가 행해진 경우 어느 등기를 유효한 등기로 볼 것인가 하는 것이 문제된 것이다.

☑ 검토사항

- 두 판결의 사안의 차이와 판시내용의 차이를 살피시오.
- 앞의 판결은 소위 절차법설의 입장에 기한 것이고 뒤의 판결은 소위 실체법설의 입장에 기한 것으로서, 따라서 서로 충돌되는 입장이다. 그럼에도 앞의 판결이 뒤의 판결을 폐기하지 않은 이유는 무엇인가?

☑ 관련사례

- X토지에 관한 토지대장과 등기부가 6·25 사변으로 인하여 멸실되었는데, 1954. 3. 10. A 명의의 소유권이전등기가 회복 등재되었다. 다른 한편으로 X토지에 대하여 1954. 7. 1. 甲 명의의 소유권이전등기가 중복하여 회복 등재되었다. 그 후 A명의의 위 등기에 터 잡아 1971. 1. 28. 乙 명의의 소유권이전등기가 경료되고, 다시 1987. 7. 23. 및 1995. 3. 3. 丙, 丁 등의 이전등기가 순차로 경료되었다. 그런데 甲이 A 명의의 회복등기는 무효라고 하면서 이에 터잡아 경료된 乙 등 명의의 각 등기의 말소를 청구하였다. 타당한가? 즉 동일 부동산에 관하여 등기명의인을 달리하여 멸실회복에 의한 각 소유권이전등기가 중복 등재된 경우, 각 회복등기 간의 우열을 가리는 기준은 무엇인가? (대판(전) 2001. 2. 15. 99다66915 참조)
- X토지는 북위 38도 이북에 위치한 수복지구 내의 토지로서 8·15 해방과 6·25 사변을 거치는 동안 등기부나 토지대장 등 지적공부가 모두 멸실되었는데, 1956. 10. 15. A의 명의로 소유권이전등기의 회복등기가 경료되었다. 그런데 1964. 9. 1. 위 토지에 관한 토지대장이 복구되면서 수필지로 분할되고 그 중 한 필지(Y토지)가 철도용지로 변경되었다. 그리고 이 Y토지에 관하여 1983. 4. 4. 국가 명의의 소유권이전등기가 경료되었다. A가 사망하고 그의 상속인 甲이 국가에 대하여 국가 명의의 위 소유권이전등기는 중복등기라고 하면서 이의 말소를 청구하였으며, 이에 대하여 국가는 등기부취득시효에 기하여 시효취득하였으므로 위 등기는 실체관계

에 부합하는 유효한 등기라고 주장한다. 그 주장의 타당성을 살피시오. (대판(전) 1996. 10. 17. 96다12511 참조)

☑ 참고문헌

- 박정호, 중복등기의 효력, 재판실무연구 1권(수원지방법원), 71-88면, 1996.
- 손용근, 중복등기에 관한 대법원 판례의 동향분석, 김기수교수 화갑기념논문집, 449-468면, 1992.
- 유원규, 이중보존등기, 이회창선생 화갑기념논문집 525-548면, 1995.
- 백창훈, 중복된 멸실회부등기의 효력, 민사판례연구 24권, 29-55면, 2002.

㈐ 등기의 불법말소

대판 1988. 10. 25. 87다카1232

[사안] A는 타인과 공유하던 X토지 일부에 무허가로 이 사건 건물을 신축하였으며, 1982. 6. 20. 위 토지 지분 및 그 지상의 위 건물을 甲(원고)에게 매도하였다. 甲은 1985. 6. 29. 위 건물에 관하여 특정건축물 정리에 관한 특별조치법에 의한 준공검사를 얻어 가옥대장에 등록하고, 이에 기하여 자신 명의로 소유권보존등기를 마쳤다. 그런데 A는 위 건물과 그 부지를 乙(피고)에게 이중으로 양도하였으며, 乙은 그 대지에 대하여 지분권이전등기절차를 경료한 후 자신이 위 대지의 소유자임을 내세워 甲이 자신의 사용승낙을 받지 아니하였다는 이유로 위 준공검사에 대한 이의를 신청하여, 그 결과 위 준공검사가 취소되어 위 건물이 가옥대장상 멸실된 것으로 처리되고 이에 기하여 1985. 11. 8. 위 건물에 관하여 甲이 모르는 사이에 멸실등기가 마쳐졌다. 그리하여 甲이 乙을 상대로 위 건물에 관한 소유권확인소송을 제기하였다.

[원심] 등기에 의하여 일단 발생한 물권변동의 효력이 존속하기 위해서는 그 등기의 존속을 요한다 할 것이므로 원고 명의의 위 소유권보존등기는 위 멸실등기로서 그 효력을 잃게 되었고, 위 멸실등기의 효력 여하가 이를 좌우하지는 못한다 할 것이므로, 원고는 이 사건 건물의 소유권자가 아니라고 판시하였다.

[판지] 등기는 물권의 효력발생요건이고 효력존속요건은 아니므로 물권에 관한 등기가 원인 없이 말소된 경우에 그 물권의 효력에는 아무런 영향을 미치지 않는다고 할 것인바, 원고가 이 사건 건물을 매수하여 위와 같은 경위를 거쳐 그 명의로 소유권보존등기를 마친 이상 위 소유권보존등기는 실체관계에 부합하는

유효한 등기이고 원고는 이 사건 건물의 소유권을 취득하였다 할 것인데, 이 사건 건물이 멸실되지 않고 존재하고 있는데도 불구하고 멸실등기가 되었다면 이에 의하여 이 사건 건물에 대한 원고의 소유권이 상실되지는 않는다 할 것이다.

☑ 쟁 점

위 판결은 건물에 관한 甲의 보존등기가 乙에 의하여 불법으로 말소된 경우 甲은 건물에 대한 소유권을 상실하는가 하는 점이 문제된 것이다.

☑ 검토할 사항

- 등기는 물권의 효력발생요건인가, 이의 존속요건인가?

☑ 관련사례

- 부동산소유자가 소유권보존등기를 경료한 후 그 등기가 실체적인 원인관계 없이 이루어진 것이라고 오인하여 착오를 이유로 스스로 위 보존등기를 말소한 경우, 그 말소등기는 유효한가? (대판 1980. 4. 22. 79다2250 참조)
- 원래 국가 소유였던 부동산에 관하여 A에서 B에게로, 그리고 C에게로, 그리고 다시 B에게로 이전등기되었는데, 그 등기가 관할지방법원의 결정으로 전부 직권말소되었으나, 위 결정이 항고심에서 취소되어 확정됨으로써 위 등기가 장차 회복등기절차에 의하여 되살아나게 되어 있었다. 그런데 C가 위 등기들이 회복되지 않고 있는 사이에 국가로부터 A, B, C에 이르기까지 위 말소된 등기와 동일한 내용의 이전등기를 새로이 경료한 후 D에게 이전등기 하였다. 후자의 등기의 효력은? (대판 1988. 12. 27. 87다카2431 참조)
- 구법시대에 부동산을 매수하여 이전등기를 경료하였던 A가 1946년 이를 B에게 매도하였는데 B는 이전등기를 경료하지 않았으며, 이런 상태에서 6·25 사변이 발발하여 등기부가 소실되자, C가 이를 기화로 1954. 7. 18. 위 부동산에 관하여 아무 권원없이 자신 명의로 소유권회복등기를 한 다음 D에게 이전등기를 경료하였다. A는 C 및 D에 대하여 위 등기의 말소를 청구할 수 있는가? (대판 1969. 4. 15. 68다2496 참조)
- 민법 시행 전에 소유권이전등기를 마쳤으나 등기부가 멸실된 후 회복등기를 하지 않은 경우, 민법 부칙 제10조에 의하여 소유권이 상실되는가? (대판 1994. 11. 11. 94다14933; 대판 1996. 3. 12. 95다46166 참조)
- 甲이 토지를 타인에게 양도하였으나 그 양수인이 이전등기를 경료하지 않은 상태에서 6·25 사변으로 등기부가 멸실되었는데 乙이 이를 기화로 위 토지를 자신 소유로 회복등기한 경우, 甲은 乙에 대하여 등기말소를 청구할 수 있는가? (대판

1969. 4. 15. 68다2496 참조)

- X부동산에 대하여 A가 제 1 순위 근저당권을 설정하고 B가 제 2 순위 근저당권설정등기를 설정한 후 A의 제 1 순위 근저당권설정등기가 불법말소된 경우, A가 말소회복등기이행청구소송에서 승소판결을 받아 불법말소된 근저당권설정등기에 대한 말소회복등기를 함에 있어서 B의 동의를 얻기 위하여 B에 대하여 별도의 소송을 제기하여야 하는가? (대판 2001. 8. 24. 2000다12785,12792 참조)

☑ 기타 검토사항

- 甲은 건물을 위한 법정지상권을 취득하는가?

㈑ 절차위반의 등기

대판 1978. 8. 22. 76다343

[사안] 이 사건 토지는 甲(원고)의 父 A의 소유였는데, A는 1955. 4. 1. B가 기성회장으로 있는 학교 乙(피고)의 교지로 사용하도록 위 토지를 B에게 증여하였으며, 나아가 1962. 11. 7. 그와 같은 내용이 담긴 기부승낙서를 작성하여 B에게 교부하였다. 그리고 乙이 B를 통하여 위 토지를 인도받아 학교의 실습농장 등으로 사용하고 있다. 그런데 A가 사망하자 그 상속인 甲이 B에게 위 토지에 대한 A의 증여사실을 부인하면서 그 소유권이전의무의 이행을 거절하고 토지 위에 건립된 乙의 학교건물의 철거를 구하여, 분쟁이 생겼다. 그러자 乙은 甲의 요구대로 위 토지를 매수하는 형식을 취하고 대금조로 50,000원을 지급하고 위 분쟁을 해결지었다. 그리고 나아가 乙은 무단히 甲의 명의로 등기신청을 하여 등기를 마쳤다. 이에 甲이 그 등기의 말소를 소구하였다. 원심은 甲의 청구를 배척하였다.

[판지] 법률행위로 인한 부동산물권의 득실변경은 등기를 하지 아니하면 효력이 생기지 아니함은 민법 제186조가 규정하고 있는 바와 같으므로, 부동산의 증여·매매 기타 결국 부동산에 대한 물권을 이전할 것을 목적으로 하는 계약을 한 경우에 등기를 하지 아니하면 물권이전의 효과가 생기지 아니함은 논지가 지적하는 바와 같다고 할 것이다.

그러나 가사 부동산의 소유권을 이전할 것을 목적으로 하는 계약이 있고 동 계약 당사자간에 등기청구권을 실현하는데 있어서 법률상 하등의 지장이 없고 따라서 등기의무자가 그 의무의 이행을 거절할 정당한 하등의 사유가 없는 경우에, 양도인이 동 계약에 터잡아 양수인으로 하여금 사실상 그 목적부동산에 대한 전면적인 지배를 취득케 하여 그로써 양도인에 대한 관계에서 양수인이 소유권의 개념으로서 통합되어 그의 실질적인 내용을 이룩하고 있는 것으로 되어 있는 사용·수익·처분 등의 모든 권능을 취득하였다고 할 수 있는 상태에 이르렀다면 특별한 사정이 없는 한 법적으로도 양도인과 양수인과의 이와 같은 실질적인 관계를 외면할 수 없는 것이라고 할 것이니, 위와 같은 상태에서 양 당사자간의 관계를 상대적으로 다투는 데 있어서는 등기 전이라고 하더라도 소유권은 실질적으로 양수인에게 옮겨져 있는 것으로 해도 무방하다 할 것이며, 등기가 위와 같은 양 당사자의 실질적인 관계에 상응하는 것이라면 그 등기가 등기의무자의 신청에 의하지 아니한 하자가 있다고 해서 이를 반드시 무효로 하지 않으면 안 될 이유가 있다고도 할 것이 아니므로, 등기가 실체관계에 부합하여 유효하다고 할 때 위와 같은 경우까지를 이에 포함시켜 무방하다 할 것이다(등기가 양 당사자의 위와 같은 실질적인 관계에 부응하는 것이라면 그 등기는 의당 있어야 마땅한 등기라고 할 것이고, 이와 같은 등기는 일반적으로 등기의무자의 의사에 터 잡고 있는 것이라고 할 수 있다. 양 당사자 간의 실질적인 관계가 위와 같은 상태에 이르렀다면 그와 같은 상태에 이르게끔 한 양도인의 행위는 특별한 사정이 없는 한 일반적으로 소유권의 양도계약 등 물권변동을 위한 법률행위 당시에 잠재적이고 부동적이었던 등기의무자의 등기의사를 현실화시키고 확정적인 것으로 하려는 의사에 원유하는 것이라고 보아 무방하다 할 것이므로, 위와 같은 상태 하에서의 당사자간의 그 실질관계에 부합되는 등기는 등기의무자의 등기의사를 바탕으로 하고 있다고 보아서 안 될 이유가 있는 것이 아니므로, 가사 그 등기가 등기의무자의 신청에 의하지 아니하였다고 하더라도 그것을 단지 등기의무자의 의사에 기하지 아니하였다고 하고 등기의무자의 말소청구를 시인하여야 할 이유나 필요는 없다고 할 것이다). 위 소외 망 A의 이 건 부동산에 대한 위 증여는 서면에 의해서도 이루어졌으며, 원고가 위 서면에 의한 이 건 증여를 해제할 수 있는 하등의 사유를 찾아볼 수 없고, 기타 원고가 위 증여를 이유로 한 소유권이전등기의무의 이행을 거절할 하등의 정당한 사유가 있다고 할 수 있는 자료를 찾아볼 수 없는 이 건에 있어서 원심의 위 조치는 능히 시인될 수 있으며, 이렇듯 원고의 청구를 배척한 것이 원고와의 매매를 이유로 한 것이 아니고 위 소외 망 A의 증여를 이유로 한 이상 불공정한 행위에 관한 원고의 주장을 받아들이지 아니한 것도 능히 시인될 수 있으므로 논지는 모두 받아들일 수 없다.

☑ 쟁 점

위 판결은 부동산의 수증자 乙이 그 부동산을 인도받아 점유 사용하던 중 증여자의 상속인 甲과의 분쟁이 있자 자신이 무단히 甲의 명의로 등기신청을 하여 등기가 경료된 경우, 그 등기가 유효한가 하는 점이 문제된 경우이다.

☑ 검토할 사항

- 위의 판결이 절차에 위반하여 등기되었음에도 등기가 유효하다고 한 이유를 살피시오.

☑ 관련사례

- 증여에 의하여 부동산을 취득하였으나 등기원인을 매매로 기재한 경우, 그 등기는 유효한가? (대판 1980. 7. 22. 80다791 참조)
- 소유권이전등기 신청서류에 첨부된 등기의무자의 인감증명이 유효기간을 경과한 것인 경우, 그에 기해서 경료된 등기는 무효인가? (대판 1980. 6. 10. 80다788 참조)
- 매수인이 매도인의 사망 후 매도인 명의의 인감증명에 기하여 자신에게로 이전등기한 경우, 등기는 유효한가? (대판 1967. 4. 4. 67다133; 대판 1965. 8. 24. 65다1177,1178 참조. 그 외에 상속인이 사자 명의로 저당권등기를 한 경우—대판 1964. 11. 24. 64다685)
- 종중 甲의 대표자 A의 신청에 의해서 원래 甲의 소유이나 종중의 대표자였던 B에게로 명의신탁등기되었던 토지에 관하여 부동산소유권이전등기등에관한특별조치법에 기하여 甲 명의로 보존등기를 경료하였다. 그런데 A는 종중원 400 내지 500명 중 불과 18명이 참석한 종중회의에서 대표자로 선임된 것이었다. 이에 일부 종중원들(乙)이 A는 종중의 적법한 대표자라고 볼 수 없으므로 위 등기신청은 무효이고 그에 기하여 이루어진 위 보존등기 또한 무효라고 주장하면서 이의 말소를 소구하였다. 타당한가? (대판 1993. 7. 16. 92다53910)
- 사망한 사람(A)을 상대로 소송을 제기하여 승소확정판결을 받고 이에 터잡아 소유권이전등기가 행해진 경우, 그 등기는 유효한가? (대판 1980. 5. 27. 80다735 참조. 그 외에 후술하는 대판 1992. 9. 25. 92다21258 참조)
- 상대방의 주소를 허위로 기재하여 얻은 승소판결(詐僞判決)은 기판력을 가지는가? (대판(전) 1978. 5. 9. 75다634 참조) 그리고 이러한 사위판결에 기하여 행해진 소유권이전등기는 유효한가? (대판 1981. 8. 25. 80다2831 참조)

⑶ 등기의 유용

대판(전) 1970. 12. 24. 70다1630

[사안] 이 사건 부동산은 원래 귀속재산이었는데, 국가(피고)는 1961. 11. 10. 이를 甲(피고)에게 매도하는 귀속재산 매매계약을 체결하였다. 그런데 국가는 1962. 11. 28. 甲과의 위 계약을 취소하고 다시 이를 A에게 매도하였으며, A가 매매대금을 완납하자 A 명의의 소유권이전등기를 경료하여 주었다. 그 후 乙 등 수인(피고들)은 A의 소유권 취득을 바탕으로 하여 그로부터 위 토지의 일부를 매수하고 그들 명의의 소유권이전등기를 경료하였다. 그러자 甲은 국가를 상대로 국가가 위 매매계약을 취소한 행정처분의 취소를 구하는 행정소송을 제기하였으며, 甲의 승소판결이 확정됨으로써 동 매매계약의 취소처분이 취소되고, 그에 따라 A에 대한 매매계약도 1965. 4. 16. 국가에 의하여 취소되었다. 甲은 1965. 10. 22. 위 매매대금을 완납하였으며, 나아가 乙 등과 위 토지의 매매계약을 체결하는 한편 이미 경료된 그들 명의의 이전등기를 말소하지 않고 그대로 두기로(즉 국가로부터 A에게로의 이전등기 및 A로부터 乙 등에게의 각 이전등기를 말소하고, 다시 국가로부터 甲에게로 그리고 甲으로부터 乙 등에게로 이전등기를 하는 대신, 현재의 乙 등에게의 이전등기를 그대로 두기로) 약정하였다. 그런데 위 부동산에 관하여 甲에 대하여 소유권이전등기청구권이 있다는 丙(원고, 아마도 甲의 귀속재산 매매계약이 취소되기 전에 그로부터 위 부동산을 매수한 자인 것으로 추측된다)이 위 등기유용의 합의는 무효라고 하면서, 甲을 대위하여 乙 등에게의 이전등기의 말소를 청구하고 나아가 국가와 甲에 대하여 자신에게 이전등기를 할 것을 소구하였다. 이에 대하여 甲과 乙 등은, 甲은 위 부동산에 관하여 적법한 소유권자가 되었고, 乙 등은 이러한 甲으로부터 이를 다시 매수하고 그 대금 전액을 지급하였으므로 乙 등에게의 등기는 결국 실체적 권리관계와 부합하게 되었을 뿐만 아니라, 甲이나 국가는 위 등기를 모두 유효한 것으로 전환하기로 하고 甲은 국가에 대한 그의 소유권이전등기청구권을 행사하지 아니할 의사로써 이미 국가가 乙 등을 상대로 제기하였던 소유권이전등기 말소청구소송을 취하하도록 요청하였고, 국가 또한 이 요청에 따라서 1965. 10. 22. 위 소송을 취하하고 그의 소유권이전등기 말소등기청구권을 포기하였다고 주장하여, 위 등기유용의 합의는 유효하다고 항변하였다.

[원심] 원래 귀속재산을 매각함에 있어서는 매수인이 귀속재산처리법 제 9 조

각호에 열거되어 있는 매수결격자가 아닌지의 여부와 동법 제10조 내지 12조에 규정된 이중매매의 경우에 해당하는지의 여부를 조사하여 이러한 조건에 저촉되지 아니할 때에만 이를 매각하게 되어 있어 한번 귀속재산이 매각되어 그 매수인이 결정되면 포괄승계의 경우 외에는 매수인의 지위를 관재당국의 허용없이 당사자 사이에 이루어진 의사에 기하여 당해 귀속재산이 국가로부터 직접으로 그 후자에게 불하된 양으로 매수인 명의의 변경이 허용되지 아니하는 바, 이러한 귀속재산에 대하여 매수인이 아닌 제 3 자 명의로 있는 무효인 등기를 당초 불하한 관재당국과는 관계없이 이해당사자 사이에 단순히 새로운 실체관계를 만들고 그 관계에 부합한다는 이유로 위 무효한 등기를 유효한 등기로 전환할 수 있다고 한다면 등기명의상으로 볼 때 매수인의 변경을 실질적으로 허용함과 같은 결과를 초래하게 된다 할 것이고, 또한 귀속재산처리법상 매수인 이외의 제 3 자에게 직접 소유권이전등기를 경료케 할 근거가 없어 귀속재산 매각으로 인한 소유권이전등기는 이를 불하한 관재당국은 반드시 당해 귀속재산의 당초 적격자로서 불하매수한 사람에게 이행하는 것에 대하여서만 가능하다 해석할 것이므로, 이 사건에서와 같이 전 소유자인 A에 대한 매매계약이 취소됨으로 인하여 일단 원인무효로 된 등기는 이후 실질적인 이해가 있는 관계당사자 간에 이를 유효한 등기로 전환하기로 하는 합의가 있거나 그와 같은 실체상 법률관계가 성립되었다고 하더라도 당초의 매도처분에 수반되어 국외 동 매수인에 대한 소유권이전등기절차의무이행관계의 한도에 있어서는 본래 원인이 무효인 불하처분으로 인하여 이루어진 등기가 유효한 것으로 전환될 수는 없다고 봄이 귀속재산처리법의 정신에 비추어 상당하다.

[판지] 이 사건에 있어서 순리적인 등기절차를 이행하려면 국가는 A에 대한 소유권이전등기를 원인무효의 것이라고 하여 그 말소를 구하고 소유 명의를 피고 국가로 회복한 다음 피고 甲에 대하여 매매(매각처분)를 원인으로 하는 소유권이전등기를 경유하여야 할 것이며 피고 甲은 다시 그로부터 매수한 다른 사람 앞으로 소유권이전등기를 경유하는 것이 실질적인 권리변동의 내용에 부합되는 것이라고 할 것이지만, 그러나 부동산등기는 부동산물권의 표증방법에 지나지 않는 것으로서 그 등기가 현재의 권리관계를 여실히 표증하고 있는 이상, 그 내용에 있어서 권리변동의 경료와 일치하지 아니한다고 하더라도 유효한 것이라고 하여 그 효력을 인정함이 상당할 것이며, 등기가 유효하기 위하여는 그 표증하는 실체

법상의 권리관계가 존재함을 필요로 한다고 할 것이나 이와 같은 실체적 유효요건의 흠결이 있음으로 인하여 무효라고 하여야 할 등기가 그 후에 그 등기면에 대응하는 실체관계가 존재하게 된 때에는 그 후부터는 유효한 등기가 된다고 할 것이고, 그것이 처음부터 무효한 등기였으나 그 후에 실체적 유효요건을 충족하게 되는 경우는 물론 처음에는 유효한 등기였으나 후에 실체관계의 흠결을 가져오게 됨으로 인하여 무효가 되고 그 후에 다시 권리관계의 내용에 있어서 처음의 것과 동일한 실체관계를 구비하게 된 때라 하더라도, 이미 등기상 이해관계 있는 자가 생긴 것이 아닌 이상, 무효등기를 유효한 것으로 유용할 수 있는 것이라고 하여야 할 것이므로, 이 사건 부동산의 현재의 등기명의인인 피고 乙 등은 그 등기원인이 무효가 되어 그 명의의 소유권이전등기도 무효가 되었다 할지라도 이 사건 부동산을 피고 국가로부터 적법히 매수하여 이미 그 대금을 완납한 피고 甲으로부터 다시 매수하여 그 대금까지 전액 지급하고 피고 甲과의 사이에 무효로 된 위 등기를 유효한 것으로 할 것을 합의하였다면 등기상의 다른 이해관계인에게 영향을 주지 아니하거나 그들의 이의가 없는 이상, 위 무효등기를 새로 설정된 권리관계에 부합되는 유효등기로 하자는 위의 당사자 사이의 합의의 효력을 유효한 것이라고 보는 것이 상당할 것이다. 그리고 위와 같은 법리는 귀속재산인 부동산에 관하여도 다를 리가 없다.

귀속재산에 관하여 그 매수인의 명의변경이 허용되지 아니한다는 취지의 판례(대판 1964. 9. 30. 64다499 참조)는 귀속재산처리법상의 매매조건에 위배함이 없도록 하기 위한 것이라고 할 것인 바, 적법한 매매계약에 의하여 귀속재산을 매수한 매수인이 매매대금 전액을 납부한 이상, 그 매수인은 국가에 대하여 자기에게 그 부동산의 소유권이전등기를 이행하라는 청구를 할 권리(구민법 시행중에는 당사자 사이에 반대특약이 없는 한 그 소유권 자체를 취득할 것이다)를 취득하여 이러한 권리를 제 3 자에게 양도하거나 또는 기타의 처분을 할 수 있는 지위에 있다 할 것이고, 이를 매각한 관재당국이 위의 제 3 자에 관하여 귀속재산을 취득할 수 있는 조건이 있는지 없는지를 심사하여 그 가부를 결정할 수 있는 성질의 것이 아니므로, 매매대금 전액을 납부한 귀속재산 매수인의 위와 같은 제 3 자에 대한 처분에 관하여 그 법률상 효력을 부인할 아무런 이유가 없고, 이 사건에서와 같이 이미 취득한 제 3 자 명의의 등기가 무효가 되었으므로 적법한 귀속재산 매수인으로부터 위의 제 3 자가 다시 위와 같은 권리를 취득하고 위 무효의 등기를 유효한 것으로 전용할 것을 합의한 경우에 그 등기에 위 합의에 따른 효력이 있다고 하여 법률상 이를 허용한다 하더라도 위 제 3 자가 귀속재산 불하처분의 당사자가 되는 것도 아니고 또 귀속재산처리법상의 귀속재산 취득자격의 심사를 받아야 하는 자가 되는 것도 아니니, 위의 판례의 견해가 반드시 위 설시와 같은 해석과 저촉되는 것이라고 볼 것은 아니다. 그럼에도 불구하고 원심이 귀속재산에 있어서는 불하한 관재당국은 반드시 당해 귀속재산의 당초의 적격자로서 매수한 사람에게만 그 소유권이전등기를 이행하여야 하고 불하대상자가 아닌 사람(매각처분이 취소된 사람)인 A에 대한 이전등기가 무효로 돌아간 이상 후일 실질적 이해관계 당사자 사이에 등기에 부합하는 실체상 법률관계를 설정하고 무효등기를 유효등기로 전용할 합의를 하였다 하더라도 그 합의의 효력을 인정할 수 없다고 판단하였음은 위에서 설시한 귀속재산 매각에 관한 법리와 부동산등기의 법률상 효력을 잘못 이해한 위법이 있다고 할 수밖에 없다.

☑ 쟁 점

위 판결에서는 국가가 甲에게 귀속 부동산을 매각한 후 이를 취소하고 다시 A에게 매각하여 A가 이전등기를 경료하고 위 부동산을 乙 등에게 매각하여 이들에게 이전등기가 경료되었는데, 그 후 甲과의 귀속재산 매매계약이 취소되어 甲이 이를 불하받고 국가 및 乙 등과 사이에서 이미 乙에게 행해진 위 등기를 그대로 두기로 합의한 경우, 이러한 등기의 유용이 유효한가 하는 점이 문제된 것이다.

☑ 검토할 사항

- 등기의 유용이 유효하기 위한 요건을 살피시오.
- 등기의 유용을 유효한 것으로 인정하는 근거는 무엇인가?

☑ 관련사례

- 甲은 1972. 1. 22. A에게 금전을 대여하기로 하고, 그 담보를 위하여 A로부터 염전에 관한 근저당권설정등기에 필요한 일체의 서류를 교부받아 근저당권설정등기를 경료하였음에도 불구하고, 대여하기로 한 위 금전을 교부치 아니하여 A는 이를 이유로 위 근저당권설정계약을 해지하였다. 그 뒤 甲은 1972. 7. 6. B로부터 B의 A에 대한 수표금채권을 양도받은 후, 같은 해 9. 5. 甲과 A는 이 채권의 담보를 위하여 위 근저당권설정등기를 유용하기로 합의하였다. 그런데 1972. 1. 26.에 위 염전에 관하여 乙 명의의 소유권이전등기청구권 보전을 위한 가등기가 경료되었으며, 이에 기하여 1972. 12. 8. 본등기절차가 경료되었다. 乙이 甲에 대하여 위 근저당권설정

등기의 말소를 청구한 경우, 甲은 등기유용의 합의에 기해서 이를 거절할 수 있는가? (대판 1974. 9. 10. 74다482 참조)

- 甲과 乙 사이에 乙의 甲에 대한 채무의 담보조로 乙 소유의 부동산에 이미 경료되어 있던 丙 명의의 원인무효인 근저당권설정등기에 터잡아 이전등기를 경료하는 방법을 취하기로 합의하여 甲 앞으로 근저당권이전의 부기등기를 하였는데, 甲 명의의 근저당권이전등기가 경료되기 이전에 이미 위 부동산에 대하여 丁의 처분금지가처분이 경료된 경우, 등기 유용에 관한 합의는 丁에 대한 관계에 있어서 효력을 갖는가? (대판 1994. 1. 28. 93다31702 참조)
- A가 소유 부동산에 저당권을 설정하고 甲으로부터 금전을 차용하였다가 그 채무를 모두 변제하였는데, A가 乙로부터 금전을 차용함에 있어서 그 담보로서 甲 명의의 위 저당권설정등기를 이용하여 乙에게 저당권 이전의 부기등기를 경료하기로 하는 내용의 저당권등기 유용의 합의를 하였으나 아직 위 부기등기를 경료하지 못한 경우, A는 甲에 대하여 위 저당권설정등기의 말소를 청구할 수 있는가? 만약 A와 甲 그리고 乙 등 3자가 합의하여 저당권설정등기를 유용하기로 합의하였다면 어떠한가? (대판 1998. 3. 24. 97다56242 참조)
- A가 甲에게 소유 토지를 매도하고 대금 일부를 지급받은 다음 甲명의의 소유권이전청구권 보전의 가등기를 하였으나, 1981. 7. 14. A가 甲에게 위 매매계약을 해제한다는 의사표시를 하고 위 금원을 공탁하였으며, 甲은 해제의 효력을 다투면서 공탁금의 수령을 거절하였다. A는 乙에게 위 토지를 매도하고 소유권이전등기까지 해주었으나, 乙로부터 잔금으로 수령한 약속어음이 만기에 지급거절되자, 다시 위 토지를 丙에게 매도하였다. 그리고 소유권이전등기의 절차에 관하여는 甲과 상의하여, A가 甲에게 일정 금원을 지급하면 甲은 위 가등기에 관한 권리를 포기하여 A와 丙으로 하여금 위 가등기를 유용하도록 하기로 합의가 이루어졌다. 그리하여 甲이 A에게 가등기권리증을 반환함과 아울러 A가 공탁한 금원을 수령하였다. 그리고 A는 甲과의 합의에 따라 甲명의로 가등기에 기한 소유권이전등기를 하여주고, 같은 날 甲으로부터 丙명의의 소유권이전등기가 마쳐졌다. 이에 乙은 甲명의의 가등기의 원인이 甲이 A가 공탁한 금원을 수령함으로써 또는 위 권리포기의 약정에 의하여 소멸되었고, 甲명의의 소유권이전등기는 위와 같이 무효가 된 가등기의 순위보전의 효력을 유용하기 위한 것에 불과하므로 허위표시로서 무효라고 주장하여 그 말소청구의 소를 제기하였다. 乙의 청구는 타당한가? (대판 1989. 10. 27. 87다카425 참조)

☑ 기타 검토사항

- 만약 甲과 국가 간의 귀속재산 매매계약이 취소되기 전에 丙이 위 부동산을 매수하고 이전등기를 경료하였었는데 그 뒤 위 매매계약 취소처분이 甲의 취소소송에

의하여 취소되고 甲이 乙 등과 등기유용의 합의를 하였다면, 이러한 등기유용은 유효할 것인가?
- 귀속재산이 매수인에게로 이전하는 시기는 언제인가?
- 귀속재산 매매계약을 취소한 경우, 제109조 제 2 항에 의하여 그 취소의 효과를 선의의 제 3 자에게 대항할 수 없는가?

☑ 참고문헌

- 오세빈, 무효등기의 유용에 관한 합의의 효력, 대법원판례해설 12호, 283-292면, 1990.
- 오시정, 저당권설정등기의 유용, 경영법무 90호, 18-25면, 2001.

⑷ 중간생략등기

㈎ 유효요건

대판 1991. 4. 23. 91다5761

[사안] 이 사건 토지의 공유자이던 甲(피고)이 지분의 1/2을 A에 대한 채무의 대물변제로서 A에게 양도하면서 매수인란이 공란으로 된 백지의 매도증서와 위임장 및 甲의 인감증명서를 교부하였다. A는 다시 위 지분을 자신의 乙(원고)에 대한 채무 중 일부에 갈음하여 乙에게 대물변제로 양도하면서 자신이 받은 위 서류들을 교부하였다. 그 후 乙이 甲에 대하여 위 지분에 대한 소유권이전등기를 청구하였다.

[판지] 부동산이 전전 양도된 경우에 중간생략등기의 합의가 없는 한 그 최종 양수인은 최초 양도인에 중간생략등기의 합의를 이유로 최초 양도인에게 직접 그 소유권이전등기청구권을 행사하기 위하여는 관계당사자 전원의 의사합치, 즉 중간생략등기에 대한 최초 양도인과 중간자의 동의가 있는 외에 최초의 양도인과 최종의 양수인 사이에도 그 중간등기생략의 합의가 있었음이 요구되는 것이다.
최초 양도인인 피고가 중간등기생략을 거부하고 있는 이 사건에 있어 다른 특단의 사정이 없는 한, 중간자인 A가 원고에게 이 사건 토지지분을 대물변제로 양도하면서 A가 피고로부터 받은 매도증서 등의 서류를 넘겨주었다는 것만으로는 원·피고간에 중간등기생략에 관한 합의가 있었다고 할 수는 없는 것이다.

☑ 쟁 점

위 판결은 甲으로부터 부동산을 매수한 A가 이를 乙에게 전매하고 甲으로부터 교부받은 등기서류(매수인란이 백지로 된 매도증서 등)를 乙에게 교부한 경우, 乙은 甲에 대하여 이전등기를 청구할 수 있는가 하는 점이 문제된 것이다.

☑ 검토할 사항

- 乙이 甲에 대하여 이전등기를 청구할 수 있기 위한 요건은 무엇인가?
- 판결이 乙의 청구를 배척한 이유는 무엇인가?
- 매도증서에서의 매수인란을 백지로 하여 교부한 경우, 묵시적으로 중간등기 생략의 합의를 인정할 수 있는가? 이와 관련된 대판 1971. 2. 23. 70다2996; 대판 1982. 7. 13. 81다254 등과 위 판결과를 비교하시오.
- 중간 취득자를 거치지 아니하고 바로 최초 양도인으로부터 최종양수인에게 이전등기를 경료하기로 하는 당사자 간의 합의는 유효한가? 부동산등기특별조치법 제 2 조 및 제 8 조 제 1 항과 관련하여 검토하시오.
- 유효한 중간생략등기의 합의가 없음에도 불구하고 이미 중간생략등기가 경료되었다면 그 등기는 유효한가?

☑ 관련사례

- 매매로 인한 소유권이전등기청구권을 매수인으로부터 양도받은 양수인이 그 양도에 대하여 동의하지 않고 있는 최초 매도인에 대하여 채권양도를 원인으로 하여 소유권이전등기절차의 이행을 청구할 수 있는가? (대판 2005. 3. 10. 2004다67653,67660 참조)
- 토지거래허가구역 내의 토지가 관할 관청의 허가 없이 전전 매매되고 그 당사자들 사이에 최초의 매도인으로부터 최종 매수인 앞으로 직접 소유권이전등기를 경료하기로 하는 중간생략등기의 합의가 있는 경우, 최종 매수인은 최초 매도인에 대하여 직접 그 토지에 관한 토지거래허가 신청절차의 협력의무 이행청구권을 가지고 있는가? 나아가 최종 매수인이 자신과 최초 매도인을 매매당사자로 하는 토지거래허가를 받아 최종 매수인 앞으로 소유권이전등기를 경료하면 그 등기는 유효한가? (대판 1996. 6. 28. 96다3982 참조)
- 미등기건물을 등기하면서 건물의 원시취득자가 소유권보존등기를 하지 않고 그 승계취득자와의 합의에 의하여 곧바로 승계취득자 앞으로 소유권보존등기를 경료한 경우 그 등기는 유효한가? (대판 1995. 12. 26. 94다44675 참조)
- 상속인이 상속 부동산을 타인에 매도한 후 상속등기를 하지 않고 이미 사망한 피상속인으로부터 직접 매수인으로 이전등기를 할 수 있는가? (대판 1967. 5. 2. 66다

2642 참조)

- 중간생략등기에 관한 합의가 없이 중간생략등기가 행해진 경우, 최초 매도인은 관계 계약당사자 사이에 적법한 원인행위가 성립되었더라도 그 등기를 무효라고 할 수 있는가? (대판 1979. 7. 10. 79다847; 대판 1980. 2. 12. 79다2104 참조)

☑ 기타 참고사항

- 중간생략등기의 합의에 의한 이행청구는 법리적으로 어떻게 설명될 수 있는가? 이에 관한 여러 견해들을 비교하여 검토하라.

☑ 참고문헌

- 이은영, 중간생략 등기청구권의 부인, 민사판례연구 제20권, 33-61면, 1998.
- 엄동섭, 중간생략등기합의의 법적 성질, 민사판례연구 제28권, 3-36면, 2006.
- 정병호, 부동산매매로 인한 소유권이전등기청구권의 성질상 양도 제한 여부, 인권과 정의 330호(2004. 2), 174-189면.

㈏ 중간생략등기 합의의 효력

대판 2005. 4. 29. 2003다66431

[사안] 甲(피고)은 자신 소유 X토지를 A회사에 매도하는 계약을 체결하였고, A회사는 다시 위 토지를 乙 · 丙(원고)에게 매도하는 계약을 순차 체결하였다. 그리고 甲과 A회사 및 乙 사이에는 X토지에 관하여 A회사 명의의 소유권이전등기를 생략하고 A회사와 乙 사이에 체결된 매매계약에 기하여 바로 甲으로부터 乙에게 이전등기를 경료하여 주기로 하는 중간생략등기의 합의를 하였다. 그런데 甲이 A회사와의 매매계약상의 계약금을 지급받은 후 더 이상 매매매금을 수령하지 않은 채, A회사에게 X토지에 관한 매매매금을 당초 계약가격인 평당 356,010원보다 훨씬 비싼 가격 수준으로 올려 지급하여 달라고 고집하였다. 이에 A회사는 乙로부터 매매대금을 모두 지급받고 나서, 1996. 11. 18. 甲과 사이에서 매매대금을 평당 550,000원으로 인상하여 그 매매대금을 11. 30.까지 지급하되, 만약 이를 지급하지 못할 경우에는 원상복구하고 모든 민 · 형사상 책임을 지겠다는 취지의 지불확인서를 작성하여 丙에게 교부하였다. 그러나 A회사가 1996. 11. 30. 이후에도 甲에게 위 인상된 매매대금을 지급하지 아니하였다. 그런데 최종 매수인 乙 · 丙이 위 중간생략등기의 합의에 기하여 甲에 대하여 X토지의 이전등기를 청구하였다. 이에 대하여 甲은 A회사로부터 인상된 매매대금을 지급받기 전에는

(중간생략등기합의에 따른) 이전등기를 할 수 없다는 동시이행의 항변을 제출하였다. 그리하여 甲이 그와 같은 항변을 할 수 있는가, 아니면 A와의 종전 매매계약에 따른 매매대금의 지급에 관해서만 동시이행항변을 할 수 있는가 하는 점이 다투어졌다.

[원심] A회사가 피고에게 토지의 매매대금을 평당 55만원으로 올려주기로 약정한 것은 피고, A회사, 원고 사이에 각 매매계약이 체결되고 중간생략등기의 합의가 이루어졌으며 원고가 A회사에게 이 사건 토지를 비롯하여 자신이 분양받은 토지에 대한 매매대금까지 다 지급하고 난 후인 사실에 비추어 보면, 피고가 A회사에게는 인상된 매매대금의 지급을 청구할 수 있을지언정, 원고에게는 당초의 매매계약상의 항변권만을 주장할 수 있을 뿐 당초의 매매계약 및 중간생략등기의 합의 이후에 피고와 A회사 사이에서만 이루어진 매매대금 인상의 합의를 가지고 원고에게 대항할 수는 없다고 할 것이다(민법 제541조 주 1)의 규정 취지에 비추어 보아도 그러하다).

[상고이유] 중간생략등기를 합의하는 경우 매도인의 의사는 무조건 최종 매수인에게 소유권이전등기를 해 주겠다는 것이 아니라 자신이 매수인과 사이에서 가지는 권리·의무의 범위 내에서만 편의상 최종 매수인에게 직접 소유권이전등기를 해 주겠다는 것에 불과하다.

[판지] 중간생략등기의 합의란 부동산이 전전 매도된 경우 각 매매계약이 유효하게 성립함을 전제로 그 이행의 편의상 최초의 매도인으로부터 최종의 매수인 앞으로 소유권이전등기를 경료하기로 한다는 당사자 사이의 합의에 불과할 뿐이므로, 이러한 합의가 있다고 하여 최초의 매도인이 자신이 당사자가 된 매매계약상의 매수인인 중간자에 대하여 갖고 있는 매매대금청구권의 행사가 제한되는 것은 아니라고 할 것인바, 이러한 법리에 비추어 보면, 이 사건 토지에 관하여 자신들 소유 명의로 등기가 되어 있는 피고들로서는 매수인인 A회사 명의로 소유권이전등기를 경료해 줄 의무의 이행과 동시에 A회사에 대하여 인상된 매매대금의 지급을 구하는 내용의 동시이행의 항변권을 보유하고 있다고 보아야 할 것이므로, 피고들은 인상된 매매대금이 지급되지 아니하였음을 이유로 원고 명의로의 소유권이전등기의무의 이행을 거절할 수 있다고 할 것이다. 그럼에도 불구하고, 원심이 당초의 매매계약 및 중간생략등기 합의 이후에 피고들과 A회사 사이에서 이루어진 매매대금 인상의 합의를 가지고 원고에게 대항할 수 없다는 이유

를 들어 피고들의 동시이행의 항변을 일부 배척한 것은 중간생략등기의 합의의 효력 등에 관한 법리오해로 인하여 판결 결과에 영향을 미친 위법을 저지른 것으로 보아야 할 것이다.

☑ 쟁 점

위 판결은 甲과 A·乙 사이에 중간생략등기의 합의가 있은 후 甲과 A 간에 매매대금을 인상하는 약정이 체결된 경우, 甲은 인상된 매매대금이 지급되지 않았음을 이유로 乙에게로의 이전등기의무의 이행을 거절할 수 있는가가 문제된 것이다.

☑ 검토할 사항

- 중간생략등기의 합의가 있으면 중간매수인의 소유권이전등기청구권 또는 최초 매도인의 그 매수인에 대한 소유권이전등기의무가 소멸되는가?
- 판결이 甲은 A회사로부터 인상된 매매대금을 지급받기 전에는 이전등기를 할 수 없다는 동시이행의 항변을 긍정한 이유는 무엇인가?

☑ 기타 검토사항

- 본 사안에 있어서 甲과 A회사 사이의 매매계약을 乙·丙을 수익자로 하는 제 3 자를 위한 계약으로 보아 제 3 자를 위한 계약에 관한 규정을 유추적용할 수 있는가? 만약 이를 긍정한다면, 본 판결의 결론은 달라질 수 있는가?

☑ 참고문헌

- 김상환, 최초 매도인과 중간 매수인, 중간 매수인과 최종 매수인 사이에 순차로 매매계약이 체결되고 이들간에 중간생략 등기의 합의가 있은 후에 최초 매도인과 중간 매수인 간에 매매대금을 인상하는 약정이 체결된 경우, 최초 매도인은 인상된 매매대금이 지급되지 않았음을 이유로 최종 매수인 명의로의 소유권이전등기의무의 이행을 거절할 수 있는지 여부(적극), 대법원판례해설 제54호, 72-82면, 2006.
- 고창현, 중간생략등기의 유효성과 등기청구권, 이시윤박사 화갑기념논문집(상), 106-120면, 1995.
- 이보환, 중간생략등기, 재판자료 제43집: 등기에 관한 제문제(상), 351-396면, 1988.
- 조성민, 중간생략등기의 효력, 법학연구(경상대) 제 4 집, 83-95면, 1993.

⑸ 등기의 추정력

㈎ 추정력의 내용(효력)

대판 1997. 9. 30. 95다39526 ··

[사안] 이 사건 부동산들에 관하여 甲(피고) 명의의 소유권이전등기가 경료되고, 당일에 乙(원고) 명의의 가등기가 경료되었다(1988. 2. 9.자 매매예약을 등기원인으로). 그런데 이 가등기가 말소되었다. 그리하여 乙이 甲에 대하여 위 가등기의 회복등기 이행을 소구하였다. 재판에서는 위 가등기가 乙의 의사에 기하지 아니하고 위조된 서류에 의하여 부적법하게 말소되었다는 사실은 인정되었다. 다만 乙은 위 등기원인과는 달리 동생인 A를 통하여 위 토지를 전전 매수하여 甲에게 명의를 신탁하여 소유권이전등기를 하고, 甲이 부동산들을 임의로 처분하지 못하도록 할 목적으로 위 가등기를 마쳐 두었다고 주장하고, 반면 甲은 자신이 B로부터 위 부동산들을 매수하여 그 자신 명의로 소유권이전등기를 마쳤으며, 그 후 1988. 1.경 C를 통하여 A로부터 도박자금을 차용하면서 위 토지 중 일부를 그 담보로 제공하기로 하여 C에게 담보권 설정에 필요한 인감증명서를 교부하였는데 C가 위 토지에 대하여 乙 명의의 위 가등기를 경료하였으며, 그런데 C를 통하여 위 채무원리금을 변제하였으므로 위 토지에 대한 위 가등기는 원인 없이 마쳐진 것이거나 불법원인에 의한 채무를 담보할 목적으로 마쳐진 것으로서 무효이므로, 결국 위 부동산들에 대한 위 가등기의 말소등기는 실체관계에 부합하는 등기로서 유효하다고 주장하였다. 그런데 甲과 乙은 자신이 주장하는 위와 같은 사실을 입증하지 못하여 사실관계 ―과연 누구의 주장이 진실에 부합하는가 하는 점― 가 명확하지 않다.

[판지] 1. 부동산등기는 그것이 형식적으로 존재하는 것 자체로부터 적법한 등기원인에 의하여 마쳐진 것으로 추정되고, 등기명의자가 등기부에 기재된 것과 다른 원인으로 등기명의를 취득하였다고 주장하고 있지만 그 주장사실이 인정되지 않는다 하더라도 그 자체로 등기의 추정력이 깨어진다고 할 수 없으므로, 그와 같은 경우에도 등기가 원인 없이 마쳐진 것이라고 주장하는 쪽에서 그 무효사유를 주장·입증할 책임을 지게 된다. 또한 등기는 물권의 효력발생요건이고 존속요건은 아니어서 등기가 원인 없이 말소된 경우에는 그 물권의 효력에 아무런 영향이 없고, 그 회복등기가 마쳐지기 전이라도 말소된 등기의 등기명의인은

적법한 권리자로 추정되므로, 원인 없이 말소된 등기의 효력을 다투는 쪽에서 그 무효사유를 주장·입증하여야 한다.

이 사건에서 원고 명의의 가등기가 그의 의사에 기하지 아니하고 위조된 서류에 의하여 부적법하게 말소된 사실이 인정되는 이상, 위 가등기는 여전히 적법한 등기원인에 의하여 이루어진 것으로 추정된다. 그러므로 위 가등기의 등기원인이 1988. 2. 9.자 매매예약으로 되어 있고, 원고가 위 부동산을 자신이 매수하고 피고 명의로 등기하면서 피고의 무단처분을 방지하기 위하여 자신 명의로 위 가등기를 한 것이라고 주장하나 그 사실을 입증하지 못한다 하더라도, 그로 인하여 위 가등기의 권리추정력이 깨어져 원고가 위 가등기가 실체관계에 부합하는 가등기라고 하는 것을 입증할 책임을 지게 되는 것은 아니고, 여전히 위 가등기의 말소등기가 실체관계에 부합하는 것이라고 주장하는 피고가 그 주장 사실을 입증할 책임을 지는 것이다.

반면 피고는 자신이 위 부동산을 매수한 것이고 자신의 채무담보를 위하여 가등기를 하였으나 그 채무를 모두 변제하였으므로 위 가등기의 말소등기는 실체관계에 부합하는 등기로서 유효하다고 주장하나, 이를 뒷받침하기 위하여 내세운 증거들이나 사실조회 결과 등은 믿을 수 없거나 피고들의 위 주장 사실을 인정할 증거가 되기에 부족하다.

☑ 쟁 점

위 판결은 가등기가 불법 말소된 경우, 그 가등기명의인은 여전히 적법한 권리자로서 추정되는가, 따라서 그 가등기가 원인없이 행해진 것임을 주장하는 자가 그에 대한 입증책임을 지는가 하는 점이 문제된 것이다.

☑ 검토할 사항

- 부동산 등기에 대하여 추정력의 본질과 그것을 인정하는 근거는 무엇인가?
- 등기명의자가 등기부에 기재된 것과 다른 원인으로 등기 명의를 취득하였다고 주장하지만 그 주장 사실이 인정되지 않는 경우(사안에서는 매매예약을 원인으로 가등기되었으나 매매예약은 존재하지 않고, 가등기자는 명의수탁자의 무단처분을 방지하기 위하여 가등기를 한 것이라고 주장), 이로 인하여 등기의 추정력이 깨어지는가?
- 등기는 물권의 효력발생요건일 뿐인가 아니면 나아가 존속요건인가?

☑ 관련사례

- 소유권이전등기의 원인으로 주장된 계약서가 진정하지 않은 것으로 증명된 경우, 등기의 추정력이 유지되는가? (대판 1998. 9. 22. 98다29568 참조)
- 구 부동산등기법 제51조에 의하여 등기의무자를 달리 하는 경우에는 동일한 신청서에 의한 일괄신청을 할 수 없는 것이 원칙임에도 불구하고 등기의무자를 달리하는 별개의 부동산에 대하여 동일한 접수일과 접수번호로 각각 소유권이전등기가 경료된 경우, 그 등기는 추정력을 가지는가? (대판 2003. 2. 28. 2002다46256 참조)

☑ 기타 검토사항

- 수탁자에 의한 신탁부동산의 무단처분을 방지하기 위하여 명의신탁자와 명의수탁자가 실제로는 아무런 매매계약이 없음에도 불구하고 매매예약을 등기원인으로 신탁자 명의로 가등기를 경료하기로 합의한 경우, 그러한 합의는 통정허위표시로서 무효인가?

☑ 참고문헌

- 박종원, 등기의 추정력에 관한 고찰 ―대법원 판례의 입장변화를 중심으로, 법학연구(한국법학회) 제16집, 387-404면, 2004.
- 백현기, 등기의 추정력, 재판자료 제26집: 민사증거법(하), 93-137면, 1985.
- 이홍훈, 등기의 추정력, 재판자료 제43집: 등기에 관한 제문제(상), 201-281면, 1988.
- 정재훈, 법률상의 추정과 사실상의 추정, 재판자료 제25집: 민사증거법(상), 313-354면, 1985.

판례 3

대판(전) 2001. 11. 22. 2000다71388,71395 ································

[사안] 이 사건 각 부동산은 원래 1938. 5. 23. 망 A · B · C 3형제의 공유로 소유권이전등기가 마쳐졌었는데, 이에 관하여 1970. 6. 19. 및 1970. 8. 7. 구 임야소유권이전등기등에관한특별조치법에 따라 A의 처인 甲 등(피고) 명의로 1955. 3. 5. 및 1959. 10. 3.자 매매를 원인으로 한 소유권이전등기가 각 경료되었다. 이에 B의 상속인 乙 등(원고)은, 위 부동산이 3형제의 공유임에도 甲 등이 허위의 보증서 및 확인서를 발급받아 등기한 것이므로 甲은 위 부동산 중 B의 지분인 1/3 지분에 관한 등기를 말소할 의무가 있다고 주장하면서 위 이전등기의 말소를 청

구하였다. 이에 대하여 甲은, 위 부동산은 3형제의 조부 소유였다가 위 3형제의 父가 타인에게 이를 매도하였는데 A가 1938년경 A의 돈으로 다시 매수하여 그 중 각 1/3지분의 소유 명의를 동생들인 B · C에게 신탁하여 3형제 명의로 등기를 하였다가 그 후 A가 1959. 10.경 위 부동산을 甲에게 증여한 다음 위 특별조치법이 시행되자 동생들에 대한 명의신탁을 해지하고 편의상 甲 등이 3형제로부터 직접 이 사건 각 부동산을 매수한 것처럼 보증서 및 확인서를 발급받아 등기를 마쳤다고 주장하였다.

[원심] 이 사건 각 부동산에 관하여 피고 앞으로 특별조치법에 의한 각 소유권이전등기가 마쳐질 때에 첨부된 보증서나 확인서가 현재 남아 있지 않으나 전 소유자였던 3형제와 피고의 관계, 이 사건 각 부동산의 특성(선대의 분묘가 여러 기가 위치하고 있다는 점) 등 여러 사정을 고려할 때, 피고가 이 사건 각 부동산을 1955. 3. 5.과 1959. 10. 3.경 매수하였다고 보기 어려울 뿐만 아니라, 피고는 이 사건 각 부동산의 소유권이전경위에 대하여 자신은 명의신탁자인 피고로부터 증여받았으나 편의상 명의수탁자인 종전 등기명의자들로부터 직접 매수한 것처럼 보증서를 발급받아 특별조치법에 의하여 소유권이전등기를 마쳤다고 주장하여 보증서의 권리변동에 관한 실체적 기재내용이 진실과 부합하지 않고 있음을 자인하고 있으므로, 이 사건 각 부동산에 관한 피고 명의의 소유권이전등기는 특별조치법에 의한 등기의 추정력이 번복되어 특별한 사정이 없는 한 원인 없이 마쳐진 무효의 등기이다.

[판지] 특별조치법에 따라 마쳐진 등기는 실체적 권리관계에 부합하는 등기로 추정되고, 특별조치법 소정의 보증서나 확인서가 허위 또는 위조된 것이라거나 그 밖의 사유로 적법하게 등기된 것이 아니라는 입증이 없는 한 그 소유권보존등기나 이전등기의 추정력은 번복되지 않는 것이며, 여기서 허위의 보증서나 확인서라 함은 권리변동의 원인에 관한 실체적 기재 내용이 진실에 부합하지 않는 보증서나 확인서를 뜻하는 것인바(여기서의 허위의 보증서나 확인서의 의미는 형사사건에서의 특별조치법상 허위의 보증서나 확인서의 의미와 다를 수 있다), 특별조치법에 따라 등기를 마친 자가 보증서나 확인서에 기재된 취득원인이 사실과 다름을 인정하더라도 그가 다른 취득원인에 따라 권리를 취득하였음을 주장하는 때에는, 특별조치법의 적용을 받을 수 없는 시점의 취득원인 일자를 내세우는 경우와 같이 그 주장 자체에서 특별조치법에 따른 등기를 마칠 수 없음이 명백하거

나 그 주장하는 내용이 구체성이 전혀 없다든지 그 자체로서 허구임이 명백한 경우 등 특별한 사정이 없는 한 위의 사유만으로 특별조치법에 따라 마쳐진 등기의 추정력이 깨어진다고 볼 수는 없으며, 그 밖의 자료에 의하여 새로이 주장된 취득원인 사실에 관하여도 진실이 아님을 의심할 만큼 증명되어야 그 등기의 추정력이 깨어진다고 할 것이다. 이와 달리 특별조치법에 따라 등기를 마친 자가 보증서나 확인서상의 취득원인 사실과 다른 취득원인 사실을 주장한 경우에는 바로 그 등기의 추정력이 깨어진다는 취지로 판시한 대법원 1992. 10. 27. 선고 92다17938 판결 및 1992. 12. 8. 선고 92다32067 판결은 이 판결의 견해에 배치되는 범위에서 이를 변경하기로 한다. 위와 같은 법리에 비추어 볼 때 원심이, 피고 甲이 실제의 취득원인이라고 내세운 증여사실에 관하여 심리·판단함이 없이 보증서에 기재된 것과는 다른 취득원인 사실을 주장하였다는 이유만으로 바로 피고 甲 명의의 위 각 소유권이전등기의 추정력이 번복되었다고 판단한 점에는 특별조치법에 따라 마쳐진 등기의 추정력에 관한 법리를 오해하여 입증책임을 피고들에게 돌린 잘못이 있다고 할 것이다.

그러나 한편 기록에 의하여 피고들이 진정한 취득원인으로 내세운 주장 즉 B 명의의 3분의 1지분은 A가 B에게 명의신탁한 것인데 피고 甲이 명의신탁자인 A로부터 증여받았다는 주장에 관하여 보면, A, B, C 3형제 명의로 소유권이전등기가 경료된 1938년경 A는 만 17세에 불과하여 그가 이 사건 각 부동산을 매입하여 일부 지분을 동생들에게 명의신탁하였다는 사실을 쉽게 받아들이기 어렵고, 이 사건 각 부동산을 다른 사람에게 팔지 않겠다는 것을 확실히 하기 위하여 A 스스로 어린 동생들에게 일부 지분을 명의신탁하여 공유로 소유권이전등기를 마치게 되었다는 명의신탁의 경위도 선뜻 받아들이기 어려울 뿐만 아니라, 1959년경에 A가 선대의 묘 여러 기가 있는 이 사건 각 부동산을 처인 피고 甲에게 증여하였다는 점 자체가 이례적이고, A가 동생인 B를 경제적으로 뒷바라지하자 처인 피고 甲이 고생해 온 자신의 몫도 나누어 달라고 하여 이 사건 부동산을 증여받게 되었다는 설명도 설득력이 없고, 증여받았다고 주장하는 시점 이후에도 외형상 이 사건 각 부동산에 관한 점유의 형태에 아무런 변화가 없었으며, 1970년경 특별조치법에 따른 등기를 할 무렵 공동소유명의자 중 생존하여 있던 B와는 협의가 가능하였고 이미 사망한 C도 A와 형제간이었으므로 상속관계를 정리한 후 정식으로 소유권이전등기를 마칠 수 있는 상태였음에도 굳이 특별조치법에 의하여 일방적으로 소유권이전등기를 마친 점 등 여러 가지 정황에 비추어 볼 때, 위와 같은 증여의 주장 및 그 주장에 부합하는 취지의 증거들은 그 신빙성이 의심스럽다 할 것이므로, 결국 피고들이 또 다른 취득원인을 내세우지 아니하는 한 특별조치법에 따라 마쳐진 위 각 소유권이전등기의 추정력은 번복되었다고 볼 것이다.
따라서 이 사건 각 소유권이전등기의 추정력이 번복되었다고 본 원심의 판단은 결론적으로 정당하고, 거기에 상고이유에서 주장하는 바와 같이 특별조치법에 따라 마쳐진 소유권이전등기의 추정력이나 입증책임의 분배에 관한 법리를 오해한 잘못이 있다고 하여도 이는 판결 결과에 영향을 미치지 않으므로, 이 점에 대한 상고이유의 주장은 받아들이지 않는다.

☑ 쟁 점

위 판결은 특별조치법에 따라 등기를 마친 자가 그 취득원인에 관하여 보증서나 확인서에 기재된 것과 다른 주장을 한 경우 등기의 추정력이 깨어지는가 하는 점이 문제된 것이다.

☑ 검토할 사항

- 특별조치법에 기한 등기의 추정력이 번복되는 경우는 언제인가?
- 특별조치법에 따라 등기를 마친 자가 보증서나 확인서상의 취득원인 사실과 다른 취득원인 사실을 주장하는 경우에는 등기의 추정력이 깨어지는가?
- 위 판결이 등기의 추정력이 번복되었다고 판시한 이유는 무엇인가?
- 특별조치법에 의한 소유권보존등기의 추정력과 일반적인 보존등기의 추정력은 동일한 정도로 인정되는가? (아래의 대판 1980. 8. 26. 79다434 등과 대판(전) 1987. 10. 13. 86다카2928을 비교하시오)

☑ 관련사례

- A가 사정받은 토지에 관하여 B가 통상적인 절차(부동산등기법)에 기하여 보존등기를 받은 경우, 그 등기는 추정력을 가지는가? (대판 1980. 8. 26. 79다434; 대판 1983. 2. 22. 82다605; 대판 2005. 5. 26. 2002다43417 등 참조)
- X토지는 A의 소유로 사정되었던 것인데, 甲이 위 토지에 관하여 1970. 12. 10. 임야소유권이전등기에관한특별조치법에 따라 자기 명의로 소유권보존등기를 마치고 乙에게 매도하여 乙 명의로 소유권이전등기를 마쳤다. 그리하여 A의 차녀의 손자인 丙이 A의 단독재산상속인이 되었다고 하면서 위 등기의 말소를 청구하였다. 이

에 대하여 甲이 위 토지를 매수한 경위를 입증하지 못하고, 丙 역시 자신이 위 토지를 적법하게 상속한 경위를 입증하지 못하고 있다. 甲·乙의 위 등기의 추정력은 번복되는가? 즉 토지의 소유자로 사정받은 사람과 다른 사람의 명의로 소유권보존등기가 경료된 경우, 그 등기의 추정력이 깨지는가? (대판(전) 1987. 10. 13. 86다카2928 참조. 그 외에 대판 2005. 5. 26. 2002다43417)

- 구 부동산소유권이전등기등에관한특별조치법에 의한 보증인이 권리변동관계를 잘 알지 못한 채 등기명의인이 주장하는 권리변동관계를 보증한다는 내용의 보증서를 작성하여 준 경우 그 등기의 추정력은 번복되는가? (대판 2005. 4. 29. 2005다2189 참조)
- 특별조치법상 등기의 추정력을 번복하기 위하여 보증서나 확인서의 허위성이 반드시 법관이 확신할 정도로 입증되어야 하는가? (대판 2005. 4. 29. 2005다2189 참조)

☑ 참고문헌

- 박재윤, 특별조치법에 의한 소유권보존등기의 추정력, 민사판례연구 11권, 59-88면, 1989.
- 이재성, 임야소유권 이전등기에 관한 특별조치법에 의하여 경료된 소유권 보존등기의 추정력, 사법행정 29권 9호(1988. 9), 66-72면/10호(1988. 10), 59-68면(=이재성 판례평석집 10권, 331-384면, 1989).
- 이민걸, 특별조치법에 의하여 경료된 등기의 추정력, 최종영대법원장재임기념논문집, 274-283면, 2005.
- 한상호, 임야소유권이전등기에 관한 특별조치법에 의한 소유권보존등기의 추정력, 대법원판례해설 제 8 호, 175-195면, 1988.

㈏ 추정력의 범위

대판 1977. 6. 7. 76다3010

[사안] 본건 부동산은 원래 甲(원고)의 소유로서 그 명의로 소유권이전등기가 되어 있었는데 그로부터 乙(피고)이 1950. 4. 5. 매수하였음을 원인으로 하여 소유권이전등기가 乙 명의로 경료되었다. 이에 대하여 甲은 乙에게 위와 같은 매매사실이 없으니 乙 명의의 소유권이전등기는 원인흠결의 등기라고 주장하면서 乙 명의의 소유권이전등기의 말소를 청구하였다. 이에 대하여 乙은 그가 본건 부동산 중 일부를 1950. 5. 4. 매수했고 그 나머지도 1957. 8.경 매수했던 것이라고 다투었다.

[원심] 일반적인 경우에는 등기부상의 부동산 소유명의인은 달리 볼 자료가 없

는 한 그 부동산을 소유하는 것이라고 사실상 추정을 받는다 하겠으나, 본건에 있어서와 같이 등기부상 부동산의 직접적인 전 소유명의인이 현재의 소유명의인에 대하여 그 소유권의 이전을 다투는 경우에는 위와 같은 추정을 해서는 안 되고 오히려 현재의 소유명의인이 전 소유명의인으로부터 소유권을 취득했음을 입증해야할 책임을 지는 것이라고 봄이 옳다는 전제 하에, 피고가 내세운 원심증인 등의 증언은 믿기 어렵고 그밖에 피고의 위 주장사실을 뒷받침할 자료가 없다는 이유에서 피고의 항변을 배척하고 원고의 청구를 정당하다고 판시하였다.

[판지] 본건 부동산에 관하여 원판시와 같은 매매를 원인으로 피고 명의로 소유권이전등기가 거쳐진 경우에는 피고는 정당한 원인에 의하여 적법하게 본건 부동산에 관한 소유권을 취득한 것으로 추정된다 할 것이니, 원고가 이를 부인하고 그 등기원인의 무효를 주장하여 소유권이전등기의 말소등기절차의 이행을 구하려면 그 무효원인 사실을 주장하고 이를 입증하여야 할 책임이 있다 함이 본원의 판례로 하는 견해임에도 불구하고, 원심은 반대로 피고에게 본건 부동산을 적법하게 매수하여 본건 소유권이전등기를 거쳐 소유권을 취득하였음을 주장 입증할 책임이 있는데, 그 주장을 뒷받침할 입증자료가 없으므로 피고의 주장은 채용할 수 없음에 따라 원고의 청구는 그대로 인용할 것이라고 판단하였으니, 이는 결국 입증책임에 관한 법리를 오해하고 이로 말미암아 채증법칙을 어긴 위법이 있어 판결에 영향을 미칠 수 있다할 것이므로 논지는 이유 있음에 돌아간다. 그러므로 원심판결을 파기환송한다.

☑ 쟁 점

위 판결은 甲 소유의 부동산에 관하여 매매를 원인으로 하여 乙에게로 소유권이전등기가 경료되었는데 甲이 乙에게의 매매사실을 부인하는 경우에도 위 소유권이전등기의 추정력이 인정되는가 하는 점이 문제된 것이다.

☑ 검토사항

- 물권변동의 당사자 간에도 등기의 추정력이 미치는가?

☑ 관련사례

- 19세의 미성년자가 자신 명의의 부동산을 친권자인 자신의 母에게 증여하여 모 명의의 소유권이전등기가 경료된 경우, 미성년자가 친권자인 모에 대하여 증여하는

행위가 이해상반이 되더라도 그 모 명의의 소유권이전등기는 필요한 절차를 거친 적법한 등기로 추정되는가? (대판 2002. 2. 5. 2001다72029 참조)

- 甲 소유의 부동산에 관하여 A의 대리에 의하여 채무자 A, 채권자 乙 명의의 근저당권설정등기가 마쳐졌으나 甲이 이 근저당권설정등기가 A가 甲을 대리할 권한 없이 甲을 대리하여 마쳐진 것이므로 원인 없는 무효의 등기라고 주장하는 경우, 그 무효사실에 대한 증명책임은 누가 지는가? (대판 1992. 4. 24. 91다26379,26386 참조)
- 甲이 乙로부터 동산을 인도받아 점유하는데 甲과 乙 사이에 甲의 점유 권원에 대하여 다툼이 있는 경우, 甲의 점유권원에 대한 증명책임은 누구에게 있는가? (대판 1964. 12. 8. 64다714 참조)
- 甲이 乙에게 임야의 1/2지분을 매도함에 있어서, 乙은 책임지고 같은 해 12. 31.까지 위 임야에 대한 공원용지의 지정해제 및 주택지로의 형질변경을 하여 주기로 하되 만약 위 기한까지 위 공원용지해제 및 형질변경이 이루어지지 않을 경우에는 甲은 위 매매대금을 乙에게 반환하고 이 사건 임야지분을 환매할 수 있는 권리를 유보한다는 취지의 부동산지분 환매특약부 매매계약을 체결하였다. 그런데 乙에게로의 이전등기를 함에 있어서 편의상 환매기간을 같은 해 12. 30.까지로 하였다. 등기부상의 환매기간에 관하여 추정력이 미치는가? (대판 1991. 10. 11. 91다13700 참조)

⑹ 가 등 기

대판 1992. 9. 25. 92다21258

[사안] 甲(원고)의 피상속인 A가 1963. 1. 21.부터 20년간 소유의 의사로 평온, 공연하게 회사 乙(피고) 명의로 등기되어 있던 이 사건 X토지를 점유함으로써 1983. 1. 21.경 취득시효가 완성되었다. 다른 한편 乙에 대하여 대여금채권을 가지고 있던 丙(피고)은 1974. 3. 10.경 乙로부터 위 토지를 채권에 대한 대물변제조로 양도받기로 하였는데, 丙측의 사정으로 소유권이전등기를 하지 못하고 있던 중, 1978. 11. 1. 위 대물변제에 관한 계약 일부를 변경하여 乙이 1979. 6. 21.까지 위 대여금채무를 변제하지 못하면 별도의 의사표시 없이 위 토지에 관한 매매완결의 의사표시를 한 것으로 보고, 위 채무금은 매매대금으로 충당되며, 乙은 丙에게 위 토지를 즉시 인도하고 그에 대한 소유권이전등기를 하여 주기로 하는 매매예약을 체결하고, 그 소유권이전등기청구권 보전을 위하여 위 토지 위에 1979. 6. 28. 丙 명의의 가등기를 경료하였다. 그 후 A가 사망(1985. 8. 1)하였으며, 甲은 1989. 5. 29. 미등기 시효취득자인 자신의 명의로 위 토지에 관하여 처

분금지 가처분등기를 경료하고, 나아가 6. 1. 위 가등기상 권리에 대한 본등기금지 등 가처분등기를 경료하였다. 그러나 1989.경 丙은 乙회사의 대표자였으나 당시에는 이미 사망한 B를 乙의 대표청산인으로 삼아 위 가등기에 기한 본등기절차 이행의 소를 제기하고, 허위주소로 소장을 송달한 후 의제자백에 의한 승소판결을 받아 이에 기하여 1989. 11. 14. 丙 명의로 소유권이전등기를 경료하였다. 이에 甲은 丙에 대해서 乙로부터 丙에게로 행해진 위 이전등기는 등기절차에 하자가 있어서 무효라고 하여 이의 말소를 구하고, 乙에 대하여는 취득시효를 원인으로 한 소유권이전등기절차의 이행을 구하였다. 이에 대하여 乙은 丙에게로의 이전등기에 의하여 자신의 취득시효를 원인으로 한 소유권이전등기의무는 이행불능으로 되었다고 항변하였다.

[판지] 1) 원심은, 위 가등기에 기한 본등기는 사망자인 B를 피고 乙의 대표자로 하여 얻은 확정판결에 기한 것으로서 그 등기절차에 하자가 있으나 결국 실체관계에 부합하는 것으로서 유효하고, 따라서 피고 乙의 원고들에 대한 이 사건 토지에 관한 소유권이전등기의무는 취득시효완성 후 이 사건 토지가 제 3 자인 피고 丙에게 양도되어 등기이전됨으로써 이행불능으로 되었다고 판시하였다.

취득시효 완성에 의한 등기를 하기 전에 먼저 소유권이전등기를 경료하여 부동산 소유권을 취득한 제 3 자에 대하여는 그 제 3 자 명의의 등기가 무효가 아닌 한 시효취득을 주장할 수 없다고 함이 당원의 판례이고, 한편 가등기는 그 성질상 본등기의 순위보전의 효력만 있어 후일 본등기가 경료된 때에는 본등기의 순위가 가등기한 때로 소급하는 것뿐이지 본등기에 의한 물권변동의 효력이 가등기한 때로 소급하여 발생하는 것은 아니므로, 원고들을 위하여 이 사건 토지에 관한 취득시효가 완성된 후 원고들이 그 등기를 하기 전에 피고 丙이 취득시효 완성 전에 이미 설정되어 있던 가등기에 기하여 소유권이전의 본등기를 경료하였다면 그 가등기나 본등기를 무효로 볼 수 있는 경우가 아닌 한 원고들은 시효완성 후 부동산소유권을 취득한 제 3 자인 피고 丙에 대하여 시효취득을 주장할 수 없다 할 것이고, 따라서 결국 토지소유자인 피고 乙의 원고들에 대한 시효취득을 원인으로 한 소유권이전등기의무도 특별한 사정이 없는 한 이행불능으로 된 것으로 볼 수밖에 없는 것이다.

기록에 의하여 살펴보면 이 사건 토지에 관한 피고 丙 명의의 1989. 11. 14.자 소유권이전의 본등기가 당시 이미 사망한 소외 B를 피고 乙의 대표청산인으로 삼아 소를 제기하여 얻은 확정판결에 기한 것으로서 그 등기절차가 부적법한 것임은 소론이 지적하는 바와 같다. 그러나 사망자를 상대로 한 확정판결에 기하여 소유권이전등기를 한 경우라 하더라도 실체적 권리관계에 부합한다면 이를 유효라 할 것인바, 관계증거를 검토하여 보면 피고 丙 명의의 위 소유권이전등기가 동인이 피고 乙과 사이에 체결된 대여금채무 변제를 위한 대물변제 예약의 완결에 따른 것으로서 실체권리관계에 부합한다는 취지로 판시한 원심판결을 수긍할 수 있다. 그렇다면 원고들의 시효완성 후 이 사건 토지소유권이 제 3 자인 피고 丙에 이전됨으로써 원고들에 대한 피고 乙의 소유권이전등기의무가 이행불능으로 되었다는 원심판단 또한 정당하다.

2) 제 3 자 명의의 가등기가 경료된 부동산에 대하여 소유권이전등기청구권을 피보전권리로 하는 처분금지 가처분결정이 된 경우에 위 가등기에 기한 본등기가 경료되면 그 가등기나 그에 기한 본등기가 원인무효이거나 종전 소유권자가 소유권을 되찾아 올 수 있는 등 특별한 사유가 없는 한 처분금지 가처분결정은 그에 대항할 수 없는 것이고, 한편 가등기에 터잡아 본등기를 하는 것은 그 가등기에 기하여 순위보전된 권리의 취득(권리의 증대 내지 부가)이지 가등기상의 권리 자체의 처분(권리의 감소 내지 소멸)이라고는 볼 수 없으므로 가등기에 기한 본등기를 금지한다는 취지의 가처분은 부동산등기법 제 2 조에 규정된 등기할 사항에 해당하지 아니하고, 그러한 본등기금지 가처분이 잘못으로 기입등기되었다 하더라도 그 기재사항은 아무런 효력을 발생할 수 없는 것으로서, 가처분권자는 이러한 무효한 가처분결정의 기입등기로서 부동산의 적법한 전득자에게 대항할 수 없는 것이다. 원심은 위와 같은 각 가처분등기에도 불구하고 가처분권자인 원고들은 이를 내세워 그 가처분등기 이전에 이 사건 토지상에 가등기를 경료하여 놓고 있었던 피고 丙이 소유권이전의 본등기를 경료함으로써 그 소유권을 취득하는 것을 막을 수는 없다고 판시하였는바, 피고 丙 명의의 위 가등기나 본등기가 원인무효라는 등 특별한 사유가 있다고 볼 수 없는 이 사건에 있어서 원심의 위 판단은 정당하다.

☑ 쟁 점

위 판결은 乙 명의의 토지에 관하여 甲의 점유취득시효가 진행 중에 丙이 위 토지에 관하여 매매예약에 기하여 가등기를 해두었는데 甲의 취득시효가 완성된 후 丙이 본등기를 한 경우, 甲은 丙에 대하여 시효취득을 주장할 수 있는가 하는 점이 문제된 경우이다.

☑ 검토할 사항

- 위의 쟁점사항에 관하여 관건이 되는 것은 무엇인가?
- 가등기를 하고 후에 이에 기하여 본등기를 한 경우, 물권변동의 효력이 생기는 시기는 언제인가? 가등기 자체의 효력은 무엇인가?
- 취득시효가 완성하였으나 이에 기한 등기를 하기 전에 그 토지에 관하여 제 3 자에게로의 소유권이전등기가 경료된 경우, 시효완성자는 그 제 3 자에 대하여 시효취득을 주장할 수 있는가?
- 丙의 가등기에 기한 본등기는 사망자인 B를 乙의 대표자로 하여 얻은 확정판결에 기한 것인데 유효한가?
- 甲은 취득시효 완성 후에 토지에 관하여 처분금지 가처분등기 및 가등기상 권리에 대한 본등기금지 등 가처분등기를 경료하였는바, 이러한 가처분등기는 유효한가?

☑ 관련사례

- A 소유의 대지에 관하여 B가 1979. 6. 1. 소유권이전의 청구권 보전을 위한 가등기를 하였다가 1979. 11. 10. 위 가등기에 기한 본등기를 마친 경우, B의 가등기 후 본등기시까지의 대지에 대한 지료청구권은 누구에게 있는가? (대판 1981. 5. 26. 80다3117 참조)
- A의 가등기가 되어 있는 토지의 소유자 甲이 그 지상에 건물을 신축하였는데, 그후 A의 본등기가 행해지고 乙이 A로부터 토지를 양수받은 경우, 甲은 乙의 위 토지상에 관습상의 법정지상권을 취득하는가? (대판 1982. 6. 22. 81다1298,1299 참조)
- 1945. 8. 9. 이전에 일본인 소유부동산을 매수하고 가등기를 경료해 둔 경우, 그 부동산은 귀속재산으로 되지 않는가? (대판 1986. 3. 25. 84다카1848 참조)
- 소유권이전청구권 보전을 위한 가등기가 있는 경우, 소유권이전등기를 청구할 어떤 법률관계가 있다고 추정되는가? (대판 1979. 5. 22. 79다239 참조)

☑ 참고문헌

- 김규완, 청구권보전가등기의 실체법적 결과효, 안암법학 13호, 265-290면, 2001.
- 김정수, 가등기 가처분, 토지법학 16호, 55-74면, 2000.
- 노갑식, 부동산에 관한 처분금지가처분의 효력 : 이에 관한 대법원 판결들을 중심으로, 재판실무(창원지방법원), 303-322면, 1999.
- 신현기, 가등기, 법무사 438호(2003. 12), 4-18면.

다. 물권행위와 등기와의 관계

(1) 등기와 실체관계의 부합

대판 1985. 4. 9. 84다카130,131··································

[사안] 甲(원고)이 乙(피고 1)에게 X 및 Y토지를 매각하면서, X토지에 관해서는 중도금 지급 후(대금지급 전)에 미리 이전등기를 해주기로 약정하였다. 이에 기하여 乙은 1978. 2. 23. X토지에 관해서 이전등기를 하였다. 그런데 乙은 Y토지에 관해서도 甲을 기망하여 일부 서류를 교부받고 아울러 일부 서류를 변조하여(등기신청서류의 부동산 목록에 Y토지를 추가) 동년 3. 2. 동생 A(피고 3) 명의로 명의신탁등기를 하였으며, 나아가 이를 丙(피고)에게 매각하여 丙이 동년 3. 20. 이에 기해서 소유권이전등기청구권 보전을 위한 가등기를 마쳤다. 그런데 乙이 토지대금을 지급치 않아, 甲이 동년 4. 5. 위 매매계약을 해제하였다. 그러자 乙은 X토지를 자신이 대표이사로 있는 회사 B(피고 2)에 명의신탁하고는, 다시 동년 4. 10. 이를 丁(피고)에게 팔고 이전등기를 하였다. 그리하여 甲이 A · B · 丙 · 丁 등에 대하여 이전등기의 말소를 소구하였다. 그러자 丙은 甲의 소송제기 후인 1978. 8. 21. 위 가등기에 기한 본등기를 경료하였다.

[원심] 1) 원고와 피고 乙사이의 이 사건 매매계약은 그 계약해제 통고에 따라 1978. 4. 5. 적법하게 해제되었다. 2) 피고 B나 피고 A는 피고 乙이 원고로부터 이 사건 토지를 매수하여 그 이전등기를 함에 있어 그 명의를 빌려 소유권이전등기를 경료시킨 자들에 불과하여 이들을 이 사건 계약으로 인하여 생긴 법률효과에 기초하여 새로운 권리를 취득한 제 3 자로 볼 수 없으므로 피고 乙, B, A는 등기의 원인무효를 내세우거나 해제로 인한 원상회복을 구하는 원고 등의 청구에 응할 의무가 있다. 3) X토지에 관하여— 피고 丁은 위 매매계약의 해제 후에 매수한 자이기는 하나 원고가 위 해제로 인한 원상회복등기 전에 그 이전등기를 경료하였을 뿐만 아니라 위 피고가 악의의 취득자라는 입증도 없어서 이 사건 해제에도 불구하고 완전한 소유권을 취득하는 것이다. 4) Y토지에 관하여— 피고 丙은 위 해제 전에 매매예약을 하고 이를 원인으로 하여 대항력 있는 가등기를 갖춘 자로서 위 피고의 위 가등기 목적물에 대한 이익은 해제자인 원고와의 관계에서 보호됨이 상당하다고 인정되므로 위 피고는 위 계약해제로부터 보호되어야 할 제

3자로 볼 것이다. 이 토지에 대한 피고 B명의의 이전등기는 비록 그것이 등기과정상 소요서류의 위조 등의 방법으로 행하여진 하자가 있다고 하더라도 이는 실체권리관계에 부합하는 등기로 볼 것이므로 피고 B명의의 위 이전등기가 원인무효임을 전제로 한 원고의 주장은 받아들일 수가 없다(피고 A 및 B에 대한 판결은 상고가 기각되어 확정되었음).

[판지] 1) 공부상 공시된 등기가 실체적 권리관계에 부합한다 함은 그 등기절차에 문서의 위조 등 어떤 하자가 있다고 하더라도 진실한 권리관계와 합치되는 것을 말하는 것으로, 이 사건의 경우 약정매매대금 전액이 지급되었다거나 또는 매매대금 완불 이전이라고 하더라도 그 소유권이전등기를 하기로 하는 약정이 있었다고 할 수 없다면 위 피고 A 및 피고 B 명의의 소유권이전등기는 매도인인 원고의 의사에 반하는 것임이 분명하고, 또 실체적 권리관계에 부합한다고 할 이유나 근거가 없다고 할 수밖에 없다. 원심이 실체적 권리관계에 부합한다고 판시한 이유나 그 근거를 이해하기 어려우나, 판결문 그대로 이 사건 매매계약으로 이전받을 매매목적물인 까닭에 실체적 권리관계에 부합한다는 뜻이라면 이는 매매와 실체적 권리관계에 관한 법리를 오해한데 연유한 것으로 잘못임이 자명하다. 원고가 내세우는 청구원인사실을 보면 Y토지에 관하여 관계서류를 위조하여 자기의 동생인 피고 A 명의의 소유권이전등기를 하였다는 것이 근간을 이루고 있으므로, 원심으로서는 먼저 원고의 청구원인사실을 분명히 밝혀 이에 대한 판단을 토대로 원고의 청구의 당부를 가렸어야 할 것인에도 불구하고, 어치피 소유권을 넘겨주어야 할 매매목적물이라는 이유만으로 피고 B, A에 대한 원고의 청구는 인용하면서 피고 丙에 대하여서는 위 피고 등 명의의 소유권이전등기가 실체적 권리관계에 부합한다고 하여 그에 기한 피고 명의의 소유권이전등기의 말소를 구하는 원고의 청구를 배척한 원심조치는 이유불비의 비난을 면할 길이 없다.

2) 계약당사자의 일방이 계약을 해제하였을 때에는 계약은 소급하여 소멸하여 계약당사자는 각 원상회복의 의무를 지게 되나, 이 경우 계약해제로 인한 원상회복등기 등이 이루어지기 이전에 계약의 해제를 주장하는 자와 양립되지 아니하는 법률관계를 가지게 되었고 계약해제 사실을 몰랐던 제3자에 대하여는 계약해제를 주장할 수 없는 법리이다. 그런데 피고 丁은 원고와 피고 乙간의 매매계약이 해제된 사실을 알고 X토지를 매수한 사실을 알 수 있고, 이 사건 토지의 유래, 매매경위 및 그 점유이용실태 등 여러 사정에 비추어 상당히 신빙성이 높

음에도 불구하고, 원심이 이에 대하여는 아무런 판단도 하지 아니한 채 피고 丁이 매매계약 해제 이후에 위 토지를 매수한 자이긴 하나 원고가 위 해제로 인한 원상회복등기 이전에 그 소유권이전등기를 경료하였을 뿐만 아니라 위 피고가 악의의 취득자라는 입증도 없어서 이 사건 해제에도 불구하고 완전한 소유권을 취득한다고 판시하였음은 증거판단을 유탈하였거나 그 취사판단을 잘못하여 사실을 오인하였다고 할 수밖에 없다.

☑ 쟁 점

위 판결은 부동산매수인이 대금을 완납하지 않은 채 등기서류를 절취 또는 위조하여 이전등기를 경료한 경우, 그 등기가 실체적 권리관계에 부합하는 것으로서 유효한가 하는 것이 문제된 것이다.

☑ 검토할 사항

- 등기가 실체적 권리관계에 부합한다는 의미는 무엇인가?
- Y토지도 乙에게 팔기로 하였음에도 이에 관한 이전등기(A에게의 명의신탁등기)가 실체적 권리관계에 부합하지 않는다고 한 이유는 무엇인가?
- 매수인이 대금완납 전에 이전등기를 경료하였음에도 그 등기가 실체관계에 부합되는 경우는 언제인가?

☑ 관련사례

- 甲의 대리인 A가 甲의 부동산을 乙에게 매각하는 계약을 체결하였으며, 乙은 A를 통하여 甲에게 중도금 및 잔금을 지급하였는데, A가 이를 수령하여 편취하였다. 그리하여 甲이 이전등기를 해 주지 않자, 乙이 등기서류를 위조하여 자신 명의로 이전등기를 경료하였다. 이에 甲이 乙에 대하여 등기의 말소를 소구하였다. 타당한가? (대판 1994. 6. 28. 93다55777 참조)
- 甲이 A회사로부터 부동산을 매수하였는데, 甲이 중도금 일부를 지급한 상태에서 A회사가 부도나고 회사정리절차가 개시되었다. 그러자 甲이 A회사를 상대로 위 매매를 원인으로 하는 소유권이전등기절차의 이행을 구하는 소송을 제기하여 승소확정판결에 기하여 이전등기를 경료하였다. 그 후 甲이 A회사의 관리인 乙에게 잔여 중도금 및 잔금을 지급하려 하였으나, 乙은 그 수령을 거절하고 甲을 상대로 위 이전등기의 말소를 소구하였다. 乙의 등기말소청구는 타당한가? (대판 1992. 2. 28. 91다30149 참조)
- X건물의 신축자 A가 채권자 B에게 채권담보의 목적으로 위 건물을 매도하였으나 후일 B가 별도의 담보물인 Y대지를 경매하여 그 피담보채권 전액을 변제받아 담

보권이 소멸하였는데도 X건물을 제 3 자 甲에게 매도한 경우, 甲은 X건물의 소유권을 취득하는가? (대판 1990. 11. 9. 90다4457 참조)

- A로부터 임야상의 입목을 매수한 B가 자금사정이 좋지 않아 그 권리를 甲에게 양도하여 甲이 위 양도사실에 대하여 A의 승낙을 얻고 임목에 관하여 명인방법을 갖추었다. 그런데 甲이 임목의 잔대금을 지급하지 않자 A가 乙에게 위 임목을 다시 양도하였다. 이에 甲이 乙을 상대로 위 임목에 대한 소유권이 자신에게 있음을 확인해 달라는 소를 제기하였다. 타당한가? (대판 1969. 11. 25. 69다1346 참조)
- 채권자가 담보 목적으로 부동산소유권을 이전하기로 합의하였으나 피담보채권의 소멸 이후에 이전등기를 한 경우, 그 등기는 유효한가? (대판 1964. 11. 24. 64다851,852 참조)
- 무효인 회복등기에 기초하여 소유권이전등기가 행해졌는데 점유취득시효기간이 만료된 경우(그리고 그 기간 동안 그 부동산에 관하여 등기상 이해관계를 가지는 제 3 자가 없었던 경우), 그 이전등기는 실체관계에 부합하여 유효한가? (대판 1983. 8. 23. 83다카848 참조)
- 甲이 A의 가등기 후 설정된 저당권의 실행으로 건물을 경락받고 이전등기를 마쳤는데 위 가등기가 불법말소되었다가 회복되어 이에 기해서 A의 본등기가 행해지고, A로부터 위 건물을 양수한 乙이 甲에게의 이전등기를 말소하고 자신에게 이전등기한 경우, 그 이전등기는 유효한가? (대판 1987. 5. 26. 85다카2203 참조)
- 乙이 甲의 조부 A로부터 X토지를 증여받아 인도받고 점유하였는데, 甲의 父 B가 착오로 Y부동산을 C에게 팔고는 X토지에 관하여 이전등기를 해 주었다. 그런데 C로부터 Y토지를 전득한 丙이 위와 같은 사정을 알고 X토지에 관하여 乙에게 증여를 이유로 이전등기를 마쳤다. B의 사망 후 甲이 X토지에 관한 乙의 등기는 원인없이 이루어진 것으로서 무효라고 하면서 이의 말소를 청구하였다. 甲의 청구는 타당한가? (대판 1987. 7. 7. 86다카2218 참조)

☑ 기타 검토사항

- 해제의 효과에 관한 제548조 제 1 항 단서에서의 '제 3 자'의 의미를 살피시오.
- 위의 제 3 자의 범위와 관련하여 해제 전에 이해관계를 맺은 자와 그 이후 이해관계를 맺은 자 간에 차이가 있는가?

☑ 참고문헌

- 심재돈, 실체관계에 부합하는 등기, 재판자료 43집 : 등기에 관한 제문제(상), 283-317면, 1988.

⑵ 등기와 물권행위의 합치

㈎ 매매목적물 아닌 토지에 이전등기한 경우

대판 1991. 5. 14. 91다6801

[사안] 甲(원고)의 피상속인 A가 1970. 1. 1. 乙(피고)의 피상속인 B에게 Y토지(7필지)를 매도하였다. 그런데 B는 1972. 10. 2. Y토지뿐만 아니라, A가 거주하던 집의 대지에 인접한 이 사건 X토지에 관해서도 위 매매를 원인으로 한 이전등기를 경료하였다. 그러나 A는 B 명의의 소유권이전등기가 마쳐진 후에도 X토지를 계속 점유해 왔다. A · B 등의 사망 이후 甲이 乙에 대하여 X토지에 관한 이전등기는 착오에 기하여 행해진 것이라고 하면서 이의 말소를 소구하였다.

[원심] 이 사건 X토지는 원고가 거주하던 집의 대지에 인접한 토지로서 위와 같이 피고 명의의 소유권이전등기가 마쳐진 후에도 원고가 계속 점유해 온 사실만으로는 X토지에 관한 乙 명의의 소유권이전등기가 그 원인행위인 매매가 없었음에도 불구하고 X토지와 Y토지 등 3필지의 토지의 등기권리증이 한 묶음으로 되어 있었던 탓으로 Y토지에 관하여 소유권이전등기절차를 이행하는 과정에서 착오로 마쳐진 것이라고 인정하기에는 부족하다고 하여, 원고의 주위적청구를 기각하였다.

[판지] 매매한 토지가 7필지이고, 이건 계쟁토지 1필지는 그 매매목적물에 포함되지 아니한 것이 확실하고 그 제외된 토지는 매도인이 거주하고 있던 집 대지에 인접한 텃밭으로 등기가 매수인 앞으로 넘어간 뒤에도 계속 매도인이 자기 소유물처럼 점유 사용하여 매도인 사망 후 원고들이 상속한 지금에 이르고 있었다면, 피고 측에서 이건 계쟁토지에 대하여 소유권을 행사하지 못하게 된 사연 또는 그 토지를 달리 매수 취득한 경로를 주장 입증하지 못하는 한 그 소유권이전등기는 원고 주장과 같이 착오에 의하여 이전등기된 것이라고 추정하여야 할 것이다. 그런데 기록에 의하면 피고가 그와 같은 사정에 관하여 주장 입증한 바는 없고, 증인 L의 증언에 의하면 피고도 이 법정 외에서는 이건 계쟁토지를 B가 매수하지 아니한 것이라는 사실을 시인한다는 것이므로, 원심의 위 판시는 위와 같은 사실상의 추정에 관한 법리를 오해한 위법이 있다 할 수밖에 없다.

☑ 쟁 점

위 판결은 X토지가 매매의 대상이 아님에도 착오로 이전등기된 경우 그 등기는 유효한가 하는 점이 문제된 것이다.

☑ 검토할 사항

- A와 B 간에 토지매매계약이 있었고 이에 기하여 B가 X토지에 관하여 이전등기를 하였음에도 판결이 이의 말소청구를 인용한 근거는 무엇인가?
- X토지에 관하여 매수인에게 이전등기가 경료되었는데 매도인이 그 등기가 착오에 기한 것임을 이유로 말소를 청구하는 경우, 그 등기가 착오에 기한 것이라는 점에 관한 주장 및 입증책임은 누가 지는가? 이 사건에서 매수인 측이 이를 주장 입증해야 한다(그 등기는 착오에 기한 등기로 추정된다)고 한 이유는 무엇인가?

☑ 관련사례

- 착오로 매수토지와 다른 지번에 관하여 경료된 매수인 명의의 소유권 이전등기는 유효한가? (대판 1983. 10. 11. 83다386 참조)
- 甲이 乙에게 X건물을 담보로 제공하고 이에 관하여 대물변제 예약을 하였는데, 甲과 乙 간의 저당권설정계약서에는 저당목적물을 Y건물로 표시하였고 그리하여 甲의 채무불이행으로 인하여 Y건물에 관하여 대물변제 계약이 행해지고 이전등기가 경료된 경우, 그 등기는 유효한가? (대판 1962. 6. 21. 62다51 참조)
- 근저당권설정계약상의 채무자 아닌 제 3 자를 채무자로 하여 경료된 근저당권 설정등기는 유효한가? (대판 1981. 9. 8. 80다1468 참조)

㈏ 토지 일부를 매각하고 토지 전부에 관하여 이전등기한 경우(양적 불일치)

대판 1992. 12. 22. 92다33954 ··

[사안] A가 1972. 8. 1. 甲(피고)에게 이 사건 토지를 매도하였다. 그 후 A는 1980. 6. 경 B에게 위 토지 중 X부분(80평을 제외한 나머지 부분)만을 매도하였는데, B가 위 매수부분에 관한 소유권이전등기를 경료하면서 위 80평이 분할되어 있지 아니함을 기화로 A 몰래 80평에 관하여서도 소유권이전등기를 경료하여 갔다. 이에 터잡아 B는 위 토지를 전매하여, 이에 관하여 乙(원고) 등 명의의 이전등기가 순차 행해졌다. 그리하여 乙이 甲에 대하여 위 토지의 인도를 청구하였다. 이에 대하여 甲은 위 토지 중 80평 부분에 대한 이전등기는 B가 매수도 하지 않고 이전등기받은 것으로서 원인무효의 등기이고, 따라서 이에 터잡아 이루

어진 이 부분에 관한 乙 등 명의의 순차 소유권이전등기도 무효의 등기라고 항변하였다.

[판지] 1필지의 토지 중 일부를 매도하면서 위 토지가 등기부상 분할되어 있지 아니하였던 관계로 그 전부에 관하여 매도인으로부터 매수인에게 소유권이전등기가 경료된 경우에 있어서 매도인이 매수인에게 매도하지 아니하였던 토지부분에 대하여는 특별한 사정이 없는 한 위 두 사람 사이에 명의신탁관계가 성립되었다 할 것이고, 명의수탁자인 매수인으로부터 처음에 매도하지 아니한 부분까지 포함하여 토지 전체를 매수하여 그 소유권이전등기를 경료받은 제 3 자는 처음에 매도하지 아니한 부분에 관하여도 유효하게 소유권을 취득하는 것인바, 설사 소론과 같이 B가 A로부터 판시 토지 중 80평을 제외한 나머지 부분만을 매수하면서 위 80평이 분할되어 있지 아니하였던 관계로 위 토지 전체에 관하여 B 명의의 소유권이전등기를 경료하였다 하더라도, 위 80평에 관하여는 A와 B와의 사이에 명의신탁관계가 성립되었다 할 것이나, 그 후 원고 등이 B로부터 위 토지 전체를 매수하여 그 소유권이전등기를 경료받았다면, 원고 등은 위 80평에 관하여도 유효하게 소유권을 취득하였다 할 것이다.

☑ 쟁 점

위 판결은 토지의 일부를 매수한 자가 등기부상 그 부분이 분할되지 않아 토지 전부에 관하여 이전등기한 경우, 그 등기의 효력 및 그 매수인으로부터 토지 전부를 양수받은 자의 소유권취득 여부가 문제된 것이다.

☑ 검토할 사항

- 토지의 일부를 매수한 B가 토지 전부에 관하여 소유권이전등기를 경료한 경우, B는 토지 전부에 관하여 소유권을 취득하는가? 그 법률관계는 어떠한가?
- 토지 일부를 매수하면서 등기부상 그 부분이 분할되지 않아 토지 전부에 관하여 이전등기하였으나, 그것이 매수인이 매도인과의 합의에 기해서가 아니고 매도인 몰래 혹은 매도인을 기망하여 행한 것인 경우에도 토지 전부에 관한 명의신탁관계가 인정되는가?
- 만약 B의 매매대금이 단지 그가 매수한 부분의 가액에 불과하다면, 위 판결이 매수부분을 초과하는 부분에 대하여 명의신탁관계가 성립한다고 하는 것은 앞서 소개한 대판 1985. 4. 9. 84다카130,131과 조화되는가? 즉 이 경우는 그 등기가 실체관계에 부합한다고 할 수 있는가?

☑ 관련사례

- 甲이 乙에게 X토지 중 Y 및 Z부분을 제외한 나머지 부분을 매도하고 X토지 전체에 관하여 이전등기를 경료하였는데, 그 후 X토지에 관하여 다시 乙로부터 丙 앞으로 이전등기가 경료되었다. 그 후 X토지에서 Y부분 및 Z부분이 분할되었으며, Z토지에 관해서는 다시 丙으로부터 丁 앞으로 소유권이전등기가 경료되었다. 甲이 Y 및 Z토지 부분은 乙에게 매도하지 않았음을 이유로 乙·丙·丁 등을 상대로 이 부분에 관한 각 이전등기의 말소를 청구하였다. 타당한가? (대판 1990. 11. 13. 90다카23066 참조)
- A로부터 B가 1필의 토지의 일부를 특정하여 양도받고 편의상 그 전체에 관하여 공유지분등기를 경료하였는데 위 특정 부분이 전전 양도되고 그에 따라 공유지분등기도 전전 경료되어 현재 C가 그 공유자로 등기된 경우, A와 C 사이에도 명의신탁 관계가 성립하는가? (대판(전) 1980. 12. 9. 79다634; 대판 1990. 6. 26. 88다카14366 참조)
- 하천인 X토지 10,000평 중 甲이 7,000평을, 乙이 3,000평을 각 위치를 특정하여 소유하면서 다만 그 등기는 공유지분의 형식으로 되어 있었는데, 서울시가 甲소유 토지 중 5,000평을, 乙소유 토지 중 1,000평을 각각 위치를 특정하여 하천으로 수용하면서 아직 분필이 되어 있지 아니한 관계상 위 토지 전체에 관하여 10,000분의 6,000지분의 공유지분 이전등기를 경료하였다. 이에 甲은 서울시에 대하여 자신이 소유하는 나머지 특정 부분의 토지 2,000평에 관하여 경료된 서울시 명의의 공유지분 이전등기는 甲의 명의신탁에 의한 것임을 이유로 그 명의신탁계약을 해지하고 이에 대한 지분이전등기절차의 이행을 구하였다. 타당한가? (대판 1989. 4. 25. 88다카7184 참조)
- 종중 甲이 종중 소유의 X부동산을 A의 이름으로 등기하였는데 A의 상속인이 이를 자녀 乙에게 증여하고 이에 기해서 이전등기를 경료한 경우, 그 증여(처분행위)는 유효하고 따라서 乙은 위 부동산에 대한 소유권을 취득하는가? 이 경우 甲과 乙 간에 명의신탁관계가 존속하여 甲은 乙과의 명의신탁을 해지하고 이를 이유로 乙에 대하여 이전등기를 청구할 수 있는가? 만약 甲이 A에 대하여 위 부동산을 甲 명의로 환원해 줄 것을 요구하였음에도 A가 이에 응하지 않고 있다가 사망하기 직전에 乙에게 위와 같이 증여하였다면 어떠한가? (대판 1997. 10. 10. 96다38896 참조)
- 명의수탁자로부터 명의신탁 부동산을 매수한 양수인이 명의수탁자의 명의신탁자에 대한 배신행위에 적극 가담한 경우, 명의수탁자와 양수인 사이의 매매계약은 유효한가? (대판 1992. 6. 9. 91다29842 참조)
- 명의신탁 해지를 원인으로 한 소유권에 기한 소유권이전등기청구권이 소멸시효의 대상이 되는가? (대판 1991. 11. 26. 91다34387 참조)

◆ 부동산등기부상의 표시에 따라 지번과 지적이 표시된 한 필지의 토지를 양도하였는데 양도된 토지의 실측상의 지적이 등기부에 표시된 것보다 더 넓은 경우, 양수인은 그 초과 부분의 토지에 대하여도 소유권을 취득하는가? (대판 1988. 4. 27. 86다카2924 참조)

☑ 기타 검토사항

◆ 분할등기가 되어 있지 않아 1필의 토지 중 일부를 매수하고 그 전부에 관하여 이전등기를 경료함으로써 명의신탁관계가 성립한 경우에도 부동산실권리자명의등기에 관한 법률이 적용되는가?

㈐ 등기의 종류가 불합치하는 경우

대판 1980. 3. 11. 80다49

[사안] 甲(원고)은 소유부동산을 그의 딸 A의 B에 대한 채무의 담보로서 제공할 것을 승낙하였다. 그리하여 A의 B에 대한 채무를 C(소외 권영옥)가 대위변제하는 대신 C 앞으로 위 부동산에 대한 가등기와 근저당권설정등기를 하기로 하였다. 그런데 C가 위의 대위변제시에 B로부터 물려받은 등기관계서류를 이용하여 그의 남편 乙(피고) 앞으로 소유권이전의 본등기를 하였다. 그리고 위 부동산에 丙(피고)의 근저당권설정등기가 경료되었다. 이에 甲이 乙 및 丙을 상대로 위 등기의 말소를 소구하였다.

[원심] 1) 원고는 소유부동산을 그의 딸 A의 B에 대한 채무의 담보로서 제공할 것을 승낙한 이후에, 피고 乙의 처 C가 B에 A의 채무를 대위변제하는 대신 C 앞으로 위 부동산에 대한 가등기와 근저당권설정등기를 하기로 한 것이므로, 위의 대위변제시에 B로부터 물려받은 등기관계서류를 이용하여 피고 乙 앞으로 소유권이전의 본등기를 하였다 하더라도 그 등기는 C의 피담보채권을 담보하는 한도에서 유효한 것이다.

2) 피고 丙은 문제의 부동산에 관한 피고 乙 명의의 소유권이전등기를 진실한 것으로 믿고 또한 그렇게 믿은 것에 아무런 과실이 없으므로, 비록 원고 주장과 같이 피고 乙 명의의 소유권이전등기가 C나 A의 배신행위로 인하여 원고의 의사에 반한 것이라 하더라도 그 등기에 기하여 피고 丙 앞으로 경유된 근저당권설정등기는 민법 제103조 제 2 항이나 제126조의 규정 취지에 비추어 유효한 것이므로 그 부동산의 소유자인 원고로서는 그 무효를 주장할 수 없다.

[판지] 1) 담보의 목적으로 부동산을 제공함에 있어 채권자 앞으로 가등기와 근저당권설정등기를 하기로 약정한 일 밖에 없는데 채권자 아닌 제 3 자 앞으로 그 부동산에 대한 소유권이전의 본등기를 하였다면 특별한 사정이 없는 한 그 등기는 무효라 함이 상당하다 할 것이다. 피고 乙 앞으로 경유된 소유권이전의 본등기는 담보약정의 당사자 사이에 약정한 범위를 넘어서 함부로 소유권이전의 본등기를 한 것으로서 위법 무효일 뿐 아니라 특별한 사정도 없이 피담보채권자는 C인데 담보를 위한 소유권이전등기는 C 아닌 피고 乙 앞으로 한 것이 어째서 그 채권을 담보할 수 있다는 것인지 수긍이 가지 않는다. 원심으로서는 C가 원고에 대한 문제의 부동산에 대하여 갖고 있던 채권과 담보권을 남편인 피고 乙에게 양도한 것으로 본 것인지 아니면 처음부터 피담보채권자가 C 아닌 그 남편인 피고 乙이어서 그 등기가 유효한 것으로 보았는지 분명하지 아니할 뿐 아니라, 그렇게 보아야 할 특별한 사정으로서 가등기와 근저당권 설정의 합의 이후에 같은 피고에게 소유권이전의 본등기를 하기로 새로운 합의가 있었다고 보았는지가 분명치 아니하다. 따라서 원심으로서는 의당 먼저 그것들에 대한 당사자의 주장을 밝히고 심리를 하여 특별한 사정이 있는 여부를 밝혔어야 할 것이다. 그럼에도 불구하고 피고 乙 앞으로 경유된 문제의 등기를 유효한 것이라고 판단하였음은 이유불비, 심리미진의 위법을 범한 것이라 할 것이고 이를 탓하는 논지는 이유 있다.

2) 등기에 관하여 이른바 공신력을 인정하고 있지 아니한 현행 법제 하에서 소유권이전등기가 원인 없이 이루어진 것으로서 무효라면 그것에 기초한 근저당권설정등기 또한 당연히 무효로 돌아간다고 함이 상당하고, 민법 제108조 제 2 항은 통정한 허위의 의사표시에 있어서의 선의의 제 3 자 보호에 관한 규정이고 같은 법 제126조는 권한을 넘은 표현대리에 관한 규정인바, 원심의 설시로서는 이 사건에 있어서 A, B, C 피고 乙 간 누구와 누구가 통정하여 허위의 의사표시를 한 것인지 또는 누구가 누구의 대리인으로서 누구에 대하여 행위한 것이므로 피고 丙은 선의의 제 3 자로 보아야 하는지가 분명치 아니하고, 또 그것에 관한 당사자의 주장이 밝혀져 있지도 않으므로, 같은 조문을 이 사건에 유추적용한다는 것은 또한 심리미진이나 이유불비가 아니면 같은 법조에 대한 법리를 오해하여 판결결과에 영향을 끼친 것이라 할 것이고 이를 탓하는 논지는 이유 있다.

☑ 쟁 점

위 판결은 甲이 자신의 부동산을 A의 채무의 담보로 제공하는 데 동의하였는데, C가 A의 채무를 대위변제하고 위 부동산에 C명의의 가등기와 근저당권설정등기를 하기로 약정하였음에도 대위변제 후 위 부동산에 관하여 乙 앞으로 이전등기를 경료한 경우, 그 등기가 유효한가 하는 점이 문제된 것이다.

☑ 검토할 사항

◆ 판결이 乙에게의 이전등기가 무효라고 한 근거는 무엇인가?
◆ 乙 명의의 등기를 토대로 한 丙의 저당권등기의 효력은 어떠한가? 여기에 통정허위표시에서의 선의 제 3 자 보호 규정(제108조 제 2 항) 혹은 제126조의 표현대리 규정을 적용할 수 없는가?

☑ 관련사례

◆ 甲이 A의 은행 乙에 대한 대출금채무를 담보하기 위하여 소유부동산에 근저당권을 설정하였는데 A가 이를 변제하지 않자 다시 A에게 위 부동산을 담보로 추가대출을 받아 그 일부로 종전의 연체 대출금을 상환하라는 취지의 추가대출 및 담보권설정의 대리권을 수여하였다. 그리고 A가 甲의 허락없이 자기 앞으로 소유권이전등기를 한 후 乙로부터 추가대출받고(다만 그 액수는 甲으로부터 위임받은 것을 약간 초과) 다시 근저당권설정등기를 한 경우(그런데 A는 그 대출금으로 종전의 연체대출금을 모두 변제하고 종전의 저당권설정등기도 말소하였음), 나중의 근저당권설정등기는 유효한가? (대판 1989. 6. 27. 88다카23490 참조)

2. 물권변동의 효력

대판 1992. 11. 27. 92누4529

[사안] A가 그 소유이던 이 사건 부동산을 B회사에 증여하였으며, 그 후 A가 사망하였다. B는 A의 사망 후에 자신에게로 이전등기를 경료하였다. 그리하여 관할 세무서(피고)는 위 부동산에 관하여 A의 상속인 甲(원고)에게 상속세 부과처분을 내렸다. 이에 甲은 위 부동산은 A의 사망 전에 B에게 증여되어 상속재산에 포함되지 않으므로 이에 관한 상속세 부과처분은 위법하다고 하면서 이의 취소청구소송을 제기하였다.

[판지] 국세기본법 제21조 제 1 항 제 3 호, 상속세법 제 4 조 제 1 항, 제18조,

제29조의2 제 1 항 등의 규정내용을 종합하여 보면, 법률행위로 인한 부동산 물권변동에 관하여 형식주의를 취하고 있는 우리 법제 하에서 민법 제187조의 경우를 이용한 증여가 아닌 일반적인 부동산증여에 있어서 그 부동산의 취득일은 증여에 따른 소유권이전등기를 한 때이며, 비록 그 증여가 서면에 의한 것이거나 수증자가 그 부동산을 인도받아 사용·수익하고 있다고 하더라도 소유권이전등기를 마치지 아니한 이상 아직 그 부동산을 취득한 것으로 볼 수가 없으므로, 그러한 상태에서 소유자이던 증여자가 사망한 경우에는 그 부동산은 상속재산에 속한다고 봄이 상당하다 할 것이다. 이 사안에서 상속개시 당시까지 위 증여로 인한 소유권이전등기가 경료되지 아니한 이상 위 부동산은 여전히 A의 소유로서 원고들의 공동상속재산에 속한다.

☑ 쟁 점

위 판결은 부동산을 증여받은 자가 증여자의 사망 후에 이전등기를 한 경우, 증여자의 상속인에게 내려진 상속세부과처분은 적법한가 하는 점이 문제된 것이다.

☑ 검토할 사항

- 부동산을 증여받은 자가 증여자의 사망 후에 이전등기를 한 경우, 그 부동산은 언제 수증자에게 이전되는가?

☑ 기타 검토사항

- 만약 甲이 A의 사망 후 B에게로의 이전등기 전에 그 부동산을 제 3 자에게 양도하였다면, 그 제 3 자는 이의 소유권을 취득하는가?

제 2 항 법률의 규정에 기한 경우

1. 물권의 취득

가. 건물의 신축

대판 1990. 4. 24. 89다카18884

[사안] 건설회사 甲(제 1 심 공동피고)은 2002. 11. 8. △△구청장으로부터 이 사건 대지상의 아파트 신축사업계획을 승인받아 아파트 신축사업을 진행하는 한편, 같은 해 11. 22. 주택보증회사 乙(원고)과 사이에 주택분양보증계약을 체결하여 甲회사가 부도, 파산 등으로 주택분양계약을 이행할 수 없는 경우에 乙이 주택의 분양이행 또는 납부한 입주금의 환급을 책임지기로 약정하였다. A 등(원고 보조참가인 19인)은 甲회사와의 사이에 아파트 분양계약을 체결하였다(이중 일부는 원래 수분양자로부터 그 지위를 양수함). 甲회사는 2003. 7. 22.경 부도로 공사를 중단하게 되었는데, 당시 공사의 정도는 지하주차장 기초 골조공사가 진행 중이었을 뿐 조적공사는 전혀 진행되지 않고 있었다. 乙은 위 주택분양보증상의 보증책임을 분양이행의 방법으로 이행하고자 기존의 시공사로 하여금 잔여 공사를 계속하도록 하여 2004. 5.경 이를 완공하고, 같은 해 5. 27. 주택법 제29조에 근거한 분양보증인으로서 구청으로부터 사용승인을 받았다. 그런데 甲회사의 채권자인 캐피탈회사 丙은 甲회사에 대한 채권담보의 목적으로 그들 사이에 작성한 분양계약서를 근거로 A들이 분양받은 아파트 19세대에 대하여 甲회사를 채무자로 하여 받은 처분금지 가처분결정 및 그 가처분등기 촉탁에 기하여 甲회사 명의로 소유권보존등기를 경료하고, 丙 명의의 가처분등기를 경료하였다. 이에 乙이 甲회사에 대해서 소유권보존등기의 말소를, 丙에 대해서 말소등기에 대한 승낙의 의사표시를 청구하였다.

[판지] 자기의 비용과 노력으로 건물을 신축한 자는 그 건축허가가 타인의 명의로 된 여부에 관계없이 그 소유권을 원시취득하게 된다. 따라서 건축주의 사정으로 건축공사가 중단된 미완성의 건물을 인도받아 나머지 공사를 하게 된 경우에는, 그 공사의 중단 시점에 이미 사회통념상 독립한 건물이라고 볼 수 있는 정

도의 형태와 구조를 갖춘 경우가 아닌 한 이를 인도받아 자기의 비용과 노력으로 완공한 자가 그 건물의 원시취득자가 될 것이고, 이러한 법리는 구 주택건설촉진법(2003. 5. 29.에 전문 개정되기 전의 것) 및 같은 법 시행령 소정의 주택분양보증계약에 기하여 수분양자를 위한 주택분양보증인이 된 자가 위 보증채무의 이행으로 분양이행의 방법을 선택함으로써 사업주체로부터 중단된 공사를 이어받아 자기의 비용과 노력으로 건물을 완공한 경우에도 마찬가지로 적용된다 할 것이다. 따라서 원심이 피고 甲회사의 파산으로 중단되었다가 원고에 의하여 완공된 이 사건 아파트의 위 중단 당시 공사의 진행정도 등에 비추어, 비록 원고가 이 사건 아파트의 건축허가 명의자는 아니지만 그에 상관없이 원고가 이 사건 아파트 전체에 관한 소유권을 원시취득하였다고 본 조치는 정당하다. 따라서 이 사건 아파트 중 19세대에 대하여 피고 甲회사를 채무자로 하여 받은 판시 처분금지 가처분결정 및 그 가처분등기 촉탁에 기하여 피고들 명의로 각 경료한 이 사건 각 소유권보존등기 및 가처분등기는 모두 원인무효이거나 그에 기초한 것으로써 말소되어야 한다고 하여 위 각 소유권보존등기의 말소 및 그에 관한 승낙의 의사표시를 명한 조치는 비록 그 이유의 설시에 있어 다소 부족한 점은 있으나 결론에 있어서 정당하다.

☑ 쟁 점

위 판결은 甲이 건물신축공사를 시작하였으나 이를 완성치 못하고 乙이 이를 완성한 경우, 누가 건물의 소유권을 취득하는가 하는 점이 문제된 것이다.

☑ 검토할 사항

- 일반적으로 신축 건물의 소유권은 누구에게 귀속하는가?
- 자신의 노력과 비용으로 건물을 신축하는 건축주가 채무 담보를 위하여 건축허가 명의를 채권자 이름으로 한 경우 신축된 건물의 소유권은 원시적으로 누구에게 귀속하는가?

☑ 관련사례

- 양도 당시에 이미 구분소유가 가능한 정도로 건물의 일부가 건물로서의 요건을 갖춘 상태에서 건축공사를 넘겨받아 건물을 완공한 경우, 당해 건물의 소유권은 누가 원시취득 하는가? (대판 2006. 11. 9. 2004다67691 참조)
- 채무의 담보를 위하여 채무자가 자기 비용과 노력으로 신축하는 건물의 건축허가

명의를 채권자 명의로 한 경우, 완성된 건물의 소유권을 원시취득하는 자는 누구인가? (대판 1990. 4. 24. 89다카18884 참조)

- 수급인의 노력과 출재로 건축 중이거나 완성한 건물의 소유권은 도급인과 수급인 중 누구에게 귀속되는가? (대판 1999. 2. 9. 98두16675 참조)

☑ 기타 검토사항

- 건물신축의 경우 언제 사회통념상 독립한 건물이라고 볼 수 있는 정도의 형태와 구조를 갖춘 것으로 인정되는가?

☑ 참고문헌

- 이교림, 타인의 명의로 건축허가를 받고 자기의 비용과 노력으로 완공한 건물의 소유권 귀속, 판례월보 267호(1992. 12), 15-22면.
- 이상태, 완성건물의 소유권귀속에 관한 연구, 일감법학(건국대) 2권, 93-134면, 1997.
- 박재영, 건축중인 건물의 소유권귀속, 사법논집 제46집, 501-576면, 2008.

나. 국가의 행위

(1) 귀속재산의 매각

대판(전) 1984. 12. 11. 84다카557

[사안] 甲(원고)은 1956. 9. 1. 국가(피고)로부터 귀속재산인 이 사건 토지를 매수하고, 1961. 3. 29.까지 그 대금을 모두 지급하였다. 그런데 1976. 12. 10. 국가는 위 토지를 다시 乙(피고)에게 매도하고 소유권이전등기를 경료하여 주었다. 乙은 그 토지 위에 주택 1동을 건축하여 이를 소유하여 그 토지를 점유하고 있다. 이에 甲은 귀속재산 불하(매각)는 행정처분으로서 귀속재산의 매수자는 그 매수대금을 완납하면 소유권이전등기를 경료하지 아니하더라도 매수한 귀속재산의 소유권을 취득하므로 그 후에 경료된 乙 명의의 소유권이전등기는 원인무효이라고 하면서, 乙에 대하여 소유권이전등기의 말소와 그 지상 건물의 철거 및 토지의 인도를, 국가에 대하여는 소유권이전등기를 청구하였다.

[원심] 가사 원고가 그 주장과 같이 1956. 9. 1. 피고 대한민국으로부터 이 사건 토지를 매수하고 1961. 3. 29.까지 그 대금을 완납하였다 하더라도, 원고가 이 사건 토지에 관하여 소유권이전등기를 경료하지 아니한 이상 원고는 이 사건 토지

의 소유권을 취득하지 못하였다 할 것이고, 또 원고 주장과 같이 피고 대한민국이 이를 다시 피고 乙에게 매도하고 그 소유권이전등기를 경료하였다면, 피고 대한민국의 원고에 대한 소유권이전등기의무는 특별한 사정이 없는 한 이행불능 상태에 있다 할 것이라고 판시하여, 원고의 청구를 모두 배척하였다.

[판지] 귀속재산처리법에 의한 관재기관의 매각행위는 행정처분으로서 같은 법 제22조의 규정취지에 비추어 매수자가 그 매수대금을 완납하면 그 소유권은 등기를 필요로 하지 아니하고 자동적으로 매수자에게 이전된다고 할 것이다. 이에 저촉되는 대판 1966. 10. 25. 66다1437; 대판 1967. 10. 23. 67다1555; 대판 1968. 6. 4. 67다763; 대판 1968. 11. 19. 67다1211은 이를 폐기하기로 한다.

☑ 쟁 점

위 판결은 귀속재산의 매각은 이전등기를 하여야 소유권이 이전되는가 하는 점이 문제된 것이다.

☑ 검토할 사항

- 귀속재산처리법에 따른 관재기관의 매각행위는 사법상의 법률행위인가, 행정처분인가?
- 귀속재산처리법에 따른 관재기관의 매각행위에 따라 대금을 모두 납입하는 경우, 매수자는 등기 없이 소유권을 취득하는가?

☑ 관련사례

- 귀속재산을 불하받아 그 대금을 상환한 경우, 그 불하받은 부분에 대한 점유는 자주점유가 되는가? (대판 1992. 4. 28. 91다27259,27266 참조)
- 귀속재산인 토지가 귀속재산처리에관한특별조치법에 의하여 국유재산으로 된 경우, 이를 점유하던 자는 이를 시효취득할 수 있는가? (대판 1990. 1. 12. 88다카24622; 대판 1990. 10. 12. 90다카24359 등 참조)
- 원래는 귀속재산이 아닌 토지를 국가가 귀속재산으로 오인하여 귀속재산처리법에 의하여 매각처분한 경우, 그 행위는 당연무효인가 아니면 제569조 소정의 타인의 권리의 매매에 해당하는가? (대판 1991. 6. 25. 91다10435; 대판 1998. 4. 24. 96다48350 참조).
- 농지개혁법에 기하여 농지를 분배받은 경우, 언제 소유권을 취득하는가? (대판 1966. 9. 20. 66다1277; 대판 2007. 10. 11. 2007다43856 참조)
- 토지조사령에 의하여 토지의 소유자로 사정받은 자는 그 토지를 원시취득하는가?

(대판 1984. 1. 24. 83다카1152 참조)

☑ 참고문헌

- 김황식, 귀속재산처리법에 의한 매각부동산의 소유권변동시기, 민사판례연구 제8권, 16-25면, 1986.
- 박원철, 토지사정의 효력에 관련된 제문제점, 변호사(서울지방변호사회): 법률실무연구 21집, 143-178면, 1991.
- 이용훈, 법률의 규정에 의한 부동산 물권변동, 사법논집 8집, 5-47면, 1977.

(2) 판 결

대판 1982. 10. 12. 82다129 ···

[사안] 甲(원고)은 A를 상대로 X부동산에 관하여 부동산매매를 원인으로 한 소유권이전등기소송을 제기하여, 승소판결을 받아 1979. 8. 27. 자신 명의로 소유권이전등기를 경료하였다. 그런데 乙(피고)이 A를 상대로 위 부동산에 관하여 처분금지 가처분신청을 하여 1979. 8. 14. 동 가처분결정을 받아 같은 달 16. 이를 등기한 후, 본안소송을 제기하여 승소판결을 받았다. 그리고 이에 의하여 1980. 2. 13. 소유권이전등기를 경료하고, 이에 터잡아 같은 해 5. 2. 다시 丙(피고) 명의로 소유권이전등기를 경료하였다. 이에 甲은 乙, 丙에 대하여 각각 소유권이전등기의 말소를 청구하였다.

[판지] 1979. 8. 27.자 원고 명의의 소유권이전등기는 피고 乙 명의의 1979. 8. 16.자 가처분등기보다 후에 이루어진 것임이 역수상 명백하므로, 원고 명의의 소유권이전등기는 비록 원고가 A로부터 위 가처분등기 이전에 이 사건 부동산을 매수하였다 하더라도 먼저 경료된 위 가처분등기에 저촉되므로 가처분권자에게 본안판결의 패소 기타 특별한 사정이 없는 한 원고는 가처분권자인 피고 乙에게 대항할 수 없을 뿐 아니라, 원고의 A에 대한 승소의 확정판결과 같이 매매 등 법률행위를 원인으로 소유권이전등기절차 이행의 소를 제기하여 얻은 판결은 그 판결 자체에 부동산물권취득이라는 형성적 효력이 없어 민법 제187조 소정의 판결에 해당되지 아니하므로, 원고가 먼저 승소판결을 받았다 하여도 그에 따른 소유권이전등기를 경료할 때까지는 이 사건 부동산의 소유권을 취득하였다고 볼 수 없으며, 또한 원고가 받은 이 승소판결은 이 사건 피고 乙을 상대로 하는 소송에서의 판결이 아니어서 그 판결의 효력이 피고 乙에게 미치지 아니하므로, 피

고 乙이 A에 대하여 얻은 판결은 원고가 얻은 판결의 기판력에 저촉될 여지가 없다. 따라서 원고의 청구를 기각한 원심의 조치는 정당하다.

☑ 쟁 점

위 판결은 乙의 가처분결정의 등기가 경료된 후 甲이 소유권이전등기이행청구소송의 승소판결에 기하여 소유권이전등기를 하였는데, 그 후 乙의 승소판결에 기하여 소유권이전등기를 경료한 경우, 甲이 乙의 이전등기를 말소청구할 수 있는가 하는 점이 문제된 것이다.

☑ 검토사항

- 甲의 소유권이전등기청구소송에서 승소판결이 확정되면 그로써 甲은 소유권을 취득하는가?
- 甲이 乙보다 먼저 승소판결을 받아 소유권이전등기를 하였으나 그 전에 이미 乙의 가처분결정의 등기가 경료되어 있는 경우, 甲은 자신의 승소판결을 들어 乙의 가처분결정에 대항할 수 있는가?
- 민법 제187조에서 물권변동의 효력을 가져오는 판결은 어떤 성질의 판결인가?

☑ 관련사례

- 부동산에 대한 소유권이전등기 이행청구소송에서 청구인낙되어 인낙조서가 작성된 경우, 원고는 등기 없이 당해 부동산에 대한 소유권을 취득하는가? (대판 1998. 7. 28. 96다50025)

☑ 참고문헌

- 박종원, 법률행위에 의하지 않는 부동산물권변동, 법학연구(한국법학회) 18집, 549-570면, 2005.

2. 물권의 소멸

가. 포락(浦落)

대판 2000. 12. 8. 99다11687······································

[사안] A 등은 1969. 2. 15. 건설부장관으로부터 공유수면이던 ○○시 △△동 1055-10 지선에 택지조성을 위한 매립면허를 받아 그 곳 서쪽 방향과 북쪽 방향

을 잇는 "ㄱ"자형의 폭 3 내지 4m의 호안을 축조하고 그 안을 매립하여 같은 동 1055-125 대 3,075㎡ 및 1055-101 대 1,550㎡(구 지번임)의 택지를 조성한 다음, 1971. 12. 31. 준공인가를 받아 그 소유권을 취득하였다. 그런데 목재회사 B가 위 각 대지로부터 2 내지 3km가량 떨어진 곳에 설치한 저목장에 저장하여 두었던 원목들이 1977년 8월경부터 1978년 8월경까지 사이에 수차에 걸쳐 태풍으로 인하여 저목장 밖으로 떠밀려 나와 위 각 대지 주위에 있던 호안 축대들을 들이받아 파손시키고 매립된 흙이 유실되게 함으로써 위 각 토지의 일부인 이 사건 X토지가 해수에 침수되었다. 甲(원고)은 1983. 11. 26. X토지를 포함한 위 매립지 전부를 매수하여 1984. 3. 14. 소유권이전등기를 마쳤다. 그런데 ○○시 ▽▽구청은 1983. 11. 22. 측량 결과 위 매립지 중 일부인 X토지가 만수시 해수면 아래에 들어가는 것을 발견하고 해면에 포락되었다고 판단하여, 1987. 10. 17. 지적법 제3조, 같은법 시행령 제14조의 규정에 따라 X토지를 분할하여 △△동 1055-130 대 1,537㎡ 및 같은 동 1055-128 대 1,074㎡로 지번과 지적을 부여하고 그에 관련된 등기, 등록사항을 말소하였다. 한편 ○○시는 1983. 1. 4. 86 아시아경기 및 88 서울올림픽대회용 요트경기장 및 관광위락시설의 건설을 위한 부지조성을 위하여 X토지를 포함한 △△동 984 지선 약 28만평의 공유수면에 대하여 해운항만청장으로부터 매립승인을 받고 매립공사를 시행하여 1988. 4. 23. 준공인가를 받아 X토지를 포함한 매립지 일부에 대하여 △△동 1418 대 20,265㎡라는 지번과 지적으로 1988. 5. 12. 그 명의의 소유권보존등기를 마쳤다. 이에 甲은 국가(피고)를 상대로 X토지에 관한 소유권확인청구소송을 제기하였다. 이에 대하여 국가는 X토지는 늦어도 1983. 11. 해면에 포락되어 이에 대한 甲의 소유권이 소멸하였다고 항변하였다. 그런데 ▽▽구청이 측량을 통하여 이 사건 토지가 해몰되었음을 확인한 1983년 11월경을 기준으로 할 때 만수시 해수면 아래에 잠기게 된 이 사건 토지를 원상복구하는 비용은 203,650,000원 정도이고 그 공사기간은 1년 정도 걸린다. 또 X토지는 1983년 11월경에는 자연녹지지역이었으나 1985. 2. 15.자로 상업지역에 준하는 시설설치가 가능한 준주거지역으로 변경되었다. 그리고 X토지가 원상복구된 상태를 기준으로 한 가액은 1983년 11월경 당시에는 169,715,000원(㎡당 65,000 × 2,611) 상당이고, 원상복구공사가 완성되는 1984년 11월경을 기준으로 하여 당시 용도에 따른 자연녹지지역으로 평가할 때에는 177,548,000원(㎡당 68,000원 × 2,611) 상당이나, 이 곳을 준주거지역으로 가정하는 경우에는 242,823,000원(㎡당 93,000원×2,611) 상당이 된다.

[원심] 이 사건 토지는 1977년 8월경부터 최초로 침수되기 시작하여 점차 침수범위가 확대되면서 늦어도 1983년 11월경에는 지적법 시행령 제26조 제1항 제3호에서 토지와 해면의 경계선으로 규정하고 있는 최대 만조위 또는 최대 만수위선을 기준으로 할 때 이 사건 토지 전부가 해수면 아래에 잠기게 되었다 할 것이고, 그 무렵 예상되는 이 사건 토지의 원상복구비용은 금 203,650,000원 상당임에 비하여 그 복구공사가 완성되는 1984년 11월경의 이 사건 토지의 예상가액은 177,548,000원에 불과하여 원상복구비용이 복구 후 토지가액을 다소 상회하고 있지만, 한편 원고는 장차 자신이 원상복구비용을 지출하게 될 것임을 전제로 하여 이 사건 토지를 포함한 매립지를 매수하였고 그 중 이 사건 토지의 매매대금은 면적비율로 안분할 때 금 157,948,443원(279,800,000원×2,611/4,625)인 점, 당시는 ○○시가 86아시아경기 및 88서울올림픽대회에 대비하여 이 사건 토지 일대의 공유수면에 대하여 요트경기장 및 관광위락시설의 건설을 위한 부지조성을 위하여 매립공사를 추진 중에 있었던 때로서 장차 그 매립공사가 이루어지는 경우 이 사건 토지 및 주위 토지의 가격상승이 기대되는 시점이었고, 실제로 이 사건 토지는 그 후 자연녹지지역에서 1985. 2. 15. 준주거지역으로 그 용도가 변경되어 ○○시의 공유수면 매립공사가 끝나기 전에도 그 가격이 크게 상승한 점 등을 종합하면, 위와 같이 이 사건 토지의 원상복구비용이 복구 후 이 사건 토지의 가액을 다소 상회하고 있다는 사정만으로는 이 사건 토지가 원상복구 할 경제적 가치가 없어 원상복구가 불가능한 상태에 이르렀다고 볼 수는 없다고 하여, 피고의 포락에 의한 소유권 소멸의 항변을 배척하였다.

[판지] 토지소유권의 상실 원인이 되는 포락이라 함은 토지가 바닷물이나 적용하천의 물에 개먹어 무너져 바다나 적용하천에 떨어져 그 원상복구가 불가능한 상태에 이르렀을 때를 말하고, 그 원상회복의 불가능 여부는 포락 당시를 기준으로 하여 물리적으로 회복이 가능한지 여부를 밝혀야 함은 물론, 원상회복에 소요될 비용, 그 토지의 회복으로 인한 경제적 가치 등을 비교 검토하여 사회통념상 회복이 불가능한지 여부를 기준으로 하여야 하는 것으로서, 복구 후 토지가액보다 복구공사비가 더 많이 들게 되는 것과 같은 경우에는 특별한 사정이 없는 한 사회통념상 그 원상복구가 불가능하게 되었다고 볼 것이다. 또한 원상복구가 가능한지 여부는 포락 당시를 기준으로 판단하여야 하므로, 그 이후의 사정은 특별

한 사정이 없는 한 이를 참작할 여지가 없는 것이다. 따라서 포락 당시를 기준으로 복구 후의 토지가액보다 복구공사비가 더 많이 들게 되어 복구공사는 손해를 보게 되어 있었으므로 특별한 사정이 없는 한 위 시기에 이르러서는 사회통념상 원상복구가 불가능하게 되었다고 봄이 상당한 점, 해몰된 토지의 복구가능성 여부는 그 토지의 객관적 평가액에 따라 사회통념에 비추어 결정하여야 하는 것이지 당사자의 특별한 주관적 평가에 기초한 매입금액에 따라 결정할 수는 없다는 점, 장래의 토지가액 상승가능성 등은 모두 포락 여부 판단 기준시점 이후의 것으로서 이와 같은 사정까지 참작하여 포락 여부를 판단할 수 없다.

☑ 쟁 점

위 판결은 어느 시점을 기준으로 하여 포락 여부, 즉 원상회복의 불가능 여부를 판단할 것인가, 특히 포락 이후의 토지가액의 상승가능성을 참작하여 포락 여부를 판단할 수 있는가 하는 점이 문제된 것이다.

☑ 검토사항

- 포락이란 무엇인가?
- 포락 여부를 판단하는 기준은 무엇인가 ?
- 포락에 대하여 사회통념상 원상복구가 가능한지 여부를 판단함에 있어서 물리적 복구가능성 뿐 아니라 원상복구에 들어가는 경제적 비용도 아울러 고려하여야 하는가?
- 원상회복의 경제적 가능성을 판단하는 기준은 무엇인가?
- 포락에 대하여 원상복구의 경제적 가능성을 판단함에 있어서 포락 이후 토지가액의 상승가능성을 참작할 수 있는가?

☑ 관련사례

- 토지 위로 물이 흐르고 복구가 어려워 토지로서의 효용을 상실하였는데, 그 후 위 토지에 재방을 축조함으로써 다시 성토화된 경우, 위 토지에 대한 소유권이 되살아나는가? (대판 1984. 11. 27. 84다카1072 참조)
- 해변에 있는 토지가 1972년 이전부터 만조시에는 바닷물에 잠기고 간조시에는 갯벌이 되어 있었으며, 그러한 상태가 계속 방치되어 오다가 1988년경 하구둑 건설을 위하여 방파제를 축조하면서 성토된 경우, 위 토지는 토지로서의 효용이 영구적으로 상실된 것이 아니므로 포락에 의하여 그에 대한 소유권이 소멸되지 않는다고 할 것인가? (대판 1995. 8. 25. 95다18659 참조)

- 포락에 따른 소유권의 상실은 포락 당시를 기준으로 발생하는가 아니면 지적법 시행령의 규정에 따른 등록사항말소사실의 통지시를 기준으로 소유권이 소멸되는 것인가? (대판 1992. 4. 10. 91다31562)
- 구 하천법상 개인 소유의 토지가 준용하천의 부지로 편입된 경우, 당연히 국유로 되어 종래의 소유자가 그 소유권을 상실하게 되는가? (대판 2001. 3. 15. 98두15597 참조)

☑ 참고문헌

- 구욱서, 토지의 해면성(해몰, 포락)으로 인한 소유권상실 판단기준, 대법원판례해설 제17호, 법원도서관, 1992.
- 이동준, 해수에 의한 토지 포락과 그 소유권상실의 판단기준, 법조 제46권 제 3 호 (통권 제486호), 법조협회, 123-158면, 1997. 3.
- 박찬주, 경제적 불능에 관한 개념 정립의 필요성, 인권과 정의 396호(2009. 8), 6-31면.

나. 혼 동

대판 1998. 7. 10. 98다18643 ··

[사안] 이 사건 X부동산에 관하여 A은행이 1994. 4. 21. 선순위 근저당권을 취득한 후 甲(원고)이 1995. 6. 1. 후순위 근저당권을 취득하였고, 이어서 乙(피고)이 1995. 6. 30.에, 丙(피고)이 1995. 11. 22.에 차례로 X부동산에 대한 가압류등기를 경료하였으며, 1995. 12. 30. 甲이 X부동산을 매수하여 소유권을 취득하였나. 그 후 위 부동산에 경매가 개시되었는데, 법원은 甲에게 저당권자의 지위를 인정하지 않고 배당하지 아니하였다. 그러자 甲은 자기의 저당권이 혼동에 의하여 소멸하지 아니하였음을 주장하며 乙, 丙을 상대로 배당이의의 소를 제기하였다. 이에 원심은 甲의 청구를 인용하였는바, 乙 등이 상고하였다.

[판지] 어떠한 물건에 대한 소유권과 다른 물권이 동일한 사람에게 귀속한 경우 그 제한물권은 혼동에 의하여 소멸하는 것이 원칙이지만, 본인 또는 제 3 자의 이익을 위하여 그 제한물권을 존속시킬 필요가 있다고 인정되는 경우에는 민법 제191조 제 1 항 단서의 해석에 의하여 혼동으로 소멸하지 않는다고 보아야 할 것이다. 원고의 근저당권이 혼동으로 소멸하게 된다면 피고들은 이로 인하여 부당한 이득을 얻게 되는 반면 원고는 손해를 보게 되는 불합리한 결과가 되므로,

위의 법리에 따라 원고의 근저당권은 그 이후의 소유권 취득에도 불구하고 혼동으로 소멸하지 아니한다고 할 것이라고 하여, 피고들의 상고를 기각하였다.

☑ 쟁 점

위 판결은 甲이 저당권등기를 마친 후 타인의 후순위 저당권 및 가압류의 등기가 경료되었는데 甲이 저당목적물에 대한 소유권을 취득한 경우, 甲의 저당권이 혼동으로 소멸하는가 하는 점이 문제된 것이다.

☑ 검토할 사항

- 어떤 물건에 대한 제한물권자가 소유권을 취득하는 경우, 제한물권이 소멸하는 이유는 무엇인가?
- 사안에서 甲의 저당권이 소멸한다고 하면 甲과 乙 사이에는 어떤 불합리한 결과가 발생하는가?
- 어떤 물건에 대한 제한물권자가 소유권을 취득하였음에도 제한물권이 소멸하지는 않는 경우로서 어떤 경우가 있는가?

☑ 관련사례

- X부동산에 대하여 A가 선순위저당권을 취득한 후 甲이 후순위저당권을 취득하였고 이어서 乙이 선순위저당권을 양도받아 부기등기를 경료하였다. 그 후 X부동산을 乙이 매수하여 소유권을 취득하였다. 그 후 위 부동산에 경매가 개시된 경우, 법원은 乙의 저당권에 대하여도 배당을 하여야 하는가? (대판 1962. 5. 3. 62다98 참조)
- 甲은 乙을 포함한 11인으로부터 금원을 차용함에 있어 그 담보조로 소유 부동산에 11인 공동명의의 지상권설정등기를 경료하였다. 그 후 甲이 다시 乙을 포함한 6인으로부터 금원을 차용하면서 양도담보를 내용으로 하는 제소 전 화해조서의 집행에 의하여 같은 부동산에 6인 공동명의의 소유권이전등기가 경료되었다. 그 후 甲은 11인의 지상권자들로부터의 차용금채무를 전부 변제하였고, 6인의 양도담보권자들에 대한 차용금에 대하여는 채무내용에 따른 변제제공을 하였으나 채권자들이 수령을 거절하여 변제공탁을 하였다. 甲은 양도담보권자들을 상대로 소유권이전등기말소등기를 청구하면서 乙을 상대로는 지상권등기의 말소를 청구하였다. 이에 대해 乙은 자신 명의의 지상권 지분은 소유권지분이전등기에 의한 혼동으로 당연히 소멸되었다고 주장하였다. 타당한가? (대판 1980. 12. 23. 80다2176 참조)
- 부동산에 대한 소유권과 임차권이 동일인에게 귀속하였으나 그 임차권이 대항요건을 갖추고 있고 그 대항요건을 갖춘 후에 후순위 저당권이 설정된 경우, 임차권이 혼동으로 소멸하는가? (대판 2001. 5. 15. 2000다12693 참조)

☑ 참고문헌

- 이은희, 물권의 혼동, 법학연구(충북대) 제14권, 199-226면, 2003.

제 2 절 동산물권변동

제 1 항 권리자로부터의 취득

대판 1989. 10. 24. 88다카26802 ··

[사안] A는 1986. 10. 1. 甲(원고)과 사이에 이미 확정판결이 내려진 그의 甲에 대한 약속어음 액면금 5,860,000원 짜리 채무의 변제기를 같은 해 11. 30.로 연기하기로 하면서 그 담보를 위하여 A 소유의 재단기 1대를 甲에게 양도하는 내용의 양도담보계약을 체결하고 점유개정의 방법으로 이를 계속 점유하여 오다가, 다시 乙(피고)에게 이 재단기를 양도담보로 제공하고 점유개정의 방법으로 이를 계속 점유하여 왔다. 그러던 중 甲이 1986. 12. 13. 위 양도담보에 따른 인도청구권을 피보전권리로 하여 이 재단기에 대하여 처분금지가처분결정(A의 양도, 임대 기타 일체의 처분이나 점유의 이전 및 점유 명의의 변경을 금지하는 내용)을 받아 이를 집행한 다음, A를 상대로 그 본안소송을 제기하여 1989. 9. 25. 승소 판결을 받았다. 그런데 乙은 甲이 위 가처분집행을 한 후인 1989. 8. 16. A로부터 이 재단기를 현실인도 받아 그 후 이를 제 3 자 B에게 처분하였다. 이에 甲은 乙을 상대로 이 재단기 처분에 따른 손해배상청구소송을 제기하였다.

[판지] 대법원은, 동산의 소유자가 이를 이중으로 양도하고 각 점유개정의 방법으로 양도인이 점유를 계속하는 경우 양수인들 사이에 있어서는 먼저 현실의 인도를 받아 점유를 해온 자가 소유권을 취득한다고 볼 것이나, 양수인 중 한 사람이 처분금지가처분집행을 하고 그 동산의 인도를 명하는 판결을 받은 경우에는 다른 양수인이 위 가처분집행 후에 양도인으로부터 그 동산을 현실로 인도받아 점유를 승계하였더라도 그 동산을 선의 취득한 것이 아닌 한 이와 같은 양수인은 가처분채권자가 본안소송에서의 승소판결에 따른 채무명의에 터잡아 강제

집행을 하는 경우 이를 수인하여야 하는 지위에 있으므로 가처분채권자와의 사이에서는 그 동산의 소유권을 취득하였다고 주장할 수 없다고 하였다. 또한 피고가 위 재단기에 대하여 먼저 현실의 인도를 받았더라도, 그것이 위 가처분 후에 이루어진 만큼, 그 현실의 인도를 가지고 원고에게 대항하여 그에 따른 소유권을 주장할 수 없다고 할 것이고, 한편 원고는 위 가처분상의 피보전권리에 의하여 위 재단기를 인도받아 그 소유권을 취득할 수 있을 터인데, 피고가 위 가처분을 무시하고 위 재단기를 인도받은 후 이를 제3자에게 처분함으로써 원고로 하여금 이를 취득할 수 없게 한 것이라고 할 것이므로, 피고는 원고에게 그 손해배상 의무가 있다고 한 원심의 판단은 정당하다고 할 것이라고 하여 피고의 상고를 기각하였다.

☑ 쟁　점

점유개정의 방법으로 동산이 이중양도된 경우 양수인 중 1인의 처분금지가처분집행 후 다른 양수인이 현실의 인도를 받았을 때 그 동산의 소유권이 현실의 인도를 받은 자에게 귀속하는 것인가, 아니면 가처분집행을 한 자가 소유권을 갖는 것인지가 문제된 사안이다.

☑ 검토할 사항

- 동산소유권이 점유개정의 방법으로 이중으로 양도되는 때에는 그 동산의 소유권은 언제 누가 취득하게 되는가?
- 동산의 소유권을 점유개정의 방법으로 양도할 때 통상적으로는 소유권의 이전을 인정하면서 이중양도의 경우에는 현실의 인도를 먼저 받은 자가 소유권을 취득한다고 하는 것은 무슨 이유인가?

☑ 기타 검토할 사항

- 동산의 양도담보를 점유개정의 방법으로 설정한 후에 그 사정을 모르는 제3자가 다시 점유개정의 방법으로 양도담보를 설정할 때 그에게 양도담보권이 인정되는가?

☑ 관련사례

- 甲(원고)은 乙(피고)로부터 기계를 매수한 다음 甲의 공장에 운반되어 인도를 받았으나 불안전한 부분이 있어서 그 수리비와 운반비로 대금증액을 하여 그 수리를 乙에게 맡기며 그 기계를 다시 乙에게 갖고 온 경우 이미 현실의 인도가 있었다고 할 것인가? (대판 1959. 1. 15. 4290민상858 참조)

- 양돈업자 A가 사료공급업자 甲에 대한 채무를 담보하기 위하여 당시 사육중인 돼지 전부를 목적물로 하여 갑과 양도담보계약을 체결하고 점유개정의 방법으로 인도하였는데, 그 후 다시 동일한 목적물에 관하여 을과 양도담보계약을 체결하고 역시 점유개정의 방법으로 인도한 경우, 을은 적법하게 양도담보권(후순위 양도담보권)을 취득하는가? (대판 2005. 2. 18. 2004다37430 참조)
- 소외인이 자신의 소유인 정미소에 설치된 기계시설 일체를 乙(피고)에게 매도하면서 이를 임차하여 점유하고 있다가 다시 甲(원고)에게 매도하고 또한 甲으로부터 이의 점유이전을 받아 점유하고 있던 중 乙에게 이를 인도하였고, 乙은 이를 타에 철거한 경우, 누구에게 소유권이 인정되는가? (대판 1975. 1. 28. 74다1564 참조)
- 동산의 소유자 甲이 乙에게 이것에 점유개정의 방법으로 양도담보를 설정하고 甲이 계속 점유하다가 丙에게 이중으로 이 물건에 점유개정의 방법으로 양도담보를 설정하고 매도인 甲이 여전히 점유할 때, 뒤에 설정계약을 체결한 후순위 채권자인 丙은 양도담보권을 취득할 수 있는가? (대판 2004. 10. 28. 2003다30463 참조)

☑ 참고문헌

- 김주수, 선의취득의 요건, (논점)민법판례연습 물권법, 49-52면, 1999.
- 홍성주, 점유개정에 의한 이중양도에 있어서 동산물권의 취득, 판례연구 11집(부산판례연구회), 37-62면, 2000.

제 2 항 법률의 규정에 의한 경우— 선의취득

판례 1

대판 1999. 1. 26. 97다48906

[사안] A 주식회사는 1983.경부터 乙(피고)이 생산하는 철강제품의 판매대리점 영업을 하여 왔고, 그 대리점계약에 소유권유보부 조항은 있으나 판매제한 규정은 없었다. 유한회사 B는 1989.부터 A의 의뢰에 따라 코일 철판을 펴서 재단하는 임가공작업을 하여 왔고, 1995. 11. 27. 당시 乙이 A에 공급한 철판을 보관하고 있었다. 甲(원고)은 전기통신공사 청부업 및 이에 관련 부대사업 및 전기자재 납품업을 하는 합자회사인데, 甲의 대표사원 C는 A회사의 대표이사와 처남 · 매부 사이로서 1992. 4.~1995. 10. 30.까지 약 10억 원 상당의 융통어음을 발행,

교부한 바 있다. 1995. 9. 이후 교부된 어음 액면금 합계 3억여원 상당은 A가 어음할인을 받고도 그 만기인 같은 해 12. 28.부터 1996. 3. 31.까지 어음결제자금을 甲에게 제공할 수 없음이 확실시되자 C는 1995. 11. 27. 위 할인어음 결제자금 지급채무의 변제에 갈음하여 甲에게 위 철판을 양도하기로 약정하고 같은 날 C는 A에게 양도사실을 통지하였다. 다음날 A는 부도를 내었다. 乙은 A의 도산으로 A에 대한 위 미수 철판대금을 비롯한 미수대금의 회수가 어려워지자 공급한 철판의 소재를 찾게 되었고, 그 결과 B에 이 사건 철판이 보관되어 있고 甲이 그 소유권 취득을 주장하고 있다는 것을 알게 되어, 같은 달 29. B에게, 같은 달 30. 甲에게 각 이 사건 철판의 소유권이 乙에게 있다는 내용의 통지를 하고, 그 무렵 위 각 통지가 B와 甲에게 각 도달하였다. 甲과 B는 乙로부터 위 통지를 받기 전까지는 이 사건 철판의 소유권이 乙에게 유보되어 있다는 사실을 알지 못하였다. 그 후 甲은 위 어음들의 만기에 그 최종소지인에게 어음금을 지급하였다. 甲은 철판의 선의취득을 주장하여 乙에게 철판의 반환을 청구하였다.

[원심] A는 甲(원고)에게 지급채권의 변제에 갈음하여 B에 대한 반환청구권 양도방식에 의하여 이 사건 철판을 양도하기로 하고 B에게 그 양도사실을 통지하고 B는 甲에게 이 반환청구권의 양도를 승낙하였다고 인정한 다음, 乙(피고)은 철강제품 판매업체인 A에 철강제품을 공급함에 있어 대금 완급시까지는 그 소유권이 乙에게 유보되는 것으로 약정하였으나 대금 완납 이전에 공급받은 철판을 구매처에 판매할 수 없다는 등의 제한을 두지 아니하였고 대금 완납 전에 이를 구매하여 간 소비자에 대하여 구입제품의 소유권이 乙에게 유보되어 있다는 내용의 통지를 한 바가 없는 점, 甲은 전기통신시설공사업 및 전기 자재 납품업에 종사하고 있어 철강제품의 거래에 관하여 문외한인 점, 철강제품의 제조, 가공, 판매업에 종사하는 B도 A와 甲 간의 위 거래를 두고 A의 소유권 유무에 관하여는 별다른 의심을 하지 아니하였고, 乙로부터 통지를 받고서야 비로소 이 사건 철판의 소유권이 乙에게 유보되어 있다는 사실을 알게 된 점, 철판의 경우 그 소유권 관계가 대외적으로 공시되어 있지 아니한 점 등에 비추어, 甲에게 위 대물변제 당시 A의 철판 소유권 유무 및 철판대금 완납 여부를 조사할 것을 요구할 수는 없다고 할 것이고, 따라서 甲이 위 대물변제 당시 A가 그 소유자가 아님을 알지 못한데 대하여 과실이 없었다고 보아 이 사건 철판을 선의취득하였다고 판단하였다.

[판지] 대법원은, 원고가 A에 융통어음을 빌려주는 거래로 인하여 발생한 결제용 자금 지급채권의 변제에 갈음하여 A가 B에 보관시킨 이 사건 철판의 반환청구권을 양도받고 그 대항요건을 갖춘 사실을 인정한 것은 정당하고, 양도인이 소유자로부터 보관을 위탁받은 동산을 제 3 자에게 보관시킨 경우에 양도인이 그 제 3 자에 대한 반환청구권을 양수인에게 양도하고 지명채권 양도의 대항요건을 갖추었을 때에는 동산의 선의취득에 필요한 점유의 취득 요건을 충족한다고 판단하였다.

그러나 원고 회사의 대표사원 C는 A의 대표이사와 처남·매부 사이로서 업종은 달라도 역시 사업을 하는 자로서 3년 6개월간 약속어음 32매 액면금 10억 원 가량을 융통어음으로 빌려주고 회수하는 계속적 거래를 해 온 처지이므로, 비록 소유권유보 사항은 몰랐다고 하더라도 A가 피고와 판매대리점으로서 이 사건 철판의 공급자가 피고이고 통상 상당한 규모의 외상거래를 해 온 사실을 알았다고 보아야 할 것이고, 이러한 상황에서 원고가 A가 B에 보관시켜 놓은 거액의 철판 전부를 A의 부도가 임박한 상태에서 대물변제 받은 것이므로, 피고 회사에 조회하는 경우 소유권유보 사실을 쉽게 알 수 있었음에도 이러한 조치를 하지 않은 채 위와 같이 통상의 방법에 의한 일반적인 거래라고 할 수 없는 경위로 취득한 이상, 원고로서는 A에 이 사건 철판에 대한 처분권이 없음을 알지 못한 데 대하여 과실이 있다는 의심이 들고, 달리 원고가 무과실의 점에 대한 입증을 다하지 못하고 있다 할 것이라면서 원심을 파기하고 환송하였다.

☑ 쟁 점

이 판결은 동산 소유권유보부 매매의 매수인이 제 3 자에게 위 동산을 보관시킨 경우, 매수인이 그 점유반환청구권을 양수인에게 양도하고 지명채권 양도의 대항요건을 갖추면 동산의 선의취득에 필요한 점유의 취득 요건을 충족하는가 하는 점이 문제되었는데, 대법원은 이 부분에 대하여는 긍정하고 다만 선의취득이 되려면 선의 무과실의 요건도 갖추어야 하는데 무과실의 입증이 되지 않았다고 판단하여 선의취득을 부정한 것이다.

☑ 검토할 사항

- 동산의 반환청구권 양도에 의한 선의취득을 살피시오.
- 민법 § 249에 규정된 "점유"에 "간접점유"도 포함하는가?

- 선의취득시 양수인이 양도인의 무권리 등에 관하여 악의 또는 중과실 있는 선의인 경우 이를 입증할 책임은 누가 부담하는가?

☑ 관련사례

- 채무자가 아닌 甲의 소유에 속하는 동산을 경매한 경우, 경매절차에서 그 동산을 경락받아 경락대금을 납부하고 이를 인도받은 경락인 A가 소유권을 선의취득하게 된 경우 그 동산의 소유자 甲은 배당을 받은 채권자 乙에 대하여 부당이득으로서 배당받은 금원의 반환을 청구할 수 있는가? (대판 1998. 3. 27. 97다32680 참조)
- A가 자기 소유의 부동산에 B에게 저당권을 설정하여 주었는데 이 저당부동산의 상용에 공하여진 물건이 A의 소유가 아니고 甲의 물건인 경우, 저당부동산의 낙찰자인 乙이 그 소유권을 취득하는가? (대판 2008. 5. 8. 2007다36933,36940 참조)
- 기계 플레너의 점유자는 본래 소외 A이었으나, 점유보조자인 소외 B가 악의의 양수인인 소외 C에게 양도하고, 그 후 C는 이를 다시 피고 乙에게 양도한 경우, 이 플레너의 양도담보권자인 甲이 乙를 상대로 플레너의 인도를 청구할 수 있는가? (대판 1991. 3. 22. 91다70 참조)

☑ 참고문헌

- 정옥태, 선의취득의 요건판단시점과 점유보조자의 횡령, 법률신문 제2062호, 1991. 9. 19.
- 안승국, 목적물반환청구권 양도방식에 의한 동산 선의취득과 선의취득자의 무과실, 대법원판례해설 32호, 49-61면, 1999.

판례 2

대판 1997. 6. 27. 96다51332

[사안] A는 1993. 8. 10. 甲(원고)과 사이에 보증기간 1998. 6. 20.까지의 신용보증계약을 체결하고, 그 신용보증 하에 대구은행으로부터 기계구입대금을 대출받으면서 1993. 8. 14. 자신의 소유인 기계 X에 관하여 양도담보계약을 체결하고 점유개정의 방식으로 그 점유를 이전하고, 1994. 4. 28. 甲과의 사이에 보증기간을 2002. 3. 17.까지로 한 신용보증계약을 체결하고, 그 신용보증 하에 국민은행으로부터 대출받으면서 1994. 5. 11. 자신의 소유인 기계 Y, Z에 관하여 양도담보계약을 체결하고 점유개정의 방식으로 그 점유를 이전하였다. A는 1994. 7. 8. 乙(피고)에 대한 채무를 담보하기 위하여 기계 X, Y에 관하여 양도담보계약을 체결하고, 乙에게 점유개정의 방법으로 그 점유를 이전한 다음, 양도담보부 채무

변제계약 공정증서를 작성하였다. 乙은 A가 채무를 이행하지 아니하자 1994. 12. 26. 법원에 이 공정증서정본에 기하여 기계 X, Y에 대한 강제집행을 신청하여 다음 날 이 기계가 압류되고 경매절차가 진행된 끝에 경락대금에서 집행비용을 공제한 나머지를 배당받았다. 한편 甲은, A가 대구은행과 국민은행에 대한 대출원리금을 변제하지 아니하여 대출원리금을 각 대위변제하고, 동시에 대구은행으로부터는 기계 X에 대한 양도담보권을, 국민은행으로부터는 기계 Y, Z에 대한 양도담보권을 각 양수하였다. 甲은 자신이 경매물인 기계에 대하여 자신이 양도담보권자임을 이유로 하여 乙이 받은 배당금에 대하여 부당이득반환청구를 하였다.

[원심] 동산의 소유자가 이중으로 동산을 양도하고 각 점유개정의 방법으로 양도인이 그 점유를 계속하는 경우 양수인들 사이에는 먼저 현실의 인도를 받아 점유를 한 자가 소유권을 취득한다 할 것인데, 이 사건 기계에 대하여는 그 소유자인 A가 두 은행 및 피고와 이중으로 양도담보계약을 체결하고 각 점유개정의 방법으로 그 점유를 계속하여 오다가, 피고가 먼저 이 사건 기계를 압류하여 현실의 인도를 받음으로써 이 사건 기계에 대한 소유권을 취득하였으므로 두 은행은 이 사건 기계에 대한 소유권을 주장할 수 없고, 그 두 은행으로부터 양도담보권을 양수한 원고도 소유권을 주장할 수 없어, 이 사건 기계에 대한 경매절차에서 피고가 배당을 받았다고 하여 이를 법률상 원인 없는 것이라고 할 수 없다고 판시하여 원고패소의 판결을 하였다.

[판지] 피고와 A와 사이에는 이 사건 기계가 아닌 다른 기계에 관하여 양도담보계약이 체결되어 그에 관한 공정증서가 작성되었을 뿐이고 피고는 일반 채권자로서 채무자인 A의 소유로 보고 이 사건 기계에 대하여 강제집행을 한 것이었다. 집행채무자의 소유가 아닌 경우에도 강제집행절차에서 그 유체동산을 경락받아 경락대금을 납부하고 이를 인도받은 경락인은 특별한 사정이 없는 한 그 소유권을 선의취득한다 할 것인바, 이 사건 기계는 양도담보권자인 대구은행 또는 국민은행의 소유로 있던 중 위와 같이 그에 대한 강제집행절차에서 경락됨으로 인하여 경락대금을 납부하고 인도받은 경락인이 그 소유권을 선의취득의 방법으로 취득하고, 이에 따라 양도담보권자인 두 은행은 그 소유권을 상실하게 되었다. 그 결과 피고는 채무자 아닌 제 3 자 소유의 이 사건 기계에 대한 경락대금을 배당받음으로써 법률상 원인 없이 이득을 얻고 그로 인하여 두 은행은 손해를

입었다고 할 것이므로, 피고는 그 은행들에 대하여 이를 부당이득으로서 반환할 의무가 있고, 신용보증계약에 따라 A의 은행대출금채무를 변제할 정당한 이익이 있는 원고가 그 채무를 변제함으로써 채권자인 은행들이 담보물인 이 사건 기계에 대하여 가지는 권리를 대위할 수 있으므로, 원고는 피고에 대하여 은행들을 대위하여 그 반환을 청구할 수 있다고 판단하여 원심을 파기하였다.

☑ 쟁 점

이 판결은 일반 채권자가 채무자에 의해 제 3 자에게 양도담보로 제공된 동산에 대하여 강제집행을 신청하여 배당을 받은 경우, 그 동산의 양도담보권자는 그 배당금에 대하여 부당이득반환을 청구할 수 있는가 하는 점이 문제된 것이다.

☑ 검토할 사항

- 민법 제249조에 의하여 동산의 선의취득이 인정되는 때에 취득자가 임의로 이와 같은 선의취득 효과를 거부할 수 있는가?

☑ 관련사례

- 甲(원고) 소유의 기계·기구가 그의 동의 없이 공장저당법 제 4 조, 제 5 조의 규정에 의한 저당권의 목적이 되어 같은 법 제 7 조의 목록에 기재되는 바람에 공장에 속하는 토지 또는 건물과 함께 일괄 경매되어 乙(피고)이 경락받고 그가 공장관계의 채권자로서 그 기계·기구의 경락대금을 배당받은 경우, 甲은 이 기계·기구의 소유자였지만 경매로 인하여 그 소유권을 상실하였다면서 그 경락대금을 배당받은 乙(채권자이면서 경락자)을 상대로 부당이득금 반환을 청구할 수 있는가? 乙은 그 기계·기구의 경락대금 대신에 그 기계·기구를 반환하겠다고 한다면 이는 허용되는가? (대판 1998. 6. 12. 98다6800 참조)

☑ 참고문헌

- 제철웅, 집행채무자 아닌 제 3 자 소유 동산의 경매와 부당이득반환의무, 인권과 정의 279호(1999. 11), 159-174면.

제 3 장 점 유 권

제 1 절 점 유

제 1 항 점유의 개념

1. 사실상의 지배

대판 1996. 8. 23. 95다8713··

[사안] 甲(원고)은 1990. 8. 3. A회사로부터 이 사건 공장 건물의 신축공사를 약 40억원에 수급하여 건물을 신축한 후 A회사 앞으로 소유권이전등기까지 경료해 주었으나, 그 공사잔대금 약 23억원을 지급받지 못하고 있었다. A회사가 1992. 7. 14. 부도를 내고 도산하자, 이 사건 공장 건물과 그 대지(이하 양자를 합하여 '이 사건 공장'이라 한다)에 대한 근저당권자인 B가 경매신청을 하였고, 같은 해 11. 2. 乙(피고)이 이 사건 공장을 경락받았다. 한편 A회사의 부도로 그 공사잔대금을 받을 가망이 없게 된 甲은 1992. 9. 15. 유치권 행사의 뜻을 쓴 안내문을 이 사건 공장건물에 부착시키고 직원을 상주시켰으며, 곧이어 1992. 10. 3. 경비용역회사와 경비용역 계약을 체결하여 용역경비원 4명으로 하여금 주야교대로 2인씩 이 사건 공장을 경비·수호하도록 하였고, 1992. 10. 15.부터는 자물쇠를 시정하는 등으로 출입을 통제하였는데, A회사의 경비원과 직원 5, 6명이 위와 같은 통제 아래 계속 출근하였다. 이 사건 공장의 경락 후에도 甲은 1992. 11. 11. 절단된 자물쇠를 다시 시정하고 위 공장건물의 정문을 컨테이너 박스로 가로막아 사람과 차량의 출입을 막았으며, 이어 1992. 11. 25. 추가로 직원 10여명을 파견하

여 이 사건 공장 주변을 경비, 수호케 하였다. 그러던 중 1992. 12. 4. 乙은 A회사에 대한 인도명령에 기하여 집달관을 앞세우고 그 직원 100여명을 동원하여 甲측 직원 및 용역경비원을 축출한 후 위 공장건물을 인도받았다. 甲은 이 사건 공장의 경락인인 乙에게 유치권에 의하여 담보된 위 공사잔대금채권의 변제와 甲의 점유를 침탈하였음을 이유로 이 사건 공장을 인도할 것을 청구하였다.

[원심] 피고가 이 사건 공장을 경락받기 전에는 원고는 A회사가 이 사건 공장을 점유·관리하면서 조업을 하는 것을 방치하여 사실상 이 사건 공장을 현실인도한 이상 이 사건 공장을 점유하여 왔다고 볼 수가 없고, 또 A회사의 부도 이후 원고가 이 사건 공장을 경비·수호하였다고 하더라도 그 것만으로서는 원고가 이 사건 공장에 대한 A회사의 점유권을 빼앗아 독점적, 배타적인 점유권을 취득하였다고 인정하기에 부족하며, 달리 원고가 위 공사를 마친 후에도 계속하여 이 사건 공장을 유치·점유하여 왔다는 원고의 주장사실을 인정할 수 있는 객관적이고, 합리성 있는 명백한 증거가 없다는 이유로 원고의 공사잔대금청구와 이 사건 공장의 반환청구를 모두 배척하였다. 원고 상고.

[판지] 점유라고 함은 물건이 사회통념상 그 사람의 사실적 지배에 속한다고 보여지는 객관적 관계에 있는 것을 말하고 사실상의 지배가 있다고 하기 위하여는 반드시 물건을 물리적, 현실적으로 지배하는 것만을 의미하는 것이 아니고 물건과 사람과의 시간적, 공간적 관계와 본권관계, 타인지배의 배제가능성 등을 고려하여 사회관념에 따라 합목적적으로 판단하여야 하는 것이고, 점유회수의 소에 있어서는 점유를 침탈당하였다고 주장하는 당시에 점유하고 있었는지의 여부만을 살피면 되는 것인바, 원심이 확정한 사실관계가 위와 같다면 甲이 이 사건 공장을 점유하고 있었다고 볼 여지가 충분하다.

☑ 쟁 점

위 판결에서는 공사대금채권에 기하여 공장 건물을 유치한 자가 경락인에 의한 부당한 점유 침탈을 원인으로 점유회수의 소를 제기하였는바, 용역경비원 등으로 하여금 공장에 대한 경비·수호를 하도록 하는 한편 공장 건물 등을 자물쇠로 채우고 공장 출입구를 대형 컨테이너로 가로막아 차량과 사람의 공장 출입을 통제하는 것을 유치권 행사의 전제가 되는 점유로 볼 수 있는가 하는 점이 문제된 것이다.

☑ 검토할 사항

- 점유란 무엇인가?
- 사실적 지배를 인정하기 위해서는 어떠한 요소들이 고려되는가?
- 점유권과 다른 본권의 차이는 무엇인가?

☑ 관련사례

- 건물의 소유권이 양도되어 종전의 소유자가 건물의 소유권을 상실하였으나, 건물의 종전의 소유자가 그 건물에 계속 거주하고 있고 건물의 새로운 소유자는 현실적으로 건물이나 그 부지를 점거하고 있지 않은 경우 건물의 부지가 된 토지의 점유자는 누구인가? (대판 1981. 9. 2. 80다2718; 대판 1993. 10. 26. 93다2483; 대판 2009. 9. 10. 2009다28462)
- A회사는 그 소유의 선박을 甲에게 수리를 맡기기로 하고, 선박을 甲의 조선소 드라이독(dry dock)에 상가하여 각자 여러 하수급업체를 동원하여 수리를 수행하였다. 각 하수급업체의 직원들은 甲으로부터 사전 안전수칙에 대한 교육을 받고 허가를 받아 甲 조선소에 출입하였고, 한편 A회사는 그 직원을 공무감독으로 임명하여 선박수리에 대한 전반적인 업무를 처리하도록 하였으며, 소속 선장과 선원들도 승선하여 선장이 선원 및 작업인부들의 선박출입을 통제하였다. 수리작업 중 선박에서 화재가 발생하자 A회사의 보험자인 乙이 보험금을 지급한 후 보험자대위의 법리에 따라 A회사의 甲에 대한 손해배상채권을 대위취득하였다. 乙은 甲이 A회사로부터 인도받아 보관하게 된 선박을 계약에 따라 수리를 마친 후 A회사에게 완전하게 인도하여야 할 의무가 있다 할 것인데, 이 사건 화재의 발생으로 인해 甲은 A회사와 체결한 수리계약상의 완전한 선박인도채무를 불이행하게 되었으므로 위 손해배상채권을 대위취득한 자신에게 위 보험금 상당액을 지급할 의무가 있다고 주장한다. 이러한 주장은 정당한가? (대판 2003. 2. 11. 2000다66454)

☑ 기타 검토사항

- 건물신축공사의 수급인 또는 도급인에 대한 물품대금채권 또는 공사대금채권의 소멸시효는 얼마인가?
- 甲의 이 사건 공장에 대한 유치권 행사는 정당한가?
- 甲은 경락인 乙에 대하여 직접 그 피담보채권의 변제를 청구할 수 있는가?

☑ 참고문헌

- 김형석, 법에서의 사실적 지배: 우리 점유법의 특성과 문제점, 민사법학 36호, 151면 이하, 2007.
- 이진기, 점유의 개념과 점유법: 점유법의 체계론적 이해, 한양대 법학논총 18집,

245면 이하, 2001.

2. 점유설정의사

대판 1997. 7. 11. 97다1404

[사안] X, Y, Z토지는 원래 한 필지의 토지였다가 1946. 3. 분할된 토지로서, 자연적으로 그 일부가 도로를 형성하고 있었으며, 위 분할 당시 X토지의 지목이 도로로 변경되었다. 甲(원고)은 1959. 10. A로부터 위 3필지 토지를 매수하여 소유권이전등기를 마친 후, Y토지와 Z토지는 다른 사람에게 각각 매도하였지만, X토지는 현재까지 이를 계속 소유하여 왔다. 1967.경부터 Y토지와 Z토지 위에 주택 등이 건축되면서 나대지로 남아 있던 X토지는 그 주변의 도로와 연결되어 자연적으로 노폭 약 8m의 도로로 이용되면서 일반공중의 통행에 제공되었다. X토지를 도로로 이용하던 주민들은 X토지가 포장되지 않아 이용에 불편을 느끼게 되자 1977.경 X토지에 콘크리트 포장공사를 실시함과 아울러 하수도관을 매설하였고 그 후 주민들이 위 시설의 보수를 乙(피고, 지방자치단체)에게 요청하자 乙은 이를 받아 들여 1985. 2.부터 1985. 5.까지 사이에 도로정비공사의 일환으로 기존의 도로 위에 아스콘 덧씌우기 공사를 시행하였으며, 1990. 3.부터 1990. 6.까지 사이에 X토지를 파헤치고 하수도 개량을 위하여 대형 하수도관을 매설하는 한편 아스콘 덧씌우기 공사를 시행하였다. 이에 대해 甲이 乙을 상대로 乙이 사실상 지배주체로서 토지를 점유·관리하고 있음을 이유로 임료 상당의 부당이득 상환을 청구하였다.

[판지] 토지가 주변 도로와 연결되어 자연발생적으로 일반인의 통행에 공용되어 왔을 뿐만 아니라 그 포장공사도 인근주민들이 그 비용을 출연하여 자조사업으로 시행되었다면, 토지에 관하여 정식으로 도로를 개설하거나 도시계획사업의 시행으로 도로를 개설할 계획을 수립한 바도 없이 지역주민들로부터 보수요청을 받고 2차례에 걸쳐 주민들의 편의를 위하여 기존의 콘크리트 포장 위에 아스콘 덧씌우기 공사를 시행하면서 기존 하수관 교체공사를 실시한 것만으로 사회관념상 토지를 사실상 지배하기 시작하였다고 보기 어렵고, 더욱이 사실상의 지배가 성립하기 위하여는 사실적 의사로서 점유설정의사가 필요하다고 할 것인데 인근주민의 요청으로 그 편의를 위하여 기존의 자연발생 도로에 아스콘 덧씌우기 공

사와 하수관 교체공사를 실시한 것만으로 곧바로 점유설정의사가 생겼다고 보기도 어려우므로, 결국 피고가 1990. 3.경부터 이 사건 토지에 대한 사실상의 지배 주체로서 이 사건 토지를 점유·관리하고 있다고 볼 수 없다. 그러함에도 원심은 이와 달리 피고가 적어도 위 2차 아스콘 포장공사 등을 시작한 1990. 3.경부터 이 사건 도로를 점유·관리하고 있음을 전제로 이 사건 청구의 일부를 인용하고 있는바, 이러한 원심판단에는 도로의 점유·관리에 관한 법리오해의 위법이 있다고 할 것이다.

☑ 쟁 점

위 판결은 택지를 분할 매각하고 남은 부분이 자연발생적으로 주변의 도로와 연결되어 일반공중의 통행에 제공되던 중 인근 주민들이 비용을 출연하여 포장 및 하수도 공사를 한 후 지방자치단체가 주민들의 요청에 따라 보수공사를 해 준 경우, 지방자치단체가 그 토지를 점유하고 있다거나 점유설정의사가 있다고 볼 수 있는지 여부가 문제되었다.

☑ 검토할 사항

- 점유가 성립하기 위해서는 사실적 지배 외에 점유의사가 필요한가?
- 점유가 성립하기 위해서는 사실적 지배 외에 점유설정의사가 필요한가?
- 점유의사와 점유설정의사는 어떻게 다른가?
- 점유설정의사는 어떻게 표시되는가?

☑ 관련사례

- 토지소유자가 분할 전의 토지들을 택지로 개발하여 분할함에 있어 다른 토지의 효용가치를 높이기 위하여 스스로 일반공중의 통로로 제공함으로써 그 토지에 대한 독점적이고 배타적인 사용수익권을 포기하였고, 그 후 주민들의 자력으로 도로포장공사가 시행된 후에 지방자치단체가 주민들의 편의를 위하여 주차표시를 하고 하수도매설공사를 시행하였으며 도시계획상 도로로 지정하였으면 그 지방자치단체는 그 토지를 도로로 개설하여 점유·관리하고 있다고 볼 수 있는가? (대판 1994. 8. 23. 93다58196).
- 도로가 주민자조사업의 형태로 시공이 이루어졌으나, 실제로는 국가나 지방자치단체에서 그 공사비의 상당 부분을 부담하였고 공사 후에도 도로의 유지, 보수를 담당하면서 공중의 교통에 공용하고 있는 등 사정이 인정되는 경우, 그 도로가 국가나 지방자치단체의 사실상 지배하에 있다고 볼 수 있는가? (대판 1996. 11. 22. 96

다25265).

☑ 참고문헌

- 김문관, 배타적 사용수익권이 포기된 토지를 제3자가 점유하는 경우 토지 소유자의 방해배제 및 부당이득반환청구, 판례연구 14집(부산판례연구회), 91면 이하, 2003.
- 박정수, 지방자치단체의 도로 점유와 부당이득반환청구권: 성립요건을 중심으로, 재판실무연구 2002(광주지방법원), 129면 이하, 2003.

제2항 점유보조자

대판 1998. 6. 26. 98다16456,16463 ··

[사안] 甲(원고, 농업협동조합)은 부동산경매를 통하여 X토지와 Y건물을 경락받은 다음 경락대금을 완납하고 소유권이전등기를 마쳤다. 그런데 乙(피고)은 위 각 부동산이 경매되기 이전부터 X토지와 Y건물을 주택 및 축사로 사용하여 남편 丙과 함께 가축을 키우면서 거주하는 중이다. 甲은 乙이 아무런 점유권원 없이 X토지와 Y건물을 불법점유하고 있음을 이유로 소유권에 기하여 X토지의 인도와 Y건물의 명도 및 이에 대한 부당이득금의 반환을 구하는 소를 제기하였다.

[원심] 피고는 丙의 처로서 가족공동생활관계를 같이 하는 점유보조자에 불과한 사실을 인정할 수 있고 반증이 없으므로, 피고가 점유자임을 전제로 청구하는 원고의 위 피고에 대한 청구는 더 나아가 살펴볼 필요 없이 이유 없다.

[판지] 피고가 아무런 권원 없이 토지와 건물을 주택 및 축사 등으로 계속 점유·사용하여 오고 있으면서 소유자의 명도요구를 거부하고 있다면 비록 그 시부모 및 부(夫) 丙과 함께 이를 점유하고 있다고 하더라도 피고는 소유자인 원고에 대한 관계에서 단순한 점유보조자에 불과한 것이 아니라 공동점유자로서 이를 불법점유하고 있다고 봄이 상당하다.

☑ 쟁 점

위의 판결은 처가 부(夫) 등과 함께 토지 및 건물을 점유·사용하면서 소유자의 명도요구를 거부하고 있는 경우에 처는 소유자에 대한 관계에서 단순한 점유보조자인지 여부가 문제된 것이다.

☑ 검토할 사항

◆ 점유보조자란 무엇인가?
◆ 점유보조자에게 점유권이 인정되면 어떠한 불합리가 발생하는지 설명하시오.
◆ 점유보조관계와 점유매개관계의 차이는 무엇인가?
◆ 점유보조관계가 존재하는 경우에 점유의 취득 및 상실은 누구를 기준으로 결정되는가?
◆ 점유취득시의 선·악의는 누구를 기준으로 판단되는가?
◆ 처 乙이 소유자에 대한 관계에서 남편 丙의 점유보조자가 아닌 까닭은 무엇인가?

☑ 관련사례

◆ 부가 농지를 동거가족인 미혼의 딸 이름으로 분배받아 경작하고 있는 경우, 그 딸은 제 3 자에 대하여 자신의 점유권에 터잡은 점유방해배제의 가처분신청을 할 수 있는가? (대판 1976. 9. 28. 76다1588)
◆ 상위 지방자치단체로부터 위임을 받아 도로를 유지·관리하는 하위 지방자치단체는 그 도로의 점유보조자인가? 하위 지방자치단체는 그 도로 부지 소유자에게 이를 점유·사용함으로써 얻은 이득을 부당이득으로서 반환하여야 하는가? (대판 1999. 4. 23. 98다61562)
◆ 甲이 乙로부터 미등기 건물을 매수하였으나 소유권이전등기를 하지 못한 경우, 乙은 이미 건물을 매도하고 퇴거하였으나 乙의 동거가족들이 그 건물이 乙의 소유가 아니라고 주장하면서 乙의 의사에 반하여 건물을 점유하고 있다면, 甲은 이 건물의 소유권을 원시취득한 바 있는 乙을 대위하여 乙의 동거가족들을 상대로 건물의 명도를 청구할 수 있는가? (대판 1980. 7. 8. 79다1928)

☑ 기타 검토사항

◆ 법인의 이사가 법인을 위하여 부동산을 점유하는 경우 법인의 점유보조자인가?
◆ 점유보조자에게는 점유보호청구권이 인정되는가? 자력구제권은 어떠한가?
◆ 甲은 X동산의 점유보조자인 乙로부터 X동산을 선의취득할 수 있는가?

☑ 참고문헌

◆ 서민, 점유보조자, 충남대 논문집 3권 2호, 115면 이하, 1976.
◆ 이병준, 점유보조자와 공동점유, JURIST plus 410호, 229면 이하, 2006.

제 3 항 간접점유

대판 1983. 5. 10. 81다187 ……………………………………………

[사안] 甲(피고)은 1973. 3. 19. 乙(원고)과 토지임대차계약을 체결하면서, 甲이 乙 소유의 토지 위에 정구장 시설 및 그 부대시설인 가건물을 甲 자신의 비용으로 설치·건축하여 정구장을 운영하되 임대차가 종료되었을 때에는 정구장시설 및 가건물을 乙에게 증여하기로 약정하였다. 甲은 위 계약체결일부터 같은 해 5. 5.경까지의 사이에 乙 소유의 토지 위에 정구장 시설을 하고 가건물을 건축·점유하여 정구장을 경영하면서, 국가의 산림녹화정책에 따르기 위해 乙의 승낙을 얻어 위 토지 위에 408주의 수목을 식재하였다. 그 후 1977. 3.경부터 甲은 가건물 부분 중 일부를 A에게 임대하여 점유케 함으로써 간접점유하여 왔다. 甲과 乙 사이의 토지임대차계약이 기간의 만료로 종료하자, 乙은 甲에게 토지의 반환 및 계약에 따른 정구장시설 및 가건물의 명도를 요구하였으나 甲이 유익비의 상환이 없었음 등을 이유로 이를 거절하자, 甲을 상대로 명도청구소송을 제기하였다.

[판지] 1) 불법점유를 이유로 한 건물명도청구를 하려면 현실적으로 불법점유하고 있는 사람을 상대로 하여야 할 것이나 그렇지 않는 경우에는 간접점유자를 상대로 명도를 청구할 수 있다.

2) 원·피고는 이 사건 토지임대차계약을 체결함에 있어서 피고는 이 사건 토지 위에 정구장시설 및 그 부대시설인 가건물 등을 피고의 비용으로 설치, 건축하여 정구장을 운영하되 임대차가 종료되었을 때에는 피고가 시설한 주위 시설물 및 가건물을 원고에게 증여하기로 약정하였다면, 이는 피고가 유익비상환청구를 할 수 없다는 취지를 약정한 것으로 볼 것이다.

☑ 쟁 점

위 판결은 토지임대차가 종료하면 임차인이 그 토지 위에 시설한 시설물 및 가건물을 토지소유자가 증여받기로 하는 내용의 임대차계약을 체결된 경우, 임차인이 그 건물의 일부를 제 3 자에게 임대하여 제 3 자로 하여금 직접점유케 하는 방법으로 간접점유하고 있더라도 토지소유자는 간접점유자인 임차인을 상대로 건물의 명도를 청구할 수 있는가 하는 점이 문제된 것이다.

☑ 검토할 사항

- 간접점유의 의의와 요건을 살피시오.
- 목적물을 사실상 지배하고 있지 않은 간접점유자에게 점유권을 인정하는 이유를 살피시오.
- 점유매개관계와 점유보조관계의 차이는 무엇인가?
- 불법점유를 이유로 건물의 명도를 청구함에 있어서 간접점유자를 상대로도 그 명도를 청구할 수 있다고 한 이유를 살피시오.

☑ 관련사례

- 甲은 1988. 9. 자신이 소유하는 건물을 출연하여 양로시설의 설치운영 등을 목적으로 하는 乙법인을 설립하기로 하였고, 그에 따라 1989. 9. 乙법인의 설립등기가 경료되었는데, 출연한 건물은 현재 丙이 甲의 허락 없이 점유하면서 사용중이다. 이 건물을 자신의 명의로 소유하고자 하는 乙법인은 甲에게 건물의 명도를 청구할 수 있는가? (대판 1999. 7. 9. 98다9045)

☑ 기타 검토사항

- 甲은 정구장 시설 설치와 가건물 건축 등 유익비의 지출을 이유로 그 비용을 상환받을 때까지 乙의 토지를 유치할 수 있는가?
- 토지임대차계약이 기간의 만료로 종료한 후, 甲은 자신이 건축한 가건물과 심은 수목이 현존함을 이유로 임대차계약의 갱신이나 매수청구권을 행사할 수 있는가?
- 점유매개자가 제 3 자에 의해 그 점유를 침탈당하거나 방해받고 있는 경우에 간접점유자는 점유보호청구권을 가지는가? 점유매개자 자신에 의해서 점유가 침해된 경우에는 어떠한가?
- 점유매개자가 점유를 침탈당한 경우에, 간접점유자의 반환청구가 있었다면 침탈자는 침탈한 물건을 누구에게 반환하여야 하는가?
- 점유매개자가 점유를 침탈당한 경우에, 간접점유자에게 자력구제권이 인정되는가?
- 간접점유자와 점유매개자 사이에는 서로 간에 각각 어떠한 권리를 행사할 수 있는가?

☑ 참고문헌

- 강태성, 간접점유, 경북대 법학논고 12집, 125면 이하, 1996.
- 이우룡, 건물임차인이 자신의 비용을 들여 증축한 부분의 소유권을 임대인에게 귀속시키기로 하는 약정의 효력, 재판실무연구 1996(광주지방법원), 294면 이하, 1997.

제 4 항 점유의 모습

1. 자주점유와 타주점유

대판(전) 2000. 3. 16. 97다37661 ··

[사안] X토지에 관하여 1929. 12. 16. A의 명의로 소유권보존등기가 마쳐지고, 1957. 10. 2. A의 사망으로 인하여 1990. 7. 23. 甲(원고) 등 공동상속인들 명의로 상속을 원인으로 한 소유권이전등기가 경료되었다. 한편 B는 1950. 2.경 A로부터 X토지를 매수하여 채소밭으로 경작하여 오다가, 1960.경 이를 C에게 매도하였고, C는 1965. 1.경 이를 D에게 매도하였으며, D는 위 토지를 경작하다가 1965. 5.경 토지 위에 건물 등을 신축하고 계속 점유하여 1985. 1. 31. 점유 개시 후 20년이 경과하였다. 그 후 D는 1985. 5.경 乙(피고)에게 위 토지와 건물 등을 매도하였다. 乙이 건물 등을 소유하면서 X토지를 계속 점유, 사용하여 오던 중, 甲이 乙에게 토지소유권에 기하여 그 지상건물 등의 철거와 X토지 인도를 구하였다. 乙은 점유취득시효를 주장하면서, D를 대위하여 甲에게 취득시효 완성을 원인으로 한 소유권이전등기청구권을 행사할 지위에 있는 자신에 대하여 甲이 건물철거 등을 구하는 것은 신의칙에 반한다고 항변하였다. 이 항변에 대하여 甲은, D가 C로부터 X토지를 매수할 당시 토지는 등기부상 A명의로 등기되어 있었으므로 D는 토지가 A 또는 그 상속인들의 소유라는 사실을 알고도 토지를 점유하였던 것이므로 D의 점유는 타주점유라고 주장하였다.

[원심] D가 X토지를 매수하여 점유하기 시작한 1965. 1.경부터 소유의 의사로 평온·공연하게 점유하였다고 추정되고, D가 A 소유인 X토지를 B로부터 매수하여 점유를 취득하였다 하더라도 그 사실만으로 D의 점유를 타주점유라 볼 수 없으며 1985. 1. 31. X토지에 대한 D의 점유취득시효가 완성되었으므로 피고는 D에 대한 매매를 원인으로 한 소유권이전등기청구권을 보전하기 위하여 D의 원고 등에 대한 취득시효를 원인으로 한 이전등기청구권을 대위행사할 수 있는 지위에 있고 그러한 피고에게 원고가 토지소유권에 기한 그 지상건물의 철거를 구하는 것은 신의칙에 반한다고 하여 원고의 청구를 배척하였다.

[판지] 민법 제197조 제 1 항에 의하면 물건의 점유자는 소유의 의사로 점유한

것으로 추정되므로 점유자가 취득시효를 주장하는 경우에 있어서 스스로 소유의 의사를 입증할 책임은 없고, 오히려 그 점유자의 점유가 소유의 의사가 없는 점유임을 주장하여 점유자의 취득시효의 성립을 부정하는 자에게 그 입증책임이 있는 것이고, 부동산 점유취득시효에 있어서 점유자의 점유가 소유의 의사 있는 자주점유인지 아니면 소유의 의사 없는 타주점유인지 여부는 점유자의 내심의 의사에 의하여 결정되는 것이 아니라 점유 취득의 원인이 된 권원의 성질이나 점유와 관계가 있는 모든 사정에 의하여 외형적·객관적으로 결정되어야 하는 것이기 때문에 점유자가 성질상 소유의 의사가 없는 것으로 보이는 권원에 바탕을 두고 점유를 취득한 사실이 증명되었거나, 점유자가 타인의 소유권을 배제하여 자기의 소유물처럼 배타적 지배를 행사하는 의사를 가지고 점유하는 것으로 볼 수 없는 객관적 사정, 즉 점유자가 진정한 소유자라면 통상 취하지 아니할 태도를 나타내거나 소유자라면 당연히 취했을 것으로 보이는 행동을 취하지 아니한 경우 등 외형적·객관적으로 보아 점유자가 타인의 소유권을 배척하고 점유할 의사를 갖고 있지 아니하였던 것이라고 볼 만한 사정이 증명된 경우에도 그 추정은 깨어지는 것이므로, 점유자가 점유 개시 당시에 소유권 취득의 원인이 될 수 있는 법률행위 기타 법률요건이 없이 그와 같은 법률요건이 없다는 사실을 잘 알면서 타인 소유의 부동산을 무단점유한 것임이 입증된 경우 특별한 사정이 없는 한 점유자는 타인의 소유권을 배척하고 점유할 의사를 갖고 있지 않다고 보아야 할 것이어서 이로써 소유의 의사가 있는 점유라는 추정은 깨어진다.

그러나 현행 우리 민법은 법률행위로 인한 부동산 물권의 득실변경에 관하여 등기라는 공시방법을 갖추어야만 비로소 그 효력이 생긴다는 형식주의를 채택하고 있음에도 불구하고 등기에 공신력이 인정되지 아니하고, 또 현행 민법의 시행 이후에도 법생활의 실태에 있어서는 상당기간 동안 의사주의를 채택한 구 민법에 따른 부동산 거래의 관행이 잔존하고 있었던 점 등에 비추어 보면, 토지의 매수인이 매매계약에 의하여 목적 토지의 점유를 취득한 경우 설사 그것이 타인의 토지의 매매에 해당하여 그에 의하여 곧바로 소유권을 취득할 수 없다고 하더라도 그것만으로 매수인이 점유권원의 성질상 소유의 의사가 없는 것으로 보이는 권원에 바탕을 두고 점유를 취득한 사실이 증명되었다고 단정할 수 없을 뿐만 아니라, 매도인에게 처분권한이 없다는 것을 잘 알면서 이를 매수하였다는 등의 다른 특별한 사정이 입증되지 않는 한, 그 사실만으로 바로 그 매수인의 점유가 소유의 의사가 있는 점유라는 추정이 깨어지는 것이라고 할 수 없다. 그리고 민법 제197조 제1항이 규정하고 있는 점유자에게 추정되는 소유의 의사는 사실상 소유할 의사가 있는 것으로 충분한 것이지 반드시 등기를 수반하여야 하는 것은 아니므로 등기를 수반하지 아니한 점유임이 밝혀졌다고 하여 이 사실만 가지고 바로 점유권원의 성질상 소유의 의사가 결여된 타주점유라고 할 수도 없을 것이다.

☑ 쟁 점

위 판결에서는 토지매수인이 매매계약에 의하여 목적 토지의 점유를 취득하였으나 그 계약이 타인의 토지의 매매에 해당하여 곧바로 소유권을 취득할 수 없다면 자주점유의 추정이 번복되는지 여부 및 등기를 수반하지 아니한 점유임이 밝혀졌다는 사정만으로 타주점유로 볼 것인지 여부가 문제되었다.

☑ 검토할 사항

- 자주점유와 타주점유의 의의와 구별 기준을 살피시오.
- 자주점유의 추정이란 무엇이며, 취득시효와 어떠한 관련이 있는가? 자주점유의 추정 규정을 둔 까닭은 무엇인가?

☑ 관련사례

- 점유자가 스스로 매매 등과 같은 자주점유의 권원을 주장하였으나 이것이 인정되지 않는 경우, 자주점유의 추정이 번복된다거나 또는 점유자의 점유가 타주점유로 법적 평가를 받게 되는가? (대판 1994. 11. 8. 94다36438,36445)
- 진정 소유자가 사신의 소유권을 주장하며 점유자 명의의 소유권이전등기는 원인무효의 등기라 하여 점유자를 상대로 토지에 관한 점유자 명의의 소유권이전등기의 말소등기청구소송을 제기하여 그 소송사건이 점유자의 패소로 확정되는 경우, 그 점유의 성격은 어떻게 변화하는가? 그 이유는 무엇인가? (대판 1996. 10. 11. 96다19857).
- X부동산은 그 소유자이던 A가 1946. 4. 사망함으로써 당시 생후 2개월된 아들인 甲이 단독상속하였다. 그런데 A의 생존 당시부터 X부동산에 관하여 소작료를 받아오는 등의 일을 해오던 乙(A의 사촌)은 甲의 후견인이 된 B(甲의 조모)의 요청으로 甲이 상속한 재산의 관리를 계속하여 맡게 되었음을 기화로, X부동산을 자신의 아들인 C(당시 5세)가 1947. 2.경 매수하였다는 내용의 서류를 위조하여 X부동산을 점유하다가, 1963. 9. C 명의로 소유권이전등기를 경료하였다. 乙이 자신의 아들인 C의 명의로 X부동산에 대한 소유권이전등기를 경료한 것은 乙이 그 부동산에 대해 소유의 의사를 표시한 것(=자주점유로의 전환)으로 볼 수 있는가? (대판 1994. 2.

8. 92다47526).

- 타인 소유의 토지를 점유하던 자가 그 지상에 건물을 신축한 경우, 그러한 사실만으로 그 토지에 대한 소유의 의사를 표시한 것으로 볼 수 있는가? (대판 1985. 3. 26. 84다카2317)

☑ 기타 검토사항

- 점유자가 취득시효를 주장하는 경우에 있어서 점유자에게 소유의 의사가 없음에 대한 증명책임은 누가 부담하는가?
- 점유자가 점유 개시 당시에 소유권 취득의 원인이 될 수 있는 법률행위 기타 법률요건이 없이 그와 같은 법률요건이 없다는 사실을 잘 알면서 타인 소유의 부동산을 무단점유한 경우 소유의 의사가 있는 점유라는 추정은 깨어지는가?
- D가 C로부터 X토지를 매수할 당시 X토지는 甲의 아버지 A명의로 등기되어 있었다. 그렇다면 D는 X토지가 甲의 아버지 A 또는 그 상속인의 소유라는 사실을 알고도 X토지를 점유하였던 것이므로 D의 점유는 타주점유인가?

☑ 참고문헌

- 한기택, 부동산 점유의 권원이 매매 등 소유권이전 목적의 법률행위로서 등기를 수반하지 아니한 것임이 밝혀진 경우 그 점유는 타주점유인가?, 민사판례연구 23권, 67면 이하, 2001.
- 이기용, 타인의 토지의 매매와 자주점유의 추정, 저스티스 68호(2002. 8), 200면 이하.

2. 하자 있는 점유와 하자 없는 점유

대판 1992. 4. 24. 92다6983 ··

[사안] X토지는 원래 A의 소유였으나 이를 B가 매수하였고, B로부터 C가 1951. 3. 20. 다시 매수하여 그 때부터 그 곳에서 경작하면서 이를 점유하여 오다가 1980. 7. 30. 사망하였다. 뒤이어 C의 상속인인 甲(피고)이 그 점유를 승계 받아 현재까지 점유하고 있다. 한편 乙(원고)은 C가 사망하기 전 C를 상대로 X토지의 인도를 청구하는 소송을 제기한 바 있으나, 1965. 9. 27. 원고 패소의 판결이 선고되었고, 동 판결에 대하여 乙이 항소하였으나 1966. 5. 26. 항소가 기각되었으며, 상고 역시 1966. 9. 27. 기각됨으로써 원고 패소의 판결이 확정되었다. 乙은 1991. 9. 16. 위 항소심판결에 대하여 민사소송법 제422조 제 8 호(2002년 개

정 민사소송법 제451조 제8호) 소정의 재심사유가 있음을 원인으로 하여 재심청구의 소를 제기하였다. 아울러 ① C의 X토지에 대한 점유는 乙이 토지인도소송을 제기함으로써 그 평온, 공연성을 상실하였고, ② C의 X토지에 대한 취득시효의 진행은 乙이 위 항소심판결에 대하여 재심을 청구함으로써 최초의 재판상 청구시부터 중단되었다고 주장하면서, 甲을 상대로 X토지의 인도를 소구하였다. 이에 대해 甲은, C가 1951. 3. 20. X에 대한 점유를 개시한 이래 소유의 의사로 평온·공연하게 이를 점유함으로써 20년이 경과한 1971. 5. 20. X토지를 시효취득하였고 이러한 시효취득의 효과는 C의 승계인인 자신에게 미친다고 주장하면서 X토지의 인도를 거절하였다.

[판지] 민법 제245조에 규정된 평온한 점유란 점유자가 그 점유를 취득 또는 보유하는 데 법률상 용인될 수 없는 강포행위를 쓰지 아니하는 점유이고, 공연한 점유란 은비의 점유가 아닌 점유를 말하는 것이므로 그 점유가 불법이라고 주장하는 자로부터 이의를 받은 사실이 있거나 점유물의 소유권을 둘러싸고 당사자 사이에 법률상 분쟁이 있었다 하더라도 그러한 사실만으로는 곧 그 점유의 평온·공연성이 상실된다고 할 수 없다.

☑ 쟁 점

위 판결은 부동산의 점유에 있어서 점유가 불법이라고 이의를 받거나 점유물의 소유권을 둘러싸고 법률상의 분쟁이 있었으면 그 점유는 하자있는 점유(=점유의 평온·공연성 상실)로 되는 것인지 여부가 문제된 것이나.

☑ 검토할 사항

- 점유에 있어서 하자란 무엇인가?
- 점유자가 목적물을 점유하는 중에 그 점유가 불법이라고 주장하는 자로부터 이의를 받았거나 점유물의 소유권을 둘러싸고 당사자 사이에 법률상 분쟁이 있었다면 그 점유는 평온·공연성을 상실하는가?

☑ 관련사례

- 甲이 乙소유의 X토지를 시효취득한 후 乙을 상대로 하여 취득시효 완성을 원인으로 하는 소유권이전등기절차이행 청구소송을 제기하여 소송이 진행되던 중, X토지가 국가에 의해 수용되었다면, 甲이 乙에 대하여 취할 수 있는 수단은 무엇인가? (대판 1994. 12. 9. 94다25025)

☑ 기타 검토사항

- 청구기각판결이 확정된 후에 재심을 청구하면 그 시효의 진행이 최초의 재판상 청구시부터 중단되는가?
- 위 항소심이 계류 중이던 1966. 5. 12.에 C가 乙에게 X토지를 100,000원에 매수할 것을 제의한 바 있다면, C의 X토지에 대한 취득시효는 중단되었다고 볼 수 있는가?

☑ 참고문헌

- 김진우, 취득시효의 중단사유, 법조 통권631호(2009. 4), 80면 이하.

3. 선의점유와 악의점유

대판 2000. 12. 8. 2000다14934,14941

[사안] 조선총독은 1937. 2. 9. 충남 ○○군 소재 임야를 당시 시행중이던 산림령에 의하여 보안림에 편입하고, 위 사실을 조선총독부 관보에 고시하면서 위 임야의 소유자를 A로 기재하였다. 그 후 위 임야는 6·25사변으로 인하여 그에 관한 부동산등기부등본 및 지적공부가 멸실되었다가 1955. 5. 1. 지적이 복구된 후 1969. 10. 20. X부동산과 그밖의 임야로 분할되었고, 그밖의 임야는 다시 1987. 3. 7. Y부동산 등으로 분할되었다. 乙(피고, 국가)은 X, Y부동산에 대하여 1971. 4. 13. 각 도로구역으로 결정 고시한 이래 현재까지 乙이 경부고속도로 부지로 사용하고 있다. 乙이 1974. 1. 29. X, Y부동산에 관하여 자신의 명의로 소유권보존등기를 각 경료한 후, 1993. 6. 10. 甲(원고)은 乙을 상대로 위 소유권보존등기의 말소를 소구하여 1996. 1. 10. 승소의 확정판결을 받은 바 있다. 뒤 이어 甲은 乙을 상대로 다시 X, Y부동산의 소유권이전등기 및 부당이득금반환을 소구하였으며, 위 확정판결 이후에도 여전히 X, Y부동산을 점유, 사용하던 乙은 점유취득시효의 성립을 주장하였다.

[판지] 진정 소유자가 자신의 소유권을 주장하며 점유자 명의의 소유권이전등기는 원인무효의 등기라 하여 점유자를 상대로 토지에 관한 점유자 명의의 소유권이전등기의 말소등기청구소송을 제기하여 그 소송사건이 점유자의 패소로 확정되었다면, 그 점유자는 민법 제197조 제 2 항의 규정에 의하여 그 소송의 제기시부터는 토지에 대한 악의의 점유자로 간주되고, 또 이러한 경우 토지 점유자가

소유권이전등기 말소등기청구소송의 직접 당사자가 되어 소송을 수행하였고 결국 그 소송을 통해 대지의 정당한 소유자를 알게 되었으며, 나아가 패소판결의 확정으로 점유자로서는 토지에 관한 점유자 명의의 소유권이전등기에 관하여 정당한 소유자에 대하여 말소등기의무를 부담하게 되었음이 확정되었으므로, 단순한 악의점유의 상태와는 달리 객관적으로 그와 같은 의무를 부담하고 있는 점유자로 변한 것이어서 점유자의 토지에 대한 점유는 패소판결 확정 후부터는 타주점유로 전환되었다고 보아야 할 것이다.

☑ 쟁　　점

위 판결은 진정 토지소유자가 점유자의 소유권보존등기의 말소를 소구하여 승소판결이 확정된 경우, 그 점유자의 점유의 성질이 문제된 것이다.

☑ 검토할 사항

- 선의점유는 무엇이며, 악의점유와 어떻게 다른가?
- 선의의 점유자가 본권에 관한 소에서 패소한 경우에 그 점유의 성질은 어떻게 변화되는가? 아울러 '본권에 관한 소'란 무엇을 말하는가?
- 원심에서의 피고 패소 판결은 '본권에 관한 소'에 해당하는가? 즉, 원심에서의 피고 패소 판결로 인하여 악의의 점유자로 의제될 수는 없는 것인가? (대판 1974. 6. 25. 74다128)

☑ 관련사례

- 부당점유자를 상대로 그 점유로 인한 부당이득의 반환을 구하는 소송도 제197조 제2항에서 말하는 '본권에 관한 소'에 포함되는가? (대판 2002. 11. 22. 2001다6213)

☑ 기타 검토사항

- 국가 乙은 1971. 4. 13. X, Y부동산에 관하여 도로법 관계규정에 의해 고속국도의 도로구역 결정고시를 하였는바, 이 결정고시로 국가 乙이 이 도로구역 부지에 대한 점유를 개시하였다고 볼 수 있는가?

☑ 참고문헌

- 양창수, 본권의 소에서 패소한 점유자의 사용이익반환의무, 민법연구 제2권, 59면 이하, 2005.
- 김동건, 민법 제197조 제2항의 의미내용에 관한 일고, 민사재판의 제문제 2권, 52면 이하, 1980.

제 2 절 점유권의 득실

대판 1991. 10. 22. 91다26577,26584

[사안] A는 D 등 3인의 공유인 이 사건 토지 내의 X토지를 자신의 소유인 논과 교환취득하여 X토지상에 주택 등을 건립하여 점유하여 오다가, 1954년경 B에게 X토지와 위 주택 등을 매도하였다. B는 1965. 8. 5.경 C에게 이를 매도하였는데, C는 이를 점유하여 오다가 1978. 9. 5. 甲(피고)에게 이를 매도하였고, 甲은 X토지 및 위 주택 등을 점유하여 오던 중 위 주택 등에 관하여 1987. 4. 13. 甲 명의로 소유권보존등기를 경료하였다. 甲은 X토지 취득 이후에도 D 등의 명의로 되어 있는 소유권이전등기를 그대로 두고 있었는데 그 후 乙(원고)이 1980. 12. 30. D들로부터 이 사건 토지를 취득하고 소유권이전등기를 경료받았다. 그 후 乙이 X토지 위의 甲 소유 건물의 철거 및 X토지의 인도를 청구하자, 甲은 건물의 대지 부분에 대한 취득시효의 완성을 이유로 乙의 청구에 응할 수 없다고 항변하였다.

[판지] 취득시효의 기초가 되는 점유가 법정기간 이상으로 계속되는 경우, 취득시효는 그 기초가 되는 점유가 개시된 때를 기산점으로 하여야 하고 취득시효를 주장하는 사람이 임의로 기산일을 선택할 수 없다. 이 사건에 있어서와 같이 점유가 A—B—C—피고로 순차 승계된 경우에 있어서는 취득시효의 완성을 주장하는 피고로서는 자기의 점유만을 주장하거나 또는 자기의 점유와 전 점유자의 점유를 아울러 주장할 수 있는 선택권이 있는 것이고, 전(前) 점유자의 점유를 아울러 주장하는 경우에도 어느 단계의 점유자의 점유까지를 아울러 주장할 것인가도 이를 주장하는 사람에게 선택권이 있다 할 것이며, 다만 전 점유자의 점유를 아울러 주장하는 경우에도 그 점유의 개시시기를 어느 점유자의 점유기간 중의 임의의 시점을 선택할 수 없을 뿐인 것이다. 그러므로 피고가 이 사건에서 C의 점유개시일인 1965. 8. 5.을 취득시효의 기산일로 선택한 것이 위법하다고 할 수 없고, 반드시 A의 점유개시일을 취득시효의 기산일로 주장하여야만 하는 것이 아니다.

☑ 쟁 점

위 판결은 점유가 순차 승계된 경우에 있어서 취득시효의 완성을 주장하는 자의 취득시효 기산점의 선택이 문제된 것이다.

☑ 검토할 사항

- 점유가 순차 승계된 경우, 점유권을 승계취득한다는 것은 무엇을 의미하는가?
- 취득시효의 완성을 주장하는 자는 자기의 점유만을 주장하거나 또는 자기의 점유와 전 점유자의 점유를 아울러 주장할 수 있는가? 또한 전 점유자의 점유를 아울러 주장하는 경우에도 어느 단계의 점유자의 점유까지를 아울러 주장할 것인가에 대해서도 이를 주장하는 사람이 선택권을 가지는가?
- 위의 경우 전 점유자의 점유를 아울러 주장하는 자는 그 점유의 하자도 승계하는가?
- 전 점유자가 점유하던 기간 중의 임의의 시점을 취득시효의 기산일로 할 수 있는가?

☑ 관련사례

- 상속에 의하여 점유권을 취득한 경우에는 상속인은 피상속인의 점유를 떠나 자기만의 점유를 주장할 수 있는가? (대판 1992. 9. 2. 92다22602,22619)
- 선대의 점유가 타주점유인 경우 선대로부터 상속에 의하여 점유를 승계한 자의 점유는 어떠한가? 상속인이 그 점유의 성질을 변화시키기 위해서는 어떠한 조치를 취하여야 하는가? (대판 1987. 2. 10. 86다카550; 대판 1997. 5. 30. 97다2344; 대판 2004. 9. 24. 2004다27273)
- 점유자가 취득시효기간의 만료로 일단 소유권이전등기청구권을 취득하였으나 그 후 점유를 상실한 경우 이미 취득한 소유권이전등기청구권은 소멸하는가? 취득시효 기간 만료 당시의 점유자로부터 점유를 승계한 현 점유자는 전 점유자의 취득시효 완성의 효과를 주장하여 직접 자기에게 소유권이전등기를 청구할 수 있는가? (대판(전) 1995. 3. 28. 93다47745)

☑ 참고문헌

- 허만, 상속과 점유의 승계, 민사재판의 제문제 7권, 483면 이하, 1993.

제 3 절 점유의 효력

제 1 항 점유의 추정적 효력

1. 자주점유의 추정

대판(전) 1983. 7. 12. 82다708,709 ··

[사안] X토지와 Y토지는 원래 甲(원고) 종중의 소유였던 미등기 임야의 일부였다가 1965. 6. 1. 각각 분할되어 토지로 지목이 변경되었다. 甲종중은 1965. 6. 30. X, Y토지에 관하여 각 소유권보존등기를 경료함에 있어 당시의 종중대표자인 A앞으로 명의신탁하였다가, 1981. 4. 6. 甲종중 명의의 각 소유권이전등기를 경료하였다. 乙(피고, 농지개량조합)은 그 설립 당시부터 설립목적을 위하여 X토지에 가장 중요한 시설인 양수장을 설치하고, 양수장, 수로 및 그 부지로 사용하여 오다가 1971년 증축공사를 하여 그 지상에 3층 건물의 대규모 양수장을 건립하여 현재까지 그 토지 전부를 점용하여 오고 있고, Y토지 역시 그 지상에 위 설립시부터 乙조합의 양대 간선수로 중의 하나인 서부간선수로를 개설하여 그 수로 및 부지와 위 양수장에 이르는 도로로 점용하여 오고 있다. 그런데 乙의 전신은 경기 김포군 인천, 부천시 등지의 농지에 관한 관개사업을 위하여 1923. 4. 9.에 설립된 ㅇㅇ수리조합으로서, 당시 조선총독부는 지금의 김포반도 전역과 인천, 부평, 부천, 서울일부지역 및 서해안 일대의 약 1,600헥타르(ha)에 이르는 구역에 한해(旱害)를 막고 전천후 농경지를 만들기 위하여 ㅇㅇ수리조합을 설립하였고 그 후 수차의 명칭변경을 거쳐 현재 乙조합에 이른 것이다.

甲이 소유권자임을 이유로 乙을 상대로 X, Y토지에 대한 소유권이전등기 및 부당이득의 반환을 청구하자, 乙은 그 설립시인 1923. 4. 9.부터 본건 토지상에 양수장 및 그 수로를 개설하여 현재에 이르기까지 본건 토지 전부를 소유의 의사로 평온, 공연하게 점유하여 왔으므로 위로부터 20년이 경과한 1943. 4. 9. 이를 시효에 의하여 취득한 것이고, 따라서 乙의 위 점유 사용은 정당한 권원에 의한 것이라고 항변한다. 한편 1963.부터 1973. 사이에 乙은 X, Y토지에 대하여 甲에게 매수의 제의를 하였으나, 甲은 乙에게의 매도를 거절한 바 있다.

[원심] (1) 피고는 피고 조합의 전신으로서 경기 김포군 인천, 부천시 등지의 농지에 관한 관개사업을 위하여 1923. 4. 9.에 설립된 ㅇㅇ수리조합이 동일경 위 사업목적을 위하여 본건 토지를 매수하였거나 수용한 사실이 있으나 이에 대한 소유권이전등기를 경료치 못하였을 뿐이므로 피고의 위 점유사용은 정당한 권원에 의한 것이라고 항변하나, 위 매수나 수용사실을 인정할 만한 아무런 자료가 없고 증언자들의 각 증언은 위 항변사실을 인정하기에 부족하며 달리 위 항변을 인정할 증거가 없으므로 피고의 위 항변은 이유 없다.

(2) 피고 조합은 그 설립 당시부터 위 시설에 필요한 토지들을 협의매수 또는 수용하여 소유권을 취득하여 왔으나 X, Y토지와 그 인접한 원고 종중 소유의 토지는 원고 종중의 선대분묘들이 밀집하여 설치되어 있기 때문에 이를 매수 또는 수용하지 못한 채, 그 사업상의 필요에 의하여 양수장 등 중요한 시설을 하였고 이를 점유 사용하여 오던 중, 1963년경부터 1973년 사이에 X, Y토지를 제외한 나머지 토지들에 대하여는 위 사망한 종중대표자 A와 임대차계약을 체결하거나 이를 매수하였으나 X, Y토지만은 매수제의가 있었으나 원고 종중에서 이를 거절하여 왔던 사실 등을 인정할 수 있고, 위 일련의 사실에 의하면 피고 조합이 위와 같은 경위로 X, Y토지를 설립시부터 점유 사용하여 왔다는 것만으로는 피고의 본건 각 토지에 대한 점유의 권원의 성질상 소유의 의사로 이를 점용하였다고 볼 수 없고, 달리 이를 인정할만한 증거가 없으므로 자주점유임을 전제로 하는 피고의 위 항변은 이유 없다.

[판지] 취득시효에 있어서 자주점유의 요건인 소유의 의사는 객관적으로 점유 취득의 원인이 된 점유권원의 성질에 의하여 그 존부를 결정하여야 하는 것이나, 다만 점유권원의 성질이 분명하지 아니한 때에는 민법 제197조 제 1 항에 의하여 점유자는 소유의 의사로 점유한 것으로 추정되므로 점유자가 스스로 그 점유권원의 성질에 의하여 자주점유임을 입증할 책임이 없고 점유자의 점유가 소유의 의사 없는 타주점유임을 주장하는 상대방에게 타주점유에 대한 입증책임이 있다고 할 것이다. 그러므로 점유자가 스스로 매매 또는 증여와 같은 자주점유의 권원을 주장하였으나 이것이 인정되지 않는 경우에도 원래 위와 같은 자주점유의 권원에 관한 입증책임이 점유자에게 있지 아니한 이상 그 점유권원이 인정되지 않는다는 사유만으로 자주점유의 추정이 번복된다거나 또는 점유권원의 성질상

타주점유라고 볼 수는 없다.
점유자가 취득시효기간이 경과한 후에 상대방에게 토지의 매수를 제의한 일이 있다고 하여도 일반적으로 점유자는 취득시효가 완성한 후에도 소유권자와의 분쟁을 간편히 해결하기 위하여 매수를 시도하는 사례가 허다함에 비추어 이와 같은 매수제의를 하였다는 사실을 가지고 위 점유자의 점유를 타주점유라고 볼 수는 없다.

☑ 쟁 점

위 판결에서는 ① 점유취득시효의 성립에 있어서 점유권원의 성질이 분명하지 아니한 경우 자주점유 여부의 증명책임은 누가 부담하는지 여부와 ② 점유자가 주장한 자주점유의 권원이 부인된 경우 자주점유의 추정이 번복되거나 또는 타주점유로 볼 수 있는지 여부가 문제되었다.

☑ 검토할 사항

- 점유취득시효에 있어서 소유의 의사의 존부 여부는 어떻게 결정되는가?
- 점유권원의 성질이 분명하지 않은 경우 소유의 의사가 존재하는지 여부에 대한 증명책임은 누가 부담하는가?
- 점유자가 주장한 자주점유의 권원이 부정된 경우 점유의 추정은 번복되거나 타주점유로 되는가? (대판 1974. 8. 30. 74다945; 대판 1981. 12. 8. 81다99은 위 전원합의체판결에 의해 폐기됨)
- 점유자가 점유취득시효기간이 경과한 후 상대방에게 매수제의를 한 바 있다면 이는 자신의 점유가 소유의 의사가 없는 타주점유임을 자인한 것인가?

☑ 관련사례

- 甲이 인접한 대지를 매수하면서 그 대지의 일부인 것으로 믿고 경계를 넘어 점유하였다고 주장하더라도 그 대지를 매수한 사실이 없는 경우 소유의 의사는 추정되는가? (대판 1977. 10. 11. 77다1381)
- A가 점유하여 관리 · 경작하던 토지를 상속받은 B가 그 명의로 소유권보전등기를 경료하였으면 자주점유로 전환되는가? (대판 1997. 5. 30. 97다2344)
- 매매나 증여 대상 토지의 실제 면적이 공부상 면적을 상당히 초과하는 경우, 그 초과부분에 대한 점유는 어떠한 성질을 갖는가? (대판 2004. 5. 14. 2003다61054)
- 법률요건이 없다는 사실을 알면서 타인소유의 부동산을 무단점유한 경우 소유의 의사가 있는 점유라는 추정은 깨어졌는가? (대판(전) 1997. 8. 21. 95다28625)
- 토지 점유자가 점유기간동안 여러 차례 부동산소유권이전등기등에관한특별조치법

이 시행됨에 따라 등기의 기회가 있었음에도 불구하고 소유권이전등기를 하지 않았고 오히려 소유자가 같은 법에 의하여 소유권보존등기를 마친 후에도 별다른 이의를 하지 않은 경우, 자주점유의 추정이 번복될 수 있는가? (대판 2000. 3. 24. 99다56765)

☑ 참고문헌

- 정재훈, 점유자의 소유 의사의 추정과 번복, 재판과 판례 7집(대구판례연구회), 37면 이하, 1998.
- 허상수, 자주점유의 추정과 번복 대법원 판례를 중심으로, 판례연구 3집(부산판례연구회), 58면 이하, 1993.
- 서정우, 자주점유의 추정, 법과 정의(경사 이회창 선생 화갑기념논문집 : 이회창 대법관판결의 연구), 783면 이하, 1995.

2. 점유의 추정력과 등기부의 추정력

대판 1966. 10. 18. 66다1520

[사안] X토지는 1943. 10. 30. 일본인 A로부터 甲회사(원고, 조선낙농주식회사)에 매도되어 그 해 11. 15. 소유권이전등기가 경료된 바 있으나, 1955. 6. 14.자로 새로이 甲명의로 보존등기가 이루어졌다. 그런데 국가는 X토지를 일본인 A의 것으로 파악하고 국가에 귀속시켰으며 乙(피고)들은 등기부상 甲 소유 명의로 되어 있는 X토지를 점유 경작하고 있다. 甲이 乙을 상대로 X토지의 반환을 청구하자, 乙들은 X토지는 원래 일본인 소유로서 국가에 귀속된 것이라고 믿고 X토지를 점유 경작한 것이므로 자신들이 적법한 점유자이며 따라서 甲명의의 소유권이전등기가 말소되어야 함을 주장하였다.

[판지] 등기부상 타인명의 소유로 되어 있는 토지를 점유경작한 자는 스스로 그 점유권원을 주장입증할 책임이 있고, 소유명의가 따로 있는 경우까지 점유가 적법한 것으로 추정되는 것은 아니다.

☑ 쟁 점

이 판결에서는 타인명의 소유의 토지를 점유 경작한 자로서 권리적법의 추정을 받는 점유자가 그러한 추정을 등기부상의 소유명의자에게도 주장할 수 있는지 여부가 문제되었다.

☑ 검토할 사항

- 점유자가 점유물에 대하여 행사하는 권리는 적법하게 보유한 것으로 추정된다는 것은 어떠한 의미를 갖는가? 점유자에게 이러한 추정을 명문으로 인정한 이유는 무엇인가?
- 점유자가 등기부상 타인명의 소유로 되어 있는 토지를 점유경작한 경우에 점유자에게는 등기부상의 소유명의자에 대하여 이를 점유경작할만한 적법한 권리를 보유한 것으로 추정되는가?

☑ 관련사례

- 소유권이전등기가 경료되어 있는 경우 그 등기명의자는 제 3 자에 대해서 뿐만 아니라 그 전 소유자에 대하여도 적법한 등기원인에 의하여 소유권을 취득한 것으로 추정되는가? (대판 2004. 9. 24. 2004다27273).

☑ 기타 검토사항

- 위 X부동산에 대하여 이루어진 보존등기 중 어느 것이 유효한가? 그 이유는 무엇인가?

☑ 참고문헌

- 오세빈, 점유와 권원의 입증책임: 권리추정의 본질과 관련하여, 사법논집 15집, 35면 이하, 1984.
- 백현기, 등기의 추정력, 재판자료 26집: 민사증거법(하), 93면 이하, 1985.
- 김학동, 등기의 추정력, 사법연구 3집(한학문화), 216면 이하, 1995.

3. 점유계속의 추정

대판 1996. 9. 20. 96다24279,24286

[사안] B는 1973. 9. 14. A로부터 A 소유의 X토지와 Y건물을 각 매수하면서 담장을 경계로 X토지에 편입되어 있는 Z토지도 X토지의 일부인 것으로 생각하고 Z토지를 포함한 X토지를 인도받아 점유하였다. 1977. 12. 26. C가 위 부동산을 매수하면서 B로부터 그가 점유하던 상태 그대로 인도받아 계속 점유하였고, 1978. 8. 14. 위 부동산을 매수한 D도 마찬가지였다. 1990. 4. 28. D는 甲(피고)에게 위 부동산을 매도하고 점유하여 온 상태 그대로 인도하였다. 甲은 위 부동산을 매수한 후 Z토지도 X토지의 일부인 것으로 믿고 계속 점유해오다가 1991.

10. 10.경 위 지상에 있던 Y건물을 헐고 지하 1층, 지상 2층 규모의 다가구용 단독주택을 신축하였는데, 그 과정에서 경계측량을 하였으나 위 담장을 기준으로 한 甲의 점유면적이 등기부상의 면적인 169㎡과 일치하였다. 그래서 甲은 위 경계담장이 정확한 것으로 믿고 위 담장을 그대로 둔 채 이를 경계로 하여 Z토지를 포함한 지상에 건물을 신축하여 Z토지를 위 건물의 부지로 계속 사용하여 왔다. Z토지의 소유자인 乙(원고)이 담장의 철거 및 해당 토지의 반환을 요구하자, 甲은 Z토지에 대한 점유는 B가 X토지 및 Y건물을 매수한 1973. 9. 14.부터 개시된 이래 C, D를 거쳐 甲에게 순차 승계되었다 할 것이므로, 甲이 점유승계를 원용하는 시점인 B의 점유개시일인 1973. 9. 14.로부터 20년이 경과한 1993. 9. 14.에는 Z토지에 대한 甲의 취득시효가 완성되었다고 항변하였다. 이에 乙은 X토지와 Y건물에 대한 점유개시 당시의 점유자와 현재의 점유자는 같지 아니하므로 점유계속의 추정은 인정될 수 없다고 주장하였다.

[판지] 원고는 상고이유의 하나로, 원심이 민법 제198조를 적용하여 위 소외인들과 피고의 점유가 계속된 것으로 추정하였는데, 같은 법 제198조의 점유계속 추정 규정은 이 사건과 같이 전후 양 시점의 점유자가 다른 경우에는 적용할 수 없다고 주장하고 있으나, 원심은 위 법 제198조의 규정에 의하여 위 소외인들과 피고의 점유가 계속된 것으로 추정한 것이 아니고 관계 증거에 의하여 위 소외인들과 피고의 점유가 계속된 것을 사실로 인정하고 있음을 알 수 있고, 가사 원고 주장대로 원심이 위 규정을 적용하여 위 소외인들과 피고의 점유가 계속된 것으로 보았다 하여도 위 법 제198조 소정의 점유계속추정은 동일인이 전후 양 시점에 점유한 것이 증명된 때에만 적용되는 것이 아니고 이 사건과 같이 전후 양 시점의 점유자가 다른 경우에도 점유의 승계가 입증되는 한 점유계속은 추정된다 할 것이므로, 원심의 위와 같은 판단에 어떠한 잘못이 있다고 할 수 없다.

☑ 쟁 점

위 판결에서는 민법 제198조 소정의 점유계속추정이 전후 양 시점의 점유자가 다른 경우에도 점유의 승계가 입증되는 한 적용될 수 있는지 여부가 문제되었다.

☑ 검토할 사항

- 민법 제198조 소정의 점유계속의 추정 규정이 의미하는 바는 무엇인가?

◆ 민법 제198조 소정의 점유계속의 추정 규정은 점유의 전후 양시에 점유한 자가 동일인일 것을 요구하는가?

제 2 항 점유자와 회복자의 관계

1. 점유자와 과실

대판 1981. 8. 20. 80다2587

[사안] 甲(원고)은 1969. 1. 30. X토지(대지 12평)를 취득하고 소유권이전등기를 경료하였다. 乙과 丙(공동피고, 父子 사이임)은 X토지가 甲명의로 소유권이전등기되기 전부터 인접한 자신의 토지에 건물을 건축하여 공동으로 소유해 왔는데, 이 건물 14평 중 약 4.6평이 인접된 X토지를 침범하고 있었다. 甲은 乙 등에 대하여 위 침범부분에 대한 건물의 철거를 요구하면서 소송을 제기(1974. 10. 31)하였고, 乙 등이 패소하여 결국 1979. 8. 31. 위 침범부분 건물이 철거되었다. 뒤이어 甲은 乙 등에 대하여 X토지가 甲 소유 명의로 이전등기된 다음날인 1969. 1. 31.부터 철거된 날(1979. 8. 31)까지의 임대료 상당의 손해를 乙 등이 부당이득으로 반환할 것을 청구하였다. 이에 대하여 乙 등은 다툼이 있는 대지부분에 대한 乙 등의 점유는 민법 제197조 제 1 항에 의하여 선의로 점유한 것으로 추정되어야 할 것이니, 부당이득반환의무는 乙 등의 점유가 악의로 되는 본건 제소일인 1974. 11. 1.을 기산일로 해야 한다고 주장하고, 甲 앞으로 X토지의 소유권이전등기가 경료된 1969. 1. 30.부터 제소일인 1974. 10. 31.까지의 乙 등의 이건 대지 점유가 선의의 점유로서 乙 등에게 과실수취권이 있다고 주장하였다.

[판지] 민법 제201조 제 1 항에 의하여 과실취득권이 인정되는 선의의 점유자란 과실취득권을 포함하는 권원(소유권, 지상권, 임차권 등)이 있다고 오신한 점유자를 말하고, 그와 같은 오신을 함에는 오신할만한 근거가 있어야 된다. 피고 등이 이 사건 대지를 점유 사용할 권원이 있다고 믿은 근거가 없으므로 피고 등은 과실취득권이 있는 선의의 점유자로 볼 수 없다. (또한) 피고 등이 이 사건 대지를 점유 사용할 권원이 있다고 믿을 만한 사실이 있었다고 인정되지도 아니하므로

피고 등의 점유는 선의의 점유로 볼 수 없다.

☑ 쟁 점

위 판결에서는 경계를 침범하여 건물을 건축한 인접토지의 소유자가 그 침범부분의 대지에 관하여 민법 제201조 제1항에 의하여 과실취득권이 인정되는 '선의의 점유자'가 될 수 있는가 여부가 문제되었다.

☑ 검토할 사항

- 「점유자—회복자의 관계」는 무엇이며 그 존재이유는 어디에 있는가?
- 「점유자—회복자의 관계」는 어떠한 상황을 전제로 하는가?
- 권원 없이 목적물을 점유하는 점유자가 그 목적물을 회복자에게 반환하여야 할 때, 그 목적물로부터 수취한 과실은 어떻게 처리되는가? 부당이득법을 적용할 때의 결과와는 어떠한 차이가 있는가?
- 일반적으로 '선의'란 무엇을 말하며, 민법 제201조에 의해 보호되는 '선의의 점유자'란 어떠한 사람인가?
- 민법 제201조 제1항이 선의의 점유자에게 과실수취권을 인정하는 취지는 무엇인가? 아울러 민법 제201조 제1항은 점유자의 선의 외에 '무과실'도 요구하는가?
- 과실수취권이 없는 본권에 대해 오신을 하는 경우에도 민법 제201조 제1항에 의해 보호되는 '선의'의 점유자에 해당하는가?
- 위 대지부분을 점유할 수 있는 정당한 권원이 있음/없음에 관한 주장 입증은 누가 하는가?

☑ 관련사례

- X토지는 원래 乙의 소유였으나, 乙이 토지소재지와는 멀리 떨어진 다른 대도시에 거주하고 있었기 때문에 乙과 면식이 있던 A가 이를 관리하던 중, A는 X토지가 마치 자기의 소유인 것처럼 행세하면서 甲에게 자기의 이름으로 매도하였고, 甲은 X토지가 A의 소유인 것으로 誤信하여 A로부터 매수한 뒤 매매대금 전액을 A에게 지급하고 그 지상에 집을 지어 살아왔다. 乙은 甲을 상대로 X토지의 명도 및 지상건물의 철거뿐만 아니라 점유사용으로 인하여 얻은 이득도 반환청구할 수 있는가? (대판 1987. 9. 22. 86다카1996,1997)
- 쌍무계약이 무효 또는 취소로 되어 각 당사자가 서로 취득한 것을 동시이행의 반환 법리에 따라 반환하여야 하는 경우, 선의의 매도인은 대금의 운용이익 내지 법정이자를 반환하여야 하는가? (대판 1993. 5. 14. 92다45025)
- 甲은 X토지를 공장용지로서 소유하고 있다. 乙은 위 공장용지의 상공으로 甲의 동

의나 승낙을 받지 않은 채(그 사실을 알면서) 154kV 특별고압가공 송전선을 통과하도록 설치하여 사용하고 있으며, 그 결과 甲은 위 공장용지의 입체적 이용에 제한을 받고 있다. 甲은 악의의 점유자인 乙을 상대로 임료상당액 및 민법 제748조 제 2 항에 의한 이자, 이 이자의 이행지체로 인한 지연손해금을 청구할 수 있는가? 즉, 악의의 점유자가 반환하여야 할 범위는 민법 제748조 제 2 항에 따라 정하여지는가? (대판 2003. 11. 14. 2001다61869)

- 甲은 1986. 6. 26. X토지에 관하여 甲명의의 소유권이전등기를 마쳤다. 乙은 인접토지와 X토지의 일부분을 경계침범하여 건축되어 있는 지상건물을 1988. 8. 26. A로부터 매수하여 소유권이전등기를 한 후 점유 · 사용하고 있다. 한편, 甲은 1996.경 X토지상의 甲소유의 건물을 개축하기로 하면서 1996. 11.부터 수차례에 걸쳐 乙에게 경계침범 토지부분을 인도하여 줄 것을 최고하였으나, 乙이 이를 거절하자 1997. 8. 2. 소를 제기하였다. 乙은 甲에게 위 지상건물을 철거하여 경계침범부분을 인도하여야 함은 물론이나, 위 점유로 인하여 乙이 반환하여야 할 임료 상당의 부당이득 반환의 범위가 문제되었다. 甲은 乙이 1988. 8. 26.부터 甲소유의 토지 부분을 점유 · 사용함으로써 그 임료 상당의 부당이득을 얻었다고 할 것이므로, 乙은 甲에게 1988. 8. 26.부터 부당이득을 반환할 의무가 있다고 한다. 이에 대하여 乙은 1997. 8. 2. 전날까지의 범위 내에서는 자신은 선의의 점유자(제197조에 의한 추정)로서 과실수취권이 있으니 위 이득을 반환할 의무가 없다고 항변한다. 누구의 주장이 옳은가? (대판 2000. 3. 10. 99다63350).

☑ 기타 검토사항

- 乙 · 丙 상호간에 있어 甲에 대한 부당이득금 반환채무는 어떠한 관계에 있는가?

☑ 참고문헌

- 김형석, 점유자와 회복자의 법률관계와 부당이득의 경합, 서울대 법학 제49권 제 1 호, 249면 이하, 2008.
- 김상중, 쌍무계약의 무효 · 취소에 따른 과실 · 사용이익의 반환, 민사법학 제37호, 147면 이하, 2007.
- 윤용석, 점유자의 과실취득권과 부당이득, 재산법연구 25권 3호, 211면 이하.
- 민유숙, 부당이득반환청구권과 점유자에 대한 회복자의 과실반환청구권의 관계, 대법원판례해설 46호(2003 하반기), 587면 이하.
- 최상호, 선의점유자의 과실취득권, 민법학의 회고와 전망(민법전시행 삼십주년 기념논문집), 208면 이하, 1993.

2. 점유자의 비용상환청구

(가) 필 요 비

대판 1996. 7. 12. 95다41161,41178 ··

[사안] A(제지회사)는 1987. 4. 24. 乙(피고, 리스회사)과 사이에 리스계약을 체결한 후, 1988. 4. 18. 초지제조 1호기와 조정팔파기, 보일러 시설 등에 관한 것으로 그 리스계약 내용을 일부 변경하였다. A는 이 기계들을 인수받아 자신의 소유인 X부동산(공장용지 및 그 지상의 2층 공장건물, 부속건물 등) 위에 각 설치하고 사용하여 오다가, 경영곤란으로 인해 1992. 4. 30. 은행거래가 중단되고 그 무렵 乙로부터 위 리스계약을 해지당하였다. 甲(원고)은 1992. 5. 6. 개시된 강제경매절차에서 X부동산을 1992. 11. 30. 경락받고 그 대금을 완납하였다. 그 후 甲은 1993. 3. 25. 소유권이전등기를 마치고 현재까지 이를 소유하고 있다. 한편, 乙은 위와 같은 경위로 X부동산 각 부분에 설치된 초지제조 1호기, 조정팔파기, 보일러시설 등을 각 소유하면서 위 기계와 시설 등이 설치된 이 사건 건물 부분을 점유하고 있는 반면, 甲은 경락받은 X부동산에 설치되어 있던 초지1호기와 조정팔파기를 점유(단, 불사용)하고 있는 외에, 초지제조 2호기를 가동하여 그 라인을 이루는 乙소유의 그밖의 제조설비들을 현재까지 점유 · 사용하여 오고 있다.

甲과 乙은 위 乙소유의 제조설비들의 매수를 위하여 수차례 협상을 벌였으나 가격조건 등 이견이 좁혀지지 않자, 甲은 乙에게 초지1호기, 조정팔파기 등 리스물건을 반출해가도록 서면으로 최고하는 한편, 1993. 9. 21. ① X부동산상에 초지1호기, 조정팔파기가 존치되어 있음으로 인하여 자신이 그동안 입은 이 사건 건물부분의 사용이익 상당의 손해에 대한 손해배상, ② 제조설비가 점유하고 있는 모든 건물부분의 명도 등을 구하는 소를 제기하였다. 이에 乙은 甲이 더 이상 제조설비를 매수할 의사가 없는 것으로 파악하고 위 설비들을 B에게 매각한 후 이를 반출하고자 甲의 협조를 요청하고, 수차에 걸쳐 반출을 시도하였다.

이에 대하여 甲은 자신이 1994. 5.경부터 1994. 9. 30.경까지 사이에 초지1호기와 조정팔파기를 제외한 그 라인을 이루는 乙소유의 그밖의 제조설비들을 보존하기 위하여 수리하거나 핸드밸브 등 부품을 교체하고 그 수리비나 부품대 등으로 합계 약 1,200만원 상당의 비용을 지출하였음을 들어, 乙로부터 위 수리비를 상환받을 때까지는 그밖의 제조설비들을 인도하여 줄 수 없다는 취지의 필요비상환청구권에 기한 유치권 내지 동시이행의 항변을 주장하였다.

[판지] 원고가 위 각 물건에 관하여 이를 수리하거나 핸드밸브 등 부품을 교체하고 그 수리비나 부품대 등으로 합계 약 1,200만원 상당의 비용을 지출한 사실은 인정되나, 위 수리비 등은 원고가 위 각 물건을 계속 사용하여 온 점에 비추어 원고가 위 각 물건을 사용함에 따라 마모되거나 손상된 부품을 교체하거나 수리하는 데 등에 소요된 비용으로서 통상의 필요비에 해당한다고 보여지고, 이러한 통상의 필요비는 점유자가 과실을 취득하면 회복자로부터 이의 상환을 구할 수 없다.

☑ 쟁 점

위 판결은 기계설비들을 점유·사용한 자가 수리비 등을 지출한 경우 그 수리비 등은 통상의 필요비에 해당하여 그 기계장치를 돌려받고자 하는 자에게 반환을 청구할 수 있는지 여부가 문제되었다.

☑ 검토할 사항

- 비용의 의의와 필요비, 유익비의 개념에 대해서 살피시오.
- 권원 없는 점유자는 지출한 필요비를 항상 상환받을 수 있는가? 지출의 성과가 없는 경우에는 어떠한가?
- 비용의 상환과 점유자의 과실 취득과의 관계를 살피시오.
- 이른바 '강요된 이득'이란 무엇이며, 무엇이 문제되는가?

☑ 관련 사례

- 점유자가 회복자에 대하여 필요비 또는 유익비 상환청구권을 행사할 수 있는 시기는 언제인가? (대판 1994. 9. 9. 94다4592)

☑ 기타 검토사항

- 甲—乙 간의 협상이 결렬되기까지 乙의 이 사건 건물 부분에 대한 점유는 신의칙상 불법점유라고 할 수 없다. 이 때 乙이 자신의 소유인 위 기계들이 설치된 이 사건 건물 부분을 단순히 점유하여 오고 있을 뿐 위 기계들을 실제로 가동하고 있지 않다면, 甲은 乙에게 임료 상당의 부당이득의 반환을 청구할 수 있는가? 반면에 위 기계들이 건물 자체를 점유한 것이 법률상 원인이 없다면 그 결과는 어떠한가?

☑ 참고문헌

- 양형우, 민법 제203조에 의한 점유자의 비용상환청구권, 고시연구 28권 4호(2001.

4), 48면 이하.

◆ 김학동, 점유자의 비용상환청구권, 민사재판의 제문제 상(송천 이시윤박사 화갑기념), 98면 이하, 1995.

(나) 유 익 비

판례 1

대판 2003. 7. 25. 2001다64752 ……………………………………

[사안] X건물은 원래 A회사가 볼링장을 운영하기 위하여 지은 것인데, A회사는 그 시설자금이 부족하자 1997. 3. 15. 이를 甲(원고)에게 임대하였다. 甲은 임대차 계약체결 후 X건물의 출입구 강화유리문, 바닥 타일, 내부기둥, 벽체, 배선, 배관 등의 내장공사 등에 100,990,179원을 지출하였다(현존하는 가치증가액 70,088,017원). 이어서 甲은 1997. 6. 1. B보증보험과 사이에 C리스회사를 피보험자로 하여 리스보증보험계약을 체결하고 그 보험증권을 C리스회사에 제출하여 C리스회사로부터 리스자금을 받아 X건물에 볼링기계 및 필요한 부대설비를 설치하고 1997. 7. 5.부터 볼링장 영업을 시작하였다. 그리고 A회사는 甲이 B보증보험과 위 보증보험계약을 맺음에 있어서 X건물을 담보로 제공하여, 1997. 5. 23. X건물에 관하여 근저당권이 설정되었다. 그런데 甲이 C리스회사에 대한 리스료의 지급을 연체하게 되자, B보증보험은 1998. 6. 12. C리스회사의 요청에 따라 보험금을 지급하고 X건물에 관하여 임의경매신청을 하였고, 乙(피고)이 그 경매절차에서 X건물을 낙찰받아 1999. 8. 17. 소유권이전등기를 마쳤다. 乙은 1999. 9. 18. 甲으로부터 X건물을 명도받고, C리스회사로부터 X건물에 설치되어 있는 리스물건인 볼링기계 및 부대설비를 매입하여 X건물에서 볼링장을 경영하고 있다. 甲은 乙에 대하여 민법 제203조의 규정에 따라 유익비의 상환을 구한다.

[판지] 민법 제203조 제 2 항에 의한 점유자의 회복자에 대한 유익비상환청구권은 점유자가 계약관계 등 적법하게 점유할 권리를 가지지 않아 소유자의 소유물반환청구에 응하여야 할 의무가 있는 경우에 성립되는 것으로서, 이 경우 점유자는 그 비용을 지출할 당시의 소유자가 누구이었는지 관계없이 점유회복 당시의 소유자 즉 회복자에 대하여 비용상환청구권을 행사할 수 있는 것이나, 점유자가 유익비를 지출할 당시 계약관계 등 적법한 점유의 권원을 가진 경우에 그 지출

비용의 상환에 관하여는 그 계약관계를 규율하는 법조항이나 법리 등이 적용되는 것이어서, 점유자는 그 계약관계 등의 상대방에 대하여 해당 법조항이나 법리에 따른 비용상환청구권을 행사할 수 있을 뿐 계약관계 등의 상대방이 아닌 점유회복 당시의 소유자에 대하여 민법 제203조 제 2 항에 따른 지출비용의 상환을 구할 수는 없다. 이 사건에서 임차인인 원고는 임대차계약에 의하여 X건물을 적법하게 점유하고 있으면서 비용을 지출한 것이므로, 임대인인 A회사에 대하여 민법 제626조 제 2 항에 의한 임대차계약상의 유익비상환청구를 할 수 있을 뿐, 낙찰에 의하여 소유권을 취득한 피고에 대하여 이와는 별도로 민법 제203조 제 2 항에 의한 유익비의 상환청구를 할 수는 없다.

☑ 쟁 점

위 판결에서는 점유자가 유익비를 지출할 당시 계약관계 등 적법한 점유권원을 가진 경우 계약관계 등의 상대방이 아닌 점유회복 당시의 상대방에 대하여 민법 제203조 제 2 항에 따른 지출비용의 상환을 구할 수 있는지 여부가 문제되었다.

☑ 검토할 사항

- 민법 제203조 제 2 항에 있어 유익비란 무엇인가? 점유자가 유익비상환청구를 하는 경우와 부당이득금반환청구를 하는 경우는 그 법률요건과 효과에 있어서 각각 어떻게 다른가?
- 유익비와 필요비의 차이는 무엇인가?
- 甲이 A회사에 대해서만 유익비상환청구를 할 수 있다고 한 까닭은 무엇인가? 甲이 乙에 대해서는 유익비상환청구를 할 수 없는 이유는 무엇인가?
- 민법 제203조에 의한 비용상환청구권이 인정되는 경우 점유자에게는 이를 위한 유치권이 발생할 수 있다. 이러한 유치권이 발생하지 않는 예외적인 경우는 어떠한 경우인가?

☑ 기타 검토사항

- 甲은 乙의 목적물인도청구에 대하여 임대인에 대한 위 유익비상환청구권에 기한 유치권으로서 대항할 수 있었을까?

☑ 참고문헌

- 김대원, 점유자가 유익비를 지출할 당시 계약관계 등 적법한 점유권원을 가진 경우 계약관계 등의 상대방이 아닌 점유회복 당시의 상대방에 대하여 민법 제203조 제

2 항에 따른 지출비용의 상환을 구할 수 있는지 여부(소극), 대법원판례해설 47호, 9면 이하, 2003.

◆ 최상호, 점유자의 비용상환청구권, 경북대 법학논고 7집, 149면 이하, 1991.

판례 2

대판 2002. 8. 23. 99다66564,66571

[사안] X건물에 관하여 甲(원고)이 2/4지분, A, B가 각 1/4지분으로 공유하고 있는데 A는 공유자인 甲의 동의 없이 1994. 5. 10. 乙(피고)에게 X건물의 1, 2층 창호공사를 금 250,000,000원에 도급하는 계약을 체결하였다. 乙이 약정기간 내에 위 공사를 완료하였으나 A는 乙에게 공사대금을 지급하지 않았고 위 공사로 인하여 X건물의 가치가 금 149,779,696원 상당 증가하였다. 乙은 공사대금의 지급이 없자 X건물 1층 중 일부를 공장으로, 2층 중 일부를 사무실로 각 점유, 사용하고 있다. 甲이 乙의 무단 점유를 이유로 그 점유부분의 명도와 그 점유·사용에 대한 차임 상당의 부당이득반환을 청구하자, 이에 대하여 乙은 반소로 甲에게 위 공사로 인하여 X건물의 가치가 증가한 부분 중 원고 지분에 상응하는 금액을 부당이득 내지 민법 제203조 소정의 유익비로서 반환할 것을 청구하였다.

[원심] 원고는 X건물에 관하여 2/4지분을 가진 공유자이고, 피고는 X건물의 일부를 사무실로 점유·사용하고 있으므로, 피고는 특별한 사정이 없는 한 원고에게 X건물 중 위 각 점유부분을 명도하고, 그 점유·사용으로 인한 차임 상당의 부당이득 중 甲의 지분 2/4에 해당하는 금원을 지급할 의무가 있다. 위 공사의 결과 149,779,696원에 상당하는 만큼 X건물 부분의 객관적 가치가 증가하였다고 할 것이고, 피고의 당초 도급금액이 2억 5,000만원인 점에 비추어 위 현존가액은 이 사건 창호공사에 실제 지출된 비용보다는 작은 금액이라고 보여지므로, 원고는 위 현존가액의 총합계인 149,779,696원 중 피고가 구하는 바에 따라 X건물에 대한 원고의 지분인 2/4에 해당하는 74,889,848원을 피고에게 지급할 의무가 있고, 피고는 이를 지급받기 위하여 X건물 중 피고의 점유부분을 유치할 권리가 있다.

[판지] 계약상의 급부가 계약의 상대방뿐만 아니라 제 3 자의 이익으로 된 경우에 급부를 한 계약당사자가 계약 상대방에 대하여 계약상의 반대급부를 청구할 수 있는 이외에 그 제 3 자에 대하여 직접 부당이득반환청구를 할 수 있다고 보

면, 자기책임 하에 체결된 계약에 따른 위험부담을 제 3 자에게 전가시키는 것이 되어 계약법의 기본원리에 반하는 결과를 초래할 뿐만 아니라, 채권자인 계약당사자가 채무자인 계약상대방의 일반채권자에 비하여 우대받는 결과가 되어 일반채권자의 이익을 해치게 되고, 수익자인 제 3 자가 계약상대방에 대하여 가지는 항변권 등을 침해하게 되어 부당하므로, 위와 같은 경우 계약상의 급부를 한 계약당사자는 이익의 귀속 주체인 제 3 자에 대하여 직접 부당이득반환을 청구할 수는 없다고 보아야 한다. 유효한 도급계약에 기하여 수급인이 도급인으로부터 제 3 자 소유 물건의 점유를 이전받아 이를 수리한 결과 그 물건의 가치가 증가한 경우, 도급인이 그 물건을 간접점유하면서 궁극적으로 자신의 계산으로 비용지출과정을 관리한 것이므로, 도급인만이 소유자에 대한 관계에 있어서 민법 제203조에 의한 비용상환청구권을 행사할 수 있는 비용지출자라고 할 것이고, 수급인은 그러한 비용지출자에 해당하지 않는다고 보아야 한다.

☑ 쟁 점

위 판결에서는 ① 계약상의 급부가 계약의 상대방뿐만 아니라 제 3 자의 이익으로 된 경우에 급부를 한 계약당사자가 계약 상대방에 대하여 계약상의 반대급부를 청구할 수 있는 이외에 그 제 3 자에 대하여 직접 부당이득반환을 청구할 수 있는지 여부와 ② 유효한 도급계약에 기하여 수급인이 도급인으로부터 제 3 자 소유 물건의 점유를 이전받아 이를 수리한 결과 그 물건의 가치가 증가한 경우에 민법 제203조에 의한 비용상환청구권을 행사할 수 있는 비용지출자는 누구인가가 여부가 문제되었다.

☑ 검토할 사항

- A가 X건물의 1, 2층 창호공사를 도급하는 계약을 체결함에 있어서 甲의 동의가 필요한 까닭은 무엇인가?
- 乙이 A에 대해서만 계약상의 반대급부를 청구할 수 있는 까닭(=甲에 대해서는 부당이득반환청구를 할 수 없는 까닭)은 무엇인가?
- 위 사안에 있어서 민법 제203조 제 2 항에 의한 유익비상환청구를 할 수 있는 비용지출자는 누구인가?

☑ 관련사례

- 유익비상환의무자인 회복자의 선택권을 위해 유익비는 실제로 지출한 비용과 현존하는 증가액을 모두 산정하여야 하는가? (대판 1987. 4. 14. 86다카2342; 대판 2002. 11. 22. 2001다40381)

- 점유자의 회복자에 대한 유익비상환청구권이 인정되나 그 상환액에 관한 점유자의 입증이 없는 경우 법원은 어떠한 조치를 취해야 하는가? (대판 1993. 12. 28. 93다30471,30488)

☑ 기타 검토사항

- 전용물소권이란 무엇인가?

☑ 참고문헌

- 홍성주, 전용물소권과 민법 제203조 소정의 비용상환청구권, 판례연구 14집(부산판례연구회), 49면 이하, 2003.

제3항 점유보호청구권

1. 점유회수의 소

대판 1992. 2. 28. 91다17443 ··

[사안] B는 A로부터 A소유의 건물을 보증금 20,000,000원에 임차한 후 음식점 영업을 허가받아 X식당을 경영하고 있었다. 1987. 8. 19. 甲(원고)은 식당경영권을 위 임차보증금 20,000,000원을 포함하여 합계 금 65,000,000원으로 평가하여 자신의 임야와 서로 교환하기로 B와 약정하고, 계약에 따라 건물을 명도받아 식당을 경영하였다. 1987. 11. 10. 甲은 乙(피고)과 다시 교환계약을 체결하였는데, 그 내용은 乙소유 Y임야와 X식당을 교환하되, 乙이 Y임야에 추가하여 甲에게 금 20,000,000원을 더 지급하기로 하는 것이었다. 1987. 11. 20. 甲은 乙로부터 20,000,000원을 지급받은 후 Y임야에 관한 소유권을 아직 넘겨 받지 아니한 상태에서 임차권을 乙에게 양도하고 X식당을 乙에게 명도하여 주었다. 그 후 甲이 Y임야의 시가와 현황을 조사하여 본 결과, Y임야는 자연환경보전지역 또는 수리안전보전지역으로서 개발이 제한된 곳이고 급경사의 암석지로 된 야산으로서 시가 금 2,628,450원 정도에 불과한 것으로 판명되었다. 乙이 위 교환계약 체결시 마치 Y임야가 개발이 가능한 지역으로 그 입구까지 도로가 뚫려 있고 곧 대규모의 관광단지개발이 시작될 것이므로 그 시가가 금 55,000,000원 정도 되는 것처

럼 甲에게 거짓말을 함으로써 이에 속은 甲이 위 교환계약을 체결한 것이었다. 乙은 甲으로부터 X식당을 명도받아 경영하다가 甲이 양도한 종전 임대차계약기간이 만료된 후 다시 A와 건물에 관한 임대차계약을 체결하였다가, 건물의 소유권이 A로부터 C에게 이전된 후 다시 C와 새로운 임대차계약을 체결하여 X식당을 경영하여 오고 있다. 전(前) 임차권자 甲은 위 교환계약이 乙의 사기에 의한 의사표시임을 이유로 이를 취소하고 X식당에 대한 자신의 점유가 침탈되었음을 이유로 그 명도를 청구하였다.

[판지] ⑴ 원고는 피고의 사기의 의사표시에 의하여 건물을 명도해준 것이고, 건물의 점유를 침탈당한 것이 아니므로 원고는 피고에 대하여 점유회수의 소권을 가진다고 할 수 없다.

⑵ 원고의 교환계약 취소의 의사표시로 위 교환계약이 적법하게 취소된 이상 피고는 특별한 사정이 없는 한 부당이득의 반환으로서 원고에게 건물의 점유를 반환할 의무가 있다고 할 것이나, 피고는 원고로부터 건물을 명도받은 후 원고가 취득하였던 종전의 임차권이 기간만료로 소멸된 뒤 다시 건물의 종전 소유자인 A, 새로운 소유자인 C 등과 각 새로운 임대차계약을 체결하여 건물을 지금까지 점유하여 오고 있는 바이므로, 위와 같은 새로운 권원에 의한 피고의 점유를 법률상 원인 없는 점유라고 할 수 없으며, 피고가 그 점유로 인하여 이미 임차권을 상실한 원고에게 무슨 손해를 가하고 있다고도 할 수 없으므로 원고의 피고에 대한 건물의 반환청구권은 피고의 새로운 권원취득에 의하여 소멸하였다.

☑ 쟁 점

위 판결에서는 점유자가 상대방의 사기의 의사표시에 의해 건물을 명도하여 준 경우 상대방에 대하여 점유회수의 소권을 가지는지 여부가 문제되었다.

☑ 검토할 사항

- 점유회수청구권의 의의와 그 성립요건을 살피시오.
- 甲이 乙에 대하여 그 점유의 반환을 청구할 수 없는 이유는 무엇인가?

☑ 관련사례

- 직접점유자가 임의로 점유를 타인에게 양도하였으나 그 점유의 양도가 간접점유자의 의사에 반한 경우 간접점유자의 점유가 침탈되었다고 할 수 있는가? (대판

1993. 3. 9. 92다5300)

- 점유침탈자인 甲이 점유물에 대한 본권이 있다는 주장으로 점유자인 乙의 점유회수를 배척할 수 있는가? (대판 1967. 6. 20. 67다479)
- 점유회수청구권의 행사기간은 출소기간인가? (대판 2002. 4. 26. 2001다8097,8103)
- 임차인 甲이 임차보증금의 반환을 요구하며 임차물을 유치하던 중 임차물관리인 乙이 그 점유를 침탈하여 점유·사용하다가 임대인으로부터 이를 다시 임차한 丙에게 이전한 경우, 甲은 그 점유를 침탈한 乙을 상대로 점유회수의 청구를 할 수 있는가? 이를 긍정(또는 부정)하는 이유는 무엇인가? 甲은 丙에게 점유회수의 청구를 할 수 있는가? (대판 1995. 6. 30. 95다12927)
- 甲은 세대주로서 주민등록법 소정의 전입신고를 마치고 장모 A의 소유인 X아파트에서 그의 처인 B와 함께 거주하고 있다. 그런데 이 때 채권자 乙의 신청에 따라 근저당권채무자인 A, B를 피신청인으로 한 X아파트에 대한 적법한 인도명령의 집행이 있은 경우 甲은 乙에게 X아파트의 점유를 위법하게 침탈당하였음을 주장할 수 있는가? (대판 1998. 4. 24. 96다30786)

☑ 참고문헌

- 제철웅, 소유물반환청구권자 및 그 밖의 반환청구권자에 대한 권원없는 점유자의 책임, 판례월보 334호(1998. 7), 15면 이하.
- 임형택, 점유자의 추급권: 우리 민법개정안 제204조의2를 중심으로, 건국대 일감부동산법학 제 2 호, 153면 이하, 2008.

2. 점유권에 기한 방해배제 및 방해예방의 소

대판 1987. 6. 9. 86다카2942

[사안] 甲(원고)은 乙(피고, 국가) 소유의 대지 위에 X창고를 건축한 후 1975. 2. 28. 乙에게 기부채납한 뒤 이를 점유 사용하여 오고 있다. 乙은 甲을 상대로 하여 乙이 甲에게 무상사용권을 부여한 것은 이 사건 창고에 한정되며 그 부지에 대하여는 무상사용권을 부여하지 아니하였다는 이유로 그 부지에 대한 사용료청구소송을 제기하였으나, 1979. 12. 27. 패소의 확정판결을 받은 바 있다. 이 판결에서 법원은 甲은 X창고와 그 부지 모두에 대하여 무상사용권이 있되 다만 그 기간은 X창고 및 부지에 대한 사용료의 총액이 창고건립에 소요된 甲의 투자분 평가액에 달할 때까지의 기간으로 약정된 것으로 인정하였다. 그 후 乙은 甲에게 X창고 및 부지의 무상사용기간을 1984. 8. 19.까지라고 통고하는 한편 새로

운 사용허가신청서의 제출을 요구하였고, 乙이 정한 무상사용기간 경과 후의 사용료의 납부고지 및 독촉 등의 내용으로 된 공문의 발송 및 甲의 거래처인 ○○시장에게 ○○시가 X창고에 보관 중인 화물을 다른 곳으로 옮겨줄 것을 협조 요청하는 등의 공문을 발송한 바 있다. 甲은 乙을 상대로 하여 점유물에 대한 방해의 제거 및 예방을 소구하였다.

[판지] 점유권에 의한 방해배제청구권(점유보유청구권)은 물건자체에 대한 사실상의 지배상태를 점유침탈 이외의 방법으로 침해하는 방해행위가 있는 경우에 성립되는 것이고, 방해예방청구권(점유보전청구권)에 있어서 점유를 방해할 염려나 위험성이 있는지의 여부는 구체적인 사정 하에 일반경험법칙에 따라 객관적으로 판정되어야 할 것이다. 피고의 위와 같은 행위가 있었다 하더라도 이로써 피고가 원고의 이 사건 창고 및 그 부지에 대한 사실상의 지배 자체를 방해하는 위법한 행위를 한 것에 해당한다고는 볼 수 없고, 위 창고 등에 대한 원고의 점유가 방해될 염려나 위험성이 객관적으로 존재한다고도 할 수 없다.

☑ 쟁 점

위 판결에서는 점유자인 甲에게 乙을 상대로 한 점유권에 기한 방해배제청구권이 인정될 수 있는지 여부가 문제되었다.

☑ 검토할 사항

- 방해배제청구권의 의의와 종류, 그 성립요건을 살피시오.
- 점유를 방해할 염려나 위험성 유무의 판단기준은 무엇인가?

☑ 참고문헌

- 김재형, 토지와 물: 지하수 이용권에 대한 방해배제청구권, 서울대 법학 46권 2호, 377면 이하, 2005.
- 김형석, 소유물방해배제청구권에서 방해의 개념, 서울대 법학 45권 4호, 394면 이하, 2004.

제 4 항 자력구제

대판 1993. 3. 26. 91다14116 ··

[사안] 甲(원고, 건설회사)은 1986. 8. 27. 乙(피고 1, 건설회사)로부터 乙의 소유인 X대지 위에 아파트 394세대와 부속상가 및 노인정 신축공사를 수급하면서, 공사에 필요한 자재는 甲이 제공하고 공사대금 중 1차 기성고는 착공일로부터 3월 후에, 그 후의 기성고는 매 2월마다 지급받기로 약정하였다. 甲은 1986. 9. 5. 경 공사에 착수하여 1986. 12. 중순경까지 X대지 위에 제 1 동의 지층과 1층 및 2층, 제 2 동의 지층 및 중앙공급실, 제 4 동의 지층 및 1, 2, 3층의 각 골조공사와 견본주택건축공사를 마친 상태(이 사건 기성부분, 이하 'Y 부분')에서 乙에게 1차 기성공사대금 등을 청구하였다. 그러나 乙은 甲이 부실공사를 하였다는 등의 이유를 들어 지급을 거절하였다. 게다가 乙이 甲으로부터 이전에 차용한 금원도 변제하지 않은데다가 그 담보를 위하여 교부한 乙의 계열회사 명의의 약속어음 2장도 지급거절되었다. 그러자 甲은 위 대여금 및 1차 기성공사대금을 지급하고 장래 발생할 공사대금의 지급방법을 확실히 하기 전에는 공사를 계속할 수 없다면서 공사를 중단한 채 방치하다가 1987. 2. 27. 乙에게 이 사건 공사도급계약을 해제한다고 통보하고 장비와 인원을 철수시킨 채 경비원 한 사람으로 하여금 Y 부분을 점유 관리하게 하여 왔다. 한편 X대지에 관하여 1984. 9. 21.자 근저당권을 가지고 있던 은행이 그 피담보채무의 비변제를 이유로 임의경매를 신청하였고, 丙(피고 2, 乙과 같은 계열회사임)이 1988. 4. 20. 이를 금 40억원에 경락받아 1988. 6. 2. 소유권이전등기를 마치고, 같은 날 이를 丁 외 3인(피고 3 등)에게 금 43억원에 매도하여 1988. 6. 21. 소유권이전등기를 경료해 주었다. 그러자 6. 22. 甲은 乙에게 공사금을 지급하고 Y부분을 인도해 가라고 최고하였다. 한편 丁 등은 X대지에 예식장을 건축할 계획을 세우고 Y부분을 철거하고자 같은 해 6. 1.경 乙 및 丙을 상대로 제소전화해신청을 하였고, 그 달 20. '乙은 丁 등의 비용으로 Y부분을 철거하고, 丙은 X대지를 인도한다'는 취지의 제소전화해가 성립하였다. 그 후 甲이 丁 등이 Y부분을 철거하려는 사실을 알게 되어 그 달 24. 丁에게 Y 부분은 乙의 소유가 아니라 甲의 소유이므로 기성공사대금을 지급받기 전에는

철거에 응할 수 없다고 통보하였지만, 丁은 위 제소전화해가 성립되었다는 이유로 집달관을 통하지도 아니한 채 7. 7.부터 7. 11.까지 임의로 매일 중장비 한 대와 인부 10여 명을 동원하여 Y부분을 철거하기 시작하였고, 甲은 그 달 12.부터 인부들을 동원하여 Y부분을 보호하려 하였으나, 그 달 13. 丁의 인부들에게 쫓겨났다. 丁은 그 달 13. Y부분의 철거를 계속하는 한편, 법원에 대체집행신청을 하여 그 달 14. 법원으로부터 대체집행결정을 받았다. 甲은 그 달 14. 인부 약 100명을 동원하여 Y부분을 지켰지만, 결국 丁의 인부들에게 쫓겨났다. 丁은 그 달 16. 위 대체집행결정에 터잡아 집달관에게 위임하여 Y부분에 대한 철거집행을 하려 하였지만, 甲이 집달관에게 관계문서를 제시하면서 그 소유권을 주장하는 한편, 丁의 인부 약 50명과 甲의 인부 약 100명이 서로 충돌하는 바람에 위 집행은 실패로 끝났다. 丁은 대체집행이 실패하자 다시 중장비와 인부들을 동원하여 무단철거를 강행하였고, 그 달 22.경 Y부분을 완전히 철거하였으며 그 철거에 따른 폐자재를 임의로 처분하여 버렸다. 甲은 丁이 Y부분을 불법철거함으로써 Y부분의 소유권을 상실하는 손해를 입게 되었고, 설사 그렇지 않다 하더라도 Y부분은 甲의 乙에 대한 공사대금채권의 담보물인데 丁의 불법철거로 위 시가 상당액의 공사대금채권이 침해되는 손해를 입었으며, 또한 丁의 불법철거를 자력으로 방위하기 위한 인건비 등으로 상당한 비용을 지출하는 손해를 입었음을 이유로 丁을 상대로 불법행위로 인한 손해배상을 청구하는 한편, 甲이 7. 12, 14, 16.에 각 인부를 동원하여 Y부분의 탈환을 시도한 것은 자력탈환권의 정당한 행사임을 주장하였다.

[판지] 민법 제209조 제 1 항에 규정된 점유자의 자력방위권은 점유의 침탈 또는 방해의 위험이 있는 때에 인정되는 것인 한편, 제 2 항에 규정된 점유자의 자력탈환권은 점유가 침탈되었을 때 시간적으로 좁게 제한된 범위 내에서 자력으로 점유를 회복할 수 있다는 것으로서, 위 규정에서 말하는 "즉시"란 '객관적으로 가능한 한 신속히' 또는 '사회관념상 가해자를 배제하여 점유를 회복하는 데 필요하다고 인정되는 범위 안에서 되도록 속히'라는 뜻으로 해석할 것이므로 점유자가 침탈사실을 알고 모르고와는 관계없이 침탈을 당한 후 상당한 시간이 흘렀다면 자력탈환권을 행사할 수 없다. 위 제시된 사실들에 따르면, 원고는 Y부분이 완성된 때부터 이를 계속 점유하여 왔으나, 적어도 피고 丁이 이를 철거하기 시작한 그 달 7. 이후에는 그 점유를 피고 丁에게 침탈당하였다고 보이고, 그렇

다면 원고가 그 달 12, 14, 16.에 각 인부를 동원하여 그 탈환을 시도한 것은 자력탈환권의 요건인 "즉시"에 해당한다고도 할 수 없고, 원고가 피고 丁의 침탈 또는 방해하려는 행위에 대하여 자력방위권을 행사하였다는 자료도 전혀 없다.

☑ 쟁　　점

위 판결에서는 점유자가 점유를 침탈당한 후 상당한 시간이 흘렀더라도 점유자는 여전히 민법 제209조 제1항 소정의 자력탈환권을 행사할 수 있는지 여부가 문제되었다.

☑ 검토할 사항

- 점유자의 점유가 상대방에 의하여 불법으로 침탈된 경우에 원칙적인 구제수단은 무엇인가?
- 자력구제권은 어떠한 경우에 인정되며, 자력방위권과 자력탈환권의 차이는 무엇인가?
- 자력구제와 정당방위 및 긴급피난은 어떻게 구별되는가?
- 간접점유자 또는 점유보조자는 자력구제권자인가?

☑ 관련사례

- 甲이 丙을 상대로 점포에 관한 점유이전금지가처분결정을 받아 그 집행을 한 다음, 丙을 상대로 하여 받은 본안판결에 기하여 乙이 소유주들과 사이에 임대차계약을 체결하고서 인도를 받아 적법하게 점유하고 있던 위 점포에 대하여 명도집행을 단행한 경우, 이 명도집행은 적법한가? 乙이 이 강제집행이 일응 종료한 후 2시간 이내에 자력으로 그 점유를 탈환하였다면, 적절하게 자력구제권을 행사한 것으로 볼 수 있을까? (대판 1987. 6. 9. 86다카1683).

☑ 기타 검토사항

- 이 사건 기성부분의 소유권은 누구에게 있는가?
- 건물신축공사 중 공사도급계약이 수급인의 통고로 해제된 경우 도급인은 수급인에게 기성부분에 대한 보수를 지급할 의무가 있는가? 이를 긍정(또는 부정)할 경우 그 이유는 무엇인가?
- 도급인인 대지소유자가 건축공사가 진척 중 대지를 제3자에게 매도하여 매수인이 임의로 기성부분을 철거하였으면 수급인의 공사대금채권은 소멸하는가? 그 이유는 무엇인가?
- 수급인이 도급인에 대하여 기성부분을 인도받을 것을 최고하였으나 도급인이 아무런 이유 없이 수령을 거절하던 중 쌍방이 책임질 수 없는 제3자의 행위로 기성부

분이 철거된 경우 도급인의 공사대금지급채무가 여전히 존속하는가? 그 이유는 무엇인가?

- Y부분이 丁에 의해 철거됨으로써 甲에게는 제 3 자에 의한 채권침해가 발생하였다고 볼 수 있는가?
- 건물신축공사의 완성 후 완성된 건물의 하자로 인하여 계약의 목적을 달성할 수 없다면 도급인은 계약을 해제할 수 있는가?

☑ 참고문헌

- 최병조, 토지매수인에 의한 지상물철거행위의 법률효과, 민사판례연구 16권, 131면 이하, 1994.
- 조성민, 방해배제청구권과 자력구제, 한양대 법학논총 13집, 165면 이하, 1996.

제 4 절 준 점 유

대판 1985. 12. 24. 85다카880

[사안] 甲(원고)은 A의 소개로 만난 B로부터 乙은행(피고) ○○지점에 예금을 권유받고 1983. 8. 1. A에게 금 120,000,000원을 甲의 이름으로 위 지점에 예금할 것을 위임하였다. A는 그 직원인 C에게 B를 만나 甲이 요구하는 바와 같은 예금을 하고 통장을 받아오라고 지시하여, C는 그 지시에 따라 乙은행 ○○지점 부근에서 B를 만나 금 120,000,000원과 甲의 인장을 건네주었다. B는 이를 받아 그 자리에 같이 있던 D에게 이를 건네주어 D가 위와 같은 전전위임에 따라 8. 2. 乙은행 ○○지점에 甲명의로 위 금액의 온라인 보통예금을 하고 통장을 발급받아 C에게 건네주어 甲에게 위 통장이 교부되었다. D는 乙은행으로부터 대출의 편의를 얻기 위하여 乙은행에 예금을 조성해 주기로 하고 乙은행의 ○○지점장과의 사이에 1983. 2.경부터 은행에서 지급하는 금리 이외에 별도의 이자를 자기가 부담하면서 이 사건 예금당시까지 약 금 50억원에서 금 60억원에 이르는 예금을 유치해 왔다. 甲도 이 사건 보통예금을 하기 직전인 같은 해 7월 말경에 이미 A, C 등을 시켜 乙은행에 금 2억원의 예금을 한 바 있었는데 그 때나 이 사건 예금에 있어서나 모두 B 등 예금유치인을 통하여 은행소정의 금리 외에 월1

푼 5리의 추가금리를 지급받기로 하였다.
그런데 D는 이 사건 예금을 함에 있어 甲 몰래 예금청구서에 이 사건 예금을 하기 위하여 받아 소지하고 있던 甲의 인장을 미리 찍어 놓고 이를 乙은행 ○○지점 예금담당대리인 E에게 보관시켜 놓았다가 이틀 후인 같은 해 8.4. 예금통장도 없이 위 ○○지점에 찾아가 위 예금청구서에 금액, 연, 월, 일 등을 기재하여 E에게 甲명의의 위 예금 1억 2천만원의 인출을 요청하였다. E는 예금주인 甲에 대하여 아무런 확인절차도 취하지 아니한 채 위 예금을 인출해 주었다(乙은행의 보통예금약관에는 예금을 인출할 때에는 무통장 지급은 원칙적으로 금지되며, 다만 내규로서 잘 아는 거래처로 예금주 본인임이 확실한 경우에 한하여 영업점장의 사전결제를 받아 무통장 청구에 응할 수 있도록 하고 있을 뿐인데 E는 그러한 사전결제를 거치지 않았음). 그 후 甲이 乙은행에 예금의 지급을 요청하자 乙은행은 이를 거절하면서, 위 예금계약은 甲이 단지 명의인으로서 위 D를 통하여 乙은행과의 사이에 이루어진 통정한 허위의 의사표시로서 무효이거나, 설사 예금계약이 유효하다 하더라도 乙은행에 금 50억원 이상의 거액을 유치한 예금주이고 위 1억 2천만원을 乙은행 창구에 와서 직접 예입한 D가 乙은행에 신고된 甲의 인장과 동일한 인영이 날인된 예금청구서에 암호까지 기재하여 위 예금인출을 요구하므로 乙은행은 D를 실제 예금주인 것으로 믿고 乙은행 규정에 따라 위 예금을 인출하여 주었으니, 이는 예금채권의 준점유자에 대한 선의·무과실의 지급으로서 유효하여 乙의 이 사건 예금반환채무는 소멸되었다고 주장한다.
[판지] 재산권의 사실적 지배관계나 그 거래상대방을 보호하여 지배관계의 질서를 유지하기 위하여 성질상 점유를 수반하지 않은 재산권을 사실상 지배하는 외관을 갖춘 것을 준점유라 하여 점유에 관한 규정을 준용하고, 특히 채권의 준점유자에 대한 변제를 변제자가 선의, 무과실일 때 이를 유효한 변제로 보는 것이나 채권의 준점유자라고 하려면 채권의 사실상 귀속자와 같은 외형을 갖추어야 하므로 예금채권의 준점유자는 예금통장과 그에 찍힌 인영과 같은 인장을 소지하여야 한다.

☑ 쟁 점

위 판결에서는 예금대리인 D가 예금채권의 준점유자로 되어 乙은행의 D에 대한 변제가 채권의 준점유자에 대한 변제로서 유효한 것인지 여부가 문제되었다.

☑ 검토할 사항

◆ 예금계약의 법적 성질은 무엇인가?

◆ 준점유란 무엇인가?

☑ 기타 검토사항

◆ 위 예치금 1억 2천만원은 D가 동액을 甲으로부터 소비대차한 것에 불과하고 은행에 대한 실질적 예금주는 D라고 볼 수는 없는가? (금융실명제 시행 이전의 사안임을 주의)

◆ 예금주가 예금에 있어 은행소정금리 외에 예금유치인을 통하여 추가금리를 지급받기로 하였지만 그것이 그 은행직원의 실적을 올리는 한편 예금유치인이 같은 은행으로부터 대출상의 특혜를 받기 위한 방편으로 이루어진 것으로서 예금주에게 통장까지 전달되었다면 예금주와 은행 간의 예금계약의 성립은 부인되어야 하는가?

◆ 채권의 준점유자에 대한 변제는 무엇이며, 어떠한 요건 하에서 유효한가? 위 사안의 경우 乙은행의 D에 대한 예금의 지급이 채권의 준점유자에 대한 변제가 될 수 없었던 까닭은 무엇인가?

☑ 참고문헌

◆ 윤진수, 금융기관의 수신거래와 여신거래 I, BFL 제10호(서울대학교 금융법센터), 57면 이하, 2005.

제 4 장 소 유 권

제 1 절 소유권의 내용

제 1 항 소유권의 범위

1. 소유권자의 권능

대판 2009. 3. 26. 2009다228,235

[사안] A는 1980. 12. 1. 진주시 진성면에 있는 토지의 소유권을 취득하였다. 진성면에는 1980.경 초반까지 농촌지도소 사무실이 없어서, 진성면의 면민들은 1982.경 이 사건 토지 위에 농촌지도소 사무실로 사용될 건물을 신축하기 위하여 각 부락별로 일부 금원을 갹출하여, 1983. 2. 25. 이 사건 토지 위에 乙(피고, 진주시) 소유의 건물들이 신축되어 1998. 11.경까지 농촌지도소 사무실로 사용되어 오다가 그 이후부터는 진주시 새마을부녀회의 사무실로 사용되어 오고 있었다. 乙은 1982.경부터 2003.경까지 이 사건 토지의 소유자이던 A에 대하여 세금을 전혀 부과하지 아니하였다. A가 2006. 7. 20. 사망하자, 위 토지를 단독으로 상속받은 배우자인 甲(원고)은 이 사건 건물의 철거 및 토지의 인도를 청구하였다.

[원심] 乙은 A에 대하여 세금을 전혀 부과하지 아니 하였고, 乙이 이 사건 토지 위에 건물을 신축하여 진성면 농촌지도소 사무실로 사용하다가 진주시 새마을부녀회의 사무실로 이용하게 하면서 현재까지 점유하고 있으며, 여기에 甲 역시 이 사건 각 건물의 신축 및 사용을 승낙하였다는 점을 자인하고 있는 점, 이 사건 소 제기시까지 乙이 이 사건 토지를 사용하고 있는 데 대하여 이의를 제기

하거나 임료상당의 부당이득을 청구한 사실이 있다고 보이지 아니한 점 등을 종합할 때 甲은 乙에게 이 사건 토지 부분을 乙의 사무실 신축 및 사용에 제공함으로써 이 사건 토지에 대한 배타적인 사용수익권을 포기하였다고 봄이 상당하다고 하며 원고의 청구를 기각하였다.

[판지] 소유권은 외계 물자의 배타적 지배를 규율하는 기본적 법질서에서 그 기초를 이루는 권리로서 대세적 효력이 있으므로, 그에 관한 법률관계는 이해당사자들이 이를 쉽사리 인식할 수 있도록 명확하게 정하여져야 하는데, 소유권의 핵심적 권능에 속하는 사용 · 수익의 권능이 소유자에 의하여 대세적으로 유효하게 포기될 수 있다고 하면, 이는 결국 처분권능만이 남는 민법이 알지 못하는 새로운 유형의 소유권을 창출하는 것으로서, 객체에 대한 전면적 지배권인 소유권을 핵심으로 하여 구축된 물권법의 체계를 현저히 교란하게 된다. 따라서 원고가 그 소유권에 기하여 이 사건 건물의 철거 및 이 사건 토지의 인도를 구하는 것을 이 사건 토지에 대한 배타적 사용수익권의 포기를 이유로 배척한 원심의 조치에는 소유권이나 그에 기한 물권적 청구권에 관한 법리를 오해한 위법이 있다고 할 것이다.

☑ 쟁 점

위 판결은 자신의 토지에 주민들을 위한 농촌사무소 사무실의 신축 및 점유 사용을 승낙한 자는 그 토지에 대한 사용 · 수익의 권능을 포기한 것으로 되는가 하는 점이 문제된 것이다.

☑ 검토할 사항

- 소유권의 권능인 사용 · 수익 · 처분권능의 구체적인 의미는 무엇인가?
- 소유권의 사용 · 수익권을 채권적으로 일시적인 포기를 하는 경우에, 소유권자와 사용 · 수익을 하는 자 사이의 법률관계는 어떻게 되는가?

☑ 관련사례

- 재개발사업 시행구역 내의 토지 등 소유자 甲(원고)이 관리처분계획의 인가 · 고시 전에 사업시행자 A로 하여금 사업시행을 할 수 있도록 토지 등에 대한 사용 · 수익을 포기하거나 토지 등의 사용을 승낙한 경우, 이들 사이의 법률관계는? (대판 2009. 7. 9. 2007다83649 참조)
- 甲(원고)의 토지의 일부가 도로로 지목이 변경되어 사실상 일반 공중의 교통에 공

용되는 도로로 사용되고 있고, 또 甲이 건물신축 등에 필수적인 상 · 하수도 기타 시설의 설치를 용인한 경우에, 토지에 대한 사용 · 수익권뿐만 아니라 그 지하부분에 대한 사용 · 수익권도 포기한 것으로 볼 수 있는가? (대판 2009. 7. 23. 2009다25890 참조)

2. 도 로

대판 2009. 6. 11. 2009다8802

[사안] 甲(원고, 건설회사)은 1978년경 서울 구로구 고척동 임야 일대에서 주택건설사업을 추진하기 위하여 위 임야를 포함하여 총 8필지에 대하여 토지구획정리사업을 시행하였는데, 위 토지는 같은 동 도로 606.9㎡(이하 '이 사건 토지'라 한다) 및 같은 동 도로 474㎡로 환지되고, 甲은 1978. 10. 6. 이 사건 토지를 매수하여 같은 달에 甲 명의의 소유권이전등기를 마쳤다. 甲은 1978. 12.경 환지된 위 사업부지 위에 서림아파트 414세대를 신축하여 1979. 1. 20. 준공을 받은 후 이를 분양하고, 이 사건 토지를 서림아파트의 출입구와 연접한 통행로로 입주민들을 위하여 제공하여 왔다. 그 후 재건축사업이 시행됨에 따라 서림아파트는 철거되고 1999. 2.경 위 사업부지 위에 대우아파트가 건립되었는데, 이 사건 토지 쪽에 나 있던 종전의 아파트단지 출입구는 반대쪽으로 변경되어 형성되고 이 사건 토지 쪽에는 대우아파트의 옹벽만이 형성됨에 따라 위 아파트의 입주민들은 이 사건 토지를 더 이상 통행로로 사용하지 않고 있다. 乙(피고, 지방자치단체)은 2001. 8. 7.부터 2007. 2. 28.까지 이 사건 토지를 점유하면서 이를 도로의 용도로 관리, 사용하여 왔다. 甲은 乙에 대하여 부당이득의 반환을 소구하였다.

[원심] 비록 甲이 이 사건 토지를 서림아파트의 입주민들을 위한 통행로로 제공한 이후 위 고척동의 대지에 주택들이 들어서고 그 주택들의 출입구가 이 사건 토지 쪽으로 향함에 따라 인근 주민들이 이 사건 토지를 아직까지 통행로로 사용하여 왔다고 하더라도, 甲은 서림아파트의 신축 및 분양 당시 이 사건 토지를 위 아파트의 입주민들을 위한 통행로로 제공한 것일 뿐 인근 주민들의 사용까지 예상하여 그 주민들을 위한 통행로로 제공한 것이 아니고, 그 후 사정이 바뀌어 서림아파트나 대우아파트의 입주민들이 이 사건 토지를 더 이상 통행로로 사용할 필요가 없게 된 경우에까지 甲이 인근 주민들만을 위하여 이 사건 토지

에 대한 독점적, 배타적인 사용수익권을 포기하였다고 볼 수는 없다고 하여, 甲의 乙에 대한 부당이득반환청구를 인용하였다.

[판지] 토지소유자가 일단의 택지를 조성·분양하면서 개설한 도로는 다른 특단의 사정이 없는 한 그 토지의 매수인을 비롯하여 그 택지를 내왕하는 모든 사람에 대하여 그 도로를 통행할 수 있는 권한을 부여한 것이라고 볼 것이어서, 토지소유자는 그 토지에 대한 독점적이고 배타적인 사용·수익권을 행사할 수 없다. 토지의 소유자가 스스로 그 토지를 도로로 제공하여 인근 주민이나 일반 공중에게 무상으로 통행할 수 있는 권리를 부여하였거나 그 토지에 대한 독점적이고 배타적인 사용·수익권을 포기한 것으로 의사해석을 함에 있어서는, 그가 당해 토지를 소유하게 된 경위나 보유 기간, 나머지 토지들을 분할하여 매도한 경위와 그 규모, 도로로 사용되는 당해 토지의 위치나 성상, 인근의 다른 토지들과의 관계, 주위 환경 등 여러 가지 사정과 아울러 분할 매도된 나머지 토지들의 효과적인 사용·수익을 위하여 당해 토지가 기여하고 있는 정도 등을 종합적으로 고찰하여 판단하여야 한다.

☑ 쟁 점

위 판결은 토지소유자가 일단의 택지를 조성·분양하면서 자기 소유 토지에 도로를 개설한 경우, 그 토지에 대하여 독점적, 배타적 사용·수익권을 인정할 수 있느냐 하는 점이 문제된 것이다.

☑ 검토할 사항

- 사인 소유의 도로는 사법상 거래의 객체가 될 수 있는가?
- 甲이 乙에 대하여 부당이득반환청구를 한 이유는 무엇인가?
- 자기 소유 토지임에도 불구하고 도로로 제공된 경우 소유권이 제한되는 이유는 무엇인가?

☑ 관련사례

- A는 자기 토지의 일부를 도로부지로 무상제공하여 주민들이 무상으로 통행하게 되었는데, 그 후 B가 그 토지를 매매 등으로 특정승계하였다. 이 경우 B는 그 도로를 점유관리하고 있는 지방자치단체에 대하여 부당이득반환을 청구할 수 있는가? (대판 1998. 5. 8. 97다52844 참조)
- A가 자기 토지의 일부를 도로부지로 무상제공하여 주민들이 그 토지를 무상으로

통행하게 된 이후에, 그 토지를 B가 경매에 의하여 취득하였다면, B가 그 토지의 배타적 사용·수익권을 행사할 수 있는가? (대판 1996. 11. 29. 96다36852 참조)

- A가 자기 토지를 일단의 택지로 조성하여 분양하면서 택지로의 통행을 위하여 도로를 개설한 경우, 행정청이 그 토지를 확장포장하여 도로로 사용한 경우, A가 행정청에 대하여 부당이득반환을 청구할 수 있는가? (대판 1985. 8. 13. 85다카421 참조)

☑ 참고문헌

- 백춘기, 도시계획법상의 도로에 관한 몇 가지 문제, 인권과 정의 274호(1999. 06), 74면 이하.
- 최기영, 국가 및 지방자치단체의 도로점용으로 인한 부당이득과 관련한 판례의 경향, 실무연구자료(대전지방법원) 3권, 203면 이하, 1999.
- 권영준, 배타적 사용수익권 포기 법리에 관한 비판적 검토, 법학(서울대학교) 47권 4호, 303면 이하, 2006.

3. 토지소유권의 경계

대판 1993. 5. 11. 92다48918,48925

[사안] A는 울산시에 있는 토지의 소유자로서 그 토지의 일부를 특정하여 B에게 매도하여 B가 그 지상에 주택 2동을 지어 거주하고, 나머지 중 일부를 다시 특정하여 그 지상의 주택과 함께 1954년경 乙(피고)에게 매도하여 乙이 당시의 흙담장과 배수로를 경계로 하여 현재까지 점유하여 왔다. 그러다가 A, B, 乙 등 3인의 점유상태에 따른 A의 분할신청에 의하여 1957년경 위 614평의 토지에 대한 분할측량시 측량을 잘못하여 지적도상의 경계와 현실의 경계가 일치하지 아니하게 되었고, 그 결과 乙이 점유하는 부분 54㎡(X부분)이 甲(원고) 소유의 이 사건 대지에 포함된 것으로 분필되었다. 甲은 B의 상속인들로부터 이 사건 대지 및 그 지상의 주택을 매수한 자이다. 甲은 乙에 대하여 X부분이 자신의 소유임을 주장하는 소송을 제기하였다.

[원심] 甲은 B의 상속인들로부터 이 사건 대지 및 그 지상의 주택을 매수하면서 담장이 설치된 현황의 경계대로 매수하였으므로, A, 乙 및 위 B와의 사이에는 현실의 경계를 초과하거나 부족한 이 사건 대지 중 위 X부분에 관하여는 상호명의신탁관계가 성립되었고 따라서 명의수탁자인 위 B의 상속인으로부터 그 지위를 승계한 甲과 乙 사이에서도 명의신탁관계가 성립한다고 할 것이므로 명

의수탁자의 지위에 있는 甲은 명의신탁자인 乙에게 위 X부분에 관한 소유권을 주장할 수 없다고 판단하였다.

[판지] 지적도상의 경계표시가 분할측량의 잘못 등으로 사실상의 경계와 다르게 표시되었다 하여도 그 매매당사자가 지적공부에 의하여 소유권의 범위가 확정된 토지를 매매할 의사가 아니고 사실상의 경계대로의 토지를 매매할 의사를 가지고 매매한 사실이 인정되는 등 특별한 사정이 없는 한 사실상의 경계에 관계없이 지적공부에 기재된 지번, 지목, 지적 및 경계에 의하여 소유권의 범위가 확정된 토지를 매매한 것으로 보아야 할 것이다.

☑ 쟁 점

위 판결은 매매목적물인 토지의 현황이 지적공부상의 경계와 다르게 표시된 경우 매매대상이 되는 토지 소유권의 범위는 무엇을 기준으로 결정되느냐 하는 점이 문제된 것이다.

☑ 검토할 사항

- 지적공부에 등록된 토지 소유권의 범위가 원칙적으로 현실의 경계와 관계없이 공부상의 경계에 의하여 확정되는 이유는 무엇인가?
- 토지의 실제 경계가 지적공부상의 경계와 상이한 경우에도 매매당사자가 현실의 경계에 따라 매매목적물을 특정하여 매매할 수 있는가?

☑ 관련사례

- A의 건물이 B소유의 토지 위에 일부 축조되었는데, 그 이유가 지적도를 작성함에 있어서 그 기지점을 잘못 선택하는 등 기술적 착오로 말미암아 지적도상의 경계선이 진실한 경계선과 다르게 작성된 경우라면, 그 토지의 경계는 어떻게 되는가? (대판 1990. 12. 26. 88다카19712 참조)

☑ 참고문헌

- 박현순, 현실의 경계와 지적도상 경계가 상위한 경우의 법적 문제, 사법논집 19집, 37면 이하, 1988.
- 김학동, 지적공부상의 경계와 현실경계가 상위한 경우에 관한 판례, 판례월보 304호(1996. 06), 8면 이하.
- 강대성, 토지소유권의 범위, 토지법학 21호, 153면 이하, 2005.
- 김동윤, 토지 사정 당시 소유자를 달리 하던 토지들이 분필 또는 합필되지 않은 채 사정 당시 등록된 그대로인 경우 토지경계의 확정기준, 대법원판례해설 67호, 155

면 이하, 2007.

제 2 항 상린관계

1. 주위토지통행권

대판 2006. 6. 2. 2005다70144 ··

[사안] A는 B로부터 제주시 임야 3,940㎡(아래에서는 '이 사건 분할 전 토지'라고 한다)를 매수하고 소유권이전등기는 마치지 않은 상태에서 1994. 10.경 甲(원고)과 C(甲의 동생)에게 위 임야 중 현재 X토지(임야 2287㎡) 부분을 특정하여 매도하였다. 이 사건 분할 전 토지 중 3940분의 1652.4 지분에 관하여는 1995. 3. 15. A앞으로, 각 3940분의 1143.8 지분에 관하여는 1995. 3. 22. 甲 및 C앞으로 각 소유권이전등기가 마쳐졌다.

甲, A, C는 1995. 5. 30. 이 사건 분할 전 토지를 X토지와 Y토지(1653.2㎡)로 각 분할하고, 1997. 12. 6. 공유물분할의 방법으로 X토지는 甲 및 C(2분의 1 공유 지분)앞으로, Y토지는 A앞으로 각 소유권이전등기를 마쳤다. 甲은 X토지를 매수하여 현재까지 선친들의 분묘 8기를 설치하여 가족 묘지로 사용하고 있고, 추가로 다른 조상들의 분묘를 이장할 예정이다.

X토지는 Y토지 등 타인 소유의 토지에 둘러싸여 있는데, 甲은 특정 부분을 통로(공로에 이르는 가장 가까운 통로로서, 아래에서는 '이 사건 통로'라고 한다)로 사용하여 공로와 위 X토지 사이를 출입하면서 분묘의 설치, 성묘, 벌초 등을 하였고, A는 이에 대하여 별다른 이의를 제기하지 않았다.

그런데, 乙(피고)은 2002. 11. 25. A로부터 Y토지를 매수하여 乙앞으로 소유권이전등기를 마친 후 Y토지의 경계를 따라 돌과 시멘트로 돌담을 설치하였고, 별지 도면 표시 ㅊ 부분 부근에는 길이 약 3m, 높이 약 1m인 철제 구조물 및 자물쇠를 각 설치하였으며, 종래 통로로 쓰이던 부분에 길이 약 3m, 높이 약 1.2m인 돌담을 설치하였다. 甲은 乙의 위와 같은 구조물 설치로 인하여 이 사건 통로를 통하여 X토지에 출입하기 위하여 乙의 담을 넘어 다녀야 한다. 이에 甲은 X토지에 출입하기 위하여 Y토지 중 특정부분 136㎡를 통행할 권리가 있음을 확인하고, 乙의 담장 3.02㎡을 철거하라는 소송을 제기하였다.

[판지] 민법 제219조에 규정된 주위토지통행권은 공로와의 사이에 그 용도에 필요한 통로가 없는 토지의 이용이라는 공익목적을 위하여 피통행지 소유자의 손해를 무릅쓰고 특별히 인정되는 것이므로, 그 통행로의 폭이나 위치 등을 정함에 있어서는 피통행지의 소유자에게 가장 손해가 적게 되는 방법이 고려되어야 할 것이고, 어느 정도를 필요한 범위로 볼 것인가는 구체적인 사안에서 사회통념에 따라 쌍방 토지의 지형적·위치적 형상 및 이용관계, 부근의 지리상황, 상린지 이용자의 이해득실 기타 제반 사정을 기초로 판단하여야 하며, 토지의 이용방법에 따라서는 자동차 등이 통과할 수 있는 통로의 개설도 허용되지만 단지 토지이용의 편의를 위해 다소 필요한 상태라고 여겨지는 정도에 그치는 경우까지 자동차의 통행을 허용할 것은 아니다. 주위토지통행권의 본래적 기능발휘를 위해서는 그 통행에 방해가 되는 담장과 같은 축조물도 위 통행권의 행사에 의하여 철거되어야 한다.

☑ 쟁 점

위 판결은 주위토지통행권의 내용으로 자동차 등이 통과할 수 있는 통로의 개설이 허용되느냐 및 통행에 방해가 되는 담장과 같은 축조물의 철거가 허용되느냐는 점이 문제된 것이다.

☑ 검토할 사항

- 주위토지통행권을 인정함에 있어서 그 통행로의 폭이나 위치 등을 정하는 기준은 무엇인가?
- 주위토지통행권의 내용 중 기존 축조물의 철거가 허용되는가?
- 주위토지의 이용범위를 정함에 있어서 장차의 이용상황까지 미리 대비하여 통행로를 정할 수 있는가?

☑ 관련사례

- 확정판결 등에 의하여 A를 위하여 B의 토지 위의 특정 구역이 통행로로 인정된 후에, 그 전제가 되는 포위된 토지나 주위토지 등의 현황이나 구체적 이용상황에 변동이 생긴 경우 통행로를 변경할 수 있는가? (대판 2004. 5. 13. 2004다10268 참조)
- A(주위토지통행권자)가 B의 토지에 통로를 개설하는 경우 통로개설 및 유지비용을

누가 부담하며, 이 경우 A는 B의 손해를 보상하여야 하는가? (대판 2006. 10. 26. 2005다30993 참조)

☑ 참고문헌

- 안창환, 주위토지통행권, 판례연구(부산판례연구회) 19집, 733면 이하, 2008.
- 엄상필, 주위토지통행권의 범위와 처분권주의, 대법원판례해설 60호 9면 이하, 2006.

2. 안온방해의 제거를 위한 유지청구

대판 2007. 6. 15. 2004다37904,37911

[사안] 甲(원고, 한국도로공사)은 부평—신월 간 경인고속도로의 설치, 관리자이고, 乙(피고)은 부평—신월 간 경인고속도로에 인접하여 있는 명보빌라, 현대빌라, 창조빌라 등의 거주자들인데, 甲은 1989. 9. 기존의 4차선인 경인고속도로를 8차선으로 확장하는 공사에 착공하여 1992. 7. 부평—신월 간 9.7km의 확장을 완료하였으며, 명보빌라 등은 고속도로변을 따라 동서방향으로 144m에 걸쳐 9개 동으로 구성되어 있고, 도로변과 가장 가까운 곳의 이격거리는 9m이며 도로변에는 흡음형(알루미늄) 방음벽이 높이 4.5m로 설치되어 있는데, 명보빌라 5동의 1호 라인과 4호 라인에서 소음도를 측정결과 소음도가 가장 높은 곳은 4층 1호로서 주간 77dB(A), 야간 78dB(A)이고, 가장 낮은 곳은 1층 4호로서 주, 야간 64dB(A)이었다(참고로 환경정책기본법 소음 환경기준은 낮 65dB(A), 밤 55dB(A)이다). 이에 甲에게 방음벽의 높이를 소음도가 65dB(A)을 초과하지 않도록 보강할 의무가 있는지와 소음으로 인한 손해배상을 지급할 의무가 있는지에 관하여 소송에서 다투어졌다.

[판지] 甲이 관리하는 부평—신월 간 경인고속도로로부터 발생하는 소음이 乙 주민들 주택을 기준으로 일정 한도를 초과하여 유입되지 않도록 하라는 취지의 유지청구는, 소음발생원을 특정하여 일정한 종류의 생활방해를 일정 한도 이상 미치게 하는 것을 금지하는 것으로 청구가 특정되지 않은 것이라고 할 수 없고, 이러한 내용의 판결이 확정될 경우 민사집행법 제261조 제 1 항에 따라 간접강제의 방법으로 집행을 할 수 있으므로, 이러한 청구가 내용이 특정되지 않거나 강제집행이 불가능하여 부적법하다고 볼 수는 없다. 건물의 소유자 또는 점유자가 인근의 소음으로 인하여 정온하고 쾌적한 일상생활을 영유할 수 있는 생활이익

이 침해되고 그 침해가 사회통념상 수인한도를 넘어서는 경우에 건물의 소유자 또는 점유자는 그 소유권 또는 점유권에 기하여 소음피해의 제거나 예방을 위한 유지청구를 할 수 있다. 인근 고속도로에서 유입되는 소음으로 인하여 입은 환경 등 생활이익의 침해를 이유로 일정 한도를 초과하는 소음이 유입되지 않도록 하라는 내용의 유지청구 소송에서 그 침해가 사회통념상 일반적으로 수인할 정도를 넘어서는지의 여부는 피해의 성질 및 정도, 피해이익의 공공성, 가해행위의 태양, 가해행위의 공공성, 가해자의 방지조치 또는 손해회피의 가능성, 인·허가 관계 등 공법상 기준에의 적합 여부, 지역성, 토지이용의 선후관계 등 모든 사정을 종합적으로 고려하여 판단하여야 한다.

☑ 쟁 점

위 판결은 소음이 환경정책기본법상의 소음한도를 초과한 경우, 소음이 일정 한도를 초과하여 유입되지 않도록 하라는 취지의 유지청구가 허용되느냐 하는 점이 문제된 것이다.

☑ 검토할 사항

- 수인한도를 넘는 생활방해가 있는 경우 이웃 토지의 소유자가 방해자에게 어떤 청구를 할 수 있는가?
- 수인한도를 넘는 생활방해가 있는 경우 손해배상청구도 허용되는가?
- 수인한도를 넘는 생활방해가 있는 경우 누구를 기준으로 '통상의 용도'를 판단하는가?

☑ 관련사례

- 사법상의 권리로서의 환경권을 인정하는 명문의 규정이 없는 경우에, 환경권에 기하여 직접 방해배제청구권이 인정되는가? (대판 1999. 7. 27. 98다47528 참조)
- 甲 사찰과 불과 6m의 거리를 둔 채 甲 사찰 경내 전체를 내려볼 수 있도록 높이 87.5m의 고층으로 乙들이 빌딩을 신축하게 되면 甲 사찰의 일조가 침해되는 외에도 위 건물이 甲 사찰의 전체 경관과 조화되지 아니하여 甲 사찰의 경관이 훼손되는 결과로 될 뿐만 아니라 사찰 경내의 시계 차단으로 조망이 침해되고, 그 한편으로 위 사찰에서 수행하는 승려나 불공 등을 위하여 출입하는 신도들에게도 그들의 일상생활이나 종교활동 등이 감시되는 듯한 불쾌감과 위압감을 불러일으킴으로써 결국 甲 사찰이 종래 유지하여 온 조용하고 쾌적한 종교적 환경이 크게 침해될 우려가 있고, 그 침해의 정도가 사회통념상 일반적으로 수인할 정도를 넘어서는 경

우, 甲은 乙들에 대하여 甲 사찰의 사찰로서의 환경 침해를 방지하기 위하여 필요한 한도 내에서 그 건축공사의 금지를 청구할 수 있는가? (대판 1999. 7. 27. 98다47528 참조)

☑ 기타 검토사항

- 침해가 사회통념상 일반적으로 수인할 정도를 넘어서는지 여부는 어떠한 기준으로 판단하는가?

☑ 참고문헌

- 지영난, 고속도로의 소음과 관련하여 추상적 부작위명령을 구하는 유지청구의 인정 여부, 민사재판의 제문제 16권, 511면 이하, 2007.
- 정형근, 교통공해와 영조물책임, 인권과 정의 380호(2008. 4), 144면 이하.
- 권영준, 불법행위법의 사상적 기초와 그 시사점: 예방과 회복의 패러다임을 중심으로, 저스티스 109호, 73면 이하, 2009.

제 3 항 물권적 청구권

1. 소유물반환청구권

판례 1

대판 2007. 6. 15. 2007다11347 ……………………………………………

[사안] 乙(피고)은 2000. 4. 18. 이 사건 각 토지를 임의경매절차에서 낙찰받아 2000. 5. 25. 그의 앞으로 소유권이전등기를 마쳤다. A는 2000. 7. 6.경 乙과 사이에 이 사건 각 토지에 관하여, A가 乙로부터 이 사건 각 토지를 대금 55,250,000원에 매수하기로 매매예약을 하되, 매매예약의 완결일자는 2001. 7. 6.로 하고 위 일자가 경과할 경우 예약완결의 의사표시가 없이도 매매가 당연히 완결되는 것으로 약정하였다. 그에 따라 A는 이 사건 각 토지에 관하여 위 매매예약을 원인으로 한 소유권이전청구권 가등기를 마쳤다. 예약완결일이 지나 乙이 이 사건 각 토지에 관한 본등기절차의 이행을 거부하자, A는 乙을 상대로 이 사건 각 토지에 관하여 위 가등기에 기한 2001. 7. 6. 매매예약완결을 원인으로 한 소유권이전

등기절차의 이행을 구하는 소를 제기한바, 2002. 8. 21. 乙에게 그 소유권이전등기절차의 이행을 명하는 판결이 선고되었고, 위 판결은 2002. 9. 14. 확정되었다. 위 확정판결에 기해 A는 2002. 10. 9. 이 사건 각 토지에 관하여 그의 앞으로 소유권이전등기를 마쳤다. A는 2000.경 이 사건 제2 토지 지상에 주택과 법당(이하, '이 사건 각 건물'이라 한다)을 신축하였다. 甲은 2004. 8. 6. A로부터 이 사건 각 토지 및 건물을 매수하고 이 사건 각 토지에 관하여 그의 앞으로 소유권이전등기를 마쳤다. 현재 乙은 이 사건 각 건물 및 창고, 콘테이너, 신당을 점유·사용하고 있다. 甲은 乙에게 창고, 콘테이너, 신당을 철거하고 법당의 명도와 토지의 인도를 구하는 소를 제기하였다.

[판지] 미등기 무허가건물의 양수인이라 할지라도 그 소유권이전등기를 경료받지 않는 한 그 건물에 대한 소유권을 취득할 수 없고, 그러한 상태의 건물 양수인에게 소유권에 준하는 관습상의 물권이 있다고 볼 수도 없으므로, 건물을 신축하여 그 소유권을 원시취득한 자로부터 그 건물을 매수하였으나 아직 소유권이전등기를 갖추지 못한 자는 그 건물의 불법점거자에 대하여 직접 자신의 소유권 등에 기하여 명도를 청구할 수는 없다.

☑ 쟁 점

위 판결은 건물을 매수하였으나 아직 소유권이전등기를 갖추지 않은 경우 그 부동산 매수인이 소유물반환청구권을 행사할 수 있느냐 하는 점이 문제된 것이다.

☑ 검토할 사항

- 등기를 갖추지 않은 부동산매수인이 그 부동산의 불법점거자에게 부동산을 명도받기 위한 방법은 무엇인가?
- 건물을 신축한 경우 그 건물의 소유권은 누구에게 귀속되는가 또한 그 건물 제3자에게 양도되는 경우 어떠한 조건을 갖추어야 소유권이 이전되는가?

☑ 관련사례

- 미등기건물의 매수인이 점유 중인 건물에 대하여 건물철거를 할 수 있는가? (대판 2003. 1. 24. 2002다61521 참조)

☑ 참고문헌

- 박종두, 사실적 소유권의 개념과 그 보호, 민사법학 39-1호, 41면 이하, 2007.

판례 2

대판 2001. 12. 11. 2001다45355

[사안] 甲1(원고) 및 甲2(원심 공동원고) 등 8인은 2층 연립주택 8세대의 각 소유자로서, 1992. 5. 30. A와 위 연립주택을 철거하고 그 자리에 연립주택 15세대(이하 '이 사건 연립주택'이라고 한다)를 신축하기로 하는 내용의 건축도급계약을 체결함과 아울러 공사대금의 지급에 갈음하여 신축 연립주택 중 甲1 등이 각 1세대씩 입주하고 남는 나머지 7세대를 A에게 이전하여 주기로 약정하였다. 그런데 A는 이 사건 연립주택 신축공사를 진행하던 중 1993년 3월경 자금 부족으로 더 이상 공사를 진행할 수 없게 되자 같은 해 4월 30일 B와, 그가 이 사건 연립주택의 나머지 공사를 하고 이 사건 연립 주택을 포함한 위 7세대에 관한 권리를 모두 양수하되 위 공사를 완료한 후 위 7세대를 분양 또는 임대하여 얻게 되는 분양대금 등에서 그의 공사비를 먼저 공제하고 그 나머지가 있으면 A와 다시 정산하기로 약정하였다. B는 1993. 5. 4. 甲1 등과의 사이에 위와 같이 A로부터 이 사건 연립주택의 시공권을 양수하였음을 알리면서 자신이 이 사건 연립주택 공사를 하되 그 공사대금은 이 사건 계쟁 주택을 포함한 위 7세대의 이전으로 대체하기로 하는 내용의 도급계약(이하 '이 사건 도급계약'이라고 한다)을 체결하였다. B는 이 사건 연립주택의 나머지 공사를 진행하여 1993. 6. 10. 이를 완공한 후 그 무렵부터 1997년 3월경까지의 사이에 乙(피고)들에게 이 사건 계쟁 주택을 각각 임대하여 그 임대보증금으로 공사대금에 충당하였다. 한편, B는 1993년 11월경 甲1 등을 상대로 이 사건 계쟁 주택을 포함한 위 7세대에 관하여 위 1993. 5. 4.자 약정을 원인으로 한 소유권이전등기절차의 이행을 구하는 소를 제기하여 B가 甲1 등에게 일정 금액을 각 지급하는 것과 상환으로 甲1 등은 B에게 위 7세대에 관하여 위 1993. 5. 4. 약정을 원인으로 한 소유권이전등기절차를 이행하라는 판결이 확정되었으며(1998. 12. 22), 한편 甲1 등은 모두 공사가 마쳐진 1993. 6. 10.경 이 사건 연립주택 중 그들이 취득하기로 한 각 세대를 B로부터 인도받아 입주하였다. 甲1 등은 이 사건 건물의 명도 및 부당이득의 반환을 청구하였다.

[판지] 토지의 매수인이 아직 소유권이전등기를 경료받지 아니하였다 하여도 매매계약의 이행으로 그 토지를 인도받은 때에는 매매계약의 효력으로서 이를

점유·사용할 권리가 생기게 된 것으로 보아야 하고, 또 매수인으로부터 위 토지를 다시 매수한 자는 위와 같은 토지의 점유사용권을 취득한 것으로 봄이 상당하므로 매도인은 매수인으로부터 다시 위 토지를 매수한 자에 대하여 토지 소유권에 기한 물권적 청구권을 행사하거나 그 점유·사용을 법률상 원인이 없는 이익이라고 하여 부당이득반환청구를 할 수는 없다고 할 것인바, 이러한 법리는 대물변제 약정에 의하여 매매와 같이 부동산의 소유권을 이전받게 되는 자가 이미 당해 부동산을 점유·사용하고 있거나, 그로부터 다시 이를 임차하여 점유·사용하고 있는 경우에도 마찬가지로 적용된다. 연립주택 신축공사의 수급인이 공사대금의 지급에 갈음하여 이전받기로 한 연립주택의 일부를 소유권이전등기를 경료받지 않은 상태에서 제3자에게 임대한 경우, 소유자인 건축주는 위 제3자에게 소유권에 기한 명도청구나 부당이득반환청구를 할 수 없고, 수급인이 건축주의 소유권이전등기의무와 동시이행관계에 있는 금전지급의무를 이행하지 않고 있다 하더라도 마찬가지이다.

☑ 쟁 점

위 판결은 대물변제약정에 의하여 소유권을 이전받을 지위에 있는 자가 등기 경료 전에 당해 부동산을 인도받아 이를 제3자에게 임대한 경우, 소유명의자가 위 제3자에게 소유권에 기한 물권적 청구권 또는 부당이득반환청구권을 행사할 수 있는지 여부가 문제된 것이다.

☑ 검토할 사항

- 아직 소유권이전등기를 경료받지 아니한 토지의 매수인이 매매계약의 이행으로 그 토지를 인도받은 때에는 이를 점유·사용할 권리가 생기게 된 것으로 볼 수 있는가?
- 부동산을 채권담보의 목적으로 양도한 경우 특별한 사정이 없는 한 목적부동산에 대한 사용수익권은 누구에게 있는가 또한 설정자와 양도담보권자 사이에 양도담보권자가 목적물을 사용·수익하기로 하는 약정이 없는 이상 목적부동산을 임대할 권한은 누구에게 있는가?

☑ 관련사례

- 甲이 가집행선고부 판결에 기하여 乙로부터 인도받은 4색 인쇄기에 대하여 경매절차가 진행되어 A가 이를 경락받아 점유하고 있는 경우, 乙이 목적물을 현실적으로 점유하고 있지 않은 甲을 상대로 불법점유를 이유로 명도 또는 인도 청구를 할 수

있는가? (대판 1999. 7. 9. 98다9045 참조)

- 건물 소유자인 A는 건물의 대지인 토지가 임의경매절차를 통하여 甲에게 매각되어 건물의 소유를 위한 법정지상권을 취득하였지만, 甲이 제기한 지료청구소송에서 판결에 의하여 확정된 지료의 지급을 A가 24개월 이상 연체하여 법정지상권이 소멸되고, 결국 甲은 A에 대한 건물의 철거와 그 대지의 인도를 명하는 확정판결을 받았다. 이 경우 乙들이 건물의 각 점유부분에 대하여 자신들이 주택임대차보호법에 정한 임차권의 대항력 요건을 갖춘 경우 甲은 乙들에 대하여 퇴거청구를 할 수 있는가? (대판 2010. 8. 19. 2010다43801 참조)

☑ 기타 검토사항

- 소유자의 소유물반환청구를 거절할 수 있는 점유자의 '점유할 권리'에는 어떠한 권리들이 포함되는가?
- 상대방이 간접점유를 하고 있는 경우에 소유자는 간접점유자에게도 반환을 청구할 수 있는가?
- 점유보조자가 소유물반환청구의 상대방이 될 수 있는가?
- 연립주택 신축공사의 수급인이 공사대금의 지급에 갈음하여 이전받기로 한 연립주택의 일부를 소유권이전등기를 경료받지 않은 상태에서 제 3 자에게 임대한 경우, 소유자인 건축주는 위 제 3 자에게 소유권에 기한 명도청구나 부당이득반환청구를 할 수 있는가?

☑ 참고문헌

- 김동옥, 신축건물 양도담보권자의 제 3 자에 대한 지위, 판례연구(부산판례연구회) 14집, 167면 이하, 2003.
- 양형우, 신축건물의 양도담보와 제 3 자의 지위, 고시연구 32권 2호(2005. 02), 60면 이하.
- 김진우, 물권적 청구권의 성질과 비용부담, 광운비교법학 6호, 243면 이하, 2005.

2. 방해제거청구권

가. 사실상의 방해제거청구

판례 1

대판 2003. 3. 28. 2003다5917 ··

[사안] 광명시에 있는 토지(이하 '이 사건 토지'라 한다)는 甲(원고)과 A 등 6인의

공동소유였는데 甲이 다른 공유자들의 지분을 매수하여 1997. 10. 27. 甲 앞으로 지분소유권이전등기를 마쳐 甲의 단독소유가 되었다. 이 사건 토지는 원래 지반이 인접토지보다 3m 정도 낮고, 웅덩이가 패어진 상태로 폐하천 인접지역의 황무지로 방치되어 있었고, 그 일대가 상습침수지역으로서 인근 농경지까지 침수되는 경우가 잦아서 이에 乙(피고, 광명시)은 1983. 초경 이 사건 토지를 포함한 5필지의 토지에 대하여 乙시에서 발생하는 오물(진개)을 매립함으로써 이를 위생적으로 처리하고 하천 유수에 의하여 훼손된 농지를 양질의 농지로 조성하는 내용의 '오물(진개)매립 및 농지조성계획'을 수립하였고, 乙은 위 계획에 따라 1984. 1.경 이 사건 토지의 공유자인 甲 등 6인에게 이 사건 토지에 연탄재 등의 쓰레기를 매립하여 양질의 농지로 만들어주겠다고 제의하여 甲 등 6인으로부터 쓰레기 매립장 설치에 대한 동의서를 받은 다음, 1984. 7. 13. 이 사건 토지에 대한 쓰레기 매립 공사에 착공하여 연탄재를 포함한 쓰레기 등으로 약 3m 가량을 매립한 후 농작물경작이 가능하도록 그 위에 약 2m 가량을 양질의 토양으로 복토하였고, 1985. 2. 28. 토지형질변경 준공검사를 마친 후 1985. 3. 5. 쓰레기장 매립공사를 완공하였으며 이후 이 사건 토지는 그 지상에 비닐하우스가 설치되어 채소를 재배하는 농경지로 사용되어 왔다. 현재 이 사건 토지 아래에는 생활폐기물, 건설폐기물, 사업장 일반폐기물 등이 별도 구분없이 매립되어 있고 표층으로부터 1, 2m 정도는 토사로 볼 수 있으나 그 아래 매립 부분은 층을 별도 구분하여 처리하기 곤란한 상태로 혼합하여 매립되어 있다. 甲은 乙이 연탄재만으로 이 사건 토지를 매립하고 복토하여 양실의 토지를 만들어주겠다고 하였음에도 이 사건 토지에 생활쓰레기와 산업쓰레기 등을 위법하게 매립하였고, 그 쓰레기 등이 부패, 소멸되지 않고 현재도 이 사건 토지 지하에 그대로 남아 있어 甲의 소유권을 침해하고 있으므로 甲은 소유권에 기한 방해배제청구권으로서 위 쓰레기의 수거 및 원상복구를 구하는 소를 제기하였다.

[판지] 소유권에 기한 방해배제청구권에 있어서 '방해'라 함은 현재에도 지속되고 있는 침해를 의미하고, 법익 침해가 과거에 일어나서 이미 종결된 경우에 해당하는 '손해'의 개념과는 다르다 할 것이어서, 소유권에 기한 방해배제청구권은 방해결과의 제거를 내용으로 하는 것이 되어서는 아니 되며 현재 계속되고 있는 방해의 원인을 제거하는 것을 내용으로 한다.

쓰레기 매립으로 조성한 토지에 소유권자가 매립에 동의하지 않은 쓰레기가 매립되어 있다 하더라도 이는 과거의 위법한 매립공사로 인하여 생긴 결과로서 소유권자가 입은 손해에 해당한다 할 것일 뿐, 그 쓰레기가 현재 소유권에 대하여 별도의 침해를 지속하고 있다고 볼 수 없다는 이유로 소유권에 기한 방해배제청구권을 행사할 수 없다.

☑ 쟁 점

위 판결은 법익침해가 과거에 일어나서 이미 종결된 경우에 방해제거청구권의 대상이 되는 '방해'에 포함되느냐가 문제된 것이다.

☑ 검토할 사항

- 법익침해가 과거에 일어나서 이미 종결된 경우 이 방해결과의 제거를 위한 법적 수단은 무엇인가?
- 방해와 손해는 어떻게 구별되는가?

☑ 참고문헌

- 김형석, 소유물방해배제청구권에서 방해의 개념, 법학(서울대) 45권 4호, 394면 이하, 2004.
- 송오식, 조망방해와 사법적 구제, 비교사법 14권 2호, 189-226면, 2007.

판례 2

대판 1987. 11. 24. 87다카257,258

[사안] 서울특별시가 1955. 11.경 영세민구호를 위하여 시유지인 분할전의 서울 동대문구 이문동의 임야 일대에 다수의 구호주택을 건축하여 분양하였는데 乙(피고)은 위 구호주택 중 위 산 6 임야에서 분할된 같은 동 257의 494 대지상에 위치한 4동 가운데 미등기인 이 사건 주택 1동을 최초의 입주자로부터 매수하고 그 부지부분도 불하받아 1971. 7. 공유지분이전등기를 종료한 후 이 사건 주택을 점유사용 중 인접한 甲(원고) 소유의 같은 동 257의 94 이 사건 대지쪽으로 조금씩 건물을 내달아짓기 시작하여 이 사건 대지 중 1.7평방미터를 증축부분의 부지로, 5.3 평방미터를 계단으로 점유하게 되었다. 그래서 甲은 1985. 6. 19. 乙을 상대로 이 사건 대지 중 위 피고점유부분 7평방미터 및 이 사건 건물에 대하여 점유이전금지가처분결정을 받아 다음날 가처분집행을 마치고, 乙을 상대로 침범부

분건물의 철거와 대지인도소송을 제기하였다. 그런데 乙은 이 사건 건물을 위 가처분집행후인 1985. 6. 28. 소외 A에게 매도하고 이 사건 건물에서 퇴거하여 위 A가 현재 이 사건 건물을 점유사용하고 있다.

[원심] 원심은 甲에 대한 관계에서 여전히 乙을 위 건물과 부지의 점유자라 판단하여 乙에게 위 건물 중 甲 소유 대지에 건립된 부분을 철거하고 그 대지부분을 인도할 것을 명하였다.

[판지] 타인의 토지위에 건립된 건물로 인하여 그 토지의 소유권이 침해되는 경우 그 건물을 철거할 의무가 있는 사람은 그 건물의 소유권자나 그 건물이 미등기건물일 때에는 이를 매수하여 법률상, 사실상 처분할 수 있는 지위에 있는 사람이다. 乙이 위 건물을 위 A에게 매도하고 퇴거하였다면 설시 점유이전금지가처분에도 불구하고 그것을 매수하여 점유하고 있는 A가 이에 대하여 법률상, 사실상 처분할 수 있는 자라 할 것이고 乙은 이를 처분할 수 있는 지위에 있지 아니므로 설시부분에 건립된 건물부분을 철거할 의무가 없다고 할 것이다.

☑ 쟁 점

위 판결은 타인의 토지위에 건립되어 타인의 소유권을 침해하는 미등기 건물이 타인에게 양도된 경우 누가 건물의 점유자로서 철거소송의 상대방이 될 것인지가 문제된 것이다.

☑ 검토할 사항

- 토지소유자가 소유자 아닌 건물미등기매수인에게 건물의 철거를 구할 수 있는가?
- 점유이전금지가처분이 있는 경우 목적물의 처분이 금지 또는 제한되는가?

☑ 참고문헌

- 문용선, 미등기건물에 대한 양도담보계약상의 채권자에 대한 건물철거청구, 대법원 판례해설 44호, 630면 이하, 2004.
- 이동명, 점유이전금지 가처분집행후의 미등기건물의 철거의무자, 민사판례연구 11권, 100면 이하, 1989.
- 지영난, 미등기주택을 임차하여 주택임대차보호법상 대항력 및 확정일자를 갖춘 임차인이 그 주택 대지환가대금에 대한 우선변제권을 행사할 수 있는지 여부, 대법원 판례해설 68호, 180면 이하, 2007.

나. 방해배제청구와 소유권이전등기청구

대판(전) 2001. 9. 20. 99다37894

[사안] A조합은 조합의 자금으로 이 사건 부동산을 매수하였으나 편의상 1980. 4. 28. 당시 조합장이었던 甲(원고) 명의로 소유권이전등기를 경료하였고, 그 후 위 부동산에 대하여는 1980. 8. 20. 乙(피고, 대한민국) 명의로 1980. 7. 16.자 증여를 원인으로 한 소유권이전등기가 경료되었고, 1982. 3. 29. 丙(피고보조참가인, 한국보훈복지의료공단) 명의로, 1984. 12. 22. 다시 乙 명의로 순차 소유권이전등기가 경료되었다. 甲은 이 사건 부동산에 관한 1980. 7. 16.자 증여의 의사표시가 비상계엄하에서 계엄사령부에 의해 저질러진 불법감금과 구타 등으로 인한 극심한 강박상태에서 이루어진 것이어서 무효이고 따라서 乙 명의로 경료된 소유권이전등기는 원인무효의 등기이며, 그 후 순차이전등기도 모두 원인무효라는 이유로, 乙과 丙을 상대로 위 각 소유권이전등기의 말소를 구하는 소송을 제기하였다가 제 1 심에서 원고청구기각판결을 선고받았고, 이에 항소를 제기하면서 위 증여의 의사표시는 강박에 의한 것으로서 위 사건의 소장부본 등의 송달로써 취소한다는 주장을 추가하였으나, 항소심에서도 위 증여의 의사표시를 무효라고 볼 수 없고 또한 강박에 의한 취소 주장은 제척기간이 도과한 이후에 이루어진 것으로서 효력이 없다는 이유로 원고의 항소가 기각되었으며, 대법원에서 1993. 5. 27. 상고기각판결이 선고됨으로써 같은 날 원고 패소판결이 확정되었다. 甲은 자신의 이 사건 증여의 의사표시가 무효이거나, 그렇지 않다고 하더라도 강박에 의한 것으로서 甲이 1980년 11월경 원호청장에게 진정서를, 1981년 5월경 대통령에게 탄원서를 각 제출하여 그 의사표시를 취소하였으므로 乙 명의의 소유권이전등기는 원인무효가 되었다고 주장하면서, 乙을 상대로 진정명의회복을 원인으로 한 소유권이전등기를 구한다는 소를 1998. 7. 23. 제기하였다.

[판지] 진정한 등기명의의 회복을 위한 소유권이전등기청구는 이미 자기 앞으로 소유권을 표상하는 등기가 되어 있었거나 법률에 의하여 소유권을 취득한 자가 진정한 등기명의를 회복하기 위한 방법으로 현재의 등기명의인을 상대로 그 등기의 말소를 구하는 것에 갈음하여 허용되는 것인데, 말소등기에 갈음하여 허용되는 진정명의회복을 원인으로 한 소유권이전등기청구권과 무효등기의 말소청구권은 어느 것이나 진정한 소유자의 등기명의를 회복하기 위한 것으로서 실질

적으로 그 목적이 동일하고, 두 청구권 모두 소유권에 기한 방해배제청구권으로서 그 법적 근거와 성질이 동일하므로, 비록 전자는 이전등기, 후자는 말소등기의 형식을 취하고 있다고 하더라도 그 소송물은 실질상 동일한 것으로 보아야 하고, 따라서 소유권이전등기말소청구소송에서 패소확정판결을 받았다면 그 기판력은 그 후 제기된 진정명의회복을 원인으로 한 소유권이전등기청구소송에도 미친다.

☑ 쟁 점

위 판결은 소유권이전등기말소청구소송의 판결이 확정된 후 소유권을 회복하는 방법으로 진정명의회복을 원인으로 한 소유권이전등기청구를 할 수 있는가 하는 점이 문제된 것이다.

☑ 검토할 사항

- 진정한 소유권자가 소유권이전등기말소청구소송에서 패소하여 그 판결이 확정된 경우 자신의 소유권을 회복하기 위하여 물권적 청구권을 행사하는 방법으로 진정명의회복을 원인으로 한 소유권이전등기청구를 하는 것이 인정되는가?

☑ 관련사례

- 자기 앞으로 소유권의 등기가 되어 있지 않았고 법률에 의하여 소유권을 취득하지도 않은 사람이 소유권자를 대위하여 현재의 등기명의인을 상대로 진정한 등기명의의 회복을 위한 소유권이전등기청구를 할 수 있는가? (대판 2003. 5. 13. 2002다64148)
- 구민법 시행 당시 A가 부동산을 매수하였으나 민법 시행일로부터 6년 내에 등기를 하지 않은 경우, 민법 부칙 제10조 제1항에 의하여 소유권을 상실하는지 여부 및 그 상속인들이 등기명의인을 상대로 진정한 등기명의의 회복을 위한 소유권이전등기청구를 할 수 있는가? (대판 2009. 4. 9. 2006다30921)
- A 소유의 부동산이 법률에 의하여 국유로 된 후, 6·25사변으로 관계공부가 소실된 것을 틈타 아무런 원인 없이 A에게 소유권보존등기가 이루어지고 그 후 여러 사람을 거쳐 乙(피고) 앞으로 소유권이전등기가 된 경우, 甲(원고, 대한민국)이 현재의 등기명의인인 乙을 상대로 그 등기의 말소를 구하는 외에 "진정한 등기명의의 회복"을 원인으로 한 소유권이전등기절차의 이행을 직접 구하는 것도 허용되는가? (대판(전) 1990. 11. 27. 89다카12398)
- 서울시가 1982. 9. 18. X토지(환지 예정지)를 A에게 매도하였는데, A가 이를 甲에게 전매하고 서울시는 위 전매를 승인하여, 甲이 서울시에 대하여 위 토지에 대하

여 소유권이전등기청구권을 갖게 되었다. 그런데 甲의 이전등기청구권에 관하여 乙이 1985. 6. 4. 압류명령을 얻고, 丙이 1984. 3. 9. 가압류명령을 얻었다가 같은 해 8. 6. 가압류로부터 본압류로 전이하는 명령을 얻어 위 각 명령들이 제 3 채무자인 서울시에 송달되었다. 그 후 위 토지는 1984. 12. 31. 환지확정되어 1985. 2. 18. 서울시 앞으로 소유권보존등기가 경료되었다. 그런데 丁이 1986년에 이르러 자신이 甲으로부터 X토지에 대한 소유권을 1983. 10. 19. 매수하였음을 이유로 甲 및 서울시에 대하여 소유권이전등기의 이행을 청구하는 소송을 제기하였고, 이 소송에서 서울시는 甲의 자신에 대한 위 소유권이전등기청구권이 乙·丙에 의하여 압류되어 있다고 항변하였으나, 서울시의 항변은 받아들여지지 아니하고 丁의 승소판결이 확정되었으며, 이에 기하여 1986. 9. 12. 서울시로부터 甲 앞으로의 소유권이전등기가 경료되었다. 그러자 乙·丙이 甲의 서울시에 대한 위 소유권이전등기청구권에 관하여 추심명령을 얻은 후, 丁·甲을 상대로 하여 서울시로부터 甲 앞으로의 위 소유권이전등기는 乙·丙이 얻은 위 소유권이전등기청구권의 압류명령에 위배되어 무효이고, 이에 터잡아 이루어진 丁 명의의 소유권이전등기 역시 무효라고 하면서 위 각 소유권이전등기의 말소를 청구하였다. 乙·丙의 청구는 타당한가? 즉 소유권이전등기청구권에 대한 압류나 가압류가 되어 있는 경우, 제3채무자나 채무자로부터 소유권이전등기를 넘겨받은 제 3 자에 대하여 원인무효를 주장하여 등기의 말소를 청구할 수 있는가? (대판(전) 1992. 11. 10. 92다4680 참조)

☑ 기타 검토사항

- 이미 자기 앞으로 소유권을 표상하는 등기가 되어 있었거나 법률에 의하여 소유권을 취득한 자가 진정한 등기명의를 회복하기 위한 방법으로는 현재의 등기명의인을 상대로 그 등기의 말소를 구하는 외에 “진정한 등기명의의 회복”을 원인으로 한 소유권이전등기절차의 이행을 직접 구하는 것이 허용되는 이유는 무엇인가?
- 기판력의 범위를 결정하는 소송물은 어떻게 특정되는가?

☑ 참고문헌

- 김용진, 부동산의 진정명의회복등기법리의 발전방향, 부동산법학 8집, 154면 이하, 2003.
- 원유석, 말소등기청구와 진정명의회복을 원인으로 한 소유권이전등기청구의 소송물과 기판력, 민사판례연구 26권, 35면 이하, 2004.
- 임성권, 소유권이전등기말소청구와 진정명의 회복을 위한 이전등기청구, 법학연구(인하대) 6집, 125면 이하, 2003.

제 2 절 소유권의 취득

제 1 항 취득시효

1. 취득시효의 대상

가. 국유재산

대판 2009. 12. 10. 2006다19177

[사안] 이 사건 대지에 관하여 지방자치단체인 甲(원고)이 1986. 11. 14. 증여를 원인으로 하여 甲 앞으로 소유권이전등기를 마쳤는데, 乙(피고)은 이 사건 대지를 1970. 11. 9.부터 지금까지 소유의 의사로 점유하여 시효취득하였다고 주장하였다.
[판지] 구 지방재정법(2005. 8. 4. 법률 제7663호로 전부 개정되기 전의 것) 제74조 제 2 항은 "공유재산은 민법 제245조의 규정에 불구하고 시효취득의 대상이 되지 아니한다. 다만, 잡종재산의 경우에는 그러하지 아니하다"라고 규정하고 있으므로, 구 지방재정법상 공유재산에 대한 취득시효가 완성되기 위해서는 그 공유재산이 취득시효기간 동안 계속하여 시효취득의 대상이 될 수 있는 잡종재산이어야 하고, 이러한 점에 대한 증명책임은 시효취득을 주장하는 자에게 있다.
이 사건 대지가 지방자치단체인 甲(원고) 앞으로 소유권이전등기가 마쳐짐으로써 구 지방재정법에서 정한 공유재산이 된 사정이 드러난 이상, 취득시효기간 동안 계속하여 이 사건 대지가 시효취득의 대상이 될 수 있는 잡종재산이었다는 점이 증명되어야 비로소 시효취득을 인정할 수 있다.

☑ 쟁 점

위 판결에서는 국유재산 또는 공유재산을 점유하는 자가 시효취득을 하기 위한 요건과 그 증명책임이 누구에게 있는가가 문제된다.

☑ 검토사항

- 국유재산 및 공유재산의 의의와 종류를 살피시오.
- 국유재산 및 공유재산에 대한 시효취득이 인정되기 위한 요건과 그에 대한 입증책

임자를 살피시오.

☑ 관련사례

- 부동산의 소유자를 알 수 없어 국가가 국유재산법에 따라 무주부동산 공고절차를 거쳐 국유재산으로 등기를 마친 경우, 국가는 그 부동산의 소유권을 취득하는가? (대판 2005. 5. 26. 2002다43417 참조)
- 부동산의 소유자를 알 수 없어 국가가 국유재산법에 따라 무주부동산 공고절차를 거쳐 국유재산으로 등기를 마치고 10년 동안 점유하는 경우, 국가는 이를 (등기부) 시효취득할 수 있는가? (대판 2008. 10. 23. 2008다45057 참조)
- 귀속재산이 국유재산으로 된 경우, 귀속재산에 대한 점유가 타주점유에서 자주점유로 전환되는가? (대판 1999. 12. 7. 99다56215 참조)

☑ 기타의 쟁점

- 타인의 토지를 자신의 토지를 위한 통행로로 20년간 사용한 경우 통행지역권을 시효취득하는가? (대판 2010. 1. 28. 2009다74939,74946 참조)

☑ 참고문헌

- 박병대, 자연공물과 취득시효, 민사판례연구 19권, 59면 이하, 1997.
- 황경남, 자연공물의 형체적 요소의 상실과 공물의 소멸 여부, 대법원판례해설 24호, 202면 이하, 1996.

나. 자기 소유의 부동산

대판 2001. 7. 13. 2001다17572

[사안] 甲(원고)은 1977. 1. 19. A로부터 이 사건 토지를 매수한 후 여동생인 乙(피고)과 사이에 이를 乙에게 명의신탁하기로 약정하였다. 甲과 乙은 같은 해 12월 8일 A와 사이에 매수인 명의를 甲으로부터 乙로 변경하는 경개계약을 체결하였는데, A는 위와 같은 명의신탁약정이 있었다는 사실을 알지 못하였다. 甲은 A에게 매매대금을 모두 지급하고 그 무렵(1977. 12. 8)부터 이 사건 토지를 인도받아 점유·사용하였으며, 위 경개계약에 따라 이 사건 토지에 관하여 1978. 8. 11. A로부터 乙 앞으로 소유권이전등기가 경료되었다. 甲은 위 점유개시일로부터 20년이 경과한 1997. 12. 9. 이 사건 토지에 관한 취득시효가 완성되었다고 주장하면서, 이 사건 토지에 관하여 위 취득시효 완성을 원인으로 한 소유권이전등기의

이행을 청구하였다.

[소송의 경과] 제1심은 "점유자는 소유의 의사로 평온·공연히 점유한 것으로 추정된다"고 하여 원고(甲)승소판결을 내렸다.

이에 乙은, 甲이 A로부터 부동산을 매수하여 乙에게 명의신탁함으로써 그에 대한 소유권을 취득하였으므로, 그 때부터 위 명의신탁약정이 부동산실권리자명의등기에관한법률의 시행으로 무효로 되기 전까지의 기간 동안 점유는 자기 소유의 부동산을 점유한 것으로서 취득시효의 기초가 되는 점유라고 할 수 없다는 이유로 항소하였다.

원심은 "명의신탁된 부동산의 소유권은 대외적으로 수탁자에게 귀속되는 것이어서" 이 사건 부동산에 관하여 "피고 명의의 소유권이전등기가 경료된 날로부터 위 법률의 시행일까지의 점유가 자기소유 부동산의 점유라고는 볼 수 없다"는 이유로 항소를 기각하였다.

[판지] 취득시효는 당해 부동산을 오랫동안 계속하여 점유한다는 사실상태를 일정한 경우에 권리관계로 높이려고 하는 데에 그 존재이유가 있는 점에 비추어 보면, 시효취득의 목적물은 타인의 부동산임을 요하지 않고 자기 소유의 부동산이라도 시효취득의 목적물이 될 수 있다고 할 것이고, 취득시효를 규정한 민법 제245조가 '타인의 물건인 점'을 규정에서 빼놓은 것도 같은 취지에서라고 할 것이다. 점유자는 소유의 의사로 평온·공연하게 점유한 것으로 추정되므로, 甲(원고)의 위 점유개시일로부터 20년이 경과한 1997. 12. 9. 이 사건 토지에 관한 취득시효가 완성되었고, 따라서 이 사건 토지의 소유사인 乙(피고)은 甲(원고)에게 이 사건 토지에 관하여 위 취득시효 완성을 원인으로 한 소유권이전등기절차를 이행할 의무가 있다.

☑ 쟁 점

위 판결은 부동산 명의신탁자가 명의수탁자를 상대로 점유취득시효를 주장한 사안이다. 명의신탁자와 명의수탁자 사이의 내부관계에서는 명의신탁자가 소유자이므로, 위 판결에서는 자기 소유의 부동산에 대해 취득시효를 주장할 수 있는가 하는 점이 문제로 된다.

☑ 검토할 사항

◆ 위 판결은 "자기 소유 부동산은 취득시효의 대상이 되지 않는다"고 한 다른 판결

들(대판 1997. 3. 14. 96다55860; 대판 2008. 6. 26. 2007다7898; 대판 2009. 10. 15. 2007다83632)과 모순되지 않는가?

- 이 사안에서 명의신탁자인 원고가 취득시효를 근거로 이전등기를 청구한 이유는 무엇인가?
- 부동산실명제하에서 이 사안의 명의신탁약정은 무효가 되는데, 현재 이 사건 부동산에 대한 소유권은 누구에게 귀속되는가?
- 원고가 피고와의 명의신탁약정을 해지하고, 이를 근거로 소유권이전등기를 청구하는 것은 가능한가?
- 이 사안에서 명의수탁자인 피고가 이 사건 부동산을 점유하였다면, 피고는 등기부취득시효(제245조 제 2 항)를 주장할 수 있는가?

☑ 관련사례

- 토지 소유자가 토지의 특정한 일부분을 타인에게 매도하면서 등기부상으로는 전체 토지의 일부 지분에 관한 소유권이전등기를 경료해 준 경우에 매도 대상에서 제외된 나머지 특정 부분을 계속 점유하는 경우, 또한 토지의 특정한 일부분을 매수한 자가 등기부상으로는 전체 토지의 일부 지분에 관한 소유권이전등기를 경료받고 매수 대상인 그 특정 부분을 점유하는 경우, 이를 취득시효의 기초가 되는 점유라고 할 수 있는가? (대판 2009. 10. 15. 2007다83632 참조)
- 성명불상자의 소유물을 점유취득시효 기간 동안 소유의 의사로 점유한 자는 소유권을 시효취득할 수 있는가? (대판 1992. 2. 25. 91다9312 참조)
- 자기소유의 부동산을 점유하고 있는 상태에서 동 부동산에 대해 다른 사람 명의로 소유권이전등기가 된 경우, 취득시효의 기초가 되는 점유가 개시된 시점은? (대판 1989. 9. 26. 88다카26574 참조)

☑ 참고문헌

- 정병호, 부동산명의신탁자의 점유시효취득, 민사판례연구 25권, 32면 이하, 2003.

2. 점유취득시효

가. 자주점유

대판(전) 1983. 7. 12. 82다708,709, 82다카1792,1793 ······················

[사안] 乙(피고)은 1923. 4. 9.부터 이 사건 토지상에 수리시설인 양수장, 수로 및 그 부지와 양수장에 이르는 도로 등을 개설하여 현재까지 점유하고 있다. 乙

은 1963년경부터 1973년경 사이에 이 사건 토지의 소유자인 甲(원고)에게 이 사건 토지의 매수제의를 하였으나 거절당한 사실이 있다. 그 후 乙은 甲(원고)에게 이 사건 토지를 소유의 의사로 평온 공연하게 점유하여 옴으로써 20년이 경과한 1943. 4. 9.자로 취득시효가 완성되었다고 주장하였다. 이에 대해 원심은, 乙의 점유사실은 인정되나 乙이 이 사건 토지를 매수 또는 수용한 사실이 인정되지 않을 뿐 아니라 乙이 1963년경부터 1973년경 사이에 甲에게 이 사건 토지의 매수제의를 하였으나 거절당한 사실이 인정되므로, 乙이 이 사건 토지를 위 기간 동안 점유 사용하여 왔다는 것만으로는 乙의 이 사건 토지에 대한 점유권원의 성질상 소유의 의사로 이를 점유하였다고 볼 수 없고 달리 이를 인정할 증거가 없으므로 자주점유임을 전제로 한 위 피고의 주장은 이유 없다고 하였다.

[판지] 취득시효에 있어서 자주점유의 요건인 소유의 의사는 객관적으로 점유취득의 원인이 된 점유권원의 성질에 의하여 그 존부를 결정하여야 할 것이나, 점유권원의 성질이 분명하지 아니한 때에는 민법 제197조 제 1 항에 의하여 점유자는 소유의 의사로 점유한 것으로 추정되므로 점유자가 스스로 그 점유권원의 성질에 의하여 자주점유임을 입증할 책임이 없고, 점유자의 점유가 소유의 의사 없는 타주점유임을 주장하는 상대방에게 타주점유에 대한 입증책임이 있다. 그러므로 점유자가 스스로 매매 또는 증여와 같은 자주점유의 권원을 주장하였으나 이것이 인정되지 않는 경우에도 원래 위와 같은 자주점유의 권원에 관한 입증책임이 점유자에게 있지 아니한 이상 그 점유권원이 인정되지 않는다는 사유만으로 자주점유의 추정이 번복된다거나 또는 점유권원의 성질상 타주점유라고 볼 수는 없다.

乙(피고)이 이 사건 부동산을 원심판시 기간 동안 점유하여 온 사실이 인정되는 이상 乙은 소유의 의사로 이를 점유한 것으로 추정되므로 乙 스스로 자주점유임을 증명하기 위하여 이 사건 부동산의 점유취득 원인이 매매 또는 수용인 사실을 입증할 책임이 없을 뿐 아니라, 이와 같이 乙에게 입증책임이 없는 매매 또는 수용사실이 인정되지 않는다고 하여 이것만으로 점유권원의 성질상 자주점유가 아니라고 볼 수는 없다.

또 乙이 원심판시와 같이 취득시효 기간이 경과한 후에 甲(원고)에게 이 사건 토지의 매수를 제의한 일이 있다고 하여도 일반적으로 점유자는 취득시효가 완성된 후에도 소유권자와의 분쟁을 간편히 해결하기 위하여 매수를 시도하는 사태

가 허다함에 비추어 이와 같은 매수제의를 하였다는 사실을 가지고 乙의 점유를 타주점유라고 볼 수도 없는 것이다

☑ 쟁 점

위 판결에서는 점유취득시효의 요건 중 자주점유에 대한 입증책임을 부담하는 자가 누구인지, 점유자가 주장하는 자주점유의 권원이 부인되는 경우 자주점유의 추정이 번복되는지, 취득시효 경과 후 점유자가 소유자에게 매수제의를 한 사실이 갖는 법적 의미가 무엇인지가 문제된 것이다.

☑ 검토사항

- 취득시효에서 자주점유에 대한 입증책임을 지는 자는 누구인가?
- 점유자가 주장한 자주점유의 권원이 부인된 경우 자주점유의 추정은 번복되는가?
- 이 사안에서 乙이 취득시효기간 경과 후 乙에게 이 사건 토지에 대해 매수를 제의한 사실이 갖는 법적 의미는?

☑ 관련사례

- 점유자가 점유 당시에 소유권 취득의 원인이 될 수 있는 법률행위 기타 법률요건 없이 그와 같은 법률요건이 없다는 사실을 잘 알면서 타인 소유의 부동산을 무단점유한 것이 입증된 경우 자주점유의 추정이 번복되는가? (대판(전) 1997. 8. 21. 95다28625 참조)
- 현행 민법 시행 이후 소유자로 등기되지 않은 자로부터 부동산을 매수하여 점유하는 자를 자주점유자로 추정할 수 있는가? (대판(전) 2000. 3. 16. 97다37661 참조)
- 점유매개자를 통하여 간접적으로 점유하는 자가 시효취득을 주장할 수 있는가? (대판 1991. 10. 8. 91다25116 참조)
- 부동산 매도인이 매매계약 이후에도 동 부동산을 계속 점유한 경우, 매수인 명의로 소유권이전등기가 경료된 때로부터 20년이 경과하면 매도인은 점유취득시효를 주장할 수 있는가? (대판 2004. 9. 24. 2004다27273 참조)

☑ 기타의 쟁점

- 자주점유의 추정이 번복되는 경우를 살피시오.
- 현행 민법 하에서 점유취득시효 제도가 갖는 의미를 살피시오.

☑ 참고문헌

- 송덕수, 부동산점유취득시효 제도 개정론, 민사법학 43-2호, 271면 이하, 2008.

나. 20년간 점유

⑴ 점유기간의 기산점

대판(전) 2009. 7. 16. 2007다15172,15189

[사안] 乙(피고)은 1961. 1.경 X토지(이 사건 대지)와 연접한 Y토지를 A로부터 매수하면서 X토지의 일부인 Z토지부분(이 사건 계쟁토지)의 점유를 승계하여 텃밭으로 점유·사용하여 왔다. 그 후 X토지에 관하여 1982. 2. 15. B 명의로, 1988. 3. 25. C 명의로, 1988. 9. 10. 다시 甲(원고) 명의로 각 소유권이전등기가 순차로 마쳐졌다. 乙은 최초 점유일로부터 기산하여 Z토지부분에 관한 1차의 취득시효가 완성되었으나(1981. 1.경) 이를 등기하지 않은 사이에 X토지에 관하여 이루어진 B 앞으로의 소유권 변동시점(1982. 2. 15.)을 새로이 2차의 취득시효 기산점으로 삼아, 그때로부터 2차의 취득시효기간이 경과하기 전에 X토지를 취득한 甲에 대하여 Z토지부분에 관한 시효취득을 주장하였다.

[원심] 원심은, B 명의로 소유권이전등기가 마쳐진 이후에 C 및 甲 명의로 소유권이전등기가 순차로 마쳐졌다는 이유로 B 명의로 소유권이전등기가 마쳐진 시점을 새로운 취득시효의 기산점으로 삼을 수는 없다고 판단하여 乙의 취득시효완성 주장을 배척하였다.

[판지] 부동산에 대한 점유취득시효가 완성된 후 취득시효완성을 원인으로 한 소유권이전등기를 하지 않고 있는 사이에 그 부동산에 관하여 제3자 명의의 소유권이전등기가 경료된 경우라 하더라도 당초의 점유자가 계속 점유하고 있고 소유자가 변동된 시점을 기산점으로 삼아도 다시 취득시효의 점유기간이 경과한 경우에는 점유자로서는 제3자 앞으로의 소유권 변동시를 새로운 점유취득시효의 기산점으로 삼아 2차의 취득시효의 완성을 주장할 수 있다. 그리고 취득시효기간이 경과하기 전에 등기부상의 소유명의자가 변경된다고 하더라도 그 사유만으로는 점유자의 종래의 사실상태의 계속을 파괴한 것이라고 볼 수 없어 취득시효를 중단할 사유가 되지 못하므로, 새로운 소유명의자는 취득시효완성 당시 권리의무 변동의 당사자로서 취득시효완성으로 인한 불이익을 받게 된다 할 것이어서 시효완성자는 그 소유명의자에게 시효취득을 주장할 수 있는바, 이러한 법리는 위와 같이 새로이 2차의 취득시효가 개시되어 그 취득시효기간이 경과하기

전에 등기부상의 소유명의자가 다시 변경된 경우에도 마찬가지로 적용된다고 봄이 상당하다. 따라서 종래 이와 달리 부동산의 취득시효가 완성된 후 토지소유자가 변동된 시점을 새로운 취득시효의 기산점으로 삼아 2차의 취득시효의 완성을 주장하려면 그 새로운 취득시효기간 중에는 등기명의자가 동일하고 소유자의 변동이 없어야만 한다는 취지로 판시한 대법원 1994. 3. 22. 선고 93다46360 전원합의체 판결, 대법원 1994. 4. 12. 선고 92다41054 판결, 대법원 1995. 2. 28. 선고 94다18577 판결, 대법원 1999. 2. 12. 선고 98다40688 판결, 대법원 2001. 12. 27. 선고 2000다43963 판결은 모두 이 판결의 견해에 배치되는 범위 내에서 이를 변경하기로 한다.

앞에서 본 법리를 위 사실관계에 비추어 살펴보면, 乙(피고)은 최초 점유일로부터 기산하여 Z토지부분에 관한 1차의 취득시효가 완성된 후 이를 등기하지 않고 있는 사이에 X토지에 관하여 이루어진 B 앞으로의 소유권 변동시를 새로이 2차의 취득시효 기산점으로 삼을 수 있고, 그때로부터 2차의 취득시효기간이 경과하기 전에 X토지의 등기부상 소유명의를 취득한 甲에게 Z토지부분에 관한 시효취득을 주장할 수 있다.

☑ 쟁　　점

위 판결은 (1차)점유취득시효가 완성되었으나 등기를 하기 전에 제 3 자 명의의 소유권이전등기가 마쳐짐으로써 그 소유권 변동시를 새로운 기산점으로 삼아 2차취득시효가 개시되었으나, 그 2차취득시효기간이 경과하기 전에 등기부상 소유명의자가 변경된 경우, 그 2차취득시효 완성 당시의 등기부상 소유명의자에게 시효취득을 주장할 수 있는가 하는 점이 문제된 것이다.

☑ 검토할 사항

- 위 판결에는 다수의견과 반대의견이 있다. 양자의 차이점은?
- 위 판결의 반대의견과 보충의견의 차이점은?
- 부동산의 취득시효가 완성된 후 토지소유자가 변동된 시점을 새로운 취득시효의 기산점으로 삼아 2차의 취득시효의 완성을 주장하려면 그 새로운 취득시효기간 중에는 등기명의자가 동일하고 소유자의 변동이 없어야 하는가?
- 점유취득시효에서 점유기간의 기산점이 갖는 의미
- "점유취득시효의 기초가 되는 점유는 점유가 개시된 때를 기산점으로 하여야 하며 시효취득을 주장하는 자가 임의로 기산점을 선택할 수 없다"는 원칙(대판 1965. 4.

6. 65다170)에 대해 예외를 인정한 판결들을 검토하시오.

☑ 관련사례

- 시효기간 중 계속해서 등기명의자가 동일하고 그간에 취득자에 변동이 없는 경우 시효기간의 기산점을 임의로 선택할 수 있는가? (대판 1976. 6. 22. 76다487,488 참조)
- 시효기간 만료 후에 그 부동산의 소유권이 제 3 자에게 이전된 경우 점유취득시효의 완성을 주장하는 자는 임의로 그 시효기산점을 선택할 수 있는가? (대판 1977. 6. 28. 77다47 참조)
- 시효기간 만료 후에 그 부동산의 소유권이 제 3 자에게 이전되었으나, 소유자가 변동된 시점을 새로운 기산점으로 삼아도 다시 취득시효의 점유기간(20년)이 완성되는 경우, 처음부터 그 부동산을 계속 점유하는 자는 소유권변동시를 새로운 취득시효의 기산점으로 삼아 취득시효의 완성을 주장할 수 있는가? (대판(전) 1994. 3. 22. 93다46360 참조)
- 점유가 순차 승계된 경우 점유취득시효의 완성을 주장하는 자는 자기의 점유와 전 점유자의 점유를 아울러 주장할 수 있는가? 또한 전 점유자의 점유를 아울러 주장하는 경우 어느 단계의 점유자의 점유까지를 아울러 주장할 것인지를 선택할 수 있는가? (대판 1991. 10. 22. 91다26577,26584 참조)

☑ 기타의 쟁점

- 형식주의 하에서 점유취득시효제도가 갖는 의미를 살피시오.
- 점유의 승계가 가능한지 여부와 그 효과를 살피시오. 특히 상속인이 피상속인의 점유를 승계할 수 있는지 여부를 살피시오.

☑ 참고문헌

- 전원열, 부동산의 점유취득시효 완성 후의 법률관계에 관한 고찰, 사법연구자료 22집, 243면 이하, 1995.

(2) 점유의 승계

대판 1991. 10. 22. 91다26577,26584

[사안] A는 D 등 3인의 공유인 이 사건 토지 내의 X토지를 자신의 소유인 논과 교환취득하여 X토지상에 주택 등을 건립하여 점유하여 오다가, 1954년경 B에게 X토지와 위 주택 등을 매도하였다. B는 1965. 8. 5.경 C에게 이를 매도하였는데, C는 이를 점유하여 오다가 1978. 9. 5. 乙(피고)에게 이를 매도하였고, 乙은

X토지 및 위 주택 등을 점유하여 오던 중 위 주택 등에 관하여 1987. 4. 13. 乙 명의로 소유권보존등기를 경료하였다. 乙은 X토지 취득 이후에도 D 등의 명의로 되어 있는 소유권이전등기를 그대로 두고 있었는데 그 후 甲(원고)이 1980. 12. 30. D들로부터 이 사건 토지를 취득하고 소유권이전등기를 경료 받았다. 그 후 甲이 X토지 위의 乙 소유 건물의 철거 및 X 토지의 인도를 청구하자, 乙은 건물의 대지 부분에 대한 취득시효의 완성을 이유로 甲의 청구에 응할 수 없다고 항변하였다.

[판지] 이 사건에 있어서와 같이 점유가 A, B, C, 乙로 순차 승계된 경우에 있어서는 취득시효의 완성을 주장하는 乙로서는 자기의 점유만을 주장하거나 또는 자기의 점유와 전 점유자의 점유를 아울러 주장할 수 있는 선택권이 있는 것이고, 전 점유자의 점유를 아울러 주장하는 경우에도 어느 단계의 점유자의 점유까지를 아울러 주장할 것인가도 이를 주장하는 사람에게 선택권이 있다 할 것이며, 다만 전 점유자의 점유를 아울러 주장하는 경우에도 그 점유의 개시시기를 어느 점유자의 점유기간 중의 임의의 시점을 선택할 수 없을 뿐인 것이다. 그러므로 乙이 이 사건에서 C의 점유개시일인 1965. 8. 5.을 취득시효의 기산일로 선택한 것이 위법하다고 할 수 없고, 반드시 A의 점유개시일을 취득시효의 기산일로 주장하여야만 하는 것이 아니다.

☑ 쟁 점

위 판결은 점유가 순차 승계된 사안에서 점유취득시효의 완성을 주장하는 자가 자기의 점유와 전 점유자의 점유를 아울러 주장하는 경우 그 점유의 기산점을 임의로 선택할 수 있는지가 문제된 것이다.

☑ 검토사항

- 점유취득시효를 주장하는 자는 자기의 점유와 전 전유자의 점유를 아울러 주장할 수 있는가?
- 점유취득시효를 주장하는 자가 자기의 점유와 전 점유자의 점유를 아울러 주장하는 경우, 그 점유의 기산점을 임의로 선택할 수 있는가?

☑ 관련사례

- 인접한 X토지와 Y토지에 대한 점유가 A, B, C, D, E로 순차 승계된 사안에서, E가 X토지와 Y토지에 대한 점유취득시효를 주장함에 있어서 X토지에 대해서는 A의

점유개시일을, Y토지에 대해서는 C의 점유개시일을 각각 점유개시 기산점으로 선택할 수 있는가? (대판 1998. 4. 10. 97다56822 참조)

☑ 참고문헌

- 김병운, 취득시효기간 중 계속해서 등기명의자가 동일한 경우 그 기간 내의 전점유자의 점유기간 중 임의시점을 기산점으로 선택할 수 있는지 여부, 대법원판례해설 30호, 33면 이하, 1998.

다. 점유취득시효 완성자의 지위

(1) 등기청구의 상대방

대판 2005. 5. 26. 2002다43417 ……………………………………………

[사안] 甲(원고)은 1946. 3.경 망부 A로부터 이 사건 토지인 X토지의 경작권을 넘겨받아 그 때부터 이를 점유·사용하여 왔다. 위 토지에 대하여는 토지조사부가 작성되었으나 그 토지조사부의 소유자란이 완전히 찢겨져 나가 사정명의인을 전혀 확인할 수 없게 되었으며, 지적원도에 소유자의 이름이 기재되어 있으나 너무 희미하여 식별하기 곤란하다. 그리고 X토지에 관한 토지대장 등 기타의 지적공부도 멸실되었다가 1958. 2. 1. 토지대장이 복구되면서 소유자란에 "A"이라고 등재되었다. 한편 乙(피고, 대한민국)은 국유재산법 제8조의 규정에 의한 무주부동산 공고절차를 거쳐 1996. 1. 25. X토지에 관하여 乙 명의의 소유권보존등기를 마쳤다. 甲은 X토지를 소유의 의사로 점유하여 1966. 3. 31. 취득시효가 완성되었음을 원인으로 하여 乙에게 소유권이전등기를 청구하였다.

[원심] 원심은 甲의 주장에 대하여, 취득시효완성을 원인으로 한 소유권이전등기청구는 시효완성 당시의 소유자를 상대로 하여야 하는바, 무주부동산이 아닌 한 乙(대한민국)이 국유재산법 제8조에 의한 무주부동산의 처리절차를 밟아 국유재산으로 등록되었다 하여 국가 소유로 되는 것은 아니고 X토지가 무주부동산이라거나 X토지의 소유자가 乙이라고 볼 아무런 증거가 없다는 이유로 甲의 청구를 배척하였다.

[판지] 구 토지조사령에 의한 토지의 사정명의인은 당해 토지를 원시취득하므로 적어도 구 토지조사령에 따라 토지조사부가 작성되어 누군가에게 사정되었다

면 그 사정명의인 또는 그의 상속인이 토지의 소유자가 되고, 따라서 설령 국가가 이를 무주부동산으로 취급하여 국유재산법령의 절차를 거쳐 국유재산으로 등기를 마치더라도 국가에게 소유권이 귀속되지 않는다. 또한, 토지에 관한 소유권보존등기의 추정력은 그 토지를 사정받은 사람이 따로 있음이 밝혀진 경우에는 깨어지고 등기명의인이 구체적으로 그 승계취득 사실을 주장·입증하지 못하는 한 그 등기는 원인무효라 할 것이다. 이 사건 X토지에 대하여 토지조사부가 작성되었으나 그 토지조사부의 소유자란이 완전히 찢겨져 나가 사정명의인을 전혀 확인할 수 없게 되었으며 지적원도에 소유자의 이름이 기재되어 있으나 너무 희미하여 식별하기 곤란한 사실, X토지에 관한 토지대장 등 기타의 지적공부도 멸실되었다가 1958. 2. 1. 토지대장이 복구되면서 소유자란에 "A"라고 등재된 사실(그러나 위 토지대장은 1975. 12. 31. 법률 제2801호로 개정된 지적법이 시행되기 전 소관 관청이 아무런 법적 근거 없이 과세의 편의상 임의로 복구한 것으로 권리추정력이 인정되지 않는다), A는 X토지 부근에 본적을 두고 살다가 사망하였고 甲(원고)은 현재까지 X토지에서 들깨를 경작하는 사실이 인정되는바, X토지는 구 토지조사령에 의한 토지조사부가 작성되었으므로 비록 그 소유자란 부분이 훼손되어 사정명의인이 누구인지 확인할 수 없게 되었지만 적어도 누구에겐가 사정되었음이 분명하고 여기에 지적원도의 소유자란 기재가 너무 희미하여 누구라고 특정할 수는 없지만 적어도 "국"이라고 기재되지는 않은 점, 이 사건 토지의 지목과 성상 등을 종합한다면 X토지는 乙 아닌 제 3 자에게 사정된 토지라고 보아야 하고, 乙이 그 승계취득 사실을 입증하지 못하는 한 乙 명의의 소유권보존등기는 무효의 등기라 할 것이다.

점유취득시효완성을 원인으로 한 소유권이전등기청구는 시효완성 당시의 소유자를 상대로 하여야 하므로 시효완성 당시의 소유권보존등기 또는 이전등기가 무효라면 원칙적으로 그 등기명의인은 시효취득을 원인으로 한 소유권이전등기청구의 상대방이 될 수 없고, 이 경우 시효취득자는 소유자를 대위하여 위 무효등기의 말소를 구하고 다시 위 소유자를 상대로 취득시효완성을 이유로 한 소유권이전등기를 구하여야 할 것이다. 그런데 이 사건에서는 앞서 인정한 사정에 비추어 보면 X토지가 누구에겐가 사정된 것은 분명하되 현존하는 토지조사부로는 사정명의인을 도저히 확인할 수 없게 되었고 지적원도 기타 지적공부를 가지고도 甲이 사정명의인 또는 그의 상속인을 찾을 수 없어 취득시효완성을 원인으로 하는 소유권이전등기에 의하여 소유권을 취득하는 것이 사실상 불가능하게 되었다고 볼 여지가 있는바, 그럼에도 불구하고 단지 乙의 위 보존등기가 무효라는 이유만으로 乙의 甲에 대한 소유권이전등기의무를 부정한다면 甲은 취득시효가 완성되었음에도 불구하고 소유권이전등기청구의 상대방을 찾을 수 없어 소유권이전등기를 구할 수 없게 되어 결국 X토지의 진실한 소유관계를 등기부상에 제대로 그것도 영구히 공시하지 못하게 되는 불합리한 결과에 이르게 된다.
그리고 부동산의 점유로 인한 시효취득은 소유권의 원시취득의 일종이고 또한 법률의 규정에 의한 소유권취득임에도 민법 제245조 제1항이 등기함으로써 소유권을 취득한다고 규정하고 있어서 점유취득시효 완성의 효과로서 소유자에 대한 이전등기청구권이 발생함에 불과하나 이 경우에도 소유자가 시효취득자에 대하여 소유권을 주장하여 부동산의 인도를 구하는 것이 허용되지 않는 등 시효취득자의 소유권이전등기청구권은 법률행위에 기한 채권적 권리보다 강하게 보호받는다는 점, 나아가 기록에 의하여 인정되는 바와 같이 甲은 A의 차남인데 A의 장손인 B는 X토지를 甲이 A로부터 증여받아 경작하여 온 사실을 인정하고 있으며, 乙도 甲의 점유사실 자체는 다투지 않고 오히려 X토지는 甲이 주장하는 취득시효완성일 무렵 사정명의인의 소유였다가 乙이 그 후 국유재산법의 절차에 따라 소유권을 취득하였다고 주장함으로써 그 주장 자체로 보더라도 결국 乙 명의의 소유권보존등기는 무효라는 점을 자인하는 것이나 마찬가지인 데다가 乙 이외에는 X토지의 등기부상 다른 이해관계인이 존재하지 않기 때문에 직접 甲에게 소유권이전등기를 하더라도 이로 인하여 불이익을 받는 자가 없다는 점까지 모두 고려할 때 이 사건의 경우에는 甲은 취득시효완성 당시 진정한 소유자는 아니지만 소유권보존등기명의를 가지고 있는 乙에 대하여 직접 취득시효완성을 원인으로 하는 소유권이전등기를 청구할 수 있다고 할 것이다.

☑ 쟁 점

위 판결은 토지에 대한 점유취득시효가 완성되었으나 해당 토지의 소유자가 不明인 상태에서 국가가 이를 국유재산법에 따라 무주부동산 처리절차를 밟아 국유재산으로 등록한 경우, 시효완성자가 국가를 상대로 소유권이전등기청구를 할 수 있는가 하는 점이 문제된 것이다.

☑ 검토사항

- 점유취득시효 완성자는 시효취득에 근거한 이전등기청구권을 누구에게 청구할 수 있는가?
- 소유자 불명의 토지에 대하여 국가가 국유재산법 제 8 조에 의한 무주부동산의 처리절차를 밟아 국유재산으로 등록한 경우, 국가는 등록된 토지의 소유권자인가?
- 이 사안에서 점유자가 원래는 국가에 대하여 시효취득에 근거한 이전등기청구권의 이행을 청구할 수 없다고 한 이유는 무엇인가? 그리고 결국은 그러한 청구를 할 수 있다고 한 이유는 무엇인가?

☑ 관련사례

- 점유취득시효 완성 당시 해당 부동산에 대하여 등기부상 소유명의자가 있으나 그 등기가 무효이고 실제 소유자가 따로 있는 경우, 시효완성자는 어떤 방법으로 소유권이전등기를 청구하여야 하는가? (대판 2007. 7. 26. 2006다64573 참조)
- 점유취득시효 완성 당시 미등기 상태였던 토지의 소유자가 시효완성 후 그 명의로 소유권보존등기를 마친 경우, 시효완성자는 그 소유권보존등기 명의자를 상대로 소유권이전등기를 청구할 수 있는가? (대판 1995. 2. 10. 94다28468 참조)
- 점유취득시효 완성자는 시효완성 전에 소유자로부터 해당 부동산을 매수하여 시효완성 후에 소유권이전등기를 마친 자를 상대로 시효취득을 원인으로 한 소유권이전등기를 청구할 수 있는가? (대판 1997. 4. 11. 96다45917,45924 참조)

☑ 기타의 쟁점

- 토지에 관한 소유권보존등기의 추정력이 번복되는 경우를 살피시오.
- 미등기토지에 대해 점유취득시효가 완성된 경우, 시효완성자가 소유권을 취득할 수 있는 방법을 검토하시오.

☑ 참고문헌

- 민유숙, 점유취득시효가 완성된 자에 대한 무효등기 명의인의 소유권이전등기의무, 대법원판례해설 54호, 102면 이하, 2006.

(2) 시효완성 후 점유의 상실

대판(전) 1995. 3. 28. 93다47745

[사안] 이 사건 임야는 원래 A의 소유였는데 1964. 5. 7. B의 명의로, 1967. 11. 6. C(서산군) 명의로 각 소유권이전등기가 경료되었다. D교회는 1956. 11. 8. 이

사건 계쟁임야부분을 위 A로부터 매수하여 그 지상가옥을 교회로 사용하는 등으로 위 임야부분을 점유하였다. 甲(원고)은 1986. 2. 16. D교회로부터 위 임야 및 그 지상건물을 매수하여 위 임야부분을 인도받아 점유하여 왔다. 乙(피고)은 지방교육자치에관한법률에 따라 C의 지위를 승계하였다. 甲은 D교회를 대위하여 D교회 앞으로 이 사건 계쟁임야부분에 관한 1976. 11. 8. 취득시효완성을 원인으로 한 소유권이전등기를 이행할 것을 乙에게 청구하였다.

[원심] D교회가 위 임야부분을 甲에게 인도함으로써 그 점유를 상실한 이상 乙에게 스스로 취득시효의 완성을 주장하여 소유권이전등기청구를 할 수 없다 할 것이고, D교회가 점유를 잃게 된 원인이 이를 甲에게 매도하였기 때문이고 甲에게 소유권이전등기의무를 지고 있다고 하여도 마찬가지라 할 것이므로, D교회가 취득시효완성을 원인으로 한 소유권이전등기청구를 여전히 행사할 수 있음을 전제로 한 원고의 청구는 이유 없다.

[판지] 원래 취득시효제도는 일정한 기간 점유를 계속한 자를 보호하여 그에게 실체법상의 권리를 부여하는 제도이므로, 부동산을 20년간 소유의 의사로서 평온 공연하게 점유한 자는 민법 제245조 제 1 항에 의하여 점유부동산에 관하여 소유자에 대한 소유권이전등기청구권을 취득하게 되는 것이며, 점유자가 취득시효기간의 만료로 일단 소유권이전등기청구권을 취득한 이상, 그 후 점유를 상실하였다고 하더라도 이를 시효이익의 포기로 볼 수 있는 경우가 아닌 한, 이미 취득한 소유권이전등기청구권은 소멸되지 아니한다. 그리고 전 점유자의 점유를 승계한 자는 그 점유 자체와 하자만을 승계하는 것이지 그 점유로 인한 법률효과까지 승계하는 것은 아니므로 부동산을 취득시효기간 만료 당시의 점유자로부터 양수하여 점유를 승계한 현 점유자는 자신의 전 점유자에 대한 소유권이전등기청구권을 보전하기 위하여 전 점유자의 소유자에 대한 소유권이전등기청구권을 대위행사할 수 있을 뿐, 전 점유자의 취득시효 완성의 효과를 주장하여 직접 자기에게 소유권이전등기를 청구할 권원은 없다.

이와 견해를 달리하여 점유자가 그 점유 당시 취득시효가 완성되었다고 하더라도 이를 현 점유자에게 인도하여 점유를 상실한 이상 등기부상 소유자에 대하여 스스로 취득시효완성을 주장하여 소유권이전등기를 청구할 수 없고, 이는 직전 점유자가 점유를 잃게 된 원인이 이를 현 점유자에게 매도하였기 때문이고, 직전 점유자가 현 점유자에게 소유권이전등기의무를 지고 있다고 하여도 마찬가지라는 취지의 견해를 표명한 바 있는 당원 1991. 12. 10. 선고 91다32428 판결은 폐기하기로 한다.

결국 이 사건 계쟁임야부분에 대한 취득시효가 완성될 당시 점유자인 D교회가 甲(원고)에게 이를 매도하여 인도함으로써 위 임야부분에 대한 점유를 상실하였으므로 D교회가 乙(피고)에게 취득시효완성을 주장하여 소유권이전등기청구를 할 수 없다는 전제에서 甲의 청구를 기각한 원심의 조치는 필경 취득시효에 관한 법리를 오해한 위법을 저지른 것이라 하지 않을 수 없고, 이를 지적하는 논지는 이유 있다.

☑ 쟁 점

위 판결은 점유취득시효가 완성된 자로부터 제 3 자가 해당 부동산을 양수하여 인도받은 경우, 시효완성자의 소유권이전등기청구권이 소멸하는지 여부, 해당 부동산을 양수한 제 3 자는 어떤 방법으로 소유권을 취득할 수 있는가 하는 점이 문제된 것이다.

☑ 검토사항

- 위 판결에는 다수의견과 반대의견이 있다. 양자의 차이점은?
- 점유자가 시효가 완성된 후 점유를 상실하더라도 시효완성에 기한 이전등기청구권이 소멸하지 않는 이유는 무엇인가?
- 만약 D교회가 甲에게 이 사건 토지를 양도하고 인도할 당시에 아직 점유취득시효기간(20년)이 경과하지 않았다고 가정한다면, 甲은 어떤 방법으로 이 사건 토지를 시효취득할 수 있는가?
- 만약 D교회가 甲에게 이 사건 토지를 인도한 시점부터 10년이 경과한 때에 비로소 甲이 이 사건 청구를 하였다고 가정한다면, 위 판결의 결론은 달라졌을까? (대판 1996. 3. 8. 95다34866,34873; 대판(전) 1999. 3. 18. 98다32175 참조)
- 만약 甲이 D교회를 대위하지 않고 직접 乙에게 점유취득시효 완성을 원인으로 한 소유권이전등기를 청구하였다고 가정한다면, 甲의 청구는 타당한가? (대판 1998. 5. 12. 97다34037 참조)

☑ 관련사례

- 토지에 대한 점유취득시효가 완성된 후 시효완성자가 직접점유를 계속하는 경우뿐만 아니라 점유매개자를 통하여 간접점유를 계속하는 경우에도, 시효완성자의 소유권이전등기청구권은 시효로 소멸하지 않는가? (대판 1995. 2. 10. 94다28468 참조)

☑ 기타 검토사항

- 부동산 매수인이 부동산을 인도받아 사용 · 수익하다가 이를 다른 사람에게 처분하고 점유를 승계하여 준 경우 매수인의 소유권이전등기청구권의 소멸시효는 진행되지 않는다는 판례(대판(전) 1999. 3. 18. 98다32175 참조)에 비추어 보면, 점유취득시효 완성자가 시효완성 후 해당 부동산을 다른 사람에게 처분하고 점유를 승계하여 준 경우에도 시효완성자의 소유권이전등기청구권의 소멸시효는 진행되지 않는다고 하여야 하는가?

☑ 참고문헌

- 김홍엽, 취득시효 완성 후 점유를 이전받은 자의 지위, 국민과 사법(윤관 대법원장 퇴임기념 논문집), 532면 이하, 1999.

⑶ 시효완성 후 소유자의 처분

㈎ 손해배상청구권

대판 1993. 2. 9. 92다47892

[사안] 甲(원고)이 1991. 12. 23. 乙(피고)을 상대로 점유취득시효 완성을 원인으로 한 소유권이전등기소송을 제기하였다. 그런데 위 소송이 진행 중 제 1 심 제 2 차 변론기일인 1992. 3. 18. 甲측 증인 A가 甲의 주장에 부합하는 내용의 증언을 한 후 같은 날 변론이 종결되자, 乙이 같은 달 27. 소송대리인을 선임하여 변론재개신청을 함과 동시에 같은 날 이 사건 계쟁토지를 B에게 증여하고, 같은 달 31. B 앞으로 위 증여를 원인으로 한 소유권이전등기를 경료하여 주었다. B는 바로 乙과 함께 거주하고 있는 乙의 장손으로서, 그 당시 乙의 나이는 85세, B는 26세였다.

[판지] 부동산에 관한 취득시효가 완성된 후 그 취득시효를 주장하거나 이로 인한 소유권이전등기청구를 하기 이전에는 그 등기명의인인 부동산 소유자로서는 특별한 사정이 없는 한 그 시효취득사실을 알 수 없는 것이므로 이를 제 3 자에게 처분하였다 하더라도 불법행위가 성립할 수는 없다 할 것이나(당원 1989. 4. 11. 선고 88다카8217 판결; 1974. 6. 11. 선고 73다1276 판결 참조), 시효취득을 주장하는 권리자가 취득시효를 주장하면서 이로 인한 소유권이전등기청구소송을 제기하여 그에 관한 입증까지 마쳤다면 부동산 소유자로서는 시효취득사실을 알

수 있다 할 것이고, 이러한 경우에 부동산 소유자가 부동산을 제 3 자에게 처분하여 소유권이전등기를 넘겨줌으로써 취득시효완성을 원인으로 한 소유권이전등기의무가 이행불능에 빠짐으로써 시효취득을 주장하는 자가 손해를 입었다면 부동산 소유자의 이와 같은 행위는 시효취득을 주장하는 권리자에 대하여 불법행위를 구성한다고 할 것이며, 부동산을 취득한 제 3 자가 부동산 소유자의 이와 같은 불법행위에 적극 가담하였다면 그의 이와 같은 행위는 사회질서에 반하는 행위로서 무효라 할 수 있을 것이다.

그런데 기록에 의하면 (中略) 사실 등을 엿볼 수 있는바, 이와 같이 甲(원고)이 乙(피고)을 상대로 취득시효완성을 원인으로 한 소유권이전등기소송을 제기하여 그 입증까지 마치고 변론이 종결된 상태에서 乙이 변론재개신청을 하면서 이 사건 계쟁토지를 乙과 함께 거주하는 乙의 장손인 B에게 증여하고 그에 관한 소유권이전등기를 넘겨주었다면 乙의 이와 같은 행위는 甲에 대하여 불법행위를 구성한다고 할 수 있을 것이고, B가 위와 같은 상황 하에서 이 사건 계쟁토지를 증여받았다는 점과 증여자인 乙과 수증자인 B의 신분관계, 거주관계, 나이 등에 비추어 보면 B는 乙의 위와 같은 불법행위에 적극 가담하여 위 계쟁토지를 증여받았다고 볼 여지가 있을 것이다.

☑ 쟁 점

위 판결은 점유취득시효가 완성된 후 소유자가 해당부동산을 제 3 자에게 처분한 경우 그 처분행위의 효력과 소유자의 손해배상책임 여부가 문제된 것이다.

☑ 검토사항

- 점유취득시효가 완성된 후 소유자가 해당부동산을 제 3 자에게 처분한 경우, 소유자는 어느 경우에 시효완성자에게 손해배상책임을 지는가? 또한 이 경우 소유자가 부담하는 손해배상책임의 성질은?
- 취득시효가 완성된 부동산을 소유자가 제 3 자에게 처분한 경우, 민법 제103조가 적용될 수 있는 경우는? (대판 1993. 2. 9. 92다47892 참조) 또한 이 경우 점유취득시효 완성자가 소유권을 취득할 수 있는 방법은?

☑ 관련사례

- 점유취득시효가 완성된 후 소유자가 해당부동산을 제 3 자에게 처분한 경우, 시효완성자는 소유자에게 불법행위책임 이외에 채무불이행책임을 물어 손해배상을 청

구할 수는 없는가? (대판 1995. 7. 11. 94다4509 참조)

- 점유취득시효가 완성된 후 부동산 소유자가 이를 제 3 자에게 처분하였으나, 그 후 다시 취득시효완성 당시의 소유자에게로 소유권이 회복된 경우, 점유자는 그 소유자에게 취득시효 완성을 원인으로 한 소유권이전등기를 청구할 수 있는가? (대판 1994. 2. 8. 93다42016 참조)
- 점유취득시효가 완성된 후 시효완성자가 취득시효를 주장하자 소유자가 해당 부동산에 대해 제 3 자 명의로 가등기를 해 준 경우, 소유자는 시효완성자에게 불법행위책임을 지는가? (대판 1989. 4. 11. 88다카8217 참조)

☑ 기타의 쟁점

- 부동산이 이중으로 매매되어 제 2 매수인 앞으로 소유권이전등기가 마쳐진 경우, 제 1 매수인의 구제방법을 살피시오.

☑ 참고문헌

- 이기용, 점유취득시효로 인한 등기청구권의 법적 성질, 비교사법 6권 2호, 393면 이하, 1999.
- 민유숙, 취득시효 완성의 제 3 자에 대한 효과, 민사재판의 제문제 16권, 319면 이하, 2007.

(나) 대상청구권

대판 1996. 12. 10. 94다43825 ……………………………………………

[사안] 이 사건 X토지는 A가 그의 명의로 사정받은 후 소유권보존등기를 하지 않은 채 그의 아들 B를 거쳐 손자 乙(피고)에게 상속되어 1981. 7. 6. 乙 명의로 소유권보존등기가 행하여졌다. 그 후 이 토지에 관하여 지방자치단체인 C市와 乙 사이에 협의매수가 이루어져, C가 乙에게 보상금을 지급하였고, 1993. 2. 15. 매매를 원인으로 하여 C 명의의 소유권이전등기가 행하여졌다. 그런데 X토지 중 일부인 Y토지부분은 甲(원고)이 1969.경부터 D에게 D소유의 건물부지로 임대하여 그로부터 매년 차임을 수령함으로써 계속하여 점유하여 왔다. 甲은 C 명의의 이전등기가 행해지자, 1989.경 자신이 Y토지부분을 시효취득하였는데 乙은 이를 알면서도 C에게 이 토지부분을 매도하고 보상금을 수령하였거나, 가사 이 사실을 몰랐다 하더라도 자신의 취득시효로 인한 소유권취득으로 이미 소유권을 상실한 이 토지부분을 C에 매도하고 보상금을 수령한 것은 부당이득이라고 하면

서, 이를 자신에게 반환할 것을 청구하였다.

[판지] 우리 민법상 이행불능의 효과로서 채권자의 전보배상청구권과 계약해제권 외에 별도로 대상청구권을 규정하고 있지 않으나, 해석상 대상청구권을 부정할 이유가 없다고 할 것이지만, 점유로 인한 부동산 소유권 취득기간 만료를 원인으로 한 등기청구권이 이행불능으로 되었다고 하여 대상청구권을 행사하기 위해서는 그 이행불능 전에 등기명의자에 대하여 점유로 인한 부동산 소유권 취득기간이 만료되었음을 이유로 그 권리를 주장하였거나 그 취득기간 만료를 원인으로 한 등기청구권을 행사하였어야 하고, 그 이행불능 전에 위와 같은 권리의 주장이나 행사에 이르지 않았다면 대상청구권을 행사할 수 없다고 봄이 공평의 관념에 부합한다고 할 것인바, 이 사건에서 甲(원고)이 Y토지부분에 대하여 점유로 인한 부동산 소유권 취득기간이 만료되어 이를 원인으로 한 소유권이전등기청구권을 취득하였다고 할지라도, C 명의로 Y토지부분에 대한 소유권이전등기가 경료됨으로써 甲(원고)이 취득한 등기청구권이 이행불능으로 되기 전에 甲이 등기명의자인 乙(피고)에 대하여 점유로 인한 부동산 소유권 취득기간이 만료되었음을 근거로 그 권리를 주장하였다거나 그 취득기간 만료를 원인으로 한 등기청구권을 행사하였다고 볼 증거가 없으므로, 甲으로서는 Y토지부분의 대금에 대하여 대상청구권을 행사하여 그 반환을 청구할 수 없는 것이다.

☑ 쟁　　점

위 판결은 점유취득시효 완성을 원인으로 한 소유권이전등기청구권이 이행불능으로 된 경우, 점유자가 소유자를 상대로 대상청구권을 행사할 수 있는가 하는 점이 문제된 것이다.

☑ 검토사항

- 위 판결은 원고가 대상청구권을 행사하여 피고가 수령한 협의매수 보상금의 반환을 청구할 수 있으려면, 협의매수가 있기 전에 원고가 취득시효 완성을 원인으로 한 등기청구권을 행사하였어야 한다는데, 이러한 제한은 타당한가?
- 점유취득시효가 완성된 점유자가 그 이후 해당 부동산을 처분한 소유자에게 손해배상을 청구할 수 있는 경우와 대상청구권을 행사할 수 있는 경우를 비교하시오.

☑ 관련사례

- 점유취득시효가 완성된 부동산을 소유자가 제 3 자에게 처분한 경우, 점유자는 소

유자에게 경우에 따라 불법행위책임을 물을 수는 있지만, 채무불이행책임을 물을 수는 없다는 판결(대판 1995. 7. 11. 94다4509 등)은 채무불이행(이행불능)을 전제로 대상청구권을 인정하는 위 판결과 모순되지 않는가?

☑ 기타의 쟁점

- 채무가 이행불능이 된 경우 채권자에게 대상청구권을 인정할 것인지 여부와 그 요건을 살피시오.

☑ 참고문헌

- 송덕수, 취득시효와 대상청구권, 저스티스 30권 2호, 234면 이하, 1997.
- 이재환, 시효취득 후 등기청구권을 주장·행사하지 않은 사이 목적물이 양도된 경우에도 시효취득자에게 대상청구권이 인정되는지 여부, 대법원판례해설 27호, 86면 이하, 1997.

(4) 점유취득시효에 의한 원시취득

대판 2006. 5. 12. 2005다75910

[사안] 甲(원고)은 乙(피고) 소유의 이 사건 부동산을 1995. 2. 25.자로 점유를 원인으로 시효취득하여, 2001. 11. 17. 乙에 대하여 위 취득시효완성에 기한 소유권이전등기를 청구하였다. 그런데 乙은 그 이전인 1999. 2. 18. A로부터 40,000,000원을 대출받으면서 그에 앞서 이 사건 부동산에 관하여 설정하여 준 A 명의의 1996. 1. 29.자 채권최고액 60,000,000원의 근저당권으로 이를 담보하였다. 그 후 취득시효에 의해 이 사건 부동산의 소유권을 취득한 甲은 위 근저당권에 기한 임의경매절차가 진행되자, 위 부동산이 경락되는 것을 막기 위하여 근저당권자인 A에게 57,747,540원을 지급하여 위 경매의 취하와 아울러 위 근저당권을 말소시켰다. 甲은 자신이 A에게 위 금원을 지급한 것은 원소유자인 乙을 대신하여 변제한 것이라는 이유로 乙에게 위 변제액 상당의 구상금 혹은 부당이득금의 지급을 청구하였다.

[판지] 타인의 토지를 20년간 소유의 의사로 평온·공연하게 점유한 자는 등기를 함으로써 비로소 그 소유권을 취득하게 되므로 점유자가 원소유자에 대하여 점유로 인한 취득시효기간이 만료되었음을 원인으로 소유권이전등기청구를 하는 등 그 권리행사를 하거나 원소유자가 취득시효완성 사실을 알고 점유자의 권리

취득을 방해하려고 하는 등의 특별한 사정이 없는 한 원소유자는 점유자 명의로 소유권이전등기가 마쳐지기까지는 소유자로서 그 토지에 관한 적법한 권리를 행사할 수 있다. 그와 같은 경위로 원소유자가 취득시효의 완성 이후 그 등기가 있기 전에 그 토지를 제 3 자에게 처분하거나 제한물권의 설정, 토지의 현상 변경 등 소유자로서의 권리를 행사하였다 하여 시효취득자에 대한 관계에서 불법행위가 성립하는 것이 아님은 물론 위 처분행위를 통하여 그 토지의 소유권이나 제한물권 등을 취득한 제 3 자에 대하여 취득시효의 완성 및 그 권리취득의 소급효를 들어 대항할 수도 없다 할 것이니, 이 경우 시효취득자로서는 원소유자의 적법한 권리행사로 인한 현상의 변경이나 제한물권의 설정 등이 이루어진 그 토지의 사실상 혹은 법률상 현상 그대로의 상태에서 등기에 의하여 그 소유권을 취득하게 된다. 따라서 시효취득자가 원소유자에 의하여 그 토지에 설정된 근저당권의 피담보채무를 변제하는 것은 시효취득자가 용인하여야 할 그 토지상의 부담을 제거하여 완전한 소유권을 확보하기 위한 것으로서 그 자신의 이익을 위한 행위라 할 것이니, 위 변제액 상당에 대하여 원소유자에게 대위변제를 이유로 구상권을 행사하거나 부당이득을 이유로 그 반환청구권을 행사할 수는 없다 할 것이다.

☑ 쟁　　점

위 판결은 점유취득시효의 완성 이후 그 등기가 있기 전에 원소유자가 제 3 자에게 저당권을 설정하는 등 처분행위를 한 경우, 이러한 처분행위가 시효취득자에 대하여 유효한가 하는 점과, 시효취득자가 위 저당권에 의해 담보된 원소유자의 채무를 변제한 경우 원소유자에게 구상할 수 있는가 하는 점이 문제된 것이다.

☑ 검토사항

- 취득시효에 의한 소유권 취득은 원시취득인가? 아니면 승계취득인가? 양자의 차이점은?
- 위 판결은 취득시효에 의한 소유권 취득은 소급효가 있다는 제247조 제 1 항과 조화되는가?
- 위 판결이 선례로서 인용하고 있는 대판 1991. 2. 26. 90누5375; 1995. 7. 11. 94다4509; 1999. 7. 9. 97다53632 등이 甲이 乙에게 구상권을 갖지 않는다는 선례로서 의미가 있는가?
- 甲이 A에 대한 채무를 담보하기 위해 저당권이 아니라 소유권이전등기(양도담보)

또는 가등기(가등기담보)를 해 준 경우에도 동일한 결론이 되는가?
- 乙이 점유취득시효가 완성되기 전(1995. 2. 25. 이전)에 A에게 저당권을 설정해 준 경우에도 동일한 결론이 되는가?

☑ 관련사례

- 부동산점유취득시효는 20년의 시효기간이 완성한 것만으로 점유자가 곧바로 소유권을 취득하는 것은 아니고 민법 제245조에 따라 점유자 명의로 등기를 함으로써 소유권을 취득하게 되며, 이는 원시취득에 해당하므로 특별한 사정이 없는 한 원소유자의 소유권에 가하여진 각종 제한에 의하여 영향을 받지 아니하는 완전한 내용의 소유권을 취득하게 되고, 이와 같은 소유권취득의 반사적 효과로서 그 부동산에 관하여 취득시효의 기간이 진행 중에 체결되어 소유권이전등기청구권가등기에 의하여 보전된 매매예약상의 매수인의 지위는 소멸된다고 한 판결(대판 2004. 9. 24. 2004다31463)과 위 판결은 모순되는가?
- 점유취득시효 완성 전에 소유자가 한 처분행위는 취득시효를 중단시키는가? (대판 1997. 4. 25. 97다6186 참조)
- 인접 대지의 경계를 침범하여 건물을 소유하고 있던 점유자가 그 대지 부분에 대한 취득시효가 완성되었으나 이를 자신의 소유로 알고 원소유자에 대하여 취득시효완성을 이유로 그 권리를 주장하거나 이전등기청구권을 행사하지 아니하다가 취득시효완성 사실을 모르고 있던 원소유자가 그 대지 부분에 건물을 신축한 경우, 그 후 취득시효완성을 원인으로 소유권이전등기를 경료한 시효완성자는 원소유자에 대하여 위 건물의 철거를 청구할 수 있는가? (대판 1999. 7. 9. 97다53632 참조)

☑ 참고문헌

- 양창수, 목적토지상 근저당권의 피담보채무를 변제한 시효취득자의 채무자에 대한 구상권, 민법연구 제 9 권, 259면 이하, 2009.

3. 등기부취득시효

가. 등기의 존재

(1) 등기가 무효인 경우

대판 1998. 1. 20. 96다48527 ··

[사안] 이 사건 X토지는 1913. 10. 1. 토지조사령에 따라 甲(원고)이 사정받았는데, 乙(피고)의 조부인 A가 日政시부터 이 사건 토지를 경작하여 오다가 1968.

2. 9. 소유권보존등기를 경료하였다. 그 후 A가 사망하자 A의 자식들인 B(C의 父)와 그 형제들은 X토지를 상속받은 다음 이를 A의 장손자인 C에게 증여하기로 합의하였고, 이에 따라 C는 X토지가 조부인 A 소유의 재산으로서 이를 상속받은 부친 형제들에 의하여 자신에게 증여된 것으로 믿고 이 사건 토지에 대한 점유를 개시하였다. 그 후 C는 부동산소유권이전등기등에관한특별조치법(법률 제3094호)에 의하여 1980. 12. 6. A로부터의 매매를 원인으로 한 소유권이전등기를, 乙은 1987. 8. 4. C로부터의 매매를 원인으로 한 소유권이전등기를 각 경료하였다. 甲이 X토지의 소유자임을 이유로 乙에게 (진정명의 회복을 원인으로) 소유권이전등기를 청구하자, 乙은 X토지를 (등기부)시효취득하였다고 주장하였다.

[판지] 등기부취득시효의 요건으로서의 소유자로 등기한 자라 함은 적법·유효한 등기를 마친 자일 필요는 없고 무효의 등기를 마친 자라도 상관없다고 할 것이며, 등기부취득시효에 있어서 선의·무과실은 등기에 관한 것이 아니고 점유취득에 관한 것이라고 할 것이다. (中略) 그런데 C의 X토지에 대한 점유에는 과실이 없었다고 할 것이므로 결국 C의 점유는 선의·무과실이라고 할 것이어서 乙(피고)은 X토지를 시효취득하였다고 할 것이다.

☑ 쟁 점

위 판결은 토지사정을 받은 자가 따로 있어 소유권보존등기가 무효인 경우, 이러한 무효인 등기부에 기초하여 등기부시효취득을 할 수 있는가 하는 점이 문제된 것이다.

☑ 검토할 사항

- 무효인 등기부에 기초하여 등기부시효취득을 할 수 있는가?
- 위 판결에서 A 명의의 소유권보존등기와 C 명의의 소유권이전등기의 효력은?

☑ 관련사례

- 등기부상으로 어떤 토지 중 일부가 분할되고 그 분할된 토지에 대하여 지번과 지적이 부여되어 등기되어 있어도 지적공부 소관청에 의한 지번, 지적, 지목, 경계확정 등의 분필절차를 거친 바가 없는 경우, 이러한 등기부에 기초하여 등기부시효취득을 할 수 있는가? (대판 1995. 6. 16. 94다4615 참조)

☑ 기타의 쟁점

- 토지에 대한 소유권보존등기의 권리추정력이 번복되는 경우를 살피시오.

☑ 참고문헌

- 이기용, 무효인 등기에 의한 등기부취득시효의 성립여부, 인권과 정의 293호, 147면 이하, 2001.

⑵ 중복등기의 경우

대판(전) 1996. 10. 17. 96다12511

[사안] 이 사건 분할 전 토지(X토지)에 관하여 1956. 10. 15. 甲(원고들)의 피상속인 A 명의로 멸실회복에 인한 소유권이전등기가 경료되었는데, 前登記의 접수일자, 접수번호 및 원인일자 등이 '불명'으로 기재되어 있다. 그 후 乙(피고: 대한민국)은 위 X토지에서 분할되어 나온 토지 중의 하나인 Y토지에 관하여 1983. 4. 4. 乙 명의의 소유권보존등기를 마쳤다. 그 후 Y토지는 다른 토지와 합병되어 Z토지로 되었다.

甲은 Y토지 부분에 관한 乙 명의의 소유권보존등기가 중복등기로서 무효임을 이유로 그 말소청구를 하였다. 이에 乙은 Y토지 부분에 관하여 소유권보존등기를 경료한 후 B, C, D에게 국유재산사용허가를 하여 그들을 통하여 10년 이상 소유의 의사로 점유함으로써 등기부 시효취득을 하였고 따라서 이 부분 토지에 관한 乙 명의의 소유권보존등기는 실체관계에 부합되는 유효한 등기이므로 甲의 등기말소청구에 응할 수 없다고 주장하였다.

[판지] 동일 부동산에 관하여 등기명의인을 달리하여 중복된 소유권보존등기가 경료된 경우에는, 먼저 이루어진 소유권보존등기가 원인무효가 되지 아니하는 한, 뒤에 된 소유권보존등기는 실체권리관계에 부합되는지의 여부를 따질 필요도 없이 무효라고 할 것인데(당원 1990. 11. 27. 87다카2961, 87다453 전원합의체 판결 참조), 이 사건 분할 전 토지(X토지)에 관하여 A 명의로 경료된 위에 본 멸실회복에 인한 소유권이전등기의 기초가 된 소유권보존등기가 무효라고 볼 자료가 없는 이 사건에 있어서, 특별한 사정이 없는 한, Y토지에 관하여 그 후에 乙(피고) 명의로 경료된 소유권보존등기는 무효라고 보아야 할 것이다. (中略)

민법 제245조 제2항은 부동산의 소유자로 등기한 자가 10년간 소유의 의사로 평온·공연하게 선의이며 과실 없이 그 부동산을 점유한 때에는 소유권을 취득한다고 규정하고 있는바, 위 법 조항의 '등기'는 부동산등기법 제15조가 규정한 1

부동산 1용지주의에 위배되지 아니한 등기를 말하므로, 어느 부동산에 관하여 등기명의인을 달리하여 소유권보존등기가 2중으로 경료된 경우 먼저 이루어진 소유권보존등기가 원인무효가 아니어서 뒤에 된 소유권보존등기가 무효로 되는 때에는 뒤에 된 소유권보존등기나 이에 터 잡은 소유권이전등기를 근거로 하여서는 등기부취득시효의 완성을 주장할 수 없다고 보아야 할 것이다. 이와 다른 견해를 취한 당원 1988. 4. 12. 선고 87다카1810 판결 및 1994. 4. 26. 선고 93다16765 판결은 이를 변경하기로 한다.

☑ 쟁 점

위 판결은 중복등기로서 무효인 등기부에 의해 등기부시효취득이 가능한가 하는 점이 문제된 것이다.

☑ 검토사항

- 乙 명의의 소유권보존등기가 무효가 되는 근거는?
- 전술한 판결(대판 1998. 1. 20. 96다48527)은 무효인 등기에 의한 등기부시효취득이 가능하다고 하였다. 위 판결과 전술한 판결의 차이점은 무엇인가?

☑ 관련사례

- 등기부취득시효가 완성된 후에 그 부동산에 관한 점유자 명의의 등기가 말소되거나 적법한 원인 없이 다른 사람 앞으로 소유권이전등기가 경료된 경우, 점유자는 등기부취득시효의 완성에 의하여 취득한 소유권을 상실하는가? (대판 2001. 1. 16. 98다20110 참조)

☑ 기타의 쟁점

- 중복등기의 효력에 관한 판례의 태도를 검토하시오. (대판(전) 1990. 11. 27. 87다카2961, 87다453; 대판(전) 2001. 2. 15. 99다66915 참조)

☑ 참고문헌

- 이기용, 무효인 등기에 의한 등기부취득시효의 성립여부, 인권과 정의 293호(2001. 01), 147면 이하.

나. 등기기간의 합산

대판(전) 1989. 12. 26. 87다카2176

[사안] 이 사건 부동산은 일본인 A(안부정태랑)의 소유이던 것을 乙(피고 주식회사)의 전신인 B주식회사가 1944. 9. 21. 매수하여 1945. 8. 9. 그 등기를 마친 이래 丙(피고들) 명의의 등기가 차례로 이루어졌다. 그런데 위 부동산은 1945. 8. 9. 00:00 당시 일본인 소유재산이므로, 군정법령 제33호에 의하여 미군정청의 소유로 귀속되었다가, 대한민국정부 및 미국정부간의 재정 및 재산에 관한 최초협정에 따라 대한민국이 그 소유권을 취득하였고, 귀속재산처리에관한특별조치법(1963. 5. 29. 공포, 법률 제1346호) 부칙 제 6 조에 의하여 1965. 1. 1.자로 국유재산이 되었다. 甲(원고, 대한민국)이 이 사건 부동산이 국유재산임을 이유로 피고들 명의의 소유권이전등기의 말소를 청구하였다. 이에 丙은 이 사건 부동산은 사원의 사택 또는 건물의 부지로 사용되어 왔으므로, 국유재산 중 행정재산이 아님이 분명하여 바로 시효취득의 대상이 된다 할 것이고, 1965. 1. 1.부터는 그 점유도 자주 점유로 환원되었다 할 것이므로 그 등기와 함께 평온, 공연, 선의, 무과실로 그 점유가 승계되는 한 그로부터 10년이 되는 1975. 1. 1.에는 그 당시의 점유자이며 등기명의인인 丙이 등기부취득시효로 인하여 이 사건 부동산의 소유권을 적법하게 취득한다고 주장하였다.

원심은 등기부취득시효에 있어서는 부동산의 소유자로 등기된 기간과 그 점유기간이 때를 같이하여 다같이 10년임을 요한다는 이유만으로 피고들의 주장을 배척하였다.

[판지] 등기부취득시효에 관하여 민법 제245조 제 2 항은 "부동산의 소유자로 등기한 자가 10년간 소유의 의사로 평온, 공연하게 선의이며 과실 없이 그 부동산을 점유한 때에는 소유권을 취득한다"고 규정하고 있는데 그 뜻은 위 규정에 의하여 소유권을 취득하는 자는 10년간 반드시 그의 명의로 등기되어 있어야 하는 것은 아니고 앞사람의 등기까지 아울러 그 기간 동안 부동산의 소유자로 등기되어 있으면 된다는 것으로 풀이하여야 할 것이다.

왜냐하면 등기부취득시효에 있어서의 등기와 점유는 권리의 외관을 표상하는 방법에서 동등한 가치를 가진다 할 것이므로 등기에 관하여서도 점유의 승계에 관한 민법 제199조를 유추적용함이 타당할 뿐만 아니라 위 규정이 "부동산의 소유자로 등기한 자"라는 문언을 썼다 하여 반드시 그 앞사람의 등기를 거기에서 배제하는 것이라고는 볼 수 없기 때문이다.

더구나 구 의용민법 제162조 제 2 항의 단기취득시효에 있어서는 거기에서 규정한 10년간의 점유만으로도 바로 소유권을 취득하였던 것인데 현행 민법이 물권변동에 관하여 형식주의를 채택하는 과정에서 등기부취득시효제도를 도입하여 점유 외에 등기를 갖추게 함으로써 그에 의한 소유권취득을 훨씬 어렵게 하는 한편, 민법 제245조 제 1 항이 규정하는 점유취득시효의 요건인 점유에 있어서의 평온, 공연 외에 선의, 무과실을 더 추가하면서도 그 기간을 20년에서 10년으로 단축한 것이므로 이와 같은 입법의 배경이나 취지로 보아 민법 제245조 제 2 항이 규정한 "부동산의 소유자로 등기한 자"를 위와 같이 해석하는 것이 물권변동에 관하여 형식주의를 취하면서도 등기에 공신력을 주고 있지 아니한 현행법 체계하에서 등기를 믿고 부동산을 취득한 자를 보호하려는 등기부취득시효제도에 부합한다 할 것이다.

☑ 쟁 점

위 판결은 등기부취득시효에 의해 소유권을 취득하는 자는 10년간 반드시 그의 명의로 등기되어 있어야 하는지 아니면 앞사람의 등기까지 아울러 10년간 부동산의 소유자로 등기되어 있으면 되는지 여부가 문제된 것이다.

☑ 검토사항

- 위 판결에는 다수의견과 반대의견이 있다. 양자의 차이점은?
- 등기부취득시효에서 시효취득을 주장하는 자의 등기기간과 앞사람의 등기기간을 합산하는 근거는?
- 귀속재산이 취득시효의 대상이 되는가?

☑ 기타의 쟁점

- 국유재산이 취득시효의 대상이 되는지 여부를 살피시오.

☑ 참고문헌

- 김진우, 등기부취득시효에서 등기의 승계여부, 재산법연구 24권 1호, 121면 이하, 2007.
- 남영찬, 시효취득을 주장하는 점유자가 귀속재산이라는 사실을 알면서 이를 매수하여 점유한 경우, 자주점유의 추정이 번복되는지 여부, 대법원판례해설 34호, 73면

이하, 2000.

다. 선의·무과실

대판 1992. 11. 13. 92다30245 ··

[사안] 甲(원고) 명의로 소유권이전등기가 경료된 이 사건 X토지를 乙(피고)이 1979년 가을경 A로부터 매수하였다. 乙은 매수할 X토지의 등기명의자와 매도인이 다른 것을 보고 A에게 그 이유를 물었더니, A는 무슨 서류인가를 제시하며 X토지는 자신이 실제로 취득하였으나 소유명의를 이전하지 아니하였을 뿐이라고 하고, 또 매매중개업자와 X토지 위에 주택을 지어 거주하던 사람 및 동네의 이장이며 농지위원인 B도 X토지가 A의 소유라고 확인하여 주어 이를 믿고 매매계약을 체결하였다. 그 후 A는 허위의 보증서와 이에 기한 확인서를 발급받아 1980. 3. 5. A 명의로 부동산소유권이전등기등에관한특별조치법에 의한 소유권이전등기를 마치고, 같은 날짜로 乙에게 매매를 원인으로 한 소유권이전등기를 경료하여 주었다.

甲이 A의 상속인 및 乙을 상대로 A 및 乙 명의의 소유권이전등기는 원인무효라고 주장하면서 그 말소를 구함에 대하여, 乙은 1980. 3. 5. 소유자로 등기된 이래 등기부취득시효가 완성됨으로써 위 등기는 실체관계에 부합하는 유효한 것이라고 항변하였다.

[원심] 원심은, 점유취득에 관한 과실의 유 무는 점유와 아울러 등기를 마친 1980. 3. 5. 당시를 기준으로 판단하여야 한다는 전제 아래, 비록 매매계약체결 당시에 등기부상 소유자가 甲으로 등재되어 있음을 알면서 甲에게 A가 처분권한이 있는지를 확인하지 않았다고 하더라도, 다른 방법으로 이를 확인하였고 또한 1980. 3. 5.에는 매도인인 A 명의로 소유권이전등기까지 경료되었으므로, 점유의 개시에 있어 과실이 있다고 할 수 없다는 이유로 乙의 항변을 받아들여 甲의 청구를 기각하였다.

[판지] 등기부취득시효에 있어서는 점유의 개시에 과실이 없었음을 필요로 하고 위와 같은 무과실에 대하여는 그 주장자에게 입증책임이 있는 것이며, 한편 부동산 매매에 있어서 등기부상 명의인이 매도인 아닌 제 3 자인 경우에는 거래관념상 매도인의 권한에 대하여 의심할 만한 사정이 있다고 할 것이므로, 매수인

은 등기부상 소유명의자에 대하여 그 진부를 확인하거나 매도인에게 처분권한이 있는지 여부에 관하여 확인하지 아니하는 한 그 부동산을 인도받아 선의로 점유하였다고 하여도 과실 없이 점유를 개시하였다고 볼 수는 없는 것이고, 또한 위와 같은 과실이 부동산을 매수하여 점유를 취득할 당시에 존재하였다면 그 후 매도인이 등기명의를 취득하였다고 하더라도 무과실로 전환된다고도 할 수 없는 것이다.

그런데 기록을 살펴보면, 乙이 A와 이 사건 매매계약을 체결함에 있어서 A에게 그 처분권한이 있는지를 확인하였다는 점에 관하여는 증인 C의 증언 중에 증인 C와 乙이 매도인인 A에게 등기부상 소유자 명의가 다른 사람으로 되어 있는 연유를 문의한 즉, A가 무슨 서류를 보여주면서 자기가 소유명의를 이전하지 아니한 상태에서 취득한 것이라고 말하므로, 중개업자, 이 사건 X토지상에 위치한 주택의 세입자들, 그리고 당시 한 성명불상의 이장에게 물어보니 A의 말이 사실이라고 하여 乙이 A와 계약을 체결하였다는 증언이 있을 뿐이고, A가 乙에게 자신이 소유자라는 증거로 제시하였다는 서류가 어떤 것인지 전혀 밝혀진 바가 없으며, 乙은 등기명의자인 甲에게 A에게 매도하였는지의 여부를 확인하지도 않았다. 그리고 A는 특별한 사정이 엿보이지 않는데도 甲으로부터 직접 소유권이전등기를 경료받은 것이 아니라, 부동산소유권이전등기등에관한특별조치법을 이용하여 허위의 보증서 및 확인서를 발급받아 자신의 명의로 등기를 하였다가 같은 날 乙에게 소유권이전등기를 경료하여 준 사실을 알 수 있다.

사정이 위와 같다면, 원심으로서는 A가 乙에게 제시한 서류가 어떤 내용의 것인지 또 이장이나 세입자들이 A의 말이 사실이라고 말한 구체적인 내용이 무엇인지 등을 더 심리하여 보아 과연 그와 같은 사정이 등기부상 소유자 명의인에게 그 진부를 확인하는 것과 같은 정도의 주의를 다하였다고 볼 수 있는가를 판단하여 乙이 A를 소유자로 믿는 데 과실이 있었는지의 여부를 가려 보았어야 할 것인데도 불구하고, 이에 이르지 않고 증인 C의 위와 같은 구체성이 없고 막연한 증언만에 근거하여 乙의 X토지에 대한 매매와 그로 인한 점유가 선의이고 무과실이라고 인정하였음은 등기부시효취득의 요건으로서의 무과실에 관한 법리를 오해하였거나 심리를 미진하고 채증법칙을 위배하여 사실을 오인한 위법이 있다.

☑ 쟁 점

위 판결은 등기부취득시효에서 점유의 개시에 과실이 있었는지 여부를 판단함에 있어서 기준시점과 입증책임이 문제된 것이다.

☑ 검토사항

- 등기부취득시효에서 점유자의 선의, 무과실의 대상과 이에 대한 입증책임은 누가 부담하는가?
- 등기부취득시효에서 점유자의 선의, 무과실에 대한 기준시점은 언제인가?
- 등기부상 소유명의자가 아닌 자와 부동산 매매계약을 체결하는 경우, 매도인에게 처분권한이 있는지를 확인하기 위하여 매수인이 취하여야 할 조치는 무엇인가?

☑ 관련사례

- 등기부취득시효를 주장하는 자가 해당 부동산의 점유권을 그 부(父)의 사망으로 상속에 의하여 취득하였고, 그 부 역시 조부의 사망으로 점유권을 상속에 의하여 취득한 것이라고 주장하고, 해당 부동산은 조부가 일제시대에 그 사정명의인으로부터 매수하였다는 말을 부로부터 듣게 되어 이를 선대로부터 내려오는 상속재산으로 믿고 점유하였다고 주장하는 경우, 등기부취득시효의 요건인 점유개시에 과실이 없었다는 점이 입증되었다고 볼 수 있는가? (대판 1995. 2. 10. 94다22651 참조)

☑ 참고문헌

- 최은수, 등기부취득시효에 있어서의 점유의 무과실, 대법원판례해설 18호, 439면 이하, 1993.

4. 소유권 이외의 재산권의 취득시효

대판 1994. 10. 14. 94다9849

[사안] 이 사건 전체 토지는 원래 A 종중의 소유이었는데, A 종중이 1918. 7. 10. 장손인 B 명의로 사정받아 그에게 명의신탁하였고, 그 후 B가 사망하자 1938. 12. 27. B의 장남인 C에게 다시 명의신탁하였으며, C가 1968. 9. 20. 사망하자 그의 자녀들인 D, E가 1978. 8. 4. 재산상속을 원인으로 소유권이전등기를 경료한 후 F에게 매도하고 1978. 8. 18. 위 F에게 소유권이전등기를 경료하여 주었고, 이어 F는 G에게, G는 甲(원고)에게 각 매도하여 1985. 1. 30. 甲 명의의 소유권이전등기가 경료되었다. D, E는 위와 같이 명의신탁된 이 사건 전체 토지를

위 A 종중의 결의 없이 위 F에게 매도하여 그 대금을 횡령하였다는 이유로 1980. 5. 20. 징역형을 선고받아 복역하였다. 한편 B의 차남이자 C의 동생인 H는 A 종중으로부터 이 사건 토지의 관리를 위탁받으면서, A 종중의 승낙을 받아 1963. 5. 31. 이 사건 건물을 신축하여 거주하다가 1970. 12. 말경 그의 장남인 K에게 이 사건 건물을 증여하여 I가 이 사건 건물 및 이 사건 건물 부지를 점유 사용하여 왔고, 다시 K가 1983. 4. 11. 그의 장남인 乙(피고)에게 이 사건 건물을 증여하여 현재까지 이 사건 건물 및 이 사건 건물 부지를 점유 사용하여 왔다. 그런데 이 사건 건물 부지의 소유권자인 甲이 乙에게 이 사건 건물의 철거를 청구하였다.

[판지] K와 그를 승계한 乙이 1970. 12. 말부터 이 사건 건물을 소유하기 위하여 이 사건 건물 부지를 평온, 공연하게 점유하여 옴으로써 그로부터 20년이 경과한 1990. 12. 31. 이 사건 건물부지에 대한 지상권의 취득시효가 완성되었다.

☑ 쟁 점

위 판결은 건물을 소유하기 위하여 타인 소유의 토지를 20년간 평온, 공연하게 점유한 경우 건물부지에 대한 지상권을 시효취득할 수 있는가 하는 점이 문제된 것이다.

☑ 검토사항

- 지상권을 시효취득하기 위한 요건은 무엇인가?
- 위 판결에서 피고가 시효취득한 지상권의 성립시점과 그 지상권의 존속기간은 언제인가?

☑ 관련사례

- 타인 소유의 토지에 소유자의 승낙 없이 분묘를 설치하여 20년간 평온, 공연하게 그 분묘의 기지를 점유하는 경우 분묘기지권을 시효취득하는가? 이때 분묘기지권을 시효취득하는 자는 지료를 지급하여야 하는가? (대판 1995. 2. 28. 94다37912 참조)
- 타인의 토지를 자신의 토지를 위한 통행로로 20년간 사용한 경우 통행지역권을 시효취득하는가? (대판 2010. 1. 28. 2009다74939,74946 참조)

5. 시효이익의 포기

대판 1997. 10. 24. 97다14606

[사안] 甲(원고)이 이 사건 토지에 관하여 1970. 4. 14.부터 점유를 개시한 A의 점유를 1976. 1. 13. 승계하여 그 이후 점유를 계속하여, 1990. 4. 14. 점유취득시효가 완성되었다. 그러나 甲이 이 사건 취득시효 완성을 원인으로 한 소유권이전등기 소송을 제기하기 전에, 乙(피고)이 甲을 상대로 하여 이 사건 토지에 대한 토지인도 등을 청구하는 소송을 제기하였으며, 1심법원인 부산지방법원은 1991. 4. 30. 甲은 乙에게 이 사건 토지 지상의 건물을 철거하고 이 사건 토지를 인도함과 아울러 임료 상당의 부당이득으로서 금 5,747,000원 및 이에 대한 지연손해금을 지급하라는 판결을 선고하였다. 이에 대하여 甲이 항소를 제기하지 아니하여 위 판결이 그대로 확정되었다. 그 후 乙이 위 판결에 기하여 이 사건 토지상의 건물을 철거하고 토지를 인도받으려고 하자 甲이 1991. 6.경 강제집행을 보류해 달라고 하면서 위 판결에 의한 부당이득금 전액을 지급하는 한편 乙이 이 사건 토지를 인도받을 때까지 지급받기로 되어 있는 위 판결 상의 임료 상당의 부당이득금과 관련하여 시세에 맞추어 매월 금 200,000원씩을 지급하기로 한 후 乙에게 1991. 7. 27.부터 이 사건 건물이 철거될 무렵인 1995. 8. 24.까지 매월 금 200,000원씩을 지급하였다.

그 후 甲이 이 사건 취득시효 완성을 원인으로 한 소유권이전등기 소송을 제기하자, 乙은 甲이 점유취득시효가 완성된 후인 1991. 7. 27.부터 1995. 8. 24.까지 이 사건 토지에 대하여 매월 금 200,000원의 차임을 지급함으로써 시효이익을 포기하였다고 주장하였다.

[원심] 원심은, 甲이 시효이익을 포기하였다고 볼 만한 다른 사정이 없는 한, 점유취득시효 완성 후에 차임을 지급하였다는 사실만으로 甲이 시효이익을 포기하였다고 볼 수가 없다는 이유로 이를 배척하였다.

[판지] 甲이 乙에게 위 부산지방법원 판결에서 임료 상당의 부당이득으로 지급할 것을 명한 금액보다 거의 배나 되는 매월 금 200,000원씩을 지급하기로 하고 위 금원을 4년여 동안이나 아무 이의 없이 지급하여 온 이상 甲이 乙에게 매월 금 200,000원씩을 지급하기로 합의한 것은 단순히 판결에 기한 강제집행을 모면하기 위한 일시적 방편이라고 하기보다는 이로써 甲과 乙 사이에 이 사건 토지

에 관한 임대차계약이 체결된 것으로 보아야 할 것이고, 따라서 甲은 이 사건 토지에 관한 시효 완성의 사실을 알고 그 이익을 포기한 것으로 추정함이 상당하다 할 것이다.

☑ 쟁　　점

위 판결은 토지에 대한 점유취득시효가 완성된 후 점유자가 소유자에게 매월 일정금원을 지급해 온 것이 취득시효이익을 포기한 것으로 추정되는가 하는 점이 문제로 된 것이다.

☑ 검토사항

- 점유취득시효가 완성된 후 점유자인 甲이 소유자인 乙에게 매월 일정금원을 지급한 것과 관련하여 원심법원과 대법원의 해석상 차이점은?
- 위 사안에서 乙이 甲을 상대로 제기한 토지인도 및 부당이득반환청구소송에서 승소하였는데, 이 소송에서 甲이 점유취득시효가 완성되었음을 주장하였다면 결과는 달라졌을까?

☑ 관련사례

- 국유재산을 점유하여 취득시효가 완성된 후 국가와 국유재산 대부계약을 체결하고 대부료를 납부한 것은 취득시효 완성의 이익을 포기하는 의사표시를 한 것으로 보아야 하는가? (대판 1994. 11. 22. 94다3251; 대판 1996. 11. 12. 96다32959 등 참조)
- 점유자가 취득시효기간이 경과한 후에 상대방에게 토지의 매수제의를 한 경우 점유자가 시효의 이익을 포기한다는 의사표시를 한 것으로 보아야 하는가? (대판 1986. 2. 25. 85다카771 참조)
- 시효이익의 포기는 특별한 사정이 없는 한 시효취득자가 취득시효 완성 당시의 진정한 소유자에 대하여 하여야 그 효력이 발생하는가? 그 이유는 무엇인가? (대판 2009. 12. 10. 2006다19177 참조)

☑ 기타의 쟁점

- 소멸시효에 관한 규정 중 취득시효에도 유추적용되는 규정들에는 어떤 것이 있는지 검토하시오.
- 점유취득시효 완성 전에 등기부상 소유명의가 변경된 경우, 이는 점유취득시효의 중단사유에 해당하는지 여부를 살피시오. (대판 1997. 4. 25. 97다6186 참조)

☑ 참고문헌

- 김기동, 국공유재산에 대한 취득시효 완성 후 대부계약의 체결과 시효이익의 포기,

대법원판례해설 26호, 75면 이하, 1996.
- 김세진, 시효이익의 포기에 관한 판례 분석과 그 이론구성에 관한 시론, 재판과 판례(대구판례연구회) 5집, 21면 이하, 1996.

제2항 첨 부

1. 건물에의 부합

판례 1

대판 2002. 10. 25. 2000다63110

[사안] A는 지하 1층, 지상 7층의 주상복합건물을 신축하면서 불법으로 위 건물 중 주택 부분인 7층(이 사건 건물의 하층)의 복층으로 건물의 상층(8층, 이 사건 건물의 상층)을 건축하였다. B는 1992. 11.경 A에 대한 대여금채권을 담보하기 위하여 위 건물 7층 부분에 대하여 근저당권설정등기를 경료받았고, 1994. 1. 24.경 위 근저당권에 기하여 위 건물 7층 부분에 대하여 부동산임의경매를 신청하여 그 경매절차에서 위 건물 7층 부분을 낙찰받아 같은 해 6. 16. B 명의로 소유권이전등기를 경료하였다. B가 1995. 8. 2. 사망하자 그의 처인 甲(원고)이 협의분할에 의하여 위 건물 7층 부분을 단독으로 상속받아 소유권이전등기를 경료하였다. 이 사건 건물은 상·하층 복층 구조로서 상층은 독립된 외부 통로가 없이 하층 내부에 설치된 계단을 통해서만 출입이 가능하고, 별도의 주방시설도 없이 방과 거실로만 이루어져 있으며, 위와 같은 사정으로 상·하층 전체가 단일한 목적물로 임대되어 사용되었다. 그런데 B가 위 7층 부분을 낙찰받은 이후인 1994. 6.경 A는 이 사건 건물의 상층 부분의 출입을 위해 사용하던 그 하층 내부 계단설치 부분을 임의로 막고, 무단으로 이 사건 건물 외벽 쪽으로 철제통로 및 상층 부분의 독립된 출입문을 축조하여, 이 사건 건물 상층 부분을 乙(피고)에게 임대하여 乙이 이 부분을 점유하고 있다. 甲은 乙에 대하여 이 사건 건물 상층부분의 명도를 청구하였다. 이에 대하여 乙은 경매절차에서 경매목적물로 평가되지 아니한 이 사건 건물의 상층 부분에 대하여는 경락인 B가 소유권을 취득할 수 없다

고 주장하였다.

[판지] 건물이 증축된 경우에 증축 부분이 기존건물에 부합된 것으로 볼 것인가 아닌가 하는 점은 증축 부분이 기존건물에 부착된 물리적 구조뿐만 아니라, 그 용도와 기능의 면에서 기존건물과 독립한 경제적 효용을 가지고 거래상 별개의 소유권 객체가 될 수 있는지 여부 및 증축하여 이를 소유하는 자의 의사 등을 종합하여 판단하여야 한다. 나아가 건물의 증축 부분이 기존건물에 부합하여 기존건물과 분리하여서는 별개의 독립물로서의 효용을 갖지 못하는 이상 기존건물에 대한 근저당권은 민법 제358조에 의하여 부합된 증축 부분에도 효력이 미치는 것이므로, 기존건물에 대한 경매절차에서 경매목적물로 평가되지 아니하였다고 할지라도 경락인은 부합된 증축 부분의 소유권을 취득한다. 따라서 피고의 위 주장은 이유 없어 기각한다.

☑ 쟁 점

위 판결은 건물을 복층으로 건축하였으나 상층 부분은 하층 부분과 독립성을 가지지 못하는 경우, 상층 부분은 하층 부분에 부합하는지 그리고 따라서 하층 부분에 관한 근저당권의 효력이 상층 부분에 미치는가 하는 점이 문제된 것이다.

☑ 검토사항

- 건물을 증축하는 경우 증축된 부분이 기존 건물에 부합하였다고 인정하기 위한 판단요소는 무엇인가?
- 건물의 증축 부분이 기존 건물에 부합되어 독립된 물건으로 인정되지 않는 경우, 기존 건물에 관한 저당권의 효력이 증축 부분에도 미치는가?
- 기존 건물에 관한 근저당권의 경매과정에서 부합된 증축부분이 경매목적물로 평가되지 않았다 하더라도 경락인이 증축 부분에 대한 소유권을 취득하는가?
- 부동산 사이에 부합이 일어나는 경우 부합에 의하여 발생한 새로운 건물의 소유권은 누구에게 귀속되는가?

☑ 관련판례

- 주유소의 지하에 매설된 유류저장탱크를 토지로부터 분리하는 데 과다한 비용이 들고 이를 분리하여 발굴하면 그 경제적 가치가 현저히 감소하는 경우, 그 유류저장탱크는 토지에 부합하는가? (대판 1995. 6. 29. 94다6345 참조)

☑ 기타 검토사항

- 건물의 증축 부분이 기존 건물에 부합되지 않고 독립된 물건으로 인정되지만 기존 건물의 사용의 편익에 제공되어 있는 경우, 저당권의 효력이 증축 부분에 미치는가?
- 증축 부분이 독립성을 가지는 경우, 이의 소유권은 누구에게 귀속되는가?
- 기존건물과 증축건물이 독립성을 가짐에도 기존건물의 소유자와 건물의 증축자가 그 증축건물에 대한 소유권을 기존건물의 소유자가 갖기로 합의한 경우, 그 약정은 유효한가?
- 부동산 사이의 부합에 있어서도 부합 여부의 판단 및 그 소유자 결정에 있어서 동산 부합에 관한 제257조를 유추 적용할 수 있는가?

판례 2

대판 2008. 5. 8. 2007다36933,36940

[사안] X건물을 포함하는 이 사건 각 부동산의 소유자 A는 1993. 3. 18. 렌탈회사 B와 발전기설비, 소방설비 등을 임차하되 렌탈료를 60회에 걸쳐 지급하고 렌탈기간 만료 후에는 위 렌탈목적물을 B에게 반환하거나 매수하기로 하는 계약을 체결하고, 당초부터 위와 같은 시설을 수용하는 구조로 건축되어 있던 X건물에 위 렌탈목적물을 설치하였다. 렌탈목적물은 대부분 X건물에 고착되어 냉난방, 위생, 전기, 소방, 승강기 등 각종 시설의 일부를 이루고 있어서 과다한 노력이나 비용을 들이지 아니하고는 분리할 수 없고, 분리하더라도 그 경제적 가치를 현저히 손상하는 물건들이거나 또는 위 건물의 경제적 효용에 직접 이바지하는 물건들이다. 甲(피고)은 위 부동산을 매수하여 1994. 12. 30. 소유권이전등기를 마쳤다. 그리고 甲은 1996. 1. 10. B와 위 렌탈계약에 관하여 임차인 명의를 A에서 甲으로 변경하고 렌탈료를 조정하는 변경계약을 체결하였다. 그 후 위 부동산에 대해서 임의경매가 실시되어 생명보험회사 C가 이를 경락받고 2001. 6. 21. 경락대금을 납입하여 이의 소유권을 취득하였다. 甲의 아들인 乙(피고)은 2001. 10. 29. C회사로부터 위 부동산을 매수하고, 2001. 12. 7. 이전등기를 마쳤다. 그리고 乙은 같은 날 D은행 앞으로 근저당권설정등기를 경료하였다. 그 후 D은행이 저당권을 실행하여, 그 임의경매절차에서 丙(원고)이 이를 경락받고, 2005. 6. 24. 경락대금을 완납하였다. 甲·乙은 위 부동산 중 일부분을 점유하고 있으며, 甲은 2006. 4. 13. B와의 사이에 위 렌탈목적물을 매수하는 계약을 체결하였다. 丙이

甲에 대하여 퇴거 및 점유로 인한 부당이득의 반환을 청구하였다. 이에 대하여 甲은 소유권이 B에게 유보되어 있던 위 렌탈목적물을 B로부터 매수함으로써 위 렌탈목적물의 소유권을 취득하였는데, 丙이 자신 소유의 위 렌탈목적물을 법률상 권원 없이 사용함으로써 이익을 얻었으므로, 丙은 甲에게 렌탈목적물을 사용함으로써 얻은 이익 상당액을 부당이득으로 반환할 의무가 있다고 주장하였다. 이에 대하여 丙은 다시 C생명이 경매를 통하여 위 건물의 소유권을 취득하기 이전에 이미 甲이 B에게 렌탈료를 모두 지급하여 렌탈목적물의 소유권을 취득하였으므로, C생명은 경매를 통하여 위 건물과 렌탈목적물의 소유권을 함께 취득하였거나, 렌탈목적물은 이른바 부합물로서 그 설치 즉시 건물에 부합되어 건물의 소유자인 리스이용자가 원시적으로 그 소유권을 취득하였고, 따라서 위 건물과 렌탈목적물의 소유권은 乙과 丙에게 순차로 이전되었다고 보아야 하며, 그렇지 않더라도 丙은 위 경매를 통하여 乙로부터 위 렌탈목적물을 선의취득하였다고 주장하였다.

[판지] 부동산에 부합된 물건이 사실상 분리복구가 불가능하여 거래상 독립한 권리의 객체성을 상실하고 그 부동산과 일체를 이루는 부동산의 구성부분이 된 경우에는 타인이 권원에 의하여 이를 부합시켰더라도 그 물건의 소유권은 부동산의 소유자에게 귀속된다. 그리고 저당권의 효력은 법률에 특별한 규정이 있거나 설정행위에 다른 약정이 있는 경우를 제외하고는 저당부동산에 부합된 물건과 종물에도 미치지만(민법 제358조), 종물은 물건의 소유자가 그 물건의 상용에 공하기 위하여 자기소유인 다른 물건을 이에 부속하게 한 것을 말하므로(민법 제100조 제 1 항), 주물과 다른 사람의 소유에 속하는 물건은 종물이 될 수 없다. 한편 동산의 선의취득은 양도인이 무권리자라고 하는 점을 제외하고는 아무런 흠이 없는 거래행위이어야 성립한다.

따라서 저당권의 실행으로 부동산이 경매된 경우에 그 부동산에 부합된 물건은 그것이 부합될 당시에 누구의 소유이었는지를 가릴 것 없이 그 부동산을 낙찰받은 사람이 소유권을 취득하지만, 그 부동산의 상용에 공하여진 물건일지라도 그 물건이 부동산의 소유자가 아닌 다른 사람의 소유인 때에는 이를 종물이라고 할 수 없으므로 부동산에 대한 저당권의 효력이 여기에 미칠 수 없어 부동산의 낙찰인이 당연히 그 소유권을 취득하는 것은 아니며, 나아가 부동산의 낙찰인이 그 물건을 선의취득하였다고 할 수 있으려면 그 물건이 경매의 목적물로 되었고 낙찰인이 선의이며 과실 없이 그 물건을 점유하는 등으로 선의취득의 요건을 구비하여야 한다고 할 것이다.

원심은 이 사건 렌탈목적물 중 이 사건 건물에 부합된 물건은 원고가 경매를 통하여 이 사건 건물의 소유권을 취득함으로써 그 부합된 물건의 소유권까지도 취득하였고, 이 사건 렌탈목적물 중 종물의 성격을 가지는 물건은 원고가 그 점유를 평온·공연하게 선의로 취득하였음이 추정되고 과실이 없었으므로 원고가 이를 선의취득하였다고 판단하였다.

앞서 본 법리에 비추어 볼 때, 이 사건 렌탈목적물 중 이 사건 건물에 부합된 물건에 대한 원심의 판단은 정당하다.

그러나 종물의 성격을 가지는 물건에 대한 원심의 판단은 다음과 같은 이유로 옳다고 할 수 없다. 선의취득은 동산 거래의 안전을 보호하기 위한 것이므로 거래행위가 존재하는 것을 당연한 전제로 하는 것인데, 이 사건 렌탈목적물 중 종물의 성격을 가지는 물건은 원심이 인정한 바와 같이 이 사건 건물과는 소유자가 다르다고 보는 한에 있어서는 종물이 아니므로 이 사건 건물에 관한 소유권이나 저당권의 효력이 거기에 미칠 수 없고, 따라서 이 사건 건물이 경매되었다고 하여 렌탈목적물 중 종물의 성격을 가지는 물건까지도 경매된 것으로는 볼 수 없다고 할 것이고, 달리 원고가 그 물건들을 거래행위를 통하여 양수하였다는 주장이나 입증이 없는 이상 원고가 그 물건들을 현재 점유하고 있다는 것만으로는 선의취득의 요건을 구비한 것으로 볼 수는 없다.

그럼에도 불구하고, 원심은 이 사건 렌탈목적물 중 이 사건 건물에 부합된 것과 부합되지 아니한 것이 어떤 것인지를 구별해 보지도 아니하고 그것이 누구의 소유에 속하는 것인지를 가려보지도 아니한 채, 원고가 이를 선의취득하였다고 단정하여 그 소유권자임을 전제로 한 피고의 반소청구를 배척하고 말았으니, 원심 판결에는 선의취득에 관한 법리를 오해한 것이다.

☑ 쟁 점

위 판결은 A가 건물에 렌탈목적물을 부착 내지 설치하였는데 丙이 건물을 경락받은 경우, 그 렌탈목적물도 丙에게 귀속되는가 하는 점이 문제된 것이다.

☑ 검토할 사항

- 타인의 권원에 의하여 부속시킨 물건이 부동산의 구성부분이 된 경우 그 물건의 소유권은 누구에게 속하는가?
- 민법 제256조 단서가 적용되는 타인의 권원이란 어떤 것을 의미하는가?
- 근저당권의 목적 부동산에 타인이 부속시킨 물건이 경매목적물에 부합하거나 그 경제적 효용을 돕는 관계에 있는 경우, 경락인은 그 부속시킨 물건에 대한 소유권을 취득하는가?

☑ 관련사례

- 임차인이 임차한 건물에 그 권원에 의하여 증축을 한 경우에 증축된 부분이 기존 건물의 구성부분이 된다면, 증축된 부분에 대한 소유권은 누구에게 귀속되는가? (대판 1999. 7. 27. 99다14518 참조)
- 토지의 사용대차권에 기하여 그 토지상에 수목이 식재된 후 경매에 의하여 토지를 경락받은 경락인은 그 수목의 소유권을 취득하는가? (대판 1990. 1. 23. 89다카21095 참조)

☑ 기타 검토사항

- 부합과 종물의 판단 기준과 그 효과를 비교해 보라.
- 종물이 원물과는 다른 사람의 소유인 경우에도 종물에 관한 제100조 제 2 항이 적용되는가?
- 동산을 경락받은 경우 선의취득이 가능한가?

☑ 참고문헌

- 엄동섭, 민법상의 첨부제도(부합, 혼화, 가공)에 관하여, 곽윤직선생 고희기념논문집, 134-161면, 1995.
- 윤경, 건물 옥상에 무허가로 증축되어 최상층의 복층으로 사용되는 부분이 부합물인지 여부, 사법행정 44권 2호(2003. 2), 30-41면.
- 이강훈, 경매목적물에 포함되는 부합물 및 종물에 대하여, 실무연구자료(대전지방법원) 4 권, 63-82면, 2000.

2. 토지에의 부합(농작물)

대판 1967. 7. 11. 67다893 ··

[사안] X토지는 농지개혁법 실시 전에 A의 소유였던 것을 甲이 1965. 6. 3. 매

수하여 소유권이전등기를 하였다. 그런데 B가 위 토지를 농지로서 경작하였으며, 농지개혁법 실시 후에도 농지분배를 받은 바 없이 계속 경작을 하여 오다가, 이를 자기 소유라 하여 C에게 매도하고, C는 乙(피고)에게 매도하여 乙이 위 토지를 인수하여 계속 경작하였다. 그런데 甲이 1965. 6. 3. 위 토지에 관하여 소유권이전등기를 한 후, 이는 자기 소유라 하면서 乙이 경작하고 있는 본건 농지에 들어가 드문드문 모를 심어 놓았으며, 이에 乙은 다시 모를 제대로 심었으며, 甲과 乙은 서로 경작을 방해하면서 서로 김을 매고 시비를 하여 왔다. 그러던 중 乙이 1965년 가을, 위의 토지에서 수확된 나락 33두를 자기 소유라 하여 수확하여 갔다. 이에 甲이 乙에 대하여 손해배상을 청구하였다. 원심은 乙이 위 토지를 적법하게 매수한 것으로 믿고 점유경작한 것이므로 본건 나락은 선의인 乙의 소유에 귀속된다고 하여 甲의 청구를 기각하였다. 이에 甲이 상고하였다.

[판지] 타인의 농지를 가사 권원 없이 경작을 하였다 하여도 그 경작으로 인한 입도(立稻)는 그 경작자의 소유에 귀속되고, 피차 자기에게 경작권이 있다 하여 동일한 농지를 서로 경작함으로써 결국 동일한 농지를 공동 경작을 한 경우에는 그 입도에 대한 소유권은 위의 공동경작자의 공유에 속한다고 함이 종전 본원의 판례이므로, 본건에 있어서 농지를 원·피고가 서로 경작권이 있다 하여 서로 모를 심고 서로 풀을 매며 시비를 함으로서 공동 경작을 하였다면, 피고가 수확하여간 나락 33두는 원·피고의 공동소유에 속한다고 하여야 할 것이다. 그럼에도 불구하고 원심이 피고가 적법히 매수한 것으로 믿고 점유 경작한 것이므로 본건 나락은 선의인 피고의 소유에 귀속된다는 취지로 판단하였음은 위에서 말한 바와 같은 법리를 오해한 위법이 있다.

☑ 쟁 점

위 판결은 甲의 소유인 토지를 乙이 다른 사람으로부터 매수하여 그 토지에서 농작물을 경작하였고 그리하여 甲과 乙이 서로 다투면서 위 토지에서 경작한 경우, 그 농작물은 누구의 소유가 되는가 하는 점이 문제된 것이다.

☑ 검토사항

- 사안에서 수확된 나락의 소유권이 누구에게 귀속되는가를 판단함에 있어서 토지에 대한 권원의 여부가 고려되는가?
- 타인의 토지에 농작물을 경작한 경우, 그 농작물은 일반적인 부합의 법리와는 달리

경작자의 권원 유무와 관계없이 경작자에게 귀속된다고 하는 이유는 무엇인가?

☑ 관련사례

- 정당한 권원 없이 타인의 토지를 경작한 경우, 그 경작에 의한 입도의 소유권은 누구에게 귀속되는가? (대판 1965. 7. 20. 65다874; 대판 1968. 3. 19. 67다2729 참조) 만약 경작자가 이의 소유권을 가진다면, 이를 위해서는 그 입도가 성숙하여 독립한 물건으로서의 존재를 갖추었음을 요하는가? (대판 1979. 8. 28. 79다784 참조)
- 과수원의 과목을 타인의 토지 위에 권한 없이 식재한 경우 그 소유자는 누구인가? (대판 1969. 8. 26. 69다820 참조)

☑ 기타 검토사항

- 타인의 토지에 대하여 그 점유를 침해하여 농작물을 경작한 경우, 토지소유자는 경작자에 대하여 어떤 권리를 행사할 수 있는가?
- 매도인의 소유가 아닌 토지를 매수하여 이를 경작한 경우, 그 경작된 농작물에 관하여 선의취득이 인정되는가?

☑ 참고문헌

- 명순구, 미분리농작물의 물건성에 관한 비판적 시론, 고시계 48권 2호(2003. 02), 38-48면.
- 배병일, 부동산의 부합, 고시연구 20권 7호(1993. 06), 142-150면.

제 3 절 공동소유

제 1 항 공 유

1. 공유관계의 성립

대판 2007. 6. 14. 2005다5140 ··

[사안] 이 사건 부동산은 원래 제주시가 목장단지로 조성한 것으로서 입주자에게 목장경영을 조건으로 불하하기로 한 토지 및 건물들인데, 甲(원고) · 乙(원고)과 丙(피고 1)은 위 부동산을 불하받을 권리를 가지고 있던 A(소외 2)로부터

1978. 1. 28. 각 1/3씩 비용을 분담하여 그 권리를 공동으로 매수하면서, 매수인은 甲 단독명의로 하였고, A는 이 사건 각 부동산을 불하받으면 원고들 및 피고 丙에게 이 사건 각 부동산의 소유권을 이전해주기로 약정하였다. 위 3인은 위 매매계약 후 당분간 A로 하여금 위 부동산을 계속 관리하도록 하다가, 丙의 제의에 따라 A 대신 丙의 제부(여동생의 남편)인 B(소외 1)에게 부동산의 관리를 맡겼다. 그후 위 부동산에 관한 매수대금 융자금 전액이 상환되자 1986. 4. 11. 제주시는 B에게 부동산의 소유권이전등기절차를 경료하였다. 그 후 다시 위 부동산에 관하여 1991. 7. 3. C명의로의 소유권이전등기가 경료되었다. 그 후 C가 1999. 9. 30. 사망하고, 위 부동산에 관하여 그의 공동상속인들간에서 소송 등을 거쳐 여러 차례 지분이전이 행해져 丙 및 丁 등(피고 2 등, 丙의 자녀)의 명의로 등기되어 있다. 한편 甲·乙과 丙은 A로부터 위 부동산에 관한 불하권을 매수할 무렵 제주도 소재 부동산을 매수하여 취득하고 전매를 통하여 차익을 얻을 목적으로 그 외에도 여러 곳의 부동산을 공동으로 매수하였는데, 그 중 일부 부동산은 전매하여 이익을 나누거나 정산하였고, 나머지 부동산에 관하여는 아직도 정산하거나 지분이전등기를 하지 아니하고 있다. 甲·乙이 자신들과 丙이 위 부동산을 공동취득하여 각 1/3 지분씩 공유하기로 약정하였다고 하면서, 丙에 대하여 위 부동산 중 각 3분의 1지분에 관한 지분이전등기를 청구하였다.

[원심] 원고들과 피고 丙은 부동산을 매수하여 취득하고 지가가 상승하면 이를 전매하여 그 차익을 취득하기 위하여 이 사건 각 부동산을 공동으로 매수한 것이고 그밖에 같은 목적으로 다른 부동산들도 공동취득하였던 것이며, 따라서 원고들과 위 피고는 그와 같은 내용의 투기적인 사업을 동업으로 영위할 목적으로 조합을 구성하고 상호 출자하여 이 사건 부동산의 소유권을 타인 명의로 취득한 것이라고 보아야 할 것이므로, 이 사건 부동산은 민법 제271조 제1항의 규정에 의하여 당연히 그 조합체의 합유물이 되는 것이다. 그런데 조합의 재산은 조합계약상의 공동사업을 위한 것이므로 조합원들로서는 그 지분의 회수방법으로 조합에서 탈퇴하거나 조합체를 해산한 후 탈퇴나 해산 당시의 조합재산상태에 따라 조합지분의 정산금이나 잔여재산의 분배를 청구할 수 있을 뿐이고 합유물에 관하여 곧바로 공유지분에 따른 분할이전 또는 합유물 매각대금의 분배청구를 할 수 없는 것이므로, 원고들과 피고 丙 사이에 이 사건 부동산의 분배 또는 정산에 관한 별도의 약정이 있었음을 인정할 증거가 없는 이 사건의 경우에 이를 전제

로 한 피고 丙에 대한 청구는 이유 없다.

[판지] 민법상 조합계약은 2인 이상이 상호 출자하여 공동으로 사업을 경영할 것을 약정하는 계약으로서(민법 제703조), 특정한 사업을 공동경영하는 약정에 한하여 이를 조합계약이라 할 수 있고, 공동의 목적 달성이라는 정도만으로는 조합의 성립요건을 갖추었다고 할 수 없다(대법원 2004. 4. 9. 선고 2003다60778 판결 참조).

한편 수인이 부동산을 공동으로 매수한 경우, 매수인들 사이의 법률관계는 공유관계로서 단순한 공동매수인에 불과할 수도 있고, 그 수인을 조합원으로 하는 동업체에서 매수한 것일 수도 있는바, 공동매수의 목적이 전매차익의 획득에 있을 경우 그것이 공동사업을 위해 동업체에서 매수한 것이 되려면, 적어도 공동매수인들 사이에서 그 매수한 토지를 공유가 아닌 동업체의 재산으로 귀속시키고 공동매수인 전원의 의사에 기해 전원의 계산으로 처분한 후 그 이익을 분배하기로 하는 명시적 또는 묵시적 의사의 합치가 있어야만 할 것이고, 이와 달리 공동매수 후 매수인 별로 토지에 관하여 공유에 기한 지분권을 가지고 각자 자유롭게 그 지분권을 처분하여 대가를 취득할 수 있도록 한 것이라면 이를 동업체에서 매수한 것으로 볼 수는 없다 할 것이다.

원심은 원고들과 위 피고는 투기적인 사업을 공동으로 영위할 목적으로 조합을 구성하고 상호 출자하여 이 사건 각 부동산의 소유권을 타인 명의로 취득한 것으로 보아야 하므로 이는 조합의 합유재산이라는 이유로 원고의 청구를 배척하였다. 그러나 원심의 위와 같은 판단은 수긍할 수 없다. 기록에 의하면, 원고들과 피고 丙이 위 매매계약을 체결할 당시 향후 이를 불하받으면 전매하여 그 이익금을 출자비율에 따라 분배하기로 하는 내용의 투기적인 사업을 공동으로 경영하기로 하는 약정을 체결하였음을 인정할 만한 증거가 없는 반면, 오히려 원고들과 위 피고 모두 당시 공동사업을 경영할 의사나 그러한 약정이 없었다고 주장하고 있고, 또한 원고들과 위 피고는 당시 원고 乙이 부동산을 물색하여 매수를 권유하면 위 3인 또는 다른 사람들과 함께 이를 매수하는 방식으로 여러 건의 부동산을 공동으로 매수하였는데, 그 매수 후에는 각자의 지분을 자유롭게 처분하였음을 알 수 있다.

위와 같은 사정을 위 법리에 비추어 살펴보면, 원고들과 위 피고는 장래 이 사건 각 부동산을 불하받아 이를 처분하여 전매차익을 얻으려는 '공동의 목적 달성'을 위해 상호 협력한 것에 불과할 뿐 이를 넘어 '공동사업을 경영할 목적'이 있었다고 인정되지는 아니하므로, 이들 사이의 법률관계는 공유관계로서 단순한 공동매수인에 불과하다 할 것이고, 따라서 이들 사이에는 위 매매계약 당시인 1978. 1. 28.경 장래 이 사건 각 부동산을 불하받으면 이를 3분의 1 지분씩 공유하기로 하는 약정이 있었다 할 것이다.

☑ 쟁 점

위 판결은 3인이 전매차익의 획득을 위하여 부동산을 공동으로 매입하였는데 그중 1인의 소유로 등기된 경우, 다른 2인은 지분의 이전을 청구할 수 있는가 하는 점이 문제된 것이다.

☑ 검토할 사항

- 위 쟁점의 관건이 되는 것은 무엇인가?
- 만약 3인의 공동소유형태가 합유라면 각자는 그 지분의 이전을 청구할 수 있는가? 그 이유는 무엇인가?
- 판결이 그 공동소유형태를 공유라고 판단한 근거는 무엇인가?

☑ 관련사례

- 수인이 토지를 공동으로 매수하여 토지형질변경 등을 통해 가치를 증대시킨 뒤 그 전체를 전매하여 차익을 취득하기로 한 경우, 수인의 위 토지에 대한 소유형태는 무엇인가? (대판 2009. 12. 24. 2009다75635,75642 참조)
- 甲과 A · B가 乙로부터 수개의 임야를 매수하였는데, 그 과정을 보면 A는 부동산업자로서 을로부터 부동산매각의사를 듣고는 다른 부동산업자 甲 및 B 등을 끌어들여 공동으로 매수하기로 하였으며, 일단 甲 · B가 계약금을 마련하여 A를 통하여 이를 지급하는 한편, 나머지 중도금과 잔금은 임야를 전매하여 충당하고 그 차익은 먼저 전매한 자가 차지하기로 하였다. 이후 위 3인은 위 임야의 일부를 각 전매하여 차익을 챙겼는데, 그 중 A와 B는 임야의 일부를 전매한 후로는 더 이상 위 부동산을 전매하거나 매수자금을 투지하지 않음으로써 乙과의 계약관계로부터 벗어났고, 甲만이 매수인의 지위에서 乙에게 매매잔금을 지급하였다. 그리하여 甲이 위 임야 중 소유권이전등기를 경료하지 아니한 것에 관하여 소유권이전등기절차를 이행할 것을 청구하였다. 이에 대해 乙은 甲이 3인의 매수인 중 1인에 불과하므로 단독으로 이 사건 부동산 전부에 대하여 소유권이전등기를 구할 수는 없다고 항변하였다. 甲의 청구와 乙의 항변의 타당성을 살피시오. (대판 1995. 9. 15. 94다54894 참조)
- A의 부동산을 B · C · D 등 수인이 공동으로 상속한 경우, 이들 간의 소유형태는 어떠한가? 만약 B가 생전에 A로부터 그 부동산을 매수(혹은 증여)받았다고 하여

이전등기를 받은 경우, 그 말소를 구하는 것은 상속회복청구의 소에 해당하는가? (대판 1993. 9. 14. 93다12268; 대판 2008. 6. 26. 2007다7898 참조)

- 종중의 소유인 토지를 종손 A 및 종중대표 B의 2 명의로 사정받았는데, A가 사망한 후 그의 상속인 甲이 무단히 각종의 특별조치법에 의하여 甲 명의로 소유권보존등기를 경료하였다. 그리하여 B의 상속인 乙이 위 등기는 무효라고 하면서, 위 토지의 2분의 1 지분에 관한 명의수탁자 B의 재산을 상속한 사람으로서 침해된 지분소유권의 회복을 위하여 위 무효인 등기의 말소를 청구하였다. 타당한가? (대판 1992. 7. 14. 90다15341 참조)
- 甲 · 乙 · 丙을 비롯한 다수인이 귀속재산인 X토지(대지 539평)를 특정부분의 위치를 정하여 각 매수하였으며, 乙과 丙은 위 토지 중의 각 특정부분에 건물을 신축하여 점유, 사용하였다. 그 후 위 토지가 환지대상지에 포함되면서 인접한 여러 필지의 토지와 분할과 합병을 거듭하여 최종적으로 1개의 Y토지(대지 399평)로 합동환지되었다(그리하여 위 다수인들의 원래의 평수가 줄어들었음). 그 후 상당한 시간이 지나 Y토지의 공유지분을 가지는 甲이 乙 · 丙을 상대로 이들이 공유지를 배타적으로 점유함으로써 부당이득을 취하였다고 하면서 임료 상당의 부당이득반환을 청구하였다. 이에 대해 乙 · 丙은 문제된 토지는 관재당국으로부터 현재 점유사용하고 있는 각 토지부분을 위치를 특정하여 매수하였으므로 각 토지부분의 단독소유자로서 이를 배타적으로 사용 · 수익할 권한이 있다고 항변하였다. 이들의 항변은 타당한가? (대판 1993. 2. 23. 92다38904 참조. 그 외에 합동환지처분으로 교부된 토지에 대한 종전 토지소유자들의 권리관계 및 공유지분 비율의 결정기준에 관해서는 대판 1998. 2. 13. 97다49459 참조)

☑ 기타 검토사항

- 甲 · 乙 · 丙이 부동산을 매수하면서 매수인의 명의를 甲만으로 하였으며, 그런데 이전등기의 명의는 B인 경우, 그 등기는 유효한가?
- 위 3인은 부동산실권리자명의 등기에 관한 법률이 시행되기 전에 부동산을 타인명의로 등기하였는 바, 이들은 위 법에서의 유예기간이 경과한 날 이후에 명의신탁해지를 원인으로 소유권이전등기를 청구할 수 있는가?

☑ 참고문헌

- 김학준, 수인이 부동산을 공동으로 매수하면서 매수인 명의를 그 중 1인으로 한 경우의 법률관계, 대법원판례해설 60호, 95-106면, 2006.
- 박경호, 환지와 관련된 법률관계, 재판실무연구(광주지방법원), 1997, 465면 이하.

2. 내부적 법률관계

(1) 공유물의 관리

대판 2005. 5. 12. 2005다1827

[사안] A와 그의 처 B 사이에는 甲(원고)을 포함하여 7명의 자녀가 있었다. A가 사망하여 B와 甲 외 6명의 자녀가 A소유의 토지와 그 지상건물을 공동상속하게 되자, 그 토지 위의 기존 건물을 철거하고 B가 거주할 건물을 신축하여 B의 소유로 귀속시키기로 합의하였다. 이에 따라 기존 건물을 철거하고 건물을 신축한 다음 B명의로 소유권보존등기를 경료하였다. 그런데 위 토지 중 B의 지분(3/17)과 그 지상 건물에 대하여 강제경매절차가 진행되어, 乙(피고)이 이를 경락받았다. 그러자 甲이 나머지 6명의 상속인들로부터 토지에 관한 그들의 지분을 모두 증여받아 자신 앞으로 소유권이전등기(14/17 지분등기)를 경료한 후, 乙에 대하여 지상 건물의 철거와 그 부지 부분의 인도를 청구하였다. 여기에서 甲은, 자신을 비롯한 7명의 자녀가 B로 하여금 공유토지 중 일부에 건물을 신축하여 그 부지를 독점적·배타적으로 사용할 수 있도록 합의한 것은 채권적 계약에 불과하여 B로부터 토지에 대한 공유지분과 지상건물의 소유권을 승계취득한 乙에게는 그 계약이 승계되지 아니하므로, 乙은 건물의 부지부분을 독점적·배타적으로 사용할 권한이 없다고 주장하였다. 이에 대해 乙은 甲을 비롯한 상속인들 간의 합의는 B의 지분을 승계한 乙과 나머지 상속인들의 지분을 승계한 甲에 대하여도 효력이 미친다고 항변하였다.

[판지] 공유자 간의 공유물에 대한 사용수익·관리에 관한 특약은 공유자의 특정승계인에 대하여도 당연히 승계된다고 할 것이나, 민법 제265조는 "공유물의 관리에 관한 사항은 공유자의 지분의 과반수로써 결정한다"라고 규정하고 있으므로, 위와 같은 특약 후에 공유자에 변경이 있고 특약을 변경할 만한 사정이 있는 경우에는 공유자의 지분의 과반수의 결정으로 기존 특약을 변경할 수 있다고 할 것이다. 기록에 의하면, A의 사망으로 토지의 공유자가 된 B와 원고 등 사이에서 건물을 건축하여 이를 B의 소유로 귀속시키고, B가 건물의 소유 및 사용을 위하여 토지 중 위 건물의 부지 부분을 점유·사용할 수 있도록 한다는 내용으로 공유토지의 사용수익·관리에 대한 특약을 한 사실을 인정할 수 있고, 앞서

본 바와 같은 법리에 의하면, 위와 같은 공유자 사이의 특약은 B를 제외한 나머지 공유자들의 공유지분에 관한 특정승계인인 원고와 B의 공유지분에 관한 특정승계인인 피고에 대하여도 승계된다고 할 것이지만, 특약 후에 공유자가 변경되었고 원고가 과반수 지분을 가지고 있으므로, 위 특약을 변경할 만한 사정이 있는 경우에는 원고는 피고에게 위 특약의 변경을 구할 수 있고, 그에 대한 합의가 이루어지지 아니하는 경우 과반수 지분권자인 원고의 결정에 의하여 특약을 변경할 수 있다고 할 것이다.

나아가 이 사건에서 위 특약을 변경할 만한 사정이 있는지 여부에 대하여 살피건대, 원고 등은 위와 같은 특약을 함으로써 스스로 상당 기간 그 부지 부분에 대한 사용수익의 제한을 용인하였던 점, 원고는 위 특약의 당사자로서 위와 같은 특약의 내용을 잘 알고 있음에도 특약 후 다른 공유자들로부터 공유지분을 증여받아 과반수 지분권자가 된 점, 공유자 사이에 공유물의 사용수익·관리에 관한 다툼이 있어 공유관계의 지속을 원하지 아니하는 경우에는 언제든지 공유물을 분할할 수 있는 점, 피고는 공유물 분할을 원하여 원고의 예비적 청구에 따른 원심의 공유물분할 판결을 받아들이고 있는데, 이와 같은 상태에서 공유물 분할에 앞서 과반수 지분권자인 원고의 요구에 따라 위 특약의 변경을 받아들여 그 부지에 대한 점유·사용권이 있었던 이 사건 건물을 철거하는 것은 사회·경제적으로 바람직하지 않다고 보이는 점 등에 비추어 보면, 이 사건에서 위 특약을 변경할 만한 사정이 있다고 보기는 어렵다고 할 것이다.

따라서 위 특약은 원고와 피고에 대하여도 그대로 적용이 된다고 할 것이므로, 원고는 위 특약에 따라 이 사건 토지 중 위 건물의 부지 부분을 점유·사용하는 피고에 대하여 이 사건 건물의 철거 및 토지의 인도를 구할 수 없다고 할 것이다.

☑ 쟁 점

위 판결에서는 공유자들 사이에 공유물의 관리에 관한 사항을 정한 특약이 공유지분의 특정승계인에게 대하여도 승계되는 것인지 그리고 그러한 특약 후에 공유자의 변경이 있고 특약을 변경할만한 사정이 있는 경우에는 특약을 변경할 수 있는지가 문제된 것이다.

☑ 검토할 사항

- 공유물의 관리에 관한 사항은 어떻게 정해지는가?
- 공유자 간의 공유물에 대한 사용수익·관리에 관한 특약은 공유자의 특정승계인에 대하여 당연히 승계되는가?
- 공유자 간에서 공유물에 대한 사용수익·관리에 관하여 특약을 맺었는데 그후 공유자에 변경이 있는 경우, 일반적으로 공유자의 지분의 과반수의 결정으로 기존의 특약을 변경할 수 있는가?
- 공유물에 관하여 관리방법에 관한 특약을 한 후 그 내용을 변경하기 위해서는 어떠한 요건이 필요한가?
- 위 판결이 甲의 청구를 배척한 이유는 무엇인가?

☑ 관련사례

- 이 사건 X토지는 A의 소유이고, 그 토지 중 일부인 Y부분(X토지 중 81분의 43) 위에 축조된 건물을 甲이 점유하고 있다. 그런데 B가 허위의 보증서를 이용해서 특별조치법에 기해서 Y부분에 관하여 지분의 이전등기를 경료하였다. 그리고 乙이 B로부터 Y부분의 지분을 이전받고, 나아가 X토지의 나머지 부분도 매수하여, 결국 X토지 전부가 乙의 소유로 되었다. 그리하여 乙이 X토지에 대한 소유권에 기하여 甲에 대하여 건물의 철거 및 토지인도를 청구하였다. 그러자 甲이 B의 지분이전등기가 허위 보증서를 이용하여 행해진 것임을 발견하고 Y부분의 진정한 소유자 A로부터 이 부분의 점유 사용을 허락받았다. 乙의 위 청구는 타당한가? 즉 과반수 지분의 공유자로부터 사용·수익을 허락받은 점유자에 대하여 소수 지분의 공유자가 점유배제를 구할 수 있는가? (대판 2002. 5. 14. 2002다9738 참조). 그외에 공유토지에 관하여 소수의 지분을 가진 자가 이의 과반수 지분을 시효취득하여 소유권 이전등기를 경료받을 지위에 있는 점유자에 대하여 점유배제를 청구할 수 있는가? (대판 2001. 11. 27. 2000다33638,33645 참조)
- 토지에 관한 과반수의 공유지분권자 A가 다른 공유권자 甲과의 협의없이 토지 중 도로보다 높은 부분을 굴착하여 도로와 같은 높이로 정지공사를 한 경우, 그 공사는 공유물의 관리행위로서 과반수의 지분권자가 단독으로 할 수가 있고, 따라서 그로 인한 관리비용은 甲을 비롯한 공유자들이 각자의 지분비율에 따라 부담할 의무가 있는가? A가 乙회사에게 위의 토지굴착정지공사를 맡긴 경우, 乙은 A 이외에 甲 등 토지공유자에 대하여 그 지분비율에 따른 공사비를 청구할 수 있는가? (대판 1991. 4. 12. 90다20220 참조)
- 공유자 1인이 공유토지 전부를 점유하는 경우 전체 토지를 자주점유하는 것으로 되는가? (대판 1994. 9. 9. 94다13190 참조)

- A가 사망하고 甲, 乙 등 수인이 A 소유의 부동산을 공동상속하였는데 甲이 이를 단독으로 점유 사용하는 경우, 乙이 이의 명도를 청구할 수 있는가? (대판 1982. 12. 28. 81다454 참조)

☑ 참고문헌

- 홍기태, 소수 지분을 취득한 제3자가 과반수 지분권자가 될 지위에 있는 시효취득자에 대하여 점유배제를 구할 수 있는지 여부, 대법원판례해설 38호, 131-154면, 2002.
- 최윤성, 공유물의 관리에 관한 공유자 간의 특약이 공유지분의 특정승계인에게 승계되는지 여부, 판례연구(부산판례연구회) 18집, 119-152면, 2007.

(2) 보존행위

대판(전) 1994. 3. 22. 93다9392,9408

[사안] 甲(피고, 반소원고)과 중국인 乙(원고 1)은 반반씩 투자하여 X토지를 공동으로 경락받았는데, 외국인토지법의 규제법을 피하기 위하여 甲에게 자신의 1/2지분을 명의신탁하기로 하고 甲 단독명의로 X토지의 소유권이전등기를 경료하였다. 甲과 乙은 다시 반반씩 투자하여 X토지상에 골조공사만 마친 미완성인 상태의 건물을 양수한 다음 건축공사를 계속하여 Y건물의 완공·준공검사를 마치고, 역시 Y건물에 대한 乙의 1/2지분을 甲에게 명의신탁하기로 하여 甲 단독명의로 Y건물의 소유권이전등기를 경료하였다. 완공된 건물 중 2층부터 4층까지는 여관으로 건축되었는데, 甲과 乙은 여관을 임대하여 그 수익을 반분하기로 하되 그 관리를 甲이 담당하기로 합의하였다. 이에 따라 甲은 丙(원고 2, 반소피고)에게 여관을 임대하였다. 甲은 위 임대기간의 만료를 앞두고 丙에 대한 임대보증금채무 및 종전부터의 차용금반환채무 등의 변제에 갈음하여 자신의 X토지 및 Y건물에 대한 지분 중 1/2(즉 전체의 1/4지분)을 丙에게 양도하기로 약정하였다. 그리고 甲과 丙은 甲이 1/4, 乙이 1/2, 丙이 1/4의 지분을 가지고 있음을 확인하는 부동산공동소유확인서를 작성하였다. 위 임대차기간이 만료하여 甲이 丙에게 지분이전등기에 필요한 서류 일체를 교부하였으나, 丙은 그 등기이전을 지연한 채 여관을 점유 경영하고 있다. 그러면서 乙과 丙은 甲을 상대로 명의신탁 해지를 원인으로 하여 토지와 건물에 관한 지분이전등기 절차의 이행을 청구하였다(본소). 그러자 甲은 丙을 상대로 반소로서 임대차계약기간의 만료에 따른 임대부

분의 명도와 임대차 기간만료 후의 점유로 인한 부당이득금의 지급을 청구하였다. 이러한 반소에 대하여 丙은 甲이 건물에 대한 1/4 지분권자에 불과하므로 역시 1/4지분권자인 자신에 대하여 여관의 명도를 청구할 수 없고 또한 그 지분을 초과한 부당이득금의 지급도 청구할 수 없다고 항변하였다.

원심은, 甲과 丙의 본소와 반소에 대하여(다툼이 여기에 집중됨), 甲과 丙 사이의 임대차계약은 기간만료로 종료되었으므로 특별한 사정이 없는 한 丙은 甲에게 여관을 명도하여야 하고, 임대차기간 만료시부터 명도완료시까지 총 임료상당의 부당이득금 중에서 丙의 1/4 지분권만큼의 임료를 제외한 3/4의 임료상당 부당이득금의 지급을 인정하였다.

[판지] 가. 부당이득금의 지급청구에 관하여 - 부동산의 1/2 지분 공유자 겸 나머지 1/2 지분의 명의수탁자인 피고가 원고 丙과 자신의 지분 1/2 중 1/2 지분(전체의 1/4 지분)에 관하여 대물변제의 약정을 하면서 명의신탁자인 원고 乙의 지분까지 확인하는 내용의 문서를 작성하였다면, 위와 같은 합의의 취지는 단순히 피고가 원고 丙에게 지분을 양도하는 것에 그치는 것이 아니라, 나아가 피고, 원고 乙, 원고 丙 3인의 각 지분의 비율을 확인하고 그들 사이에서는 각자의 지분의 비율에 따라서만 권리를 주장하기로 하는 뜻까지 포함하는 것이라고 봄이 상당하므로, 자신의 지분 중 일부를 원고 丙에게 이전하여 줄 의무가 있는 피고로서는 원고 丙에 대한 관계에서 단지 1/4 지분에 관하여만 권리를 주장할 수 있다고 할 것이므로, 원고 丙에게 이 사건 여관의 차임에 상당하는 부당이득금의 반환을 자신의 지분의 비율의 범위 내에서만 청구할 수 있을 뿐이라고 보아야 할 것이다. 그럼에도 불구하고 원심은 위 원고가 피고에게 이 사건 여관의 차임의 3/4에 상당하는 금원을 부당이득금으로 지급할 의무가 있다고 판단하였으니, 원심판결에는 위 합의약정의 취지를 잘못 해석하였거나 공유물의 차임에 상당하는 부당이득금의 범위에 관한 법리를 오해한 위법이 있다.

나. 여관의 명도청구부분에 관하여 - 토지나 건물에 관하여 지분을 소유하고 있는 공유자나 그 지분에 관한 소유권이전등기청구권을 가지고 있는 자라고 할지라도 다른 공유자와의 협의 없이는 공유물을 배타적으로 점유하여 사용 수익할 수 없는 것이므로, 다른 공유권자는 자신이 소유하고 있는 지분이 과반수에 미달되더라도 공유물을 점유하고 있는 자에 대하여 공유물의 보존행위로서 공유물의 인도나 명도를 청구할 수 있다고 보는 것이 당원의 확립된 판례가 취하고 있는

견해로서, 그 의견을 변경할 필요가 있다고 인정되지 아니하므로, 원고 丙에 대한 관계에서 이 사건 건물에 대한 1/4의 지분에 관하여 권리를 주장할 수 있는 피고는 공유물의 보존행위로서 이 사건 여관을 배타적으로 점유하고 있는 원고 丙에 대하여 그 명도를 청구할 수 있는 것이다.

☑ 쟁 점

위 판결은 건물에 대하여 1/4의 지분을 가진 甲이 공유건물을 임대한 경우, 그와 같은 지분을 가진 丙이 공유물의 보존으로서 甲에 대하여 위 건물을 자신에게 명도를 청구하거나 지분을 초과한 부당이득금의 지급을 청구할 수 있는가 하는 점이 문제된 것이다.

☑ 검토할 사항

- 소수의 지분권자(甲)가 다른 소수지분권자(丙)에게 공유물 전부의 인도를 청구할 수 있다는 근거는 어디에서 찾을 수 있는가?
- 丙이 甲에게 공유물 전부를 인도하였다면, 다시 丙은 甲에게 자신의 지분을 넘는 점유를 하고 있다는 이유로 자신에게 공유물의 전부를 인도할 것을 청구할 수 있는가?
- 만약 소수의 지분권자(甲)가 다른 소수지분권자(丙)에게 공유물 전부의 인도를 청구할 수 있다면 공유지분권자인 丙의 "지분의 비율에 따른 사용 · 수익권"까지도 박탈하게 되는 것은 아닌가?
- 乙의 2/4 지분이 甲에게 명의신탁 및 관리위임되었다고 보아 甲은 그의 1/4 지분과 乙의 지분을 합하여 과반수로 공유물의 관리에 관한 사항을 결정할 수 있어 그에 따른 공유물의 관리방법으로 丙에게 명도청구를 할 수 있다고 볼 여지는 없는가?

☑ 관련사례

- 공유자 甲 · 乙 등 수인의 지분이 780/963에 달하는 경우, 이러한 甲 · 乙 등 수인이 丙 · 丁 등 다른 공유자들을 제외하고 서면으로 공유물의 관리방법을 정한 경우, 그 결의는 공유자 전원에 대한 관계에서 유효한가? (대판 1980. 9. 9. 79다1131,1132 참조)
- 과반수 공유지분을 가진 자가 그 공유토지의 특정된 한 부분을 배타적으로 사용 · 수익할 수 있도록 정하는 것은 공유물의 관리방법으로서 적법한가? (대판 1991. 9. 24. 88다카33855 참조)
- 여러 사람이 공동으로 법률상 원인 없이 타인의 재산을 사용한 경우의 부당이득반환채무의 성질은 어떠한가? 채무자 1인의 채무이행으로 다른 채무자도 그 의무를 면하는가? (대판 2001. 12. 11. 2000다13948 참조)

☑ 기타 검토사항

- 공유지분권자가 불법점유한 제3자를 상대로 하여 공유물의 인도를 청구하는 경우와 사안과 같이 다른 공유지분권자를 상대로 공유물의 인도를 청구하는 경우와의 차이를 살피시오.
- 외국인 乙은 위 토지의 소유권(지분)을 취득하는가? 이를 위한 요건은 어떠한가? 乙은 건물을 소유하기 위해서도 동일한 요건을 갖추어야 하는가?
- 乙의 甲에 대한 위 청구의 당부를 살피시오.

☑ 참고문헌

- 윤재식, 공유자 사이의 공유물의 보존행위, 민사재판의 제문제 제8권, 155-174면, 1994.
- 김황식, 공유지분권자의 타 공유자에 대한 보존행위로서의 명도청구권, 김용준 헌법재판소장 화갑기념, 355-377면, 1998.
- 김재형, 공유물에 대한 보존행위의 범위, 판례월보 305호(1996. 2.), 9-28면.

3. 대외적 법률관계

대판 1994. 11. 11. 94다35008 ·······························

[사안] 甲(원고)과 乙(원고)은 丙(피고, 대한민국)을 상대로 이 사건 부동산에 대해 경료된 소유권보존등기 및 소유권이전등기의 말소등기절차를 이행하고, 또한 위 부동산의 6/8 지분은 甲의 소유, 1/8 지분은 乙의 소유, 나머지 1/8 지분은 소외 A의 소유임을 확인하여 달라는 소를 제기하였다. 甲과 乙의 주장에 의하면, 위 부동산은 甲과 乙의 조부인 B가 사정받아 소유하게 된 것인데, 1932년 B가 사망하여 C가 이를 상속하였고, 1986년 C가 사망하여 甲·乙·A 등이 각기 위 지분 비율로 상속한 것인데, 6·25 사변 당시 위 부동산에 관한 등기부가 멸실된 것을 기화로 丙이 위와 같이 소유권보전 및 이전등기를 경료한 것이라는 것이다.

[판지] 공유자의 지분은 다른 공유자의 지분에 의하여 일정한 비율로 제한을 받는 것을 제외하고는 독립한 소유권과 같은 것으로 공유자는 그 지분을 부인하는 제3자에 대하여 각자 그 지분권을 주장하여 지분의 확인을 소구하여야 하는 것이고, 공유자 일부가 제3자를 상대로 다른 공유자의 지분의 확인을 구하는 것

은 타인의 권리관계의 확인을 구하는 소에 해당한다고 보아야 할 것이므로 그 타인 간의 권리관계가 자기의 권리관계에 영향을 미치는 경우에 한하여 확인의 이익이 있다고 할 것이며, 공유물 전체에 대한 소유관계 확인도 이를 다투는 제 3 자를 상대로 공유자 전원이 하여야 하는 것이지 공유자 일부만이 그 관계를 대외적으로 주장할 수 있는 것이 아니므로, 아무런 특별한 사정이 없이 다른 공유자의 지분의 확인을 구하는 것은 확인의 이익이 없다.
공유자가 다른 공유자의 지분권을 대외적으로 주장하는 것을 공유물의 멸실·훼손을 방지하고 공유물의 현상을 유지하는 사실적·법률적 행위인 공유물의 보존행위에 속한다고 할 수 없다.

☑ 쟁 점

위 판결은 토지의 공유자라고 주장하는 자가 그 토지의 등기부상 소유자에 대하여 등기말소청구뿐만 아니라, 나아가 그 토지가 자신 및 소외인의 공유임을 확인(각 공유자의 공유지분의 확인)해 달라는 청구를 할 수 있는가 하는 점이 문제된 것이다.

☑ 검토할 사항

- 공유자가 제 3 자에게 자신의 지분을 주장하는 것과 전체로서의 공유관계를 주장하는 것과는 어떤 차이점이 있는가?
- 공유자가 다른 공유자의 지분권을 대외적으로 주장하는 것이 공유물의 보존행위에 해당하지 않는 이유는 무엇인가?

☑ 관련사례

- A가 X부동산을 사정받았으나 소유권보존등기를 하지 않고 사망하였다. 그의 상속인으로는 甲과 乙이 있었는데, 그 중 甲이 단독으로 X부동산에 대해 자신의 단독명의로 소유권보존등기를 경료하였다. 이에 乙이 상속에 의해 자신에게도 X부동산에 대한 공유지분이 있음을 이유로 甲에게 소유권보존등기의 전부 말소를 청구하였다. 타당한가? (대판 2006. 8. 24. 2006다32200 참조)
- 甲, 乙의 공유부동산에 관하여 乙이 임의로 그 단독소유로 이전등기한 경우, 甲은 乙에 대하여 등기말소를 청구할 수 있는가? 乙에게 그 말소를 명해야 할 범위는 어떠한가? (대판 1986. 8. 19. 86다카549 참조)
- 수인이 공동으로 부동산을 매수한 경우, 수인이 부동산 전체에 대한 권리취득의 등기(수인의 공유등기)를 청구하는 때나 각자가 그 취득한 지분에 대한 권리취득의 등기(각자의 지분등기)를 청구하는 때나 동일하게 각자 단독으로 할 수 있는가? (대

판 1960. 7. 7. 4292민상462 참조).

- 甲 소유의 토지 위에 甲·乙 공유의 건물이 있는데, 乙이 위 건물을 A에게 임대하여 차임을 수령해 왔다. 甲은 乙에 대하여 위 건물이 자신의 토지를 불법 점거하였음을 이유로 건물의 철거 및 임대료 상당의 손해금의 지급을 청구할 수 있는가? (대판 1974. 8. 30. 74다537 참조)
- 공유물의 반환 또는 철거에 관한 소송은 필요적 공동소송인가? (대판 1969. 7. 22. 69다609 참조) 공동상속인중의 한사람만을 상대로 그 상속분의 한도에서 건물의 철거를 청구할 수 있는가? (대판 1968. 7. 31. 68다1102 참조)

☑ 참고문헌

- 김성률, 공유물 이용에 관한 법률관계의 특수성 : 공유자 사이의 법률관계와 공유자와 제3자 사이의 법률관계를 중심으로, 실무연구자료(대전지방법원) 6권, 9-26면, 2005
- 홍기문, 공유관계와 그 소송형태, 고시연구 291호(1998. 05), 109-122면.

4. 공유물의 분할

대판 2004. 10. 14. 2004다30583

[사안] A와 B는 이 사건 대지를 각 21,205/21,900(약 97%), 695/21,900(약 3%)의 지분 비율로 공유하였고, 위 대지상에 있는 점포, 사무실 및 당구장으로 사용되는 3층 건물을 A가 54,419/56,138(약 97%), B가 1,719/56,138(약 3%)의 지분 비율로 공유하였다. 甲(원고)은 1996. 4. 28. 상속을 원인으로 A의 지분을 취득하였고, 乙(피고)은 위 건물 중 1층 일부와 2층을 임차하여 식당으로 운영하다가 2002. 11. 6. B의 지분을 매수하였다.

甲은 乙과 공유물분할에 관한 협의가 성립되지 않자 2002. 12. 4. 乙을 상대로 공유물분할의 소를 제기하였는데, 그 분할방법으로는 乙이 그 지분에 대한 감정가격을 甲로부터 지급받고 甲에게 이 사건 토지와 건물에 관한 乙의 공유지분을 이전할 것을 청구하였다. 이에 대해 乙은 청구기각을 구할 뿐 구체적인 분할방법을 제시하지 않았다.

[원심] 이 사건 토지는 하나의 필지로 되어 있는 건물의 부지이고, 이 사건 건물은 집합건물과 같은 독립성이 인정되지 않는 하나의 건물이므로, 이 사건 토지 및 건물에 대한 현물분할은 곤란하거나 분할로 인하여 현저히 그 가액이 감손될

염려가 있다고 인정되고, 또한 협의분할과는 달리 재판상 분할에 있어서는 비록 이 사건 토지 및 건물 중 피고의 소유지분이 극히 적다하더라도 특정 공유자인 피고에게 가격보상만을 하여 그를 현물분할에서 완전히 배제하는 방법은 형평의 원칙에 반하여 인정되지 아니한다 할 것이므로, 민법 제269조 제 2 항에 따라 경매에 부쳐 그 대금에서 경매비용을 공제한 나머지 금액을 공유자별 소유지분에 따라 분배하는 방법으로 공유물을 분할하는 것이 상당하다.

[판지] 공유물의 분할은 공유자 간에 협의가 이루어지는 경우에는 그 방법을 임의로 선택할 수 있으나 협의가 이루어지지 아니하여 재판에 의하여 공유물을 분할하는 경우에는 법원은 현물로 분할하는 것이 원칙이고, 현물로 분할할 수 없거나 현물로 분할을 하게 되면 현저히 그 가액이 감손될 염려가 있는 때에 비로소 물건의 경매를 명하여 대금분할을 할 수 있는 것이다. 그리고 공유물분할의 소는 형성의 소로서 공유자 상호간의 지분의 교환 또는 매매를 통하여 공유의 객체를 단독 소유권의 대상으로 하여 그 객체에 대한 공유관계를 해소하는 것을 말하므로, 법원은 공유물분할을 청구하는 자가 구하는 방법에 구애받지 아니하고 자유로운 재량에 따라 공유관계나 그 객체인 물건의 제반 상황에 따라 공유자의 지분 비율에 따른 합리적인 분할을 하면 되는 것이다.

따라서 여러 사람이 공유하는 물건을 분할하는 경우에는 원칙적으로는 각 공유자가 취득하는 토지의 면적이 그 공유지분의 비율과 같도록 하여야 할 것이나, 반드시 그런 방법으로만 분할하여야 하는 것은 아니고, 분할 대상이 된 공유물의 형상이나 위치, 그 이용 상황이나 경제적 가치가 균등하지 아니할 때에는 이와 같은 제반 사정을 고려하여 경제적 가치가 지분 비율에 상응되도록 분할하는 것도 허용되며, 일정한 요건이 갖추어진 경우에는 공유자 상호간에 금전으로 경제적 가치의 과부족을 조정하게 하여 분할을 하는 것도 현물분할의 한 방법으로 허용되고, 나아가 공유관계의 발생원인과 공유지분의 비율 및 분할된 경우의 경제적 가치, 분할 방법에 관한 공유자의 희망 등의 사정을 종합적으로 고려하여 당해 공유물을 특정한 자에게 취득시키는 것이 상당하다고 인정되고, 다른 공유자에게는 그 지분의 가격을 취득시키는 것이 공유자 간의 실질적인 공평을 해치지 않는다고 인정되는 특별한 사정이 있는 때에는 공유물을 공유자 중의 1인의 단독소유 또는 수인의 공유로 하되 현물을 소유하게 되는 공유자로 하여금 다른 공유자에 대하여 그 지분의 적정하고도 합리적인 가격을 배상시키는 방법에 의한 분할도 현물분할의 하나로 허용된다고 할 것이다. 만일 그런 방법이 허용되지 않는다고 한다면 특히 구분건물의 대상이 되지 않는 건물의 공유자가 분할을 원하는 경우에는 그 지분이 적정하고 합리적으로 평가되고, 상대방 공유자가 그 대금을 지불할 능력이 있어 대금분할보다는 가격배상에 의한 분할방법이 더 공평한 방법이 될 수 있는 때에도 항상 경매에 의한 대금분할을 명하여야 하는 불합리한 점을 극복할 수 없게 된다.

그럼에도 불구하고, 이와 달리 가격배상에 의한 분할방법은 허용되지 않는다는 이유로 이러한 방법에 의한 공유물분할이 공평한 분할이 되는지 여부에 관하여 전혀 심리하지도 않고 이 사건 토지 및 건물에 대한 현물분할은 곤란하거나 분할로 인하여 현저히 그 가액이 감손될 염려가 있다고 인정하여 곧바로 경매에 의한 대금분할을 명한 원심판결에는 공유물분할에 관한 법리를 오해하여 심리를 다하지 아니함으로 인하여 판결 결과에 영향을 미친 위법이 있다.

☑ 쟁 점

위 판결은 재판에 의한 공유물의 분할방법으로 현물분할이나 대금분할이 아닌 전면적 가격배상에 의한 분할(공유물을 공유자 중의 1인의 단독소유로 하되 다른 공유자에 대하여 그 지분의 합리적 가격을 배상시키는 방법)이 허용되는지가 문제된 것이다.

☑ 검토할 사항

- 공유물의 분할방법으로는 어떠한 것이 있는가?
- 재판에 의한 공유물분할은 통상적으로 어떠한 방법순으로 적용되는가?
- 전면적 가격배상은 어느 때 허용되는가?

☑ 기타 검토사항

- 공유물분할의 소의 성질은 무엇인가?
- 공유물분할의 소의 당사자는 누구인가?

☑ 참고문헌

- 김대원, 전면적 가격배상 방법에 의한 공유분할의 허용 여부, 대법원판례해설 제51호, 69-86면, 2005.
- 오세율, 전면적 가격보상방법에 의한 공유물의 분할, 재판과 판례(대구판례연구회) 15집, 185-224면, 2007.

5. 구분소유적 공유

대판 1994. 2. 8. 93다42986 ……………………………………………………

[사안] A로부터 甲(원고)과 B가 토지의 일부를 특정하여 매수하였는데, 위 토지는 공유토지분할에 관한 특례법에 의하여 분할이 확정된 토지이다. 그러나 甲과 B는 분할절차의 번거로움을 피하기 위하여 분필절차에 따른 분할등기를 하지 않고 甲 명의로 11/60, B 명의로 49/60의 지분이전등기를 하였다. 그 후 乙(피고)이 甲으로부터 그의 토지에 있던 천막건물을 임차하여 점유·사용하다가, 이를 헐고 그 자리에 새로 블록조 건물을 신축하여 점유·사용하였다. 이에 甲은 乙이 지은 건물 전체의 철거를 청구하였다. 이에 대하여 乙은 건물이 신축된 부분의 토지는 등기부상 甲과 B의 공유로 되어 있지만, 실제로는 甲이 특정하여 매수한 부분에 해당하지 않으므로, 甲은 乙에게 건물의 철거를 청구할 수 없다고 항변하였다.

[판지] 부동산거래에 있어서 1필의 토지 중 위치와 평수를 특정하여 매수하고도 분할등기를 하지 아니한 채 필지 전체 평수에 대한 매수부분의 면적에 상응하는 지분소유권이전등기를 하는 경우는 이를 일반의 공유와 같이 취급할 수는 없고, 외부적으로는 공유이나 내부적으로는 구분소유하는 것으로 취급하여야 할 것이다.

이와 같이 1필지의 토지 중 일부를 특정하여 매수하고 다만 그 소유권이전등기는 그 필지 전체에 관하여 공유지분권 이전등기를 한 경우에는 그 특정부분 이외의 부분에 관한 등기는 상호 명의신탁을 하고 있는 것으로서, 그 지분권자는 내부관계에 있어서는 특정부분에 한하여 소유권을 취득하고 이를 배타적으로 사용, 수익할 수 있고, 다른 구분소유자의 방해행위에 대하여는 소유권에 터잡아 그 배제를 구할 수 있다고 하겠으나, 외부관계에 있어서는 1필지 전체에 관하여 공유관계가 성립되고 공유자로서의 권리만을 주장할 수 있는 것이므로, 제 3 자의 방해행위가 있는 경우에는 자기의 구분소유 부분뿐 아니라 전체 토지에 대하여 공유물의 보존행위로서 그 배제를 구할 수 있다고 할 것이다.

따라서 원고의 이 사건 각 토지에 대한 공유지분권이전등기가 위와 같은 상호 명의신탁의 관계에 있는 것이라 하더라도, 원고는 공유자 아닌 피고에 대한 관계에 있어서는 그 토지 전부에 대하여 공유자로서의 지위에 있다고 할 것이어서 공유물의 보존행위로서 자신이 매수하지 아니한 부분에 대하여서 까지도 방해배제를 구할 수 있다 할 것이다.

☑ 쟁 점

위 판결은 제3자가 수인이 구분소유적으로 공유하는 토지를 불법 점유하는 경우, 공유자 1인이 그 제3자를 상대로 자기의 구분소유부분뿐만 아니라 전체토지에 관하여 방해제거를 청구할 수 있는가 하는 점이 문제된 것이다.

☑ 검토할 사항

- 구분소유적 공유관계에서 각 공유자가 소유하는 특정부분 이외의 부분에 관한 등기의 효력은 어떠한가?
- 구분소유적 공유관계의 대내관계와 대외관계는 어떻게 구성되는가?
- 甲이 乙에게 건물의 철거를 청구할 수 있는 근거는 무엇인가?

☑ 관련사례

- 甲은 1필의 토지 일부를 특정하여 A에게 양도하면서 1/2의 지분을 이전등기하여 주고 실제로는 토지를 2부분으로 나누어 점유하여 왔다. 그 후 A은 자신이 점유하던 부분을 乙에게 양도하고 자신이 보유하던 1/2 지분소유권을 이전등기하여 주었다. 이러한 경우에 甲은 토지 전체에 관하여 1/2의 지분소유권을 乙에게 주장할 수 있는가? (대판 1996. 10. 25. 95다40939 참조)
- 甲이 1필인 X토지 중 일부인 Y부분을 구분 특정하여 소유하나 X토지에 관하여 단지 지분소유권이전등기를 경료하였는데, 乙 市가 Y부분을 도로로 점유 사용하는 경우, 甲은 乙에 대하여 그 점유사용으로 인한 무낭이득액 진부에 관하여 반환을 청구할 수 있는가? (대판 1993. 11. 23. 93다22326 참조)

☑ 참고문헌

- 손창환, 구분소유적 공유관계의 성립과 관련된 몇 가지 문제점, 재판실무연구(광주지방법원), 134-157면, 2000.
- 신국미, 구분소유적 공유관계의 법적 성질 ―판례이론의 비판적 고찰―, 법학논집 제31권 제1호(2009. 5), 43-64면.

제 2 항 합 유

1. 합유의 성립

대판 1991. 7. 12. 90다13161 ··

[사안] 이 사건 임야는 甲(원고)의 父 A의 소유인데, A와 B는 A가 임야를 제공하고 B는 여기에 차나무를 심어 다원을 조성하여 그 이익을 일정한 비율로 배분하기로 하는 동업계약을 체결하였다. 이에 기하여 B는 위 임야에 차나무를 심어 다원을 조성하는 등 공동사업을 운영하였으며, A가 사망한 후 그 상속인인 甲이 그 지위를 승계하여 동업계약을 존속시키기로 합의하였다. 다만 위 임야에 대해서는 조합의 소유로 등기하지 않았으며, 그리하여 甲의 소유로 등기되어 있다. 그런데 B가 임야에 심어져 있던 차나무를 식품회사 乙(피고)에게 양도하여 乙이 이를 점유하고 있다. 이에 甲이 위 임야의 소유권에 기하여 차나무의 철거와 토지인도 및 점유로 인한 부당이득의 반환을 청구하였다. 이에 대하여 乙은 위 임야는 甲과 B 사이의 동업계약에 기한 조합재산으로서 조합의 합유에 속하는 것이므로, 위 임야에 대하여 단독소유권이 있음을 전제로 한 甲의 청구는 이유없다고 항변하였다.

[원심] 원고와 B간의 위 동업형태는 그 성격이 민법상 조합이므로 원고가 제공한 위 임야의 토지사용권은 조합의 재산으로 조합원인 원고와 B가 이를 합유하고 있는 것이고, 따라서 위 조합관계가 청산절차의 종료 등으로 소멸하였음을 이유로 하거나 합유재산의 보존행위로서 원고의 단독으로 그 반환을 구할 수 있음은 별론으로 하고, 위 임야가 원고의 소유만으로 그 소유권에 기하여 곧 바로 자기에게 철거 인도 및 부당이득반환을 하라고 청구할 수는 없다고 하여 원고의 청구를 배척하였다.

[판지] 원심의 위와 같은 이유 설명은 매우 불투명하다. 우선 원고와 B 사이의 동업계약에 의하여 임야의 소유권 자체가 원고와 B의 합유에 속하게 되었다는 것인지, 그 사용권만이 준합유의 목적물이라는 것인지 그 설시만으로는 명백치 않다. 원심이 인정한 바와 같이 이 사건 임야가 원고의 소유로 등기가 되어 있고 조합원의 합유로 등기되어 있지 않다면, 원심설시의 조합계약의 내용에 관하여

원고가 위 임야의 사용권만을 투자하기로 한 경우는 말할 것도 없고 소유권을 투자하기로 한 것이었다고 할지라도 원고와 조합 사이에 채권적인 권리의무가 발생하여 원고로 하여금 조합에 대하여 그 소유권을 이전할 의무 내지 그 사용을 인용할 의무가 있다고 할 수는 있을망정 그 동업계약을 이유로 위 조합계약 당사자 아닌 사람에 대한 관계에서 위 부동산이 조합원의 합유에 속한다고 할 근거는 없는 것이다. 다시 말하자면 원고는 위 조합원이 아닌 제3자에 대하여는 여전히 소유자로서 그 소유권을 행사할 수 있는 것이다. 피고가 위 동업계약의 당사자가 아니면서 동업계약을 이유로 원고의 소유권 또는 그 소유권에 기한 목적물반환청구권의 행사를 거부하기 위하여서는 적어도 조합에 대하여 어떤 권리를 가지고 있고 그 권리행사를 위하여 조합의 원고에 대한 계약상의 권리를 주장할 수 있는 지위에 있지 아니하면 안 될 것이다.
원심이 피고의 이 사건 임야를 점유하는 권원과 조합에 대한 지위 같은 것을 심리해 보지도 아니하고 원고 명의로 소유권이전등기가 되어 있음을 인정하면서 동업계약이 있다는 이유만으로 원고는 피고에 대하여 위 임야의 단독소유권을 주장할 수 없다고 판단하고 말았으니 이는 소유권에 관한 법리를 오해하였거나 이유불비 심리미진의 위법을 저질렀다고 아니할 수 없다.

☑ 쟁 점

위 판결은 甲이 동업계약(조합계약)에 의하여 부동산을 투자하였으나 그 부동산은 자신의 소유로 등기되어 있는 경우, 甲이 조합원이 아닌 제3자에 대하여 그 부동산에 관한 소유권(방해제거청구권)을 행사할 수 있는가 하는 점이 문제된 것이다.

☑ 검토할 사항

- 판결이 乙의 항변을 배척한 이유는 무엇인가?
- 공동사업을 위하여 출자한 부동산에 관하여 아직 조합의 재산으로 등기하지 않은 경우, 그 부동산은 조합의 소유가 되는가?

☑ 관련사례

- 甲 등 수인이 공동사업을 위하여 조합을 결성하고 사업수행을 위하여 부동산을 매수하였으나 그 부동산에 관하여 단지 위 수인 앞으로 공유지분에 따른 소유권이전등기를 경료한 경우, 수인의 부동산에 대한 소유관계는 어떠한가? 그 후 甲이 조합에서 탈퇴하면서 나머지 조합원들에게 자신의 지분에 관하여 이전등기를 경료하여

준 경우, 이는 조합원의 일반채권자를 해하는 사해행위가 되는가? (대판 2002. 6. 14. 2000다30622 참조)

- 합유자가 사망한 경우, 그가 가지는 합유지분은 상속인에게 상속되는가? (대판 1994. 2. 25. 93다39225)

☑ 참고문헌

- 장재현, 조합재산의 법률관계, 민사법이론과 실무(민사법의 이론과 실무학회) 6집, 75-100면, 2003.

2. 합유물의 처분

대판 2000. 10. 10. 2000다28506,28513

[사안] 상가조합 A는 상가건물을 신축하여 분양·임대할 목적으로 31명의 조합원으로 결성된 민법상 조합이고, 甲(원고)은 A와 건물 신축 및 임대, 분양 등 업무를 대행하기로 한 부동산컨설팅 회사이고, 乙(피고)은 A의 조합원으로서 상가건물 중 106호와 107호를 분양받은 자인데, 8천만 원의 분양잔대금을 미납한 상태이다. A는 甲과의 계약관계 정리를 위하여 乙에 대하여 가지고 있는 분양잔대금 채권을 甲에게 양도하고, 그 사실을 내용증명우편을 이용하여 乙에게 통지하였다. 그런데 조합원들 사이에 위 채권의 양도가 다른 조합원의 동의 내지 조합총회의 결의가 없이 이루어졌으므로 효력이 없다는 취지의 주장이 제기되자, A는 다시 임원회를 개최하여 피고들에 대한 위 각 채권을 같은 날짜로 원고에게 다시 양도하기로 결의하였고, 위 양도사실이 담겨진 채권양도통지서를 내용증명우편으로 발송하여 그 통지서가 그 무렵 乙에게 도달하였다. 이에 따라 甲이 양수금을 청구하였다. 이에 대하여 乙은 A조합의 총회결의 없이 임원회결의만으로 이루어진 채권양도는 무효라는 이유로 지급을 거절하고 있다.

한편 ① 상가건물의 신축공사에 관한 도급계약이나 조합원 개개인과의 분양계약 내지 甲과의 사이에 업무대행계약을 체결할 때 A의 전 조합원들이 그 당사자로 되었고, ② A의 정관에 의하면, 조합의 임원은 조합장 1인, 이사 2인, 감사 1인, 총무 1인으로 하고(제 8 조), 임원의 종류, 인원, 선임절차 및 직무권한 등에 대하여 규정하고 있는데, 조합장은 조합을 대표하여 회무를 통리하고 총회의 의장이 되며, 매입대상 토지선택 및 신청권, 계약체결권, 토지대금납부, 토지사용승낙 등

토지계약 체결에 따른 모든 권리의무행사 이행권, 건축허가신청권, 조합원변경신청권 및 기타 정관시행약관에서 정하는 사항의 업무를 행하고(정관 제10조 제1항), 이사 및 총무도 정관시행약관이 정하는 바에 따라 조합의 업무를 분장하며(정관 제10조 제3항), 총회에서 선임한 임원들로 구성된 임원회에서는 임원의 선임 및 변경, 정관의 제정 및 변경, 조합원의 부담비용과 징수방법, 사업시행계획의 변경, 필요한 경우 사업시행 대행업체 또는 건축시공업자에게 건축비용의 일부 또는 전부를 부담하게 하고 건축된 상가의 일부로 동 부담금을 변제할 수 있도록 하는 결정, 상가건축 및 분배·처분계획, 조합원의 제명처분에 대한 결정을 제외하고는 총회의 권한을 대행할 수 있도록 규정하고 있다(정관 제16조).

[원심] A는 동업사업을 위하여 조합원 각자의 지분에 따라 사업자금을 출자하고 손익분배를 하기로 하는 내용의 동업계약을 체결한 조합원들로 구성된 동업체로서, A가 이 사건 상가건물의 신축공사에 관한 도급계약이나 조합원 개개인과의 분양계약 내지 원고와 사이에 업무대행계약을 체결할 때 전 조합원들이 그 당사자로 되었던 점, A의 정관 제14조에 의하면 조합원의 비용부담과 징수방법, 상가건축 및 분배처분 계획과 방법 등은 반드시 조합원총회의 결의를 거치도록 규정되어 있는 점 등에 비추어 보면, A가 그 조합재산인 이 사건 채권을 甲에게 양도함에 있어서는 조합원 전원의 동의가 필요하거나 적어도 조합원총회의 결의가 있어야 한다. 그런데 이 사건 채권의 양도에 있어서는 그와 같은 조합원 전원의 동의나 조합원총회의 결의가 없었으므로 이 사건 조합 임원회의 결의에 의한 이 사건 채권양도는 무효이다.

[판지] A조합의 정관 제10조 및 제16조의 규정에 비추어볼 때 A의 임원은 업무집행조합원이라고 보아야 한다. 조합재산의 처분·변경에 관한 행위는 다른 특별한 사정이 없는 한 조합의 특별사무에 해당하는 업무집행이며, 업무집행조합원이 수인 있는 경우에는 조합의 통상사무의 범위에 속하지 아니하는 특별사무에 관한 업무집행은 민법 제706조 제2항에 따라 원칙적으로 업무집행조합원의 과반수로써 결정하는 것이다. 따라서 업무집행조합원들의 의사결정기관인 임원회의 과반수 결의로 이루어진 이 사건 채권의 양도는 다른 특별한 사정이 없는 한 유효한 업무집행이라 할 것이다(물론 조합의 업무집행 방법에 관한 위와 같은 민법 규정은 임의규정이므로 당사자 사이의 약정에 의하여 조합의 업무집행에 관하여 조합원 전원의 동의 또는 조합원총회의 결의를 요하도록 하는 등 그 내용을 달리 정할 수는

있으나, 원심에서 들고 있는 조합원의 비용부담과 징수방법, 상가건축 및 분배처분 계획과 방법 등은 반드시 조합원총회의 의결을 거쳐야만 한다는 이 사건 조합 정관 제14조 규정을 보더라도 이 사건 채권양도로 인하여 이미 결정된 조합원의 비용부담과 징수방법에 변경을 가져오거나 상가건축 및 분배처분 계획과 방법에 어떠한 영향을 미치는 것도 아니므로 위 규정이 이 사건 채권양도와 관련한 조합의 업무집행방법에 관하여 그 일반원칙과 달리 조합원총회의 결의를 요하도록 규정한 것은 아니라 할 것이고, A가 이 사건 상가건물의 신축공사에 관한 도급계약이나 조합원 개개인과의 분양계약 또는 원고와 사이에 업무대행계약을 체결할 때 전 조합원들이 그 당사자로 되었던 것은 조합에 법인격이 인정되지 않기 때문에 그러한 방식을 취한 것이다).

☑ 쟁 점

위 판결은 조합재산인 乙에 대한 분양잔대금채권을 처분하려고 할 때 조합원전원의 동의가 필요한 것인지, 아니면 임원회의 결의만으로 처분이 가능한 것인지가 문제된 것이다.

☑ 검토할 사항

- 합유물의 처분·변경을 위해서는 어떠한 요건을 갖추어야 하나?
- 민법 제272조와 민법 제706조 제 2 항의 관계는 어떻게 설명될 수 있나?

☑ 기타 검토사항

- 합유에 관한 민법 제271조 이하의 규정과 조합에 관한 민법 제703조 이하의 규정은 어떠한 관계인가?
- 합유물의 처분·변경과 합유물의 보존행위를 위한 요건은 어떠한 차이가 있는가?
- 사안에서 A상가조합은 31명으로 구성된 단체로써, 법원은 이를 민법상 조합이라고 판단하였는데, 이를 권리능력없는 사단으로 볼 여지는 없는가? 민법상 조합과 권리능력없는 사단은 어떻게 구별될 수 있는지를 설명해보시오.

☑ 참고문헌

- 김기정, 조합재산의 처분·변경과 조합의 업무집행, 대법원판례해설 35호, 97-113면, 2001.
- 김재형, 조합에 대한 법적 규율, 민법론 III, 142-198면, 2004.

제3항 총 유

1. 총유관계의 성립

대판 1992. 10. 27. 91다11209 ·····································

[사안] 사망한 V와 M에게는 A, B, C, D, E 다섯 아들이 있었다. 이들 5형제 자식들은 종산을 구입하여 그 부모(V와 M)의 묘소를 설치하기로 하였다. 다만 생활이 어려웠던 2남 B는 부담을 않기로 하고 나머지 4형제(A, C, D, E)가 대금을 분담하여 임야를 매수하여 그 장남인 A의 명의로 소유권이전등기를 경료하였다. 그 후 A와 그의 아들인 a가 연이어 사망하자, A의 3명의 손자들(a1, a2, a3: 이들을 피고 '乙'이라고 한다)이 상속을 원인으로 하여 소유권이전등기를 경료하였다. C와 D의 사망으로, C의 아들 c와 D의 아들 d 및 E는(이들을 원고 '甲'이라고 한다) 乙을 상대로 명의신탁해지를 원인으로 하는 소유권이전등기를 청구하였다. 그 이유인 즉, 문제의 임야는 V의 4형제(A, C, D, E)가 임야를 공유하기로 하여 공동매수 한 후에 편의상 장남인 A의 명의로 명의신탁한 것이므로 C, D의 상속인 c와 d 그리고 E는 위 신탁계약을 해지하여 그 지분에 대하여 소유권이전등기를 구한다는 것이다.
한편 피고 乙은 5형제가 구입한 이 사건임야에서 분할된 田을 타인에게 매도하였다가 원고들로부터 항의를 받고 이 사건임야는 위 4형제의 공동재산이라고 확인한바 있고, 이 사건 임야에 V와 M, A내외, a 그리고 D의 각 묘소를 설치한 바 있으며, 甲 및 乙은 이 사건 임야에서 분할된 임야의 매각대금으로 충남 아산군에 있는 임야를 종산으로 구입하여 A, B, C, D, E의 장남들 7인의 명의로 소유권이전등기를 해준바 있다.
甲은 V의 아들 4형제(A, C, D, E)가 최초의 임야를 공유하기로 하여 매수하였다는 점, 수인이 공동소유하고 있는 재산의 소유형태는 공유로 추정된다는 점 그리고 최초의 임야의 매수당시에는 V를 중시조로 하는 종중이 있었는지 불분명하므로 위 부동산은 총유가 아니라 A, C, D, E의 공유로 보아야 한다고 주장하였다.
[판지] V의 아들 5형제(A, B, C, D, E)가 종산을 구입하여 부모 묘소를 쓰기로 합의하고 형편이 어려운 B를 제외한 나머지 4형제(A, C, D, E)가 돈을 모아 분할

전 이 사건 임야를 매수하여 A명의로 소유권이전등기를 경료하고, 그 후 이 사건 임야에 그들의 V와 M, A내외, a, D의 각 묘소를 설치한 사실, 甲(c, d, E) 및 乙(a1, a2, a3)은 분할 전 이 사건 임야에서 분할된 임야의 매각대금으로 충남 아산군에 있는 임야를 종산으로 구입하여 위 5형제 집안의 장남들인 7인의 공동명의로 소유권이전등기를 경료한 사실을 인정할 수 있음에 비추어 보면, 위 4형제가 분할 전 이 사건 임야를 공동으로 매수한 것은 지분으로 소유하다가 그 지분을 처분할 수도 있는 공유형태로 소유하려고 매수한 것이라고는 볼 수 없고, 위 V를 중시조로 하는 종중의 종산으로 보존하면서 위 5형제가 공동소유하려고 위 4형제가 매수한 것이라는 취지에서 위 5형제의 총유라고 판단된다.

☑ 쟁 점

위 판결은 V의 아들 A, C, D, E가 대금을 분담하여 임야를 구입한 것이 공유재산을 취득한 것인지, 아니면 총유재산을 취득한 것인지가 문제된 것이다.

☑ 검토할 사항

- A, C, D, E가 취득한 재산은 공유에 해당하는가? 아니면 총유에 해당하는가?
- A, C, D, E가 취득한 재산이 공유라고 할 때와 총유라고 할 때에 어떠한 차이가 있는 가? 특히 대금을 분담하지 아니한 B에게는 공유와 총유가 어떠한 차이를 보이는가?
- 대법원이 이들의 법률관계를 총유라고 본 근거를 구체적으로 찾아보라.

☑ 관련사례

- 어떤 임야가 임야조사령에 의하여 동(洞)이나 리(里)의 명의로 사정된 경우에 그러한 동·리의 법적 성질은 무엇인가? (대판 2008. 1. 31. 2005다60871; 대판 2009. 1. 30. 2008다71469 참조)
- 비법인사단의 구성원 개인이 사단의 대표자로서 혹은 사원총회의 결의에 따라 단독으로 총유재산의 보존을 위한 소를 제기할 수 있는가? (대판(전) 2005. 9. 15. 2004다44971 참조)

☑ 기타 검토사항

- 甲이 공유를 전제로 한 명의신탁계약의 해지를 주장할 수 없다면, 甲은 어떻게 乙 명의의 소유권이전등기를 바로 잡을 수 있는가?
- 총유관계가 성립하는 다른 예를 들어보라.

☑ 참고문헌

- 김학동, 총유의 본질과 실제, 사법연구 제 1 집, 113-172면, 1992.
- 오영권, 부동산의 공유와 총유의 구별, 대법원판례해설 제18호, 386-393면, 1992.

2. 법률관계

판례 1

대판 2001. 5. 29. 2000다10246

[사안] 甲 조합(피고)은 주택건설촉진법에 따라 서울 은평구 갈현 일대의 아파트를 재건축하기 위하여 설립된 재건축조합이다. A는 甲조합의 조합장으로서 乙(원고)에게서 여러 차례 금원을 대여받으면서 그 담보조로 甲조합이 신축예정인 상가건물 중의 일부를 乙에게 매도하는 내용의 부동산매매계약서를 작성하여 주고 변제기까지 차용원리금을 변제하지 못할 경우에는 乙에게 상가분양계약서를 교부하여 주기로 약정하였다. 甲조합이 약정된 변제기까지 각 차용금을 변제하지 아니하자, 乙의 요구에 따라 A는 乙에게 건물 일부에 대한 상가분양계약서를 교부하였다. 그러나 甲조합이 소유권이전등기를 해주지 않자 乙이 소유권이전등기의 이행을 청구하였다.
한편 甲 조합의 정관에는 제19조 제 1 항에서 조합장은 조합을 대표하여 그 사무를 총괄한다고 규정하면서, 제13조에서 조합원총회의 승인사항으로 사업계획의 결정, 규약의 제정 및 시공회사의 선정을 규정하고, 제22조에서 임원회의 의결사항으로 규약의 제·개정, 사업시행계획, 예산으로 정한 사항 이외의 조합원에게 부담되는 사항, 부과금의 결정 및 징수방법, 기타 재건축사업 및 조합의 운영에 관련된 사항을 규정하고 있다.

[판지] 주택건설촉진법에 의하여 설립된 재건축조합인 피고 조합은 민법상의 비법인사단에 해당하고, 피고 조합의 실체가 비법인사단이라면 피고 조합이 주체가 되어 신축 완공한 이 사건 상가건물은 조합원 전원의 총유에 속한다고 할 것이다. 한편 총유물의 관리 및 처분에 관하여 피고 조합의 정관이나 규약에 정한 바가 있으면 이에 따라야 하고, 그에 관한 정관이나 규약이 없으면 조합원 총회의 결의에 의하여 하는 것이므로 정관이나 규약에 정함이 없는 이상 비록 피고

조합의 대표자인 조합장에 의한 피고 조합의 재산인 이 사건 상가건물을 처분하였다고 하더라도 그러한 절차를 거치지 아니한 재산처분행위는 무효라고 할 것이다.
위의 사실에 의하면, 피고 조합의 정관은 제19조 제 1 항에서 조합장의 대표권을 정하고, 제13조에서 조합원총회의 승인사항과 제22조에서 임원회의 의결사항을 규정하여 피고 조합의 대표자인 조합장의 대표권에 관한 제한을 두고 있을 뿐이고, 피고 조합의 조합원의 총유에 속하는 재산의 처분에 관하여는 그 정관이나 규약에 아무런 정함이 없다. 사정이 이러하다면 피고 조합의 대표자인 A가 총회의 결의 없이 피고 조합의 총유에 속하는 이 사건 상가건물들을 원고에게 양도담보로 제공하기로 한 약정은 무효라고 할 것이다.

☑ 쟁 점

위 판결은 비법인사단인 재건축조합의 조합장이 조합원 총회의 의결없이 조합재산을 처분한 경우, 그 처분행위가 유효한가 하는 점이 문제된 것이다.

☑ 검토할 사항

- 총유물을 관리 및 처분이 유효하기 위해서는 어떠한 요건을 갖추어야 하는가?
- 위의 사안에서 甲 조합의 정관에 조합원의 총유에 속하는 재산의 처분에 관한 사항을 정한 것으로 볼 수 있는 규정이 있는가?

☑ 관련사례

- 비법인사단의 대표자가 정관에 위반하여 사원총회의 결의 없이 체결한 거래행위의 효력 및 대표권 제한 사실에 대한 상대방의 악의에 관한 주장·입증책임은 누가 부담하는가? (대판 2003. 7. 22. 2002다64780 참조)
- 건축조합의 조합장이 특정 조합원에게 그가 출자한 대지에 관하여 다른 조합원들과는 달리 실제면적 이상의 할증보상을 하여 주겠다는 내용의 약정을 체결한 행위는 유효한가? (대판 2006. 1. 27. 2004다45349 참조)

☑ 기타 검토사항

- 대법원의 판단처럼 A의 양도담보설정행위가 절차위반을 이유로 甲 조합에 대하여 무효라고 한다면, 乙은 甲 조합에 대하여 달리 책임을 물을 수 있는 방법은 없는가?
- 甲 조합을 대표하는 A가 절차를 위반하여 乙에게 한 양도담보설정행위에 대해 제126조의 표현대리가 준용될 수 있는가? (대판 2003. 7. 11. 2001다73626 참조)

- 재건축조합의 성질은 어떠한가?

☑ 참고문헌

- 민유숙, 재건축조합의 사업시행으로 신축한 집합건물의 원시취득자 ―평석대상판례: 대판 2005. 7. 22. 2003다3072, 대법원판례해설 제57호, 63-91면, 2006.
- 윤장원, 비법인사단의 대표자의 불법행위, 판례연구(부산판례연구회) 제16집, 1-48면, 63-91면, 2005.

판례 2

대판(전) 2007. 4. 19. 2004다60072,60089

[사안] A건설회사는 재건축조합 乙(피고)로부터 수급한 재건축아파트신축공사 중 토목공사에 관하여 甲회사(원고)에 건설공사 하도급을 주었다. A가 甲에게 하도급 공사대금을 제때에 지급하지 아니하여 하도급공사에 차질을 빚게 되자, 甲회사, 乙조합 및 A회사의 대표자가 모여 다음과 같이 합의하였다. 즉 A는 2000. 12. 11.까지 토목공사 기성금 중 1억 원을 甲에게 지급하고, 이후 기성금은 월별로 지급하며, 乙은 A의 하도급공사대금채무를 보증하기로 하였다. 그럼에도 불구하고 A가 약정된 기간내에 기성금을 지급하지 아니하자, 乙조합의 조합장은 위의 약정에 따라 A의 甲에 대한 하도급대금채무를 보증하였다. 이후 甲은 부도처리되었고, A는 甲의 부도를 이유로 하도급계약의 해제를 통지하였다. 甲은 乙이 보증한 A의 甲에 대한 토목공사 하도급대금채무 등 공사대금을 구하는 소를 제기하였다.

한편 乙 조합의 조합 규약 제21조는 '예산으로 정한 사항 외에 조합원의 부담이 될 계약 등에 관한 사항은 임원회의 결의를 거쳐야 한다'라고 규정하고 있으나, 乙조합의 조합장은 보증계약 체결 전에 임원회의 결의를 거치지 아니하였고, 임원들과 사전에 상의하거나 사후에 보고한 바도 없었다.

[원심] 주택건설촉진법에 의하여 설립된 재건축조합은 민법상의 비법인사단에 해당하고, 총유물의 관리 및 처분에 관하여 재건축조합의 정관이나 규약에 정한 바가 있으면 이에 따라야 하며, 정관이나 규약이 없으면 조합원 총회의 결의에 의하여야 하므로 비록 재건축조합의 대표자에 의한 처분이라고 하더라도 그러한 절차를 거치지 아니한 채 한 행위는 무효라고 할 것이고, 이는 재건축조합의 대

표자가 그 재건축조합의 이름으로 채무를 보증하는 계약을 체결한 경우에도 마찬가지이다. 따라서 乙조합의 조합장이 조합명의로 행한 지급보증행위는 무효이며, 乙은 甲에 대하여 공사대금을 지급할 의무가 없다.

[판지] 민법 제275조, 제276조 제 1 항에서 말하는 총유물의 관리 및 처분이라 함은 총유물 그 자체에 관한 이용·개량행위나 법률적·사실적 처분행위를 의미하는 것이므로, 비법인사단이 타인 간의 금전채무를 보증하는 행위는 총유물 그 자체의 관리·처분이 따르지 아니하는 단순한 채무부담행위에 불과하여 이를 총유물의 관리·처분행위라고 볼 수는 없다. 따라서 비법인사단인 재건축조합의 조합장이 채무보증계약을 체결하면서 조합규약에서 정한 조합 임원회의 결의를 거치지 아니하였다거나 조합원총회 결의를 거치지 않았다고 하더라도 그것만으로 바로 그 보증계약이 무효라고 할 수는 없다. 다만, 이와 같은 경우에 조합 임원회의의 결의 등을 거치도록 한 조합규약은 조합장의 대표권을 제한하는 규정에 해당하는 것이므로, 거래 상대방이 그와 같은 대표권 제한 및 그 위반 사실을 알았거나 과실로 인하여 이를 알지 못한 때에는 그 거래행위가 무효로 된다고 봄이 상당하며, 이 경우 그 거래 상대방이 대표권 제한 및 그 위반 사실을 알았거나 알지 못한 데에 과실이 있다는 사정은 그 거래의 무효를 주장하는 측이 이를 주장·입증하여야 한다.

☑ 쟁 점

위 판결은 재건축조합의 조합장이 조합원 총회 혹은 조합규약이 규정하는 임원회 등의 결의 없이 타인의 채무를 보증한 경우, 그 보증행위의 효력이 문제된 것이다.

☑ 검토할 사항

- 비법인사단의 채무부담행위는 총유물의 처분행위에 해당하는가?
- 乙조합 조합장의 위 보증행위가 무효로 되는 경우는 언제인가? 그리고 무효가 되는 근거는 무엇인가?

☑ 관련사례

- 비법인사단이 총회의 결의에 따라 총유물에 관한 매매계약을 체결한 경우에, 비법인사단의 대표자가 그 매매계약에 따라 발생한 채무에 대하여 소멸시효 중단의 효력이 있는 승인을 하거나 채무를 이행할 경우에도 별도로 총회의 결의를 거쳐야만 하는가? (대판 2009. 11. 26. 2009다64383 참조)

☑ 기타 검토사항

- 위의 사안에서 乙조합은 조합장을 상대로 손해배상책임을 물을 수 있는가?

☑ 참고문헌

- 최철환, 보증약정의 총유물 관리 · 처리 해당 여부, 사법(사법연구지원재단) 창간호, 195-222면, 2007.
- 문준섭, 사원총회 결의없는 비법인사단 금전채무 보증행위의 효력, 저스티스 99호, 234-252면, 2007.

제 4 절 구분소유

제 1 항 구분소유의 성립

대판 1999. 7. 27. 98다32540 ……………………………………………

[사안] A회사 소유의 지상 1층 건물(공장 1,604.4㎡, 창고 302.4㎡, 기숙사 828㎡)에 관하여 甲(피고)이 1984. 9. 6. 근저당권을 설정하였으며, 乙(원고)도 1989. 8. 31. 위 공장에 근저당권을 설정하였다. 그런데 A회사는 위 기존 건물을 3층으로 증축하여(2층, 3층 각기 953.94㎡의 사무실), 1991. 4. 19. 기존 건물의 등기부상 표시가 이 사건 건물로 변경되었다. 甲은 1992. 4. 30. 기존 근저당권의 효력이 위 증축부분에 미친다는 내용의 변경등기(근저당권효력변경등기)를 경료하였다. 그런데 그에 앞서 乙이 1991. 5. 16. 마찬가지로 자신의 근저당권의 효력이 증축부분에 미친다는 내용의 변경등기를 경료하였다. 그후 甲이 신청하여 개시된 A회사의 건물에 대한 임의경매절차에서 경매법원은 증축 후 건물 전체를 1개의 부동산으로 보아 절차를 진행하여, 그 매각대금을 甲에게 제 1 순위 근저당권자로서 배당하고, 乙에게는 한 푼도 배당하지 아니하였다. 이에 乙이 甲의 배당액에 대하여 이의를 제기하여, 증축부분은 증축 전 건물과는 별도의 독립한 건물이므로 그에 관하여 먼저 근저당권의 효력변경등기를 마친 자신이 나중에 효력변경등기를 마친 甲보다 증축부분의 매각대금에서 배당순위가 앞선다고 주장하면서 배당

이의의 소를 제기하였다.

[원심] 이 사건 증축부분이 구분소유의 객체가 될 수 있는 별개의 독립된 건물이라면 기존 건물의 표시를 이 사건 건물로 변경하는 등기를 경료하였다고 하더라도 기존 건물의 등기부에 경료된 증축부분의 등기는 1부동산 1등기용지의 원칙상 무효의 등기로서 말소되어야 하는 운명에 있으므로 그에 기초한 근저당권의 효력변경등기도 아무런 효력을 가질 수 없고, 따라서 위 근저당권의 효력변경등기만으로 기존 건물과는 별개의 독립 건물인 증축부분에 대하여도 기존 근저당권의 효력이 미침을 전제로 하는 원고의 주장은 이유 없다.

[판지] 법률상 1개의 부동산으로 등기된 기존 건물이 증축되어 증축부분이 구분소유의 객체가 될 수 있는 구조상 및 이용상의 독립성을 갖추었다고 하더라도 이로써 곧바로 그 증축부분이 법률상 기존 건물과 별개인 구분건물로 되는 것은 아니고, 구분건물이 되기 위하여는 증축부분의 소유자의 구분소유 의사가 객관적으로 표시된 구분행위가 있어야 할 것인바, 이 사건과 같이 기존 건물에 관하여 증축 후의 현존 건물의 현황에 맞추어 증축으로 인한 건물표시변경등기가 경료된 경우에는 특별한 사정이 없는 한 그 소유자는 증축부분을 구분건물로 하지 않고 증축 후의 현존 건물 전체를 1개의 건물로 하려는 의사였다고 봄이 상당하다.

이 경우, 증축부분이 기존 건물의 구성부분이거나 이에 부합된 것으로서 기존 건물과 증축 후의 현존 건물 사이에 동일성이 인정된다면, 위 건물표시변경등기는 증축 후의 현존 건물을 표상하는 유효한 등기라고 할 것이고, 또한 기존 건물에 대하여 이미 설정되어 있던 저당권의 효력은 법률에 특별한 규정이나 설정행위 등에 다른 약정이 없는 한 증축부분에도 미친다고 할 것이므로 기존 건물에 설정된 저당권의 효력을 증축부분에 미치게 하는 취지의 저당권변경등기를 할 수 없는 것이고, 설사 그러한 등기가 경료되었다고 하더라도 아무런 효력이 없다.

한편 증축부분이 기존 건물의 구성부분이거나 이에 부합된 것이 아닌 별개의 건물이고 이를 구분건물로 할 의사였다면 구분건물로서 등기를 하여야 할 것이지 이 사건에서와 같은 건물표시변경등기를 할 수는 없는 것이므로, 그 건물표시변경등기가 경료된 후 기존 건물에 설정된 저당권의 효력을 증축부분에 미치게 하는 취지의 저당권변경등기를 하였다고 하더라도 그 저당권의 효력이 별개의 건물인 증축부분에 미칠 수는 없다고 할 것이다.

그렇다면 원심이 이 사건 증축부분이 구분소유의 객체가 될 수 있는 독립성을 갖추었다는 점만으로 곧바로 기존 건물과는 별개의 독립된 건물로 된다고 본 것이라면 이는 잘못이라 할 것이나, 결과적으로 원고의 위 주장과 같이 위 증축부분이 별개의 건물이라면 이 사건 기존 건물에 설정된 각 근저당권의 효력을 위 증축부분에 미치게 하는 취지의 근저당권변경등기를 하였다고 하더라도 위 각 근저당권의 효력이 증축부분에 미칠 수는 없다고 본 점에서는 정당하고, 거기에 건물변경등기 또는 권리변경등기에 관한 법리오해 등의 위법이 있다고 할 수 없다.

☑ 쟁 점

위 판결은 저당권이 설정된 건물을 증축하여 그 증축부분이 기존 건물과는 물리적으로 독립성을 가지는 경우, 그 증축부분은 독립한 건물이 되는가, 기존 건물에 설정되었던 저당권의 효력은 어떻게 되는가 하는 점이 문제된 것이다.

☑ 검토할 사항

- 기존 건물을 증축하여 그 증축부분이 기존 건물과는 물리적으로 독립성을 가지는 경우, 그러한 점만으로 증축부분은 독립한 건물이 되는가?
- 물리적으로 독립성이 있는 증축부분의 소유자 A가 증축 후의 건물현황에 맞추어 건물표시변경등기를 경료한 경우, A는 증축부분을 독립 건물로 삼을 구분소유 의사를 객관적으로 표시하였다고(즉 구분행위가 있다고) 할 것인가?
- 증축부분이 기존 건물의 구성부분이거나 이에 부합된 것인 경우, 건물표시변경등기는 증축 후의 건물을 표상하는 것으로서 유효한가? 따라서 기존 건물에 설정되어 있던 저당권의 효력은 증축부분에도 미치는가?
- 증축부분이 기존 건물과는 별개의 독립한 건물인 경우, 건물표시변경등기는 증축 후의 건물을 표상하는 것으로서 유효한가? 기존 건물에 설정되어 있던 저당권의 효력은 증축부분에도 미치는가?
- 乙의 청구를 배척한 이유를 간단히 말하시오.

☑ 관련사례

- 1개의 건물이 다수의 점포로 나누어져 있으며 각 점포들이 건축물관리대장상 독립한 별개의 구분건물로 등재되고 등기부상에도 구분소유권의 목적으로 등기되어 있어 각 점포에 관하여 소유권보존등기가 되어 있으나, 각 점포를 구분할 수 있는 벽체가 설치되지 아니한 채 다만 도면상으로만 각 점포가 구분될 수 있을 뿐이고, 특히 지하 1층 내의 점포들 사이에는 각 점포 호수를 구별할 수 있도록 바닥의 타일 색깔을 달리하는 방법으로 구획선이 그어져 있을 뿐이고 각 점포들은 1m 30~40cm 정도 높이의 칸막이 또는 '파티션'이라 불리는 분리와 이동이 용이한 경량

칸막이 등으로 구분되어 있으며, 집합건축물대장상의 건축물 현황도나 배치도에 의하여 각 점포의 위치와 면적이 특정되어 이를 토대로 각 점포가 독립하여 거래되어 온 경우, 각 점포마다 별개의 소유권이 성립하는가? 그리고 위 구분소유등기는 유효하고 따라서 위 등기에 기한 근저당권설정등기 역시 유효한가? (대결 2008. 9. 11. 2008마696 참조).

☑ 기타의 쟁점

- 건물의 구분소유란 무엇을 의미하는가?
- 건물의 구분소유와 1물1권주의와의 관계를 살피시오.
- 1동의 건물에 대한 구분소유권은 구분등기 없이도 성립하는가?

☑ 참고문헌

- 이기용 · 이춘원, 구분소유의 성립에 관한 고찰, 성균관법학 17권 2호, 253-282면 이하, 2005.
- 김득환, 1동 건물의 증축부분이 구분건물로 되기 위한 요건, 대법원판례해설 33호, 279-298면, 2000.
- 송호열, 집합건물에서 구분소유의 성립에 관한 고찰, 토지법학 24-1호, 157-186면, 2008.

제 2 항 집합건물의 법률관계

1. 소유관계

대판 2007. 7. 12. 2006다56565 ……………………………………

[사안] X아파트는 지상 1층의 공중목욕탕 등을 비롯한 상가들, 지상 2층부터 13층의 공동주택부분(84세대), 그 지하에는 제11호 내지 제13호, 제15호, 제16호로 구분이 되는 상가들로 구성되어 있다. 이 중 지하층에는 위 아파트 건축 당시부터 지상의 공동주택과는 별도로 판매시설 용도의 지하층 상가와 공용부분인 화장실, 보일러실, 발전실, 관리실이 있었으며, 지하층 상가는 신축 당시부터 현재까지 공동주택의 입주민들과는 무관하게 판매시설, 운동시설(볼링장), 근린생활시설(일반음식점, 단란주점 등) 용도로 사용되어 왔다. 그리고 지하층의 시설들 중

'계단, 화장실'은 지하층 상가의 공용부분으로, '보일러실'은 1층 공중목욕탕의 공용부분으로, '발전실, 관리실'은 2층 이상 공동주택의 공용부분으로 이 사건 아파트 신축 당시부터 집합건축물대장에 등재되어 있을 뿐만 아니라, 실제 아파트 지상층에서 지하층으로 내려가는 계단의 중간 부분에 설치되어 있는 화장실은 상가 입점자와 그 이용객들을 위한 시설로, 보일러실은 공중목욕탕을 운영하기 위한 시설로 이용되고 있다. 그리고 관리실(지상층과 지하층의 중간 부분)과 발전실의 구조상 아파트 공동주택의 입주자들이 발전실과 관리실로 가기 위하여 지하층 부분을 통과하거나 이용할 필요는 없다.

甲(피고)은 지하층 상가 중 제11호 내지 제13호, 제15호에서 찜질방을 운영하면서, 공용부분인 지하층 부분을 위 찜질방의 카운터, 휴게실 등의 용도로 점유·사용하고 있다. 또한 아파트의 다른 구분소유자들과 협의하지 아니한 채 위 아파트 대지 중 지상주차장 부분에 집전기 및 물탱크를 설치하여 이를 점유·사용하고 있다. 이에 위 아파트의 구분소유자 乙(원고)이 甲이 점유·사용하고 있는 지하층 부분이 아파트 구분소유자 전원의 공용에 제공된 전체공용부분임을 전제로 그 부분의 철거 및 인도를 청구하고, 아울러 지상주차장 부분에 집전기·물탱크를 설치하여 이를 독점적·배타적으로 점유, 사용하고 있다고 하면서 공유물 보존행위로서 그 배타적 사용의 배제(집전기·물탱크의 철거 및 지상주차장 부분의 인도)를 청구하였다.

[판지] 1) 집합건물의 소유 및 관리에 관한 법률 제10조 제1항은 "공용부분은 구분소유자 전원의 공유에 속한다. 다만, 일부의 구분소유자만의 공용에 제공되는 것임이 명백한 공용부분은 그들 구분소유자의 공유에 속한다"고 규정하고 있는바(이하 구분소유자 전원 공용에 제공된 공용부분은 '전체공용부분'이라 하고, 구분소유자 일부만의 공용에 제공된 공용부분을 '일부공용부분'이라 한다), 집합건물의 어느 부분이 전유부분인지 공용부분인지의 여부는 구분소유가 성립한 시점, 즉 원칙적으로 건물 전체가 완성되어 당해 건물에 관한 건축물대장에 집합건물로 등록된 시점을 기준으로 판단하여야 하고, 그 후의 건물 개조나 이용상황의 변화 등은 전유부분인지 공용부분인지 여부에 영향을 미칠 수 없으며, 집합건물의 어느 부분이 구분소유자의 전원 또는 일부의 공용에 제공되는지의 여부는 소유자들 간에 특단의 합의가 없는 한 그 건물의 구조에 따른 객관적인 용도에 의하여 결정되어야 한다.

원심은 위와 같은 이 사건 아파트의 구조에 따른 객관적 용도와 이용관계, 신축 당시 공용부분과 관련한 집합건축물대장의 등재 내용 등에 비추어 보면, 원고가 철거 및 인도를 구하는 이 사건 지하층 부분은 건축 당시부터 지하층 상가 구분소유자들만의 공용에 제공된 일부공용부분에 해당한다는 이유로, 이 사건 지하층 부분이 이 사건 아파트 구분소유자 전원의 공용에 제공된 전체공용부분임을 전제로 한 원고의 이 부분 청구를 기각하였다.

위 법리에 의하면 원심의 판단은 정당하고, 상고이유의 주장과 같은 집합건물의 공용부분에 관한 법리를 오해한 위법 등이 없으며, 한편 위 인정과 같은 이 사건 아파트의 구조에 따른 객관적 용도 등에 비추어 지하층 발전실에서 이 사건 아파트 공동주택으로 연결되는 가스, 수도 등의 배관이 이 사건 지하층 부분의 천정을 통과하고 있다는 사정만으로 이 사건 지하층 부분이 전체공용부분이 된다고 볼 수도 없다.

2) 원심은 피고는 특별한 사정이 없는 한 공유물 보존행위로서 그 배타적 사용의 배제를 구하는 원고에게 집전기와 물탱크를 철거하고 지상주차장 부분을 인도할 의무가 있다고 판단하고, 이어서 '피고가 공유부지 사용료 명목으로 이 사건 아파트 1층 상가의 공중목욕탕보다 평당 160원을 더 지급하는 등 이 사건 지상주차장 부분에 관한 사용료를 지급하여 왔으므로 이를 단독으로 점유할 권원이 있다'는 취지의 피고의 주장을 배척하였다.

집합건물의 소유 및 관리에 관한 법률 제 2 조 제 4 호는 '공용부분이란 전유부분 외의 건물부분, 전유부분에 속하지 아니하는 건물의 부속물 및 제 3 조 제 2 항 및 제 3 항의 규정에 의하여 공용부분이 된 부속의 건물을 말한다'고 규정하고 있으므로, 이 사건 아파트 대지로서 이 사건 아파트 외부에 있는 이 사건 지상주차장 부분은 집합건물의 공용부분이 아니라, 그 구분소유자 전원의 대지권의 목적으로서 이 사건 아파트 구분소유자 전원의 공유에 속한다 할 것인바, 이러한 법리에 의하면 원심의 판단은 정당하다.

☑ 쟁 점

위 판결은 지상의 공동주택과는 별도의 상가 및 공용부분으로 되어 있는 아파트의 지하층이 전체공용부분인가(그리하여 지하층의 공용부분을 상가의 일부로 점유 사용하는 경우 구분소유자는 이의 인도를 청구할 수 있는가), 그리고 아파트 대지 중 지상주차장 부분은 구분소유자 전원의 공유에 속하는가 하는 점이 문제된 것이다.

☑ 검토할 사항

- 집합건물의 전유부분과 공용부분, 그리고 후자에서의 소위 전체공용부분과 일부공용부분의 의미와 그에 대한 소유관계를 살피시오.
- 전유부분과 공용부분의 구분은 어느 시점을 기준으로 하여 결정되는가?
- 甲이 지하층의 공용부분을 배타적으로 점유 사용함에도 불구하고 乙의 청구를 배척한 이유는 무엇인가?
- 아파트 외부에 있는 지상주차장 부분에 대한 소유관계는 어떠한가?

☑ 관련사례

- 상가아파트의 3층 입주자들이 아파트로 사용되던 3층 부분을 상가로 개조하는 과정에서 비용을 마련하기 위해 상가아파트의 3층 엘리베이터박스 옆의 계단 내지 복도의 일부분을 상가로 개조하여 이를 A에게 임대하였다가, 상가자치관리위원회가 상가아파트 관리사무소 직원으로 근무하였던 B에게 그동안의 공로 및 퇴직금 명목으로 위 건물개조 부분을 5년간 무상사용하도록 결의하였는데, B가 위 건물개조 부분에 대한 사용권을 C에게 양도하고 이는 다시 다른 사람에게 순차로 양도되어 甲이 이를 양도받아 점유 사용하고 있다. 위 상가아파트의 구분소유자 乙은 단독으로 甲에 대하여 공유물의 보존행위로써 건물개조 부분의 명도를 청구할 수 있는가? B의 이에 대한 사용권은 물권으로서, 그의 권리를 승계받은 甲은 이를 점유할 권리를 가지는가? (대판 1999. 5. 11. 98다61746 참조).
- 상가아파트 옥상의 급수용 물탱크를 설치하기 위한 옥탑은 구분소유자 전원의 공용부분으로서 구분소유자 일부의 구분소유등기는 무효가 되는가? (대판 1991. 4. 12. 91다4140 참조).
- 집합건물인 상가 건물의 지하주차장은 건물 전체를 위한 공용부분에 해당되고 독립된 구분소유권의 대상이 될 수 없는가? (대판 1995. 12. 26. 94다44675; 대판 1991. 9. 10. 91다2984 참조).

☑ 기타 검토사항

- 집합건물의 구분소유자는 공용 부분에 대한 보존행위를 단독으로 할 수 있는가?

☑ 참고문헌

◆ 김선이, 구분소유자에 의한 집합건물의 소유 및 관리, 이영준박사 화갑기념논문집 I (총칙 · 물권편), 337-360면, 1999.
◆ 박경량, 집합건물 공용부분의 보존행위 성격과 그 구분, 김병대교수 화갑기념논문집, 179-188면, 1998.
◆ 이현종, 집합건물의 구분소유 성립시점, 민사판례연구 23권, 42면 이하, 2001.

2. 대지사용권

대판(전) 2000. 11. 16. 98다45652,45669

[사안] 甲(피고)은 아들 乙(피고)의 명의로 아파트(전유부분 및 그 대지지분)를 A 회사로부터 분양받았는데, 대지지분에 대해서는 대지권 등기가 이루어지지 아니하여 소유권이전등기를 경료받지 못하고, 1990. 1. 23. 아파트의 전유부분에 대하여만 乙의 명의로 소유권이전등기를 경료하였다. 그런데 乙이 1992. 4. 23. 처 丙(원고)과 협의이혼을 하면서, 위자료 명목으로 위 아파트를 丙에게 양도하기로 하여 1992. 4. 27. 丙에게 아파트 전유부분에 대해서만 이전등기를 경료하고 명도해 주었다. 甲은 1994. 2. 경 乙을 상대로 위 아파트의 대지지분에 대한 명의신탁 해지를 원인으로 한 소유권이전등기청구의 소를 제기하여 의제자백에 기한 승소판결을 받은 다음, 乙을 대위하여 대지지분에 대하여 乙 명의로 소유권이전등기를 경료하고 이어 甲 자신의 명의로 이전등기를 경료하였다. 그러자 丙이 甲과 乙을 상대로 아파트 대지에 대한 소유권이전등기를 청구하였다. 이에 대하여 甲은 대지지분을 유효하게 취득하였음을 전제로 丙에게 대지지분에 대한 차임 상당의 부당이득금의 반환을 구하는 반소를 제기하였다.

[판지] 1) 집합건물법은 제20조에서, 구분소유자의 대지사용권은 그가 가지는 전유부분의 처분에 따르고(제 1 항), 구분소유자는 규약으로써 달리 정하지 않는 한 그가 가지는 전유부분과 분리하여 대지사용권을 처분할 수 없으며(제 2 항), 위 분리처분 금지는 그 취지를 등기하지 아니하면 선의로 물권을 취득한 제 3 자에 대하여 대항하지 못한다(제 3 항)고 규정하고 있는바, 위 규정의 취지는 집합건물의 전유부분과 대지사용권이 분리되는 것을 최대한 억제하여 대지사용권 없는 구분소유권의 발생을 방지함으로써 집합건물에 관한 법률관계의 안정과 합리적

규율을 도모하려는 데 있다고 할 것이다.

한편 아파트와 같은 대규모 집합건물의 경우, 대지의 분 · 합필 및 환지절차의 지연, 각 세대당 지분비율 결정의 지연 등으로 인하여 전유부분에 대한 소유권이전등기만 수분양자를 거쳐 양수인 앞으로 경료되고, 대지지분에 대한 소유권이전등기는 상당기간 지체되는 경우가 종종 생기고 있는데, 이러한 경우 집합건물의 건축자로부터 전유부분과 대지지분을 함께 분양의 형식으로 매수하여 그 대금을 모두 지급함으로써 소유권취득의 실질적 요건은 갖추었지만 전유부분에 대한 소유권이전등기만 경료받고 대지지분에 대하여는 앞서 본 바와 같은 사정으로 아직 소유권이전등기를 경료받지 못한 자는 매매계약의 효력으로써 전유부분의 소유를 위하여 건물의 대지를 점유 · 사용할 권리가 있다고 하여야 할 것인바, 매수인의 지위에서 가지는 이러한 점유 · 사용권은 단순한 점유권과는 차원을 달리하는 본권으로서 집합건물법 제2조 제6호 소정의 구분소유자가 전유부분을 소유하기 위하여 건물의 대지에 대하여 가지는 권리인 대지사용권에 해당한다고 할 것이고, 수분양자로부터 전유부분과 대지지분을 다시 매수하거나 증여 등의 방법으로 양수받거나 전전 양수받은 자 역시 당초 수분양자가 가졌던 이러한 대지사용권을 취득한다고 할 것이다.

그리고 앞서 본 집합건물법의 규정내용과 입법취지를 종합하여 볼 때, 대지의 분 · 합필 및 환지절차의 지연, 각 세대당 지분비율 결정의 지연 등의 사정이 없었다면 당연히 전유부뷴의 등기와 동시에 대지지분의 등기가 이루어졌을 것으로 예상되는 경우, 전유부분에 대하여만 소유권이전등기를 경료받았으나 매수인의 지위에서 대지에 대하여 가지는 점유 · 사용권에 터잡아 대지를 점유하고 있는 수분양자는 대지지분에 대한 소유권이전등기를 받기 전에 대지에 대하여 가지는 점유 · 사용권인 대지사용권을 전유부분과 분리 처분하지 못할 뿐만 아니라, 전유부분 및 장래 취득할 대지지분을 다른 사람에게 양도한 후 그 중 전유부분에 대한 소유권이전등기를 경료해 준 다음 사후에 취득한 대지지분도 전유부분의 소유권을 취득한 양수인이 아닌 제3자에게 분리 처분하지 못한다 할 것이고, 이를 위반한 대지지분의 처분행위는 그 효력이 없다고 봄이 상당하다 할 것이다.

이와 달리, 전유부분과 함께 그 대지지분을 매수하고 그 대금을 모두 지급하는 등 하여 대지지분 취득의 실질적 요건을 다 갖추었으나 등기절차상의 사유로 대지지분에 대한 소유권 이전등기를 경료하지 못한 매수인의 지위에서 가지는 권리가 집합건물법 제 2 조 제 6 호 소정의 대지사용권에 해당하지 아니한다는 대법원 1996. 12. 20. 선고 96다14661 판결은 위 견해와 저촉되는 한도에서 이를 폐기하기로 한다.

앞서 본 법리에 비추어 볼 때, 피고 乙은 이 사건 아파트에 대한 소유권이전등기를 경료받을 당시 그 대지지분에 대한 소유권이전등기를 경료받지는 못하였지만 이를 분양받아 그 대금을 모두 지급한 매수인의 지위에서 이 사건 아파트를 소유하기 위하여 대지에 대하여 가지는 점유·사용권인 대지사용권을 취득하였고, 원고 역시 피고 乙로부터 이 사건 아파트와 대지지분을 증여받아 그 아파트에 대한 소유권이전등기를 경료함으로써 이와 같은 대지사용권을 취득하였다 할 것이고, 따라서 이 사건 아파트의 구분소유자였던 피고 乙은 원고에게 그 전유부분에 대한 소유권이전등기를 경료해 준 다음 사후에 취득한 이 사건 대지지분을 전유부분의 소유자인 원고가 아닌 제 3 자에게 분리 처분하지 못하고, 이를 위반하여 대지지분을 처분하였다 하더라도 그 처분행위는 효력이 없다고 할 것이며, 이러한 법리는 피고 乙이 이 사건 대지지분에 대한 명의신탁이 해지됨에 따라 피고 甲에 대하여 대지지분에 대한 소유권이전등기의무를 부담하게 되어 그 의무를 이행하는 경우에도 마찬가지로 적용된다고 할 것이다.

2) 앞서 본 바와 같이 피고 甲 앞으로 경료된 이 사건 대지지분의 소유권이전등기가 무효인 이상, 피고 甲이 이 사건 대지지분을 유효하게 취득하였음을 전제로 하여 원고에 대하여 이 사건 대지지분에 대한 차임 상당의 부당이득금의 반환을 구하는 피고 甲의 반소청구는 그 이유가 없다.

☑ 쟁 점

위 판결은 乙이 아파트를 분양받았으나 대지권 등기가 이루어지지 아니하여 전유부분에 대한 소유권이전등기만 경료받고 대지지분에 대하여는 소유권이전등기를 받지 못한 경우, 乙은 아파트(전유부분)와는 별도로 대지사용권을 제 3 자에게 유효하게 처분할 수 있는가 하는 점이 문제된 것이다.

☑ 검토할 사항

- 집합건물의 구분소유자는 전유부분과 분리하여 대지사용권을 처분할 수 없도록 하는(분리처분금지의 원칙) 취지는 무엇인가?
- 丙은 아파트의 전유부분에 관해서만 이전등기를 하였고 그를 위한 대지지분에 관해

서는 이전등기를 하지 않았음에도 그의 대지사용권이 인정되는 근거는 무엇인가?
- 대지에 대한 지분을 등기함으로써 발생하는 권리와 대지사용권과의 차이를 살피시오.

☑ 관련사례

- 대지에 대한 소유권이전등기를 마치지 않고 인도만 받아 그 지상에 집합건물을 건축한 건축업자 甲으로부터 전유부분과 대지지분을 함께 분양 형식으로 매수하여 그 대금을 모두 지급한 수분양자 乙은 대지지분에 대한 소유권이전등기를 경료하지 않더라도 전유부분에 대한 대지사용권이 인정되는가? (대판 2006. 3. 10. 2004다742 참조).
- 구분건물의 전유부분만에 관하여 설정된 저당권의 효력은 대지사용권에도 미치는가? (대판 1995. 8. 22. 94다12722 참조) 구분건물의 전유부분에 대한 저당권 또는 압류에 기하여 진행된 경매절차에서 전유부분을 경락받은 자는 그 대지사용권도 함께 취득하는가? (대판 2008. 3. 13. 2005다15048 참조).

☑ 참고문헌

- 정다주, 집합건물에서 전유부분과 대지사용권 사이의 일체불가분성과 분리처분된 경우의 상호관련성, 민사판례연구 32권, 277면 이하, 2010.
- 배성호, 구분건물 매수인의 대지 점유사용권의 대지사용권성 여부, 영남법학 9권 2호, 149면 이하, 2003.
- 김기동, 집합건물의 구분소유자들이 가지는 대지사용권의 내용, 대법원판례해설 23호, 216-228면, 1995.
- 김병운, 구분건물에 대하여만 설정된 근저당권의 효력이 그 대지권에도 미치는지 여부, 대법원판례해설 24호, 41-58면, 1996.

3. 구분소유자의 권리 · 의무

대판 2006. 6. 29. 2004다3598,3604

[사안] 甲(원고)은 乙(피고)이 소유하고 있는 지상 9층의 복합상가 건물내 90여개의 점포 중 8층 전체에 대한 경매절차에서 이를 경락받고 소유권이전등기를 경료하였다. 이 상가 건물의 관리규약에는 관리비를 연체할 경우 연체료가 부과되고, 매매나 경매 등에 의하여 구분소유권자가 변경될 경우에는 종전 구분소유자의 체납관리비 채무는 새로운 구분소유자에게 승계된다고 규정하고 있다. 乙은 관리규약에 따라 甲에게 A가 체납한 관리비의 지급을 요구하며 8층에 대한 단

전·단수 조치를 계속하였다. 그러자 甲이 A가 체납한 관리비채무를 부담하지 않는다는 채무부존재확인을 청구하였다. 이에 대하여 乙은 A가 체납한 관리비와 연체료를 지급하라는 반소를 제기하였다.

[판지] 집합건물의 소유 및 관리에 관한 법률 제18조에서는 공유자가 공용부분에 관하여 다른 공유자에 대하여 가지는 채권은 그 특별승계인에 대하여도 행사할 수 있다고 규정하고 있는데, 이는 집합건물의 공용부분은 전체 공유자의 이익에 공여하는 것이어서 공동으로 유지·관리되어야 하고 그에 대한 적정한 유지·관리를 도모하기 위하여는 소요되는 경비에 대한 공유자 간의 채권은 이를 특히 보장할 필요가 있어 공유자의 특별승계인에게 그 승계의사의 유무에 관계없이 청구할 수 있도록 하기 위하여 특별규정을 둔 것이므로, 전(前) 구분소유자의 특별승계인에게 전(前) 구분소유자의 체납관리비를 승계하도록 한 관리규약 중 공용부분 관리비에 관한 부분은 위와 같은 규정에 터 잡은 것으로 유효하다. 그리고 부과된 관리비가 공용부분에 관한 관리비인지 여부는 개개의 관리비 항목의 성질 및 그 구체적 사용내역에 따라 판단되어야 할 것이나, 위와 같은 입법취지에 비추어 볼 때 여기서 말하는 공용부분 관리비에는 집합건물의 공용부분 그 자체의 직접적인 유지·관리를 위하여 지출되는 비용뿐만 아니라, 전유부분을 포함한 집합건물 전체의 유지·관리를 위해 지출되는 비용 가운데에서도 입주자 전체의 공동의 이익을 위하여 집합건물을 통일적으로 유지·관리해야 할 필요가 있어 이를 일률적으로 지출하지 않으면 안 되는 성격의 비용은 그것이 입주자 각자의 개별적인 이익을 위하여 현실적·구체적으로 귀속되는 부분에 사용되는 비용으로 명확히 구분될 수 있는 것이 아니라면, 모두 이에 포함되는 것으로 봄이 상당하다. 한편, 관리비 납부를 연체할 경우 부과되는 연체료는 위약벌의 일종이고, 전(前) 구분소유자의 특별승계인이 체납된 공용부분 관리비를 승계한다고 하여 전(前) 구분소유자가 관리비 납부를 연체함으로 인해 이미 발생하게 된 법률효과까지 그대로 승계하는 것은 아니라 할 것이어서, 공용부분 관리비에 대한 연체료는 특별승계인에게 승계되는 공용부분 관리비에 포함되지 않는다.

그런데 기록에 의하면, 이 사건 상가건물의 관리규약상 관리비 중 일반관리비, 장부기장료, 위탁수수료, 화재보험료, 청소비, 수선유지비 등은 모두 입주자 전체의 공동의 이익을 위하여 집합건물을 통일적으로 유지·관리해야 할 필요에 의해 일률적으로 지출되지 않으면 안 되는 성격의 비용에 해당하는 것으로 인정되고, 그것이 입주자 각자의 개별적인 이익을 위하여 현실적·구체적으로 귀속되는 부분에 사용되는 비용으로 명확히 구분될 수 있는 것이라고 볼 만한 사정을 찾아볼 수 없는 이상 전(前) 구분소유자의 특별승계인인 원고에게 승계되는 공용부분 관리비로 보아야 할 것이다.

그렇다면 원심이 위 각 관리비 항목 중 청소비와 수선유지비를 공용부분 관리비로 보아 원고에게 승계된다고 판단한 것은 정당하다. 그러나 그 외 일반관리비, 장부기장료, 위탁수수료, 화재보험료 등에 관하여 이는 전유부분과 공용부분 모두의 유지·관리를 위한 것으로서, 그 각 해당 금액 중 원고가 소유하는 건물면적에 대한 공용부분이 차지하는 면적의 비율로 산정된 금액만 원고에게 승계되고 또 공용부분 관리비에 대한 연체료도 승계된다고 본 원심의 판단에는 특별승계인에게 승계되는 공용부분 관리비의 범위에 관한 법리를 오해한 위법이 있다.

☑ 쟁 점

위 판결은 복합상가의 구분소유권을 취득한 신 구분소유자는 그 전주가 체납한 관리비를 지급할 의무가 있는가, 있다면 그 범위는 어디까지인가 하는 점이 문제된 것이다.

☑ 검토할 사항

- 구분소유자의 특별승계인에게 전 구분소유자의 체납관리비를 승계하도록 규정하는 상가건물의 관리규약은 유효한가?
- A가 체납한 관리비 중 乙에게 승계되는 범위는 어떠한가?
- 상가건물의 관리규약에 명문규정이 있음에도 불구하고 A가 체납한 관리비의 연체료에 상당하는 금액이 乙에게 승계되지 않는 논거는 무엇인가?

☑ 관련사례

- 도시가스 공급업체인 甲이 X아파트 구분소유자들의 공유에 속하는 아파트 대지의 일부에 가스공급시설과 부대시설물을 설치하여 점유·사용하고 있다. 甲에 대하여 위 시설물의 철거 및 점유로 인한 부당이득반환을 청구할 수 있는 자는 누구인가? 만약 X아파트의 관리규약에 주민의 공동사용에 제공되고 있는 단지 안의 대지에 대한 무단점유 행위가 있을 경우에는 입주자대표 명의로 방해배제청구 및 부당이득 또는 손해배상을 청구할 수 있다는 규정이 있다면, X아파트 입주자로 구성된 甲 입주자대표회의가 이를 청구할 수 있는가? (대판 2003. 6. 24. 2003다17774 참조).
- 아파트건축업자로서 아파트를 신축하여 乙 등이 이를 분양받았으며, 丙 등은 그 수분양자들로부터 아파트를 양수하여, 현재 乙 등과 丙 등이 위 아파트에 거주하고

있다. 그런데 甲이 아파트를 신축할 때 당초의 설계도면과 다르게 시공함으로써 아파트 전유부분 중 거실을 비롯한 주방, 욕실, 발코니 등의 내벽과 천정부분에 각 세대별로 균열이 야기되는 등 부실시공부분과 미시공 및 변경시공부분 등의 하자가 발생하여 乙 등 아파트 입주자들이 수 차례 甲에게 하자보수를 요구하였지만 甲이 응하지 않는다. 乙 등 수분양자뿐만 아니라 그 특별승계인 丙 등도 甲에 대하여 담보책임을 물을 수 있는가? (대판 2003. 2. 11. 2001다47733 참조)

- 집합건물 분양자의 담보책임에 따른 손해배상책임(집합건물의 소유 및 관리에 관한 법률 제 9 조)에도 민법상 수급인의 담보책임에 관한 제척기간이 준용되는가? (대판 2008. 12. 11. 2008다12439 참조)

☑ 기타 검토사항

- 乙의 단전 · 단수 등은 불법행위를 구성하는가? 甲이 乙에 대하여 불법행위를 이유로 손해배상을 청구할 수 있는 범위는 어떠한가?

☑ 참고문헌

- 김영두, 집합건물법 관리비 채권채무의 당사자와 관리비채무의 승계, 민사법학 46호, 293-349면, 2009.
- 윤재윤, 집합건물의 하자담보책임에 관한 실무상 쟁점, 저스티스 73호, 48-75면, 2003.

제 5 절 명의신탁

종래 판례법에 의해 그 유효성이 인정되어 오던 명의신탁약정은 부동산실권리자명의등기에관한법률이 제정됨에 따라 그 효력이 부정되게 되었다. 즉 1995. 7. 1.부터 시행되고 있는 동법에 따르면 동법 시행일 이후에 행해진 명의신탁약정 및 그에 따라 행해진 등기에 의한 부동산물권변동은 원칙적으로 모두 무효이다(제 4 조 제 1 항 및 제 2 항 본문). 나아가 동법 시행일 이전에 행해진 명의신탁(기존명의신탁)역시 제11조의 실명전환유예기간(동법 시행일로부터 1년) 이내에 실명전환등기를 하지 아니하면 제 4 조가 적용되어 그 약정 및 그 등기에 따른 물권변동이 모두 무효가 된다(제12조 제 1 항).

제1항 명의신탁약정의 효력

대결 1997. 5. 1. 97마384 ··

[사안] 이 사건 부동산은 본래 A의 소유였는데, 甲(신청인)이 이를 사실상 취득한 후, 乙에게 그 등기명의를 신탁하여 이에 관하여 1971. 5. 19. 乙 명의로 소유권이전등기가 경료되었다. 甲은 1996. 6. 27. 위 명의신탁약정을 해지하고, 1996. 8. 27. 등기의무자인 乙과 공동으로 명의신탁해지를 원인으로 한 소유권이전등기 신청을 하였다. 이에 대해 등기공무원은 '명의신탁해지로 인한 소유권이전등기신청은 부동산실권리자명의등기에관한법률 제11조 제1항에 의하여 그 유예기간 만료일인 1996. 6. 30.까지 하여야 하고, 같은 법 제3조 제1항에 의하면 누구든지 부동산에 관한 물권을 명의신탁약정에 의하여 명의수탁자의 명의로 등기할 수 없으므로 이는 사건이 등기할 것이 아닌 때에 해당한다'는 이유로 부동산등기법 제55조 제2호에 따라 위 신청을 기각하였다. 이에 甲은 위 등기공무원처분에 관한 이의신청을 하였다.

[판지] 부동산실권리자명의등기에관한법률 제11조 제1항 본문, 제12조 제1항, 제4조의 각 규정에 따르면, 부동산실권리자명의등기에관한법률 시행 전에 명의신탁 약정에 의하여 부동산에 관한 물권을 명의수탁자 명의로 등기한 명의신탁자는 유예기간 이내에 실명등기 등을 하여야 하고, 유예기간 이내에 실명등기 등을 하지 아니한 경우에는 유예기간이 경과한 날 이후부터 명의신탁 약정은 무효가 되고, 명의신탁 약정에 따라 행하여진 등기에 의한 부동산에 관한 물권변동도 무효가 되므로, 유예기간이 경과한 후 명의신탁 약정의 해지를 원인으로 한 명의신탁자의 소유권이전등기 신청은 그 신청취지 자체에 의하여 법률상 허용될 수 없음이 명백한 경우로서 부동산등기법 제55조 제2호의 '사건이 등기할 것이 아닌 때'에 해당하여 등기공무원은 이를 각하하여야 한다.

부동산실권리자명의등기에관한법률 제6조 제1항이 과징금을 부과 받은 명의신탁자에 대하여 지체 없이 당해 부동산에 관한 물권을 '자기 명의로 등기하여야 한다'고 규정하고 있는 뜻은 명의신탁자에게 그와 같은 공법상의 의무를 부과하는 것에 불과하고, 그로써 기존의 명의신탁 약정과 명의수탁자 명의 등기가 무효로 되었음에도 불구하고, 명의신탁자에게 새삼스럽게 명의신탁 약정을 원인으로 하여 직접 명의수탁자로부터 등기를 청구할 수 있도록 사법상의 권리를 창설하는 것이라고 볼 수 없다.

☑ 쟁 점

위 결정은 부동산실권리자명의등기에 관한 법률 시행 이전에 체결된 명의신탁약정이 동법상의 실명전환등기 유예기간(동법 제11조) 경과 후에도 명의신탁약정해지를 이유로 한 소유권이전등기가 가능한지 여부에 관한 것이다.

☑ 검토할 사항

- 甲이 다른 방법을 통해 자신 앞으로 소유권이전등기를 하는 것은 가능한가? (뒤에서 소개할 대판 1999. 9. 17. 99다21738 참조)
- 위 판결의 사안과는 달리 이 사건 부동산이 애당초 甲 명의로 등기되어 있었던 것이라면 명의신탁약정 해지를 원인으로 한 甲의 등기신청이 받아들여질 수 있는가? 만약 이 등기신청이 받아들여질 수 없다면, 甲이 다른 이유를 들어 자신 앞으로 소유권이전등기를 하는 것은 가능한가? (뒤에서 소개할 대판 2002. 9. 6. 2002다35157 참조)

☑ 기타 검토사항

- 부동산실권리자명의등기에관한법률 시행 이전에 甲이 乙에 대한 소유권이전등기청구권을 보전하기 위해 가등기를 해 두었다면 그 가등기는 유효한 것인가? 만약 무효라면 乙은 그 가등기 말소를 청구할 수 있는가? (대판 1998. 12. 11. 98다43250 참조)

☑ 참고문헌

- 목영준, 부동산실권리자명의등기에관한법률상 명의신탁약정의 효력, 민사판례연구 XXI(1999), 93면 이하.

제 2 항 양자간 등기명의신탁

대판 2002. 9. 6. 2002다35157 ··

[사안] 이 사건 부동산에 관하여 1966. 4. 1. 甲(원고) 명의의 소유권이전등기가

경료되었는데, 1968.경부터 미국에 거주하던 甲은 그의 형 내외인 乙·丙(피고들)과 사이에 이 사건 부동산의 관리를 위해 그 소유 명의를 乙·丙 앞으로 이전하기로 하되, 다만 乙·丙의 사정상 乙의 처남인 丁 앞으로 소유권이전등기를 경료하기로 약정한 다음, 이 사건 부동산에 관하여 1979. 7. 24. 丁 명의의 소유권이전등기가 경료되었다. 그 뒤 乙·丙은 부동산실권리자명의등기에관한법률이 시행되자 이 사건 부동산에 관한 소유 명의를 丁으로부터 乙·丙 앞으로 변경하기로 하여, 1996. 4. 13. 명의신탁 해지를 원인으로 각 1/2 지분에 관하여 乙·丙 명의로 소유권이전등기가 경료되었다. 甲은 재외동포의출입국과법적지위에관한법률 소정의 실명전환 유예기간이 경과한 이후에 乙·丙을 상대로 이 사건 부동산에 관해 소유권이전등기를 청구하는 이 사건 소송을 제기하였다.

[판지] 부동산실명법(1995. 7. 1. 시행) 제4조, 제11조, 제12조 등에 의하면, 부동산실명법 시행 전에 명의신탁약정에 의하여 부동산에 관한 물권을 명의수탁자의 명의로 등기하거나 하도록 한 명의신탁자는 법 시행일로부터 1년의 기간 이내에 실명등기를 하여야 하고, 그 기간 이내에 실명등기 또는 매각처분 등을 하지 아니하면 그 이후에는 명의신탁약정은 무효가 되고, 명의신탁약정에 따라 행하여진 등기에 의한 부동산의 물권변동도 무효가 된다고 규정하고 있으므로, 사실관계가 원심이 인정한 바와 같다면, 이 사건 부동산에 관한 피고들 명의의 위 소유권이전등기는 부동산실명법 소정의 유예기간이 경과한 1996. 7. 1. 이후에는 원인무효로서 말소되어야 할 운명에 있다 할 것이어서, 원칙적으로 원고는 피고들을 상대로 원인무효를 이유로 그 등기의 말소를 구하여야 하는 것이기는 하나, 자기 명의로 소유권을 표상하는 등기가 되어 있었거나 법률에 의하여 소유권을 취득한 진정한 소유자는 그 등기명의를 회복하기 위한 방법으로 그 소유권에 기하여 현재의 원인무효인 등기명의인을 상대로 진정한 등기명의의 회복을 원인으로 한 소유권이전등기절차의 이행을 구할 수도 있으므로, 이 사건 부동산에 관하여 자기 명의로 소유권이전등기를 경료한 적이 있었던 원고로서는 피고들을 상대로 진정명의회복을 원인으로 한 이전등기를 구할 수도 있다 할 것이어서, 원심이 피고들에게 진정명의회복을 원인으로 한 이전등기를 하도록 명한 것은 정당하다.

위에서 본 바와 같이 부동산실명법 소정의 유예기간 내에 실명등기 등을 하지 아니한 경우에는 종전의 명의신탁약정에 따라 행하여진 등기가 원인무효로서 말소되어야 하므로 명의신탁자가 명의수탁자를 상대로 원인무효를 이유로 위 등기의 말소를 구하거나 진정명의 회복을 원인으로 한 이전등기를 구할 수 있는바, 재외동포의출입국과법적지위에관한법률(재외동포법) 제11조 제 2 항에서, "국내거소신고를 한 외국국적동포가 부동산실권리자명의등기에관한법률 시행 전에 명의신탁약정에 의하여 명의수탁자 명의로 등기하거나 등기하도록 한 부동산에 관한 물권을 이 법 시행 후 1년 이내에 부동산실권리자명의등기에관한법률 제11조 제 1 항 및 제 2 항의 규정에 의하여 실명으로 등기하거나 매각처분 등을 한 경우에는 동법 제12조 제 1 항 및 제 2 항의 규정을 적용하지 아니한다"고 규정하고 있다 할지라도, 이는 국내거소신고를 한 외국국적동포가 한 명의신탁의 경우에 한하여 부동산실명법 소정의 유예기간을 연장하여 주고, 재외동포법 소정의 유예기간 이후에 가서야 그 명의신탁계약 및 그에 기한 명의수탁자 명의의 등기가 원인무효가 된다는 것을 정하고 있는 것일 뿐, 재외동포법 소정의 유예기간 후에는 명의신탁자가 명의수탁자를 상대로 등기말소청구의 소나 진정명의회복을 위한 이전등기청구의 소를 제기할 수 없음을 정하고 있는 규정은 아니므로, 가사 원고가 재외동포법 소정의 유예기간 경과 후에 이 사건 소를 제기하였다 할지라도 이 사건 소는 적법하다 할 것이고, 원고의 당사자적격 역시 부인할 아무런 이유가 없다.

☑ 쟁 점

위 판결은 명의신탁의 대상이 된 부동산이 원래 명의신탁자 명의로 등기되어 있었던 경우(이른바 양자간 명의신탁), 실명등기전환 유예기간(이 사건의 경우에는 재외동포의출입국과법적지위에관한법률 시행일인 1999. 12. 3.로부터 기산)을 도과한 명의신탁자가 명의수탁자를 상대로 당해 부동산의 소유명의를 되찾을 수 있는지 여부 및 그 방법에 관한 것이다.

☑ 검토할 사항

- 이 사건 부동산이 애당초 甲 명의로 등기되어 있었던 것이라면 명의신탁약정 해지를 원인으로 한 甲의 등기신청이 받아들여질 수 있는가?
- 명의신탁약정 해지를 원인으로 한 甲의 등기신청이 받아들여질 수 없다면, 甲이 다른 이유를 들어 자신 앞으로 소유권이전등기를 하는 것은 가능한가?

☑ 기타 검토사항

- 乙·丙이 丁으로부터 명의신탁 해지를 원인으로 하여 각 1/2 지분에 관하여 자신들 명의로 소유권이전등기를 경료한 것이 유효한 이유는 무엇인가? (부동산실명법 제11조 제 1 항 참조).

☑ 관련사례

- 수탁자가 명의신탁 부동산을 제 3 자에게 매도하여 제 3 자 명의로 소유권이전등기가 경료된 경우 신탁자는 그 제 3 자를 상대로 그 이전등기의 말소를 청구하거나 자신 앞으로 소유권이전등기를 청구할 수 있는가? 또 이 경우 수탁자에게는 어떠한 형사책임이 성립하는가? (대판 2000. 2. 22. 99도5227 참조)

☑ 참고문헌

- 양창수, 명의신탁된 부동산의 실명전환, 민법연구 6권, 187면 이하, 2007.
- 엄동섭, 명의신탁, 고시연구 31권 1호(2004. 1), 204면 이하.

제 3 항 삼자간 등기명의신탁(중간생략형 명의신탁)

대판 1999. 9. 17. 99다21738

[사인] 甲(원고)은 1987. 6. 18. 경 이 사건 X 부동산을 A로부터 매수하여 편의상 그 소유명의를 乙(피고)을 포함하여 10인 명의로 신탁하여 그들 앞으로 각 1/10씩 소유권이전등기를 경료하였다. 또한 甲은 1988. 8. 20.경 이 사건 Y 부동산을 B로부터 매수하여 편의상 그 소유명의를 乙을 포함하여 3인 명의로 신탁하여 그들 앞으로 각 1/3씩 소유권이전등기를 경료하였다. 그 후 X 부동산은 X-1, X-2로 분할되었다. 甲은 1996. 6. 26. 이 사건 소송을 제기하여 X-1 부동산에 관해서는 명의신탁해지를 원인으로 하여 원고 앞으로의 소유권이전등기절차를, X-2 부동산에 관해서는 A로부터 피고 앞으로 이루어진 소유권이전등기의 말소절차를, Y 부동산에 관해서는 B로부터 피고 앞으로 이루어진 소유권이전등기의 말소절차를 이행할 것을 청구하는 소송을 제기하였다(X-2 부동산과 Y 부동산에 관한 청구는 제 1 심 소송계속중 추가된 것으로 추측된다).

제 1 심 및 원심은 원고의 청구를 모두 인용하였다.

이에 피고는 X-2 부동산과 Y 부동산에 관한 청구에 대해 상고하였다.

[판지] 원심판결이 인용한 제 1 심판결 이유에 의하면, 제 1 심은 상고이유의 주장처럼 피고에게 X-2 부동산과 Y 부동산에 관하여 명의신탁 해지를 원인으로 한 소유권이전등기절차의 이행을 명한 것이 아니라, 부동산실권리자명의등기에관한법률 소정의 유예기간이 경과함으로써 같은 법에 의하여 이 사건 명의신탁 약정과 위 각 부동산에 관한 피고 명의의 소유권이전등기가 무효로 되었다는 이유로 그 말소등기절차의 이행을 명한 것임이 명백하다. 그리고 부동산실명법 소정의 유예기간 경과에 의하여 기존 명의신탁 약정과 그에 의한 등기가 무효로 되면 명의신탁 부동산은 매도인 소유로 복귀하므로 매도인은 명의수탁자에게 무효인 명의수탁자 명의의 등기의 말소를 구할 수 있게 되고, 한편 부동산실명법은 매도인과 명의신탁자 사이의 매매계약의 효력을 부정하는 규정을 두고 있지 아니하여 위 유예기간 경과 후로도 매도인과 명의신탁자 사이의 매매계약은 여전히 유효하므로, 명의신탁자는 위 매매계약에 기한 매도인에 대한 소유권이전등기청구권을 보전하기 위하여 매도인을 대위하여 명의수탁자에게 무효인 명의수탁자 명의의 등기의 말소를 구할 수 있다. (상고기각)

☑ 쟁 점

이 판결은 삼자간 명의신탁의 경우, 신탁자가 명의신탁부동산의 소유권을 취득할 수 있는지 여부 및 그 방법에 관한 것이다.

☑ 검토할 사항

- 위 판결의 원심 및 제 1 심 판결이 X-1 부동산에 관해서는 乙로부터 甲 앞으로의 소유권이전등기절차의 이행청구를 인용한 이유는 무엇인가? (부동산실권리자명의등기에관한법률 제11조 제 4 항 참조)
- 위 판결이 제시하는 방법에 따라 甲이 이 사건 부동산에 대해 소유권을 취득할 경우, 부동산실명법에 의해 甲에게는 어떤 제재가 가해지는가?

☑ 기타 검토사항

- 乙은 A나 B가 매매대금을 甲에게 반환하지 않았음을 이유로 동시이행의 항변권을 행사하여 소유권이전등기의 말소 또는 진정명의회복을 위한 소유권이전등기를 거부할 수 있는가?

- A · B로부터 乙로의 이전등기가 불법원인급여에 해당하지는 않는가?
- 만약 甲과 A · B 사이의 매매계약이 체결된 지 이미 10년이 경과하였다면 甲의 A · B에 대한 소유권이전등기청구권은 시효로 인해 소멸했다고 보아야 하는가?

☑ 관련사례

- 부동산실명법상의 실명등기 유예기간이 도과한 이후에 수탁자가 자의로 명의신탁자 앞으로 소유권이전등기를 경료한 경우 그 이전등기는 유효한가? (대판 2004. 6. 25. 2004다6764 참조)
- 수탁자가 명의신탁 부동산을 제 3 자에게 처분한 경우, 신탁자—수탁자—매도인 사이의 법률관계는 어떻게 되는가? (대판 2002. 3. 15. 2001다61654 참조) 또 이 경우 수탁자에게는 어떠한 형사책임이 성립하는가? (대판 2001. 11. 27. 2000도3463 참조)
- 수탁자가 특정채권자를 위해 명의신탁 부동산에 근저당권을 설정해 준 경우 다른 채권자들과의 관계에서 사해행위가 성립하는가? (대판 2000. 3. 10. 99다55069 참조)
- 도급인이 선급금의 대물변제를 위해 수급인 회사 대신에 그 회사의 임직원들에게 삼자간 등기명의신탁의 방법으로 부동산소유권을 이전시켜 준 경우 그 대물변제는 유효한가? (대판 2003. 5. 16. 2001다27470 참조)

☑ 참고문헌

- 양창수, 부동산실명법 제 4 조에 의한 명의신탁의 효력—소위 등기명의신탁을 중심으로, 민법연구 5권, 73면 이하, 2006.
- 양창수, 명의신탁재산의 등기환원, 민법연구 5권, 181면 이하, 2006.

제 4 항 계약명의신탁(위임명의신탁)

판례 1

대판 2002. 12. 26. 2000다21123 ··

[사안] 甲(원고)은 소외 A 명의로 乙(피고 건설회사)이 신축 · 분양하는 이 사건 부동산을 분양받기로 하고 1992. 11. 3. A의 승낙 하에 수분양자를 A로 하여금 乙과 이 사건 부동산의 분양계약을 체결한 다음, 그 분양대금을 완납하고 1995. 3. 16. A 명의로 소유권이전등기를 마쳤다. 그 후 A가 1997. 7. 20. 사망하자 A의 상속인인 丙(피고)이 1997. 12. 13. 이 사건 부동산에 관하여 상속을 원인으로 한

丙 명의의 소유권이전등기를 마쳐 현재에 이르고 있다. 한편 甲은 1997. 8. 14. 소외 B에게 이 사건 부동산을 175,000,000원에 매도한 후 丙에 대해 丁로에게로의 소유권이전등기를 마쳐줄 것을 요청하였으나, 丙은 이를 거부하였다. 이에 甲은 B에 대하여 소유권이전등기의 이행불능으로 매매계약을 해제하고 B에게 매매대금 175,00,000원을 반환하고, 손해배상금 21,000,000원을 지급하였다. 그런 다음 甲은 丙과 건설회사를 상대로 다음과 같은 소송을 제기하였다.

주위적 청구 : A와 丙 명의의 등기는 甲의 명의신탁에 의한 것으로 이는 부동산실권리자명의등기에관한법률에 위반되어 원인무효이므로, 丙은 乙에게 진정한 등기명의회복을 원인으로 한 소유권이전등기절차를, 乙은 매수인인 甲에게 1992. 11. 3. 매매를 원인으로 한 소유권이전등기절차를 이행할 의무가 있고, 丙은 甲에게 소유권이전등기를 마쳐줄 의무가 있음에도 甲이 지정한 B에게 소유권이전등기를 마쳐달라는 甲의 청구를 거부함으로써 甲이 B에게 지급한 손해배상금 21,000,000원을 지급하여야 한다.

제 1 차 예비적 청구 : A 명의의 분양계약 및 그 명의의 소유권이전등기가 유효하다면, 丙은 이 사건 부동산 자체를 부당이득한 것이므로 甲에게 이 사건 부동산에 관하여 부당이득반환을 원인으로 한 소유권이전등기절차를 이행할 의무가 있고, 그러한 의무가 있음에도 불구하고 甲이 지정한 B에게 소유권이전등기를 마쳐달라는 甲의 청구를 거부하였으므로, 甲이 B에게 지급한 21,000,000원을 손해배상으로 지급하여야 한다.

제 2 차 예비적 청구 : A 명의의 분양계약 및 그 명의의 소유권이전등기가 유효하고, 丙이 이 사건 부동산 자체를 부당이득한 것으로 볼 수 없다면, 丙은 부동산가액인 175,000,000원을 부당이득한 것이므로, 175,000,000원과 甲이 B에 대해 지급한 손해배상금 21,000,000원을 지급하여야 한다.

[원심] 甲와 A 사이의 명의신탁약정은 무효이므로, 명의신탁 약정에 따라 이 사건 부동산의 소유권을 취득하게 된 피고 丙은 甲에게 이 사건 부동산에 관하여 얻은 이익을 부당이득으로 반환하여야 할 것인데, 형평의 이념에 바탕을 둔 부당이득제도의 취지에 비추어 볼 때 제 3 자를 보호할 필요성이 없는 경우에도 실질적 당사자인 명의신탁자의 소유권을 부정하고 단지 명의만을 빌려준 수탁자가 부동산의 소유권을 그대로 보유하도록 하는 것은 형평에 어긋나고, 명의신탁 약정을 한 당사자들의 의사에 비추어 볼 때에도 부동산을 취득하고자 했던 명의

신탁자에게는 매매대금의 반환청구권을 주고, 부동산취득을 원하지 않았던 명의수탁자에게는 부동산 소유권을 주면서 그 대신 매매대금 반환의무를 지우는 것은 당사자들의 의사에도 반하므로, 피고 丙은 甲에게 이 사건 부동산에 관하여 부당이득반환을 원인으로 한 소유권이전등기절차를 이행할 의무가 있다. (제 1 차 예비적 청구 인용)

[판지] 부동산실권리자명의등기에관한법률 제 4 조 제 1 항, 제 2 항의 규정에 의하면, 명의신탁자와 명의수탁자가 명의신탁 약정을 맺고, 이에 따라 명의수탁자가 당사자가 되어 명의신탁 약정이 있다는 사실을 알지 못하는 소유자와의 사이에 부동산에 관한 매매계약을 체결한 후 그 매매계약에 기하여 당해 부동산의 소유권이전등기를 수탁자 명의로 마친 경우에는 명의신탁자와 명의수탁자 사이의 명의신탁 약정의 무효에도 불구하고 그 소유권이전등기에 의한 당해 부동산에 관한 물권변동 자체는 유효한 것으로 취급되어 명의수탁자는 당해 부동산의 완전한 소유권을 취득하게 되고, 부동산실권리자명의등기에관한법률 시행 전에 위와 같은 명의신탁 약정과 그에 기한 물권변동이 이루어진 다음 부동산실권리자명의등기에관한법률 제11조에서 정한 유예기간 내에 실명등기 등을 하지 않고 그 기간을 경과한 때에도 같은 법 제12조 제 1 항에 의하여 제 4 조의 적용을 받게 되어 위 법리가 그대로 적용되는 것인바, 이 경우 명의수탁자는 명의신탁 약정에 따라 명의신탁자가 제공한 비용을 매매대금으로 지급하고 당해 부동산에 관한 소유명의를 취득한 것이고, 위 유예기간이 경과하기 전까지는 명의신탁자는 언제라도 명의신탁 약정을 해지하고 당해 부동산에 관한 소유권을 취득할 수 있었던 것이므로, 명의수탁자는 부동산실권리자명의등기에관한법률 시행에 따라 당해 부동산에 관한 완전한 소유권을 취득함으로써 당해 부동산 자체를 부당이득하였다고 보아야 할 것이고, 부동산실권리자명의등기에관한법률 제 3 조 및 제 4 조가 명의신탁자에게 소유권이 귀속되는 것을 막는 취지의 규정은 아니므로 명의수탁자는 명의신탁자에게 자신이 취득한 당해 부동산을 부당이득으로 반환할 의무가 있다. (상고 기각)

☑ 쟁 점

이 판결은 부동산실권리자명의등기에관한법률 시행 이전에 행해진 계약명의신탁 가운데 매도인이 선의인 경우, 실명전환기간 도과 후 신탁자가 수탁자에게 그 부동산 자체의 반환을 청구할 수 있는지 여부에 관한 것이다.

☑ 검토할 사항

- 명의신탁약정의 무효에도 불구하고 乙 및 丙의 이 사건 부동산에 대한 소유권 취득이 유효한 이유는 무엇인가?
- 乙(丙)이 이 사건 부동산의 소유권을 취득한 것이 어떤 이유에서 부당이득이 되는가?
- 위 판결이 乙(丙)이 甲으로부터 얻은 부당이득의 내용을 매매대금이 아니라 이 사건 부동산 자체라고 보는 근거는 무엇인가? 그리고 원심판결은 그 근거를 달리 하고 있는가?

☑ 관련사례

- 부동산실명법 시행 이전에 계약명의신탁이 이루어졌지만 동법 제11조의 유예기간 동안 실명전환에 장애가 있었던 경우(예컨대 명의신탁 대상 부동산이 농지인 경우)라면 수탁자가 신탁자에게 반환해야 할 부당이득의 내용이 달라지는가? (대판 2008. 5. 15. 2007다74690 참조)

☑ 참고문헌

- 권오창, 계약명의신탁의 법률관계에 관한 고찰, 법조 48권 5호, 116면 이하, 16호, 90면 이하, 1999.
- 김문관, 부동산실명법 시행 이후 명의신탁관계에서의 부당이득반환청구, 판례연구(부산판례연구회) 15집(2003), 69면 이하, 2003.
- 김학준, 명의수탁자가 명의신탁자에게 반환하여야 할 부당이득의 대상, 대법원판례해설 75호, 304면 이하, 2008.

판례 2

대판 2010. 10. 14. 2007다90432

[사안] 甲은 2000. 11.경 乙(피고) 명의로 이 사건 부동산을 낙찰 받기로 하고 그 대금 중 일부도 乙 명의로 대출을 받아 납부하여 줄 것을 乙에게 부탁하여 乙의 승낙을 받았다. 이에 따라 乙은 甲으로부터 낙찰보증금 명목으로 1억 3,000만 원을 지급받아 이 사건 부동산을 대금 13억 10만 원에 낙찰받으면서 낙찰보증금으로 1억 3,001만 원을 납부하였다. 그 뒤 乙은 甲으로부터 4억 5,000만 원을 지급받고, 은행으로부터 이 사건 부동산을 담보로 제공하기로 하고 자신의 명의로 7억 원을 대출받은 후 낙찰잔대금 11억 7,009만 원을 납부하였다. 그런 다

음 乙은 자신 명의로 이 사건 부동산에 대한 소유권이전등기를 경료하였다. 그밖에 乙은 甲으로부터 위 낙찰대금 중 일부 명목으로 2,000만 원과 취득세와 등록세 등 등기비용의 명목으로 1억 3,000만 원을 지급받았다. 그 뒤 甲이 무자력 상태에 이르자 甲의 채권자인 丙(원고)이 甲을 대위하여 甲이 乙에게 지급한 금원의 반환을 청구하는 소송을 제기하였다. 원심은 甲이 乙에게 지급한 금원 가운데 취득세와 등록세를 제외한 부분의 반환을 乙에게 명하였다.

[판지] 부동산 실권리자명의 등기에 관한 법률 제4조 제1항, 제2항에 의하면 명의신탁자와 명의수탁자가 이른바 계약명의신탁약정을 맺고 명의수탁자가 당사자가 되어 명의신탁약정이 있다는 사실을 알지 못하는 소유자와의 사이에 부동산에 관한 매매계약을 체결한 후 그 매매계약에 따라 당해 부동산의 소유권이전등기를 수탁자 명의로 마친 경우에는 명의신탁자와 명의수탁자 사이의 명의신탁약정의 무효에도 불구하고 그 명의수탁자는 당해 부동산의 완전한 소유권을 취득하게 되고, 다만 명의수탁자는 명의신탁자에 대하여 부당이득반환의무를 부담하게 될 뿐이다. 이 경우 그 계약명의신탁약정이 부동산 실권리자명의 등기에 관한 법률 시행 후인 경우에는 명의신탁자는 애초부터 당해 부동산의 소유권을 취득할 수 없었으므로, 위 계약명의신탁약정의 무효로 인하여 명의신탁자가 입은 손해는 당해 부동산 자체가 아니라 명의수탁자에게 제공한 매수자금이고, 따라서 명의수탁자는 당해 부동산 자체가 아니라 명의신탁자로부터 제공받은 매수자금 상당액을 부당이득 하였다고 할 것이다(대판 2005. 1. 28. 2002다66922 등 참조). 이때 명의수탁자가 소유권이전등기를 위하여 지출하여야 할 취득세, 등록세 등을 명의신탁자로부터 제공받았다면, 이러한 자금 역시 위 계약명의신탁약정에 따라 명의수탁자가 당해 부동산의 소유권을 취득하기 위하여 매매대금과 함께 지출된 것이므로, 당해 부동산의 매매대금 상당액 이외에 명의신탁자가 명의수탁자에게 지급한 취득세, 등록세 등의 취득비용도 특별한 사정이 없는 한 위 계약명의신탁약정의 무효로 인하여 명의신탁자가 입은 손해에 포함되어 명의수탁자는 이 역시 명의신탁자에게 부당이득으로 반환하여야 할 것이다.

☑ 쟁　　점

이 판결은 부동산실권리자명의등기에관한법률 시행 이후에 행해진 계약명의신탁 가운데 매수인이 선의인 경우, 신탁자가 수탁자를 상대로 반환청구할 수 있는 부당이득의 내용에 관한 것이다.

☑ 검토할 사항

- 위 판결이 앞서 본 대판 2002. 12. 26. 2000다21123과는 달리 매수자금을 부당이득으로 보는 이유는 무엇인가?
- 만약 명의신탁자가 수탁자의 대리인 자격으로 계약을 체결하였다면 결론이 달라질 수 있는가? (대판 2005. 1. 28. 2002다66922 참조)
- 계약명의신탁관계가 성립하려면 반드시 명의신탁자의 자금으로 매매대금이 지급되었어야 하는가? (대판 2008. 2. 14. 2007다69148, 69155 참조)
- 수탁자가 명의신탁부동산을 제 3 자에게 처분한 경우, 신탁자—수탁자—매도인 간의 법률관계는 어떻게 되는가? 또 수탁자의 형사책임은 어떻게 되는가? (대판 2001. 9. 25. 2001도2722; 대판 2004. 4. 27. 2003도6994 등 참조)

☑ 참고문헌

- 양창수, 부동산실명법의 사법적 규정에 의한 명의신탁의 규율—소위 계약명의신탁을 중심으로, 민법연구 5권, 135면 이하, 2006.

판례 3

대판 2009. 5. 14. 2007도2168

[사안] 甲(피고인)은 乙 회사로부터 구상금 청구소송을 제기당하여 원고 전부승소로 그 판결이 확정되는 등 채권자들로부터 甲 소유 재산에 강제집행을 당할 우려가 있는 상황에서, 丙으로부터 이 사건 아파트를 매수하면서, 피고인의 母인 丁과 위 아파트를 丁 명의로 명의신탁하기로 약정한 후 丁 명의로 소유권이전등기를 경료하였다.

[판지] 형법 제327조는 "강제집행을 면할 목적으로 재산을 은닉, 손괴, 허위양도 또는 허위의 채무를 부담하여 채권자를 해한 자"를 처벌함으로써 강제집행이 임박한 채권자의 권리를 보호하기 위한 것이므로, 강제집행면탈죄의 객체는 채무자의 재산 중에서 채권자가 민사집행법상 강제집행 또는 보전처분의 대상으로 삼을 수 있는 것이어야 한다.

한편 명의신탁자와 명의수탁자가 이른바 계약명의신탁 약정을 맺고 명의수탁자가 당사자가 되어 명의신탁 약정이 있다는 사실을 알지 못하는 소유자(매도인)와 부동산에 관한 매매계약을 체결한 후 그 매매계약에 따라 당해 부동산의 소유권이전등기를 명의수탁자 명의로 마친 경우에는, 명의신탁자와 명의수탁자 사이의 명의신탁 약정의 무효에도 불구하고 부동산 실권리자명의 등기에 관한 법률 제4조 제2항 단서에 의하여 그 명의수탁자는 당해 부동산의 완전한 소유권을 취득한다. 이와 달리 소유자(매도인)가 계약명의신탁 약정이 있다는 사실을 안 경우에는 수탁자 명의의 소유권이전등기는 무효이고 당해 부동산의 소유권은 매도인이 그대로 보유하게 된다. 어느 경우든지 명의신탁자는 그 매매계약에 의해서는 당해 부동산의 소유권을 취득하지 못하게 되어, 결국 그 부동산은 명의신탁자에 대한 강제집행이나 보전처분의 대상이 될 수 없다. (강제집행면탈죄 부분은 무죄, 부동산실권리자명의등기에관한법률 위반 부분은 유죄)

☑ 쟁 점

이 판결은 강제집행면탈죄 성립의 전제로서 계약명의신탁의 대상이 된 부동산의 소유권 귀속에 대해 매도인이 선의인 경우와 악의인 경우로 나누어 판단하고 있다.

☑ 검토할 사항

- 위 사안에서 만약 丙이 명의신탁 사실에 대해 알고 있었다면 甲—丙—丁 사이의 사법상의 법률관계는 어떻게 되는가?

☑ 참고문헌

- 양창수, 부동산실명법의 사법적 규정에 의한 명의신탁의 규율—소위 계약명의신탁을 중심으로, 민법연구 5권, 135면 이하, 2006.

제 5 장 용익물권

제1절 지 상 권

제1항 지상권의 성립

1. 성립요건

대판 1978. 3. 14. 77다2379

[사안] 乙(피고)은 X토지상에 건평 702평의 1층 건물 Y1을 소유하고 그 건물에서 계림시장을 개설하여 운영하고 있었다. 甲(원고)은 이 1층의 시장건물 Y1 위에 Y2건물을 소유하기 위하여 乙과 다음과 같은 계약을 체결하였다. 즉 "부동산매매계약서"라고 인쇄된 용지에 부동산표시로서 "계림동 294(계림시장 2층 이상 지상권)(공부상 건평 702평)의 1층을 제외한 2층"이라고 기재하고 특약으로 "대금완불일로부터 1년 이내에 건물시공에 착공하며 대금완불일로부터 3개월 이내에 소유권이전등기를 필한다"고 기재하였다. 甲은 위 계약이 원시적 불능을 내용으로 한 계약으로서 무효라고 주장하며 乙을 상대로 계약금의 반환을 청구하는 소송을 제기하였다.

[원심] 지상권이란 타인의 토지에 건물 기타 공작물이나 수목을 소유하기 위하여 그 토지를 사용할 수 있는 물권적 권리를 말하는 것인데 乙과 甲 사이의 계약은 토지에 대한 지상권설정계약이 아니고 옥상에 대한 지상권설정계약으로서 그 지상권설정등기절차의 이행이 당사자의 의도한 바와는 달리 법률상 불가능하여 당사자의 의도한 바를 달성할 수 없는, 즉 처음부터 불능을 내용으로 한 계약

으로서 무효라고 보아야 할 것이다.

[판지] 위 계약의 취지는 乙 소유의 시장대지상에 있는 기존 1층 건물 702평 위에 甲이 건물을 소유하기 위하여 그 대지에 지상권을 설정하기 위한 계약으로 봄이 당사자의 본건 계약을 체결한 의사에 합치되는 것으로 보아진다.

☑ 쟁　　점

이 판결에서는 1층의 건물 위에 건물을 소유하기 위한 계약이 원시적 불능을 내용으로 한 계약으로서 무효인지가 문제되었다.

☑ 검토사항

- 甲과 乙 사이의 계약에 의해서 甲이 취득하고자 하는 권리는 무엇인가?
- X 토지의 등기부에 甲의 권리를 등기하는 경우 그 권리는 X토지의 상하에 미치는가?

☑ 관련사례

- 불교단체가 관할청의 허가를 받지 않고 사찰 소유 임야에 대하여 지상권을 설정한 경우 그 설정행위는 유효한가? (대판 67. 11. 21. 67다2072 참조)
- B가 A로부터 A 소유 땅에 대한 사용승낙을 받고 그 토지 위에 건물을 지었다. A가 B를 상대로 건물철거를 청구하는 경우 B는 지상권의 성립을 주장할 수 있는가? (대판 1979. 6. 12. 79다438 참조)

☑ 기타 검토사항

- 甲이 시장건물을 증축하여 2층을 올리면 2층부분의 소유권은 乙에게 귀속하는가? (대판 1981. 12. 8. 80다2821; 대판 1994. 6. 10. 94다11606 참조)

☑ 참고문헌

- 최문기, 지상권에 관한 판례 및 입법의 변천, 민법학의 회고와 전망(민법전시행 30주년 기념논문집), 한국민사법학회, 362면 이하, 1993.

2. 법정지상권

가. 법률규정에 의한 법정지상권

대판 1985. 4. 9. 84다카1131,1132 ································

[사안] 자기 소유 X토지 위에 1967. 12.경 Y건물을 신축한 A는 1970. 3. 30. X

토지에 대하여 B에게 근저당권을 설정해 주었다. 1970. 9. 23. 乙(피고)은 A로부터 X토지와 Y건물을 매수하여 이를 명도받아 점유 사용하면서 Y건물은 미등기인 채로 두었으나 X토지에 대하여는 1970. 10. 1. 그 소유권이전등기를 마쳤다.
그 후 B는 근저당권실행의 경매절차에서 X토지를 경락받아 1973. 3. 13. 자기 명의로 소유권이전등기를 하였다. Y건물에 관하여는 乙이 소유자인 A를 대위하여 1978. 3. 20. A 앞으로 소유권보존등기를 하고, 같은 날 乙 앞으로 소유권이전등기를 마쳤다.
1978. 6. 26.에 X토지에 대하여 매매에 의한 소유권이전등기를 경료한 甲(원고)은, 乙의 X토지에 대한 점유가 권원 없는 것이라는 이유로 乙을 상대로 Y건물의 철거 및 X토지의 인도를 구하는 소송을 제기하였다. 그러자 乙은 A를 대위하여 甲에 대하여 지상권설정등기절차의 이행을 청구하는 반소를 제기하였다.
[판지] 사실관계가 위와 같다면 이 사건 대지와 건물을 위 근저당권설정 당시는 동일인인 소외 A의 소유에 속하였다가 그 후 대지의 경매로 인하여 대지와 건물이 다른 소유자에게 속하게 된 것이니 위 건물의 소유자인 소외 A는 민법 제366조에 의하여 이 사건 대지에 대하여 건물의 소유를 목적으로 하는 법정지상권을 취득하였다 할 것이고, 법정지상권자는 물권으로서의 효력에 의하여 이를 취득할 당시의 대지소유자나 이로부터 소유권을 전득한 제삼자에 대하여도 등기 없이 위 지상권을 주장할 수 있는 것이므로 소외 A는 위 대지의 전득자인 원고에 대하여 지상권설정등기 청구권이 있다 할 것이며, 위 법정지상권을 양도받기로 한 피고는 채권자대위의 법리에 의하여 원고 및 소외 A에 대하여 차례로 지상권설정등기 및 이전등기 절차의 이행을 구할 수 있다 할 것이다.
그리고 이와 같이 이 사건 대지에 대한 법정지상권을 취득할 지위에 있는 위 피고에 대하여 원고가 대지소유권에 기하여 건물철거를 구함은 지상권의 부담을 용인하고 또한 그 설정등기 절차를 이행할 의무 있는 자가 그 권리자를 상대로 한 청구라 할 것이어서 신의성실의 원칙상 허용될 수 없다 할 것이다.

☑ 쟁 점

이 판결에서는 X토지와 그 위의 Y건물을 소유하고 있던 A가 그 중에 X토지에 대하여만 B에게 저당권을 설정해 주었는데, 후에 저당권이 실행되어 B가 토지를 경락을 받고 그 뒤에 건물 소유권이 乙에게 이전된 경우 토지소유자(甲)의 건물소유자(乙)에 대한 건물철거청구가 인용될 수 있는지가 문제되었다.

☑ 검토사항

- Y건물을 위해 법정지상권이 성립하였는가?
- 사실심 변론종결시점에 법정지상권은 누구에게 귀속하고 있었는가?
- A가 건물을 乙에게 매도함에 의하여 A는 乙에 대하여 어떤 의무를 부담하는가?
- 건물소유자인 乙이 X토지의 사용권을 가지는가? 저당물의 경매로 법정지상권을 취득한 자로부터 그 건물을 전득한 사람은 등기 없이도 지상권을 취득할 수 있는가?
- 乙에게 토지사용권이 없다면 乙은 Y건물을 철거하여야 하는가? 乙이 Y건물을 철거하지 않아도 된다면 乙이 토지사용권을 취득할 방법이 있는가?

☑ 관련사례

- X토지와 그 지상 미등기건물의 소유자 A가 X토지에 관하여 B에게 근저당권을 설정하여 주었다. C가 A로부터 미등기건물을 매수하여 점유사용하던 중 위 근저당권의 실행으로 X토지를 D가 경락받았다. D는 C를 상대로 건물철거 및 대지인도를 청구할 수 있는가? (대판 1989. 5. 9. 88다카15338 참조)
- X토지의 소유자 A는 지상에 단층건물 Y1을 건축함에 있어 그 건축공사의 수급인인 B에게 공사금의 일부로 Y1 건물위에 2, 3층 건물을 건축할 수 있는 지상권을 설정하여 주기로 하였다. C와 D가 B의 권리를 매수하여 C 명의로 건물의 소유를 목적으로 하고 존속기간을 50년으로 한 지상권설정등기를 경료하고 지하층 및 2, 3층 건물 Y2를 증축하여 C 앞으로 소유권보존등기를 마쳤다. 그 후 Y2건물에 대하여 설정된 근저당권자의 경매신청에 의하여 Y2 건물은 E에게 경락되었다가 F에게 매도되어 F 명의의 소유권이전등기가 경료되었다. F는 C에게 지상권이전등기를 청구할 수 있는가? (대판 1992. 7. 14. 92다527 참조)
- A는 X토지를 소유하던 중 나대지이던 X토지상에 건물을 신축하기 위해 B로부터 금원을 차용하면서 근저당권과 지상권을 설정하여 주었다. 그 자금으로 A는 X토지 위에 Y건물을 건축하기 시작하였는데 그 후 건축주 명의가 C로 변경되었다. C는 Y건물의 부지 등으로 X토지를 점유, 사용하였고 Y건물에 관하여 소유권보존등기를 경료하였다. 한편 B는 근저당권에 기한 임의경매를 신청하여 X토지를 D가 낙찰받아 대금을 완납하고 소유권이전등기를 마쳤다. D로부터 X토지를 매수한 E는 C를 상대로 Y건물의 철거 및 부당이득반환을 청구할 수 있는가? (대판 2003. 9. 5. 2003다26051 참조)
- A는 X토지 위에 골프연습장 및 예식장을 건축하기 위하여 공사에 착공하였으나 터파기공사를 마친 후 토사붕괴방지를 위하여 에이취빔 철골구조물만을 설치한 상태에서 공사가 중단되었다. B는 임의경매절차에서 X토지를 낙찰받아 소유권이전등

기를 경료하였다. B는 토지소유권에 기하여 A를 상대로 위 철골구조물의 철거를 청구할 수 있는가? (대판 2004. 2. 13. 2003다29043 참조)

- A는 1999. 3. 23. X토지 및 그 지상의 Y건물에 관하여 소유권이전등기를 마쳤다. A는 B에게 Y건물 부분을 임대하는 계약을 체결하고 1999. 8. 21. 전세권설정등기를 마쳐 주었다. C는 X토지에 대한 임의경매절차에서 매각허가를 받아 2003. 8. 19. 대금을 완납하고 소유권이전등기를 마쳤다. D는 A로부터 Y건물을 매수하여 2003. 11. 13. 소유권이전등기를 마쳤다. D는 C로부터 X토지를 임차하는 계약을 체결하면서 6개월 이상 차임이 연체될 경우 Y건물을 철거하고 대지를 원상회복하여 주기로 약정하였다. C는 D에게 6개월 이상의 차임연체를 이유로 임대차계약의 해지를 통보하였다. C는 D를 상대로 건물철거 및 대지인도를 청구하고 B를 상대로 퇴거 및 대지인도청구를 할 수 있는가? (대판 2007. 8. 24. 2006다14684 참조)

☑ 기타 검토사항

- 민법 제366조 법정지상권이 인정되는 취지는 무엇인가?
- 민법 제366조에 따를 때 법정지상권이 성립하기 위한 요건은 무엇인가?
- 법정지상권이 성립하기 위해서는 토지에 저당권이 설정될 때 건물이 존재할 것이 요구되는데, 그 이유는 무엇인가?
- 민법 제366조 법정지상권 성립요건인 저당권 설정당시 토지와 그 지상건물이 동일인 소유일 것의 요건에 미등기건물의 매수인도 포함되는가?
- 건물소유자 A가 X토지의 사용권을 갖는다면 그 기간은 얼마동안인가?
- A는 X토지의 사용대가를 지급하여야 하는가?
- 乙은 X토지의 사용대가를 지급하여야 하는가?
- 법정지상권이 성립되고 지상권설정등기가 되지 않은 상태에서 ① 지상건물이 양도된 경우와 ② 토지가 양도된 경우에 어떠한 차이가 있는가?
- 이 판결에서 적용된 신의칙의 기능을 구체화하여 설명해 보고, 다른 유사한 사례를 들어보라.
- 이 판결에서 신의칙을 원용하지 않고도 같은 결론에 도달할 수 있는가?

☑ 참고문헌

- 김현태, 법정지상권 양수인의 법적 지위: 판례를 중심으로, 청주대 법학논집 3집, 73면 이하, 1988.
- 윤진수, 법정지상권 성립 후 건물을 취득한 자의 지위(상)(중)(하), 사법행정 27권 5호(1986. 5), 57면 이하; 27권 6호(1986. 6), 2면 이하; 27권 7호(1986. 7), 35면 이하.
- 조규현, 전세권이 설정된 건물의 양수인이 법정지상권을 취득할 지위를 포기한 효력이 미치는 범위, 민사재판의 제문제 16권, 한국사법행정학회, 562면 이하, 2007.

나. 관습법상 법정지상권

판례 1

대판 1999. 12. 10. 98다58467

[사안] B는 1971년 1월 14일 X토지 상에 Y1주택을 신축하고 소유권보존등기를 마쳤다. B는 1985년 12월 28일에 X토지를 A로부터 매수하여 소유권이전등기를 마쳤다. 그 후(1993년 8월 14일) B는 X토지를 甲(원고)에게 증여하면서 B가 Y1주택을 철거하고 그 위에 새로운 건물 Y2를 신축하기로 약정하고 甲에게 소유권이전등기를 넘겨주었다. 그런데 Y1주택에 관하여 1993년 8월 28일부터 은행의 가압류가 이루어졌다. B는 1993년 10월 27일 관할구청에 甲 명의의 대지사용승낙서를 첨부하여 지하 2층, 지상 6층의 근린생활시설 및 단독주택 Y2에 관한 건축허가신청을 하여 1993년 11월 9일 건축허가를 받았다. 그 후(1995년 9월 29일) Y1주택에 관하여 강제경매개시결정이 내려져 乙(피고)이 낙찰받았다. 甲은 乙을 상대로 Y1주택의 철거와 대지인도 및 임료 상당의 손해배상을 청구하였다.

[원심] B와 원고 사이에 이 사건 건물을 철거하여 원고로 하여금 건물에 의하여 방해받지 아니하는 대지소유권을 보유하게 하려는 합의, 즉 관습상의 법정지상권의 발생을 배제하는 효력이 있는 합의가 있었다.

[판지] 토지와 건물이 동일한 소유자에게 속하였다가 건물 또는 토지가 매매기타 원인으로 인하여 양자의 소유자가 다르게 되었더라도, 당사자 사이에 그 건물을 철거하기로 하는 합의가 있었던 경우에는 건물 소유자는 토지 소유자에 대하여 그 건물을 위한 관습상의 법정지상권을 취득할 수 없다.

이와 같이 건물철거의 합의가 관습상의 법정지상권 발생의 소극적 요건이 되는 이유는 그러한 합의가 없을 때라야 토지와 건물이 소유자가 달라진 후에도 건물 소유자로 하여금 그 건물의 소유를 위하여 토지를 계속 사용케 하려는 묵시적 합의가 있는 것으로 볼 수 있다는 데 있고, 한편 관습상의 법정지상권은 타인의 토지 위에 건물을 소유하는 것을 본질적 내용으로 하는 권리가 아니라, 건물의 소유를 위하여 타인의 토지를 사용하는 것을 본질적 내용으로 하는 권리여서, 위에서 말하는 '묵시적 합의'라는 당사자의 추정 의사는 건물의 소유를 위하여 '토지를 계속 사용한다'는 데 중점이 있는 의사라 할 것이므로, 건물 철거의 합의에 위와 같은 묵시적 합의를 깨뜨리는 효력, 즉 관습상의 법정지상권의 발생을 배제하는 효력을 인정할 수 있기 위하여서는, 단지 형식적으로 건물을 철거한다는 내용만이 아니라 건물을 철거함으로써 토지의 계속 사용을 그만두고자 하는 당사자의 의사가 그 합의에 의하여 인정될 수 있어야 할 것이다.

☑ 쟁 점

이 판결에서는 대지와 건물을 함께 소유하던 자(B)가 토지만을 타인(甲)에게 이전하면서 자신이 건물을 철거하고 새로운 건물을 신축하기로 한 경우, 토지소유자(甲)가 그 건물을 낙찰받은 사람(乙)을 상대로 건물철거를 청구할 수 있는지 문제되었다.

☑ 검토사항

- Y1주택의 소유자는 누구인가?
- B는 X토지를 이용할 권리를 가지는가?
- 관습법상 법정지상권을 인정하는 취지는 무엇인가?
- 乙은 건물의 소유권과 함께 건물부지의 이용권도 승계할 수 있는가?

판례 2

대판(전) 2002. 6. 20. 2002다9660

[사안] B가 1980년경 A로부터 X1대지, X2대지, X3대지, X4대지 중 각 1/27 지분과 X3대지상의 미등기건물 Y를 매수한 후 각 대지지분에 관하여만 소유권이전등기를 경료하고 건물에 관하여는 이전등기를 경료하지 못하였다. 乙(피고)이 B로부터 위 대지지분과 Y 건물을 다시 매수한 후 각 대지지분에 관하여만 1984. 8. 27. 소유권이전등기를 마쳤다. 그 후 1994. 10. 31. 위 대지지분에 관하여 甲(원고) 명의의 근저당권설정등기가 경료되었으며, 이에 기하여 진행된 경매절차에서 甲이 낙찰받고 2000. 2. 16. 낙찰대금을 완납하였다. 그리고 甲이 乙에 대하여 Y 건물의 철거 및 X3대지의 인도를 청구하는 소송을 제기하였다. 이에 乙은 Y 건물을 소유하기 위하여 X3대지 위에 법정지상권을 취득하였다고 주장하였다.

[원심] 미등기건물의 양수인은 미등기건물을 처분할 수 있는 권리는 있을지언정 소유권은 가지고 있지 아니하므로 대지와 건물이 동일인의 소유에 속한 것이라고 볼 수 없어 법정지상권이 발생할 수 없다.

[판지] 민법 제366조의 법정지상권은 저당권 설정 당시에 동일인의 소유에 속하는 토지와 건물이 저당권의 실행에 의한 경매로 인하여 각기 다른 사람의 소

유에 속하게 된 경우에 건물의 소유를 위하여 인정되는 것이므로, 미등기건물을 그 대지와 함께 매수한 사람이 그 대지에 관하여만 소유권이전등기를 넘겨받고 건물에 대하여는 그 등기를 이전받지 못하고 있다가, 대지에 대하여 저당권을 설정하고 그 저당권의 실행으로 대지가 경매되어 다른 사람의 소유로 된 경우에는, 그 저당권의 설정 당시에 이미 대지와 건물이 각각 다른 사람의 소유에 속하고 있었으므로 법정지상권이 성립될 여지가 없다. 또한 관습상의 법정지상권은 동일인의 소유이던 토지와 그 지상건물이 매매 기타 원인으로 인하여 각각 소유자를 달리하게 되었으나 그 건물을 철거한다는 등의 특약이 없으면 건물 소유자로 하여금 토지를 계속 사용하게 하려는 것이 당사자의 의사라고 보아 인정되는 것이므로 토지의 점유·사용에 관하여 당사자 사이에 약정이 있는 것으로 볼 수 있거나 토지소유자가 건물의 처분권까지 함께 취득한 경우에는 관습상의 법정지상권을 인정할 까닭이 없다 할 것이어서, 미등기건물을 그 대지와 함께 매도하였다면 비록 매수인에게 그 대지에 관하여만 소유권이전등기가 경료되고 건물에 관하여는 등기가 경료되지 아니하여 형식적으로 대지와 건물이 그 소유명의자를 달리하게 되었다 하더라도 매도인에게 관습상의 법정지상권을 인정할 이유가 없다고 할 것이다.

☑ 쟁 점

이 판결에서는 미등기건물을 그 대지와 함께 매수한 사람이 그 대지에 관하여만 소유권이전등기를 넘겨받고 건물에 대해서는 그 등기를 이전받지 못하고 있다가 대지에 저당권을 설정한 경우, 대지의 경락인은 미등기건물의 철거를 청구할 수 있는지가 문제되었다.

☑ 검토사항

- 미등기건물 Y의 소유자는 누구인가?
- B가 대지지분과 미등기건물을 양수하고서도 대지지분에 대해서만 소유권이전등기를 경료하였다. 이 경우 관습법상의 법정지상권 성립요건상 매매 기타의 원인으로 각각 소유자를 달리하게 된 때에 해당한다고 볼 수 있는가? 이 경우 관습법상 법정지상권을 인정하는 것이 타당한가?

☑ 관련사례

- X토지와 Y건물의 소유자였던 A가 B에게 X토지 중 130제곱미터를 매도할 때에 그

지상에 걸쳐 건립된 Y건물부분을 철거하기로 하는 특약이 없었던 경우 B로부터 Y건물을 양도받은 C에게 A는 Y건물부분의 철거를 청구할 수 있는가? (대판 1991. 9. 24. 91다21701 참조) 건물소유권을 양수한 C가 대지를 점유·사용함으로 인하여 얻은 이득은 부당이득인가? (대판 1997. 12. 26. 96다34665 참조)

◆ A가 X토지에 Y건물을 신축하여 그 소유권보존등기를 마치지 아니한 채 사용하다가 토지와 건물을 B에게 매도하고 B는 다시 C에게 매도하였는데 X토지에 관하여만 소유권이전등기를 마치고 Y건물에 관하여는 등기를 마치지 아니하고 미등기건물인 채로 사용하였다. 그 후 X토지에 관하여 근저당권이 설정되고 경매되어 D가 경락취득한 경우 D는 Y건물의 철거를 청구할 수 있는가? (대판 1998. 4. 24. 98다4798 참조)

☑ 기타 검토사항

◆ 법정지상권자로부터 건물을 양수한 사람은 대지소유자에게 지상권갱신청구권을 행사할 수 있는가? (대판 1995. 4. 11. 94다39925 참조)

☑ 참고문헌

◆ 김능환, 미등기건물을 대지와 함께 양도한 경우에 있어서의 관습상 법정지상권의 성립여부, 21세기 사법의 전개, 송민 최종영 대법원장 재임기념문집 간행위원회, 320면 이하, 2005.

◆ 문홍안, '관습상 법정지상권'의 입법화를 둘러싼 논의, 건국대 일감법학 제9권, 79면 이하, 2004.

제2항 지상권의 법률관계

대판 1993. 3. 12. 92다44749

[사안] 乙(피고)은 甲(원고)이 소유하는 X토지 위에 1987년 5월 19일 Y건물을 소유함으로써 법정지상권을 취득하였다. 乙은 1991년 6월 27일 甲에게 1987년 5월 19일 이후의 지료를 지급하라는 판결을 받았다. 甲은 그 후 여러 차례 乙에게 구두로 위 지료의 지급을 청구하였으나 乙은 지료를 지급하지 않았다. 1991년 9월 11일 甲은 乙에게 2년 이상의 지료의 미지급을 이유로 법정지상권의 소멸을 청구한다는 서면을 발송하여 그 다음날 乙이 그 서면을 수령하였다. 그래도

乙이 지료를 지급하지 않자 甲은 乙을 상대로 Y건물의 철거를 구하는 소송을 제기하여 그 소장이 1991년 11월 7일 乙에게 송달되었다. 그러자 乙은 1991년 11월 28일 위 판결에서 명한 지료 상당의 금원을 甲에게 지급하였다.

[원심] 1) 지료액수가 재판상 확정된 경우에 재판확정과 동시에 연체된 지료의 전액을 지급하지 아니하면 바로 토지소유자의 소멸청구권의 행사로 법정지상권이 소멸한다는 결과는 부당하므로 신의칙상 상당기간 동안은 소멸청구권의 행사가 유예되어야 한다.

2) 이 사건 소장이 乙에게 송달된 1991. 11. 7.에는 신의칙상 판결확정일부터 지료지체책임이 유예되는 상당한 기간이 이미 경과하여 위 의사표시로써 그 지상권소멸청구의 효력이 발생하였다.

[판지] 법정지상권이 성립되고 지료액수가 판결에 의하여 정해진 경우 지상권자가 판결확정 후 지료의 청구를 받고도 책임 있는 사유로 상당한 기간 동안 지료의 지급을 지체한 때에는 지체된 지료가 판결확정의 전후에 걸쳐 2년분 이상일 경우에도 토지소유자는 민법 제287조에 의하여 지상권의 소멸을 청구할 수 있다 할 것이고, 위 판결확정일로부터 2년 이상 지료의 지급을 지체하여야만 지상권의 소멸을 청구할 수 있는 것은 아니라고 할 것이다.

☑ 쟁 점

이 판결에서는 지료를 체납한 법정지상권자에 대한 대지소유자의 건물철거청구가 인용될 수 있는지가 문제되었다.

☑ 검토사항

- 지상권자는 언제부터 지료를 지급하여야 하는가?
- 지료의 액수는 어떻게 결정하는가?
- 지료에 대해 당사자의 협의 및 법원의 정함이 없는 경우에도 대지소유자는 법정지상권자에 대해 임료 상당의 부당이득을 반환청구할 수 있는가? 법정지상권이 있는 건물을 양수한 자에 대하여는 어떠한가? (대판 1988. 10. 24. 87다카1604 참조)
- 법정지상권의 존속기간은 어느 정도인가? 타인의 토지에 합법적으로 분묘를 설치하여 관습상 그 토지 위에 지상권에 유사한 일종의 물권을 취득한 경우, 위 물권의 존속기간은 어떻게 되겠는가? (대판 1992. 6. 9. 92다4857 참조)

☑ 관련사례

- 관습법상의 지상권자가 2년분 이상의 지료를 지급하지 아니하였다면 관습법상의 지상권도 민법 제287조에 따른 지상권소멸청구의 의사표시에 의하여 소멸할 수 있는가? (대판 1993. 6. 29. 93다10781 참조)
- 지료가 결정되지 않은 상태에서 2년 이상 지료를 지급하지 아니한 경우 대지소유자는 지상권소멸청구를 할 수 있는가? (대판 1994. 12. 2. 93다52297 참조)
- B는 A가 소유하는 X토지 위에 1995년 4월 19일 Y건물을 소유함으로써 법정지상권을 취득하였다. B는 1996년 5월 A에게 1995년 4월 10일 이후의 지료를 지급하라는 판결을 받았다. A는 위 판결 확정 후 X토지를 C에게 매도하는 한편, 그 매도에 따른 C의 소유권 취득일 이전에 이미 발생한 A의 B에 대한 지료청구권도 C에게 양도하고 그 통지까지 마쳤다. C는 1997년 6월 25일 소유권이전등기를 마쳤다. 그런데 B는 C에게 지료를 전혀 지급하지 않았다. 그러자 C는 B를 상대로 Y건물의 철거를 구하는 소송을 제기하였는바, C의 지상권소멸청구의 의사표시가 담긴 준비서면이 1998년 1월 17일경 B에게 도달하였다. C의 건물철거청구는 인용되어야 하는가? (대판 2001. 3. 13. 99다17142 참조)
- A는 자신의 토지를 B에게 임대해 주었다. B는 그 지상에 건물을 신축하였다. 그런데 C가 A 소유의 토지에 대하여 처분금지의 가처분 결정을 받고 그 기입등기를 한 후 A를 상대로 소유권이전등기청구소송을 제기하였다. 그 후 B는 위 건물에 대한 소유권보존등기를 경료하였다. 결국 C가 승소확정판결을 받고 소유권이전등기를 마쳤다. C는 B를 상대로 건물철거를 청구한다. C의 청구는 인용될 수 있는가? (대판 2003. 2. 28. 2000다65802 참조)

☑ 기타 검토사항

- 乙은 지상물매수청구권을 행사할 수 있는가? (대판 1993. 6. 29. 93다10781 참조)
- 대지를 소유하는 A가 그 대지에 건물소유를 목적으로 B에게 지상권을 설정해 주었는데, C가 권원 없이 그 대지에 건물을 건축하여 대지를 점유하는 경우 A는 C를 상대로 건물 철거 및 토지반환을 청구할 수 있는가? 이 때 토지의 불법점유를 이유로 임대료 상당액의 손해배상도 청구할 수 있는가? (대판 1974. 11. 12. 74다1150 참조)
- A는 자신이 소유하는 X토지 위에 Y건물을 신축하였다. 그 후 X토지는 B에게 경락되었다가 1979년 3월 26일 C명의로 소유권이전등기가 경료되었다. Y건물은 등기되지 아니한 채로 남아 있다가 1987년 3월 20일 A 명의로 소유권보존등기가 경료되었고 1992년 9월 17일 D에게 낙찰되었다. C는 1995년 4월 6일 D를 상대로 지료의 지급을 구하는 소송을 제기하였다. 이에 법원은 D가 C에게 지급할 금액을

1992년의 경우 평방미터당 84,300원, 1993년의 경우 평방미터당 83,900원으로 결정하였다. 그러나 2000년 말경에 이르기까지 D나 D로부터 Y건물의 소유권을 승계한 E, F 중 누구도 위와 같이 결정된 지료를 C에게 지급하지 않자, C는 A와 D, E, F를 상대로 지상권소멸청구의 의사표시를 하였다. 그리고 2001년에는 건물소유자를 상대로 하여서는 Y건물의 철거를 구하고 그 건물의 임차인들을 상대로는 Y건물에서의 퇴거를 구하는 소송을 제기하였다. C의 청구는 인용되어야 하는가? (대판 2003. 12. 26. 2002다61934 참조)

☑ 참고문헌

- 정병호, 민법 개정안 제242조의2(경계를 침범한 건축)에 관한 연구, 재산법연구 22권 1호(한국재산법학회), 법문사, 37면 이하, 2005.

제 2 절 지 역 권

대판 1995. 6. 13. 95다1088, 95다1095

[사안] 1974. 11. 경 A가 토지 일부를 남겨두고 주택을 건축함으로써 X토지의 한쪽 면이 길이 약 29미터, 폭 4.1내지 2.1미터의 골목길(동쪽 통로)의 일부를 이루게 되었다. 이 골목길의 서쪽 끝부분은 길이 약 75미터, 폭 3.0 내지 1.0미터의 골목길(남쪽 통로)의 북쪽 끝부분과 직각으로 연결되어 있다. 甲(피고들)은 위 남쪽 통로에 접하여 있는 토지의 소유자들로서 위 남쪽 통로의 남쪽 방향으로 가다가 그 통로 끝부분에서 우측으로 약 45미터 돌아나간 다음 다시 168미터 정도 더 진행하여야 가장 가까운 버스정류장을 이용할 수 있다. 위 남쪽 통로의 북쪽 방향으로 가다가 그 통로 끝부분과 연결된 위 동쪽 통로를 이용하게 되면 곧바로 공로에 연결되고(X토지는 왕복 4차선의 공로에 접하여 있다), 버스정류장도 동쪽 통로 끝으로부터 19.7미터밖에 떨어져 있지 않다. 1982. 10. 20. 경 乙(원고)이 X토지와 주택을 매수한 이래 인근주민들이 위 동쪽 통로부지를 통행로로 이용하는 것을 묵인해 왔다. 乙은 甲의 통행을 금지하고 위 동쪽통로부분에 담장을 설치하였다. 乙이 甲을 상대로 소유권방해배제를 청구하는 소송을 제기하자 甲은 통행지역권을 시효취득하였다고 주장하며 지역권설정등기를 청구하는 반소를 제

기하였다.

[원심] 1) 피고들이 위 동쪽 통로의 부지에 대하여 주위토지통행권을 갖는다고 볼 수 없다.

2) 원고가 피고들의 통행을 금지하고 위 동쪽 통로 부분에 담장을 설치하는 것이 권리의 남용이나 신의에 반하는 권리행사라고 볼 수 없다.

[판지] 주위토지통행권은 그 소유토지와 공로 사이에 그 토지의 용도에 필요한 통로가 없는 경우에 한하여 인정되는 것이므로, 이미 그 소유토지의 용도에 필요한 통로가 있는 경우에는 그 통로를 사용하는 것보다 더 편리하다는 이유만으로 다른 장소로 통행할 권리를 인정할 수 없다.

민법 제294조의 규정에 의하면 지역권은 계속되고 표현된 것에 한하여 민법 제245조의 규정을 준용하도록 되어 있으므로, 통행지역권은 요역지의 소유자가 승역지 위에 도로를 설치하여 승역지를 사용하는 객관적 상태가 민법 제245조에 규정된 기간 계속된 경우에 한하여 그 시효취득을 인정할 수 있다.

☑ 쟁 점

이 판결에서는 토지소유자가 인근 주민을 상대로 소유권방해배제청구를 한 데 대하여 인근 주민들의 통행지역권의 시효취득 항변이 인정될 수 있는지가 문제되었다.

☑ 검토사항

- 주위토지통행권이 인정되기 위한 요건은 무엇인가?
- 지역권을 시효취득하려면 승역지를 20년간 점유하여야 하는가? 아니면 20년간 자기 토지의 편익에 이용하여야 하는가?
- 민법 제294조가 지역권의 시효취득에 관하여 특별한 요건(계속되고 표현될 것)을 추가적으로 요구하는 이유는 무엇인가?

☑ 관련사례

- A가 자기 소유의 토지에 도로를 개설하여 B로 하여금 영구히 사용케 한다고 약정하고 그 대금을 수령한 경우 B는 A를 상대로 지역권설정등기절차의 이행을 청구할 수 있는가? (대판 1980. 1. 29. 79다1704 참조)
- A는 자기 소유 토지를 35개 필지로 분할하였다. B는 그 분할된 필지 중 X토지를 A로부터 매수하여 1960. 6. 9.자로 소유권이전등기를 마쳤다. 그 후 B는 X토지를 서울시에 기부채납하였으나 서울시 명의로 이전등기를 마치지 아니하였다. B는 X

토지의 일부분을 통행하는 C를 상대로 점유방해배제를 청구할 수 있는가? (대판 1991. 4. 23. 90다15167 참조)

- A의 집과 공로 사이에는 통로가 없다. A는 B의 집 마당을 통행하여 공로에 출입하였다. 그런데 A의 자동차가 B의 집 마당을 수시로 통과하면서 B에게 갖가지 생활상의 피해를 주자 B는 마당의 폭을 2미터로 줄어들게 하여 A의 자동차가 통과할 수 없도록 하였다. 그렇다면 A는 B에게 통로통행방해배제를 청구할 수 있는가? (대판 1994. 10. 21. 94다16076 참조)

☑ 기타 검토 사항

- 지역권이 유상인 경우에 지료를 등기할 수 있는가?

☑ 참고문헌

- 강태성, 지역권·전세권에 관한 해석과 입법론, 재산법연구 21권 1호(한국재산법학회), 251면 이하, 2004.
- 윤석찬, 통행지역권의 묵시적 성립과 시효취득, Jurist 410호(2006. 2), 청림인터렉티브, 374면 이하.

제 3 절 전 세 권

제 1 항 전세권의 취득

대판 1995. 2. 10. 94다18508 ··

[사안] A가 B로부터 X건물의 건축공사를 도급받았다. X건물의 완공후 분양이 되지 아니하자 B명의로 소유권보존등기를 경료함과 동시에 A의 공사비채권의 담보를 위해 1991. 5. 25. 乙(피고)명의로 전세권설정등기를 경료하였다(전세금 2500만원, 존속기간 1993. 5. 23). X건물에 대하여 임의경매가 개시되어 甲(원고)이 경락받았으며 1992. 2. 7. 경락대금을 완납하였다. 1992. 2. 20. 乙은 전세권변경등기를 경료하였다(전세금 2000만원, 존속기간 92. 3. 20). 甲이 乙을 상대로 전세권설정등기의 말소를 구하는 소송을 제기하였다.

[원심] 채권과 그를 담보하는 전세권은 담보물권의 부수성에 의하여 그 주체를

달리할 수 없다.

[판지] 전세권이 용익물권적 성격과 담보물권적 성격을 겸비하고 있다는 점 및 목적물의 인도는 전세권의 성립요건이 아닌 점 등에 비추어 볼 때, 당사자가 주로 채권담보의 목적으로 전세권을 설정하였고, 그 설정과 동시에 목적물을 인도하지 아니한 경우라 하더라도, 장차 전세권자가 목적물을 사용·수익하는 것을 완전히 배제하는 것이 아니라면, 그 전세권의 효력을 부인할 수는 없다 할 것이고, 한편 전세금의 지급은 전세권 성립의 요소가 되는 것이지만 그렇다고 하여 전세금의 지급이 반드시 현실적으로 수수되어야만 하는 것은 아니고 기존의 채권으로 전세금의 지급에 갈음할 수도 있다 할 것이다.

그리고 전세권이 담보물권적 성격을 아울러 가지고 있는 이상 부종성과 수반성이 있는 것이기는 하지만, 다른 담보권과 마찬가지로 전세권자와 전세권설정자 및 제 3 자 사이에 합의가 있으면 그 전세권자의 명의를 제 3 자로 하는 것도 가능하고, 이와 같은 경우에는 채무자와 담보권명의자인 제 3 자 사이에 담보계약관계가 성립하는 것으로 그 담보권명의자는 그 피담보채권을 수령하고 그 담보권을 실행하는 등의 담보계약상의 권한을 가진다 할 것이다.

☑ 쟁 점

위 판결에서는 전세금의 지급이 전세권의 성립요건인가 하는 점이 문제된 것이다.

☑ 검토사항

- 乙은 X건물에 관하여 전세권을 취득하였는가?
- 보통 전세권을 취득하는 목적은 무엇인가?
- 채권담보를 위한 목적으로 전세권을 설정하는 것은 물권법정주의를 위반하는 것인가?
- 乙은 B에게 전세금 2,500만원을 지급하지 않았는데도 전세권자인가?
- X건물이 甲에게 경락되어도 乙의 전세권은 소멸하지 않는가?
- 甲은 乙에 대하여 전세금반환채무를 지는가?

☑ 관련사례

- 임대차계약에 바탕을 두고 이에 기한 임차보증금반환채권을 담보할 목적으로 임대인, 임차인 및 제 3 자 사이의 합의에 따라 제 3 자 명의로 경료된 전세권설정등기는 유효한가? (대판 2005. 5. 26. 2003다12311 참조)

☑ 기타 검토사항

- 건물에 대한 소유권보존등기 후 A는 B에게 저당권의 설정을 청구할 수 있었는가?
- 전세권과 저당권의 차이는 무엇인가? 특히 경매절차에서의 차이는 무엇인가?
- 주택임대차보호법이나 상가건물임대차보호법상의 대항요건을 갖춘 채권적 전세는 전세권과 어떻게 다른가?

☑ 참고문헌

- 오경미, 채권담보 목적의 전세권과 그에 관하여 설정된 저당권의 법률관계, 판례연구 18집(부산판례연구회), 153면 이하, 2006.
- 오세열, 전세권의 성립에 관한 제문제, 법조 56권 4호(2007. 4), 법조협회, 6면 이하.

제 2 항 전세권의 처분

대결 1995. 9. 18. 95마684 ··

[사안] A는 1992년 5월 27일 B 소유의 부동산에 대하여 전세금을 6,000만원으로, 존속기간을 1993년 4월 26일로 한 전세권설정계약을 체결하고 같은 날 전세권설정등기를 경료하였다. A는 1992년 5월 28일 C로부터 변제기를 1993년 4월 27일로 하여 4,500만원을 차용하면서 그 담보를 위하여 위 전세권에 대한 저당권설정계약을 체결하고 같은 날 저당권설정등기를 경료하였다. 甲은 C로부터 위 채권 및 저당권을 양도받아 1995년 1월 20일 저당권이전등기를 경료하였다. 甲은 1995년 1월 27일 인천지방법원에 임의경매를 신청하였고 그 무렵 A는 부동산에서 퇴거하였다. 그런데 제 1 심법원은 甲의 경매신청을 받아들이지 아니하였다. 이에 대해 甲이 항고하였다.

[원심] 임의경매신청의 목적물인 전세권은 그 존속기간인 1993년 4월 26일이 경과됨에 따라 소멸하여 그에 대하여는 담보권실행을 할 수 없다.

[판지] 이러한 경우 전세권저당권자는 민법 제370조, 제342조 및 민사소송법 제733조에 의하여 저당권의 목적물인 전세권에 갈음하여 존속하는 것으로 볼 수 있는 전세금반환채권에 대하여 추심명령 또는 전부명령을 받거나 제 3 자가 전세

금반환채권에 실시한 강제집행절차에서 배당요구를 하는 등의 방법으로 자신의 권리를 행사할 수 있을 뿐이다.

☑ 쟁 점

이 판결에서는 전세권을 목적으로 한 저당권자는 전세권의 존속기간이 만료한 후에도 전세권에 대한 경매를 청구할 수 있는지가 문제되었다.

☑ 검토사항

- 甲의 저당권의 객체는 무엇인가?
- A의 전세권은 존속기간이 만료하면 소멸하는가? A의 전세금반환채권은 甲의 저당목적물의 멸실로 인한 대체물인가?
- 전세권저당권자 甲은 전세권설정자 B에게 전세금의 반환을 직접 청구할 수 있는가?
- 전세권저당권자 甲은 전세권자 A의 경매청구권과 우선변제권을 직접 행사할 수 있는가?

☑ 관련사례

- B는 1993년 10월 13일 A 소유의 Y건물에 대해 임차보증금을 1억원, 차임을 월 8백만원, 임차기간을 1996년 11월 30일까지로 한 임대차계약을 체결하고 Y건물을 인도받아 커피도매사업을 운영하였다. 그러던 중 B가 그 직원인 C로부터 Y건물에 관한 전세권설정등기를 C명의로 하는 것에 대하여 승낙을 받은 다음 A에게 전세권설정등기를 C명의로 해 줄 것을 요구하였다. 이에 A가 동의하여 1994년 1월 경 Y건물에 대하여 전세금을 1억원으로, 존속기간을 1996년 11월 30일까지로 한 전세권설정계약서를 작성하고 C명의의 전세권설정등기를 경료하였다. 한편 B는 C를 내세워 C명의로 D로부터 시설자금을 대출받고 1994년 1월 19일 위 전세권에 관하여 채무자는 C, 근저당권자는 D로 된 근저당권설정등기를 경료하였다. 그런데 B는 A에게 1994년 3월분 차임 중 6백만원을 지급한 이후로는 전혀 차임을 지급하지 아니하였다. 1997년에 이르러 A는 D를 상대로 근저당권말소등기를 청구하는 소송을 제기하였다. 법원은 A의 청구를 인용하여야 하는가? (대판 1998. 9. 4. 98다20981 참조)
- A는 1993년 3월 9일 甲 소유의 부동산에 대하여 전세금을 4억원으로, 존속기간을 1994년 11월 28일로 한 전세권설정계약을 체결하고 전세권설정등기를 경료하였다. A는 乙로부터 금전을 차용하면서 그 담보를 위하여 위 전세권에 대한 저당권설정계약을 체결하고 1993년 9월 1일 저당권설정등기를 경료하였다. 그 후 A의 甲에

대한 전세금반환청구권에 대하여 채권자 B, C, D에 의해 가압류, 추심명령 등이 발하여졌다. 甲은 A와의 전세기간이 만료하자 전세금 4억원에서 A가 연체한 차임 등을 공제한 후 나머지 금액을 피공탁자를 지정하지 아니한 채 집행공탁한 후 乙에게 전세권저당권말소등기를 청구한다. 甲의 청구는 인용될 수 있는가? (대판 1999. 9. 17. 98다31301 참조)

- 실제로는 전세권설정계약이 없으면서도 임차보증금반환채권을 담보할 목적으로 전세권설정등기를 마친 후 그 전세권에 대하여 근저당권이 설정되었다. 이와 같은 사정을 알지 못한 근저당권자가 전세금반환채권에 대하여 물상대위권을 행사하는 경우 전세권설정자가 전세권자에 대하여 민법 제315조의 손해배상채권 외 다른 채권을 가지고 있다면 이를 가지고 전세권저당권자에게 상계 등으로 대항할 수 있는가? (대판 2008. 3. 13. 2006다29372,29389 참조)

☑ 기타 검토사항

- 채권질권은 어떻게 실행하는가?
- 전세권저당권과 채권질권은 어떻게 다른가?
- 2002년 12월에 발표되었던 법무부 민법개정안은 민법 제371조에 제 3 항을 신설하여 "전세권을 목적으로 하는 저당권에 있어서 저당권자는 우선변제권의 범위 내에서 전세금반환채권을 직접 청구할 수 있다. 이 경우에는 제353조 제 3 항의 규정을 준용한다"는 내용을 추가한다고 하였다. 이처럼 전세권저당권자가 직접 전세권설정자에게 전세금반환을 청구할 수 있도록 한 민법개정안은 전세권저당권이 채권질권의 일종임을 전제로 한 것인가?

☑ 참고문헌

- 강대성, 전세권저당권의 우선변제적 효력, 토지법학 24권 1호(한국토지법학회), 31면 이하, 2008.
- 박순성, 전세권에 관한 판례의 동향과 전망— 전세권의 담보물권성을 중심으로, 21세기 한국민사법학의 과제와 전망(심당 송상현 교수 화갑기념논문집), 76면 이하, 2002.
- 이미선, 전세권저당권자의 지위와 관련된 쟁점에 관한 검토, 대전지방변호사회지 4호, 219면 이하, 2007.

제 3 항 전세권의 용익물권적 효력

1. 전세권자의 용익권

대판 1989. 7. 11. 88다카21029

[사안] 乙(피고)은 1984년 10월 1일 A 소유 점포를 1985년 10월 2일까지 사용하기로 하는 전세계약을 체결하고 1985년 4월 10일 전세권설정등기를 마쳤다. A는 1985년 10월 2일 이후에도 乙에게 위 전세계약을 해지하거나 갱신한다는 뜻의 통지를 하지 않은 채 그 점포의 소유권을 이전하여 甲(원고)이 목적물을 취득하였다. 甲은 乙을 상대로 점포의 명도를 청구하는 소송을 제기하였다.

[판지] 건물의 전세설정자가 전세권의 존속기간 만료 전 6월부터 1월까지 사이에 전세권자에 대하여 갱신거절의 통지 또는 조건을 변경하지 아니하면 갱신하지 아니한다는 뜻의 통지를 하지 아니한 경우에는 그 기간이 만료되는 때에 전 전세권과 동일한 조건(다만 전세권의 존속기간은 그 정함이 없는 것으로 봄)으로 다시 전세권을 설정한 것으로 보는 것이고, 이는 법률의 규정에 의한 부동산에 관한 물권의 변동으로 보아야 할 것이므로 전세권의 법정갱신의 경우에는 전세권 갱신에 관한 등기를 필요로 하지 아니하고, 전세권자는 그 등기 없이도 전세권설정자나 그 목적물을 취득한 제 3 자에 대하여 그 권리를 주장할 수 있는 것이다.

☑ 쟁　　점

이 판결에서는 전세기간이 만료한 이후에도 목적부동산을 점유하고 있는 乙에게 여전히 전세권이 존재하고 있는지가 문제되었다.

☑ 검토사항

- 민법 제312조 제 4 항이 1984년에 신설된 이유는 무엇인가?
- 법정갱신을 가지고 甲에게 대항하기 위하여서는 등기가 필요한가?
- 법정갱신을 가지고 제 3 자에게 대항하기 위하여서는 등기가 필요하다는 견해의 문제점은 무엇인가?

2. 전세목적물의 양도

대판 2000. 6. 9. 99다15122

[사안] 甲(원고)은 乙(피고)이 소유하고 있던 X건물에 관하여 전세금을 2,700만원으로 하는 전세계약을 체결하고, 1992. 6. 17. 전세권설정등기를 경료하였다. 1992. 6. 20. 甲은 乙에게 전세금을 지급하고 X건물에 입주한 후 1992. 6. 25. 전입신고를 하였다. 1994. 10. 30 전세계약을 갱신하면서 전세금을 300만원 인상하였다. 1995. 3. 6. 乙이 X건물을 A에게 대금 6,100만원에 매도하여 1995. 3. 21. A 명의의 소유권이전등기가 경료되었다. 1997. 2. 근저당권자인 C가 X건물에 대한 임의경매를 신청하여 D가 낙찰받았고 D 명의의 소유권이전등기가 경료되었다. 경매절차에서 甲은 72만원을 배당받았다. 甲은 乙을 상대로 임대차보증금 3,000만원의 반환을 청구하는 소송을 제기하였다. 제 1 심에서 패소하자 甲은 전세금 2,628만원의 반환을 청구하는 것으로 소변경을 하였다.

[판지] 전세권이 성립한 후 목적물의 소유권이 이전되는 경우에 전세권관계가 전세권자와 전세권설정자인 종전 소유자와 사이에 계속 존속되는 것인지 아니면 전세권자와 목적물의 소유권을 취득한 신 소유자와 사이에 동일한 내용으로 존속되는지에 관하여 민법에 명시적인 규정은 없으나, 전세목적물의 소유권이 이전된 경우에 민법이 전세권관계로부터 생기는 상환청구, 소멸청구, 갱신청구, 전세금증감청구, 원상회복, 매수청구 등의 법률관계의 당사자로 규정하는 전세권설정자 또는 소유자는 모두 목적물의 소유권을 취득한 신 소유자로 새길 수밖에 없으므로, 전세권은 전세권자와 목적물의 소유권을 취득한 신 소유자 사이에서 계속 동일한 내용으로 존속하게 된다고 보아야 할 것이다. 따라서 목적물의 신 소유자는 구 소유자와 전세권자 사이에 성립한 전세권의 내용에 따른 권리의무의 직접적인 당사자가 되어 전세권이 소멸하면 전세권자에 대하여 전세권설정자의 지위에서 전세금반환의무를 부담하고, 구 소유자는 전세권설정자의 지위를 상실하여 전세금반환의무를 면하게 된다고 보아야 할 것이다. 전세권이 전세금채권을 담보하는 담보물권적 성질을 가지고 있다 하여도 전세권은 전세금이 존재하지 않으면 독립하여 존재할 수 없는 용익물권으로서 전세금은 전세권과 분리될 수 없는 요소이므로 전세권관계로 생기는 위와 같은 법률관계가 신 소유자에게 이전되었다고 보는 이상, 전세금채권관계만이 따로 분리되어 전 소유자와 사이에

남아있다고 할 수는 없고, 당연히 신 소유자에게 이전되었다고 보는 것이 옳다고 할 것이다.

☑ 쟁 점

이 판결에서는 전세권의 부담 있는 소유권이 양도된 경우 종전의 소유자가 전세금반환의무를 부담하는가 하는 점이 문제되었다.

☑ 검토사항

- 甲이 주택임대차보호법에 따른 보호를 받기 위하여 구비해야 할 요건은 무엇인가?
- A는 전세권설정자의 법적 지위, 특히 전세금반환채무를 승계하는가?
- A는 임대인의 법적 지위, 특히 보증금반환채무를 승계하는가?
- 甲의 전세권은 경락으로 인하여 소멸하는가?

☑ 관련사례

- 2000년 1월 10일 A는 자신이 소유하는 X건물에 대하여 B에게 존속기간을 2004년 12월 31일까지로 하는 전세권을 설정하여 주었다. 이후 B는 C은행으로부터 대출을 받으면서 그 채무 담보를 위해 X건물에 대한 전세권을 C은행에게 양도하는 전세권 변경계약을 체결하고, 2000년 2월 10일에 C은행에게 전세권이전의 부기등기를 경료하여 주었다. B는 C은행에게 전세권을 양도한 이후에도 건물에서 노래방을 운영하다가 2002년 4월 4일에 사망하였다. 이에 B의 유족들은 X건물을 A에게 명도하였다. D는 A의 아내로 A와 이혼하면서 A로부터 X건물을 증여받아 2003년 2월 10일에 소유권이전등기를 마쳤다. 2004년 12월 31일이 지나자 C은행은 D에게 전세금 1억원의 반환을 청구하였다. C은행의 청구는 인용될 수 있는가? (대판 2006. 5. 11. 2006다6072 참조)
- 임대주택의 경락인이 대항력 있는 임차인에게 임차보증금을 반환한 후 임대인을 상대로 부당이득금반환을 청구할 수 있는가? (대판 1989. 10. 24. 88다카13172; 대판 1993. 7. 16. 93다17324 참조)
- 대항력 있는 임대차의 존재를 알지 못하고 경락을 받은 경락인이 배당채권자를 상대로 부당이득금반환을 청구할 수 있는가? (대판 1996. 7. 12. 96다7106 참조)

☑ 기타 검토사항

- 아직 전세기간이 만료되지 않은 전세권의 부담 있는 부동산을 매수한 새로운 소유자가 전세권자에게 전세금을 지급한 경우에는 종전의 소유자에게 담보책임을 추궁할 수 있는가?
- 전세기간이 만료되었으나 아직 전세금을 반환하지 않은 전세권설정자가 부동산 소

유권을 양도한 경우에도 신소유자가 전세금반환의무를 지는가?
- 전세기간이 만료되었으나 아직 전세금을 반환하지 않은 전세권설정자가 부동산을 매도한 후에도 전세금을 반환하지 못하여 부동산이 경매되었다면 소유권을 상실한 매수인은 매도인에게 담보책임을 추궁할 수 있는가?
- 전세기간이 만료되었으나 아직 전세금을 반환하지 않은 전세권설정자로부터 부동산을 매수하면서 매수인이 전세금반환채무의 이행을 인수하였다면 후일 전세권자에 의한 경매개시로 인하여 소유권을 상실한 경우 매도인에게 담보책임을 추궁할 수 있는가?

☑ 참고문헌

- 남효순, 용익기간중 전세물의 양도와 전세금반환의무의 이전 여부— 물권 및 물권적 청구권 개념에 대한 새로운 이해의 단초, 서울대 법학 49권 4호, 373면 이하, 2008.
- 이상태, 전세목적물의 양도와 전세금반환의무, 민사판례연구 XXIII, 176면 이하, 2001.
- 전경근, 전세권 관계의 이전, 민사법학 20호, 413면 이하, 2001.

제 4 항 전세권의 담보물권적 효력

1. 전세금반환청구권

대판 1997. 11. 25. 97다29790

[사안] 전세권자인 A가 전세권의 존속기간이 만료된 후 전세금반환채권을 甲(원고)에게 양도하고 확정일자 있는 증서로 전세권설정자인 乙(피고)에게 통지하였으나 전세권이전의 부기등기는 경료하지 아니하였다. 그 후 A는 전세목적물을 乙에게 반환하고 전세권설정등기를 말소하였다. 甲은 전세금반환채권의 양수인으로서 乙에 대하여 전세금의 지급을 청구하였다.

[판지] 전세권이 담보물권적 성격도 가지는 이상 부종성과 수반성이 있는 것이므로 전세권을 그 담보하는 전세금반환채권과 분리하여 양도하는 것은 허용되지 않는다고 할 것이나, 한편 담보물권의 수반성이란 피담보채권의 처분이 있으면 언제나 담보물권도 함께 처분된다는 것이 아니라, 채권담보라고 하는 담보물권제

도의 존재목적에 비추어 볼 때 특별한 사정이 없는 한 피담보채권의 처분에는 담보물권의 처분도 포함된다고 보는 것이 합리적이라는 것일 뿐이므로, 전세권이 존속기간의 만료로 소멸한 경우이거나 전세계약의 합의해지 또는 당사자간의 특약에 의하여 전세금반환채권의 처분에도 불구하고, 전세권의 처분이 따르지 않는 경우 등의 특별한 사정이 있을 때에는 채권양수인은 담보물권이 없는 무담보의 채권을 양수한 것이 된다.

☑ 쟁 점

이 판결에서는 전세권자가 전세권과 분리하여 전세금반환청구권을 양도한 것이 유효한지가 문제되었다.

☑ 검토 사항

- 대법원의 판시에 따르면 위 전세금반환채권의 양도는 유효한가?
- A가 전세금반환채권의 양도사실을 乙에게 통지한 이유는 무엇인가?
- A가 채권양도의 통지를 확정일자 있는 증서로 한 이유는 무엇인가?
- 전세권은 담보물권인가?
- 전세권의 용익기간이 만료된 후 전세권설정등기는 어떠한 효력을 갖는가? 전세권의 용익기간이 만료된 후, 전세권과 전세금반환채권의 양도는 어떻게 이루어지는가? (대판 2005. 3. 25. 2003다35659 참조)

☑ 관련사례

- B회사는 1993년 11월 1일 A 소유의 부동산에 대하여 전세금을 35억원으로, 존속기간을 1995년 11월 30일로 한 전세권설정계약을 체결하고 전세권설정등기를 경료하였다. 그런데 B회사가 1995년 2월 말경 부도에 이르게 되자 A와 합의하여 위 전세권설정계약을 해지하였다. 1995년 3월 4일 B는 A에 대한 전세금반환청구권을 C에게 양도하고 A에게 그 양도통지를 하여 1995년 3월 7일 A가 이를 승낙하였으며 B회사는 1995년 3월 9일 위 부동산을 명도하였다. 한편 위 전세권에 관하여 B의 채권자 D가 가압류결정을 받아 1995년 3월 9일 가압류등기가 경료되었다. 1995년 8월 30일 A는 전세금 35억원에서 23억원을 C에게 지급하고 나머지 금액은 전세권설정등기가 말소된 후 지급하기로 C와 합의하였다. 그 후 A는 B에게는 전세권말소등기를, D에게는 말소등기에 대한 승낙의 의사표시를 청구하였다. 법원은 A의 청구를 인용하여야 하는가? (대판 1999. 2. 5. 97다33997 참조)
- A가 소유하는 X건물의 4, 5, 6층에 B의 전세권이 1995년 5월 29일에 존속기간을 1996년 7월 31일까지로 하여 설정되었고, 지상2층과 지하2층 동쪽부분에 C의 전

세권이 1996년 5월 17일에 존속기간을 1998년 4월 20일까지로 하여 설정되었고, 지하1층 동쪽부분에 D의 전세권이 1996년 8월 6일에 존속기간을 1997년 7월 31일까지로 하여 설정되었고, E의 근저당권이 1996년 12월 13일에 설정되었고 F의 근저당권이 1996년 12월 14일에 설정되었다. 그런데 F가 X건물에 대한 경매를 신청하여 X건물은 G에게 낙찰되었다. 이에 C는 1997년 8월 11일 경매법원에 남은 존속기간을 포기하고 전세금 1억 2천만원의 우선변제를 받겠다는 의사를 표시하였다. 그러나 경매법원은 1998년 1월 19일 배당기일에 B에게는 전세금 전액을 배당하고 C는 배당에서 제외하고 D, E, F에게 청구금액의 전부 또는 일부를 배당하는 내용으로 배당표를 작성하였다. 이에 C는 F를 상대로 배당이의의 소를 제기하였다. 법원은 C의 청구를 인용하여야 하는가? (대판 2000. 2. 25. 98다50869 참조)

◆ 임차인 A가 임대인 乙(피고)에게 임차보증금반환채권을 담보하기 위하여 X건물에 관하여 전세권을 설정하여 줄 것을 요구하자 乙은 A와 사이에 X건물의 일부에 관하여 전세금을 위의 임차보증금과 같은 금액, 존속기간을 1997. 3. 1.까지로 정하여 전세권설정계약을 체결하고 A를 전세권자로 한 전세권설정등기를 마쳤다. 乙은 전세권의 존속기간 만료 전 6월부터 1월까지 사이에 A에 대하여 전세권의 갱신거절의 통지나 조건을 변경하지 아니하면 갱신하지 아니한다는 뜻의 통지를 하지 아니하였고, A도 전세권의 존속기간이 만료된 이후에도 계속하여 건물을 점유·사용하여 왔다. 그런데 A는 1998. 3. 30. 당좌거래정지처분을 받게 되자 그 날 근로자들의 대표인 B에게 임차보증금반환채권을 양도하고, 1998. 3. 31.자의 확정일자부 우편으로 그 채권양도사실을 乙에게 통지하여 1998. 4. 1. 그 통지가 乙에게 도달하였다. 그 후 A의 채권자인 甲(원고)이 B를 상대로 사해행위취소의 소를 제기하여 위의 채권양도가 통정한 허위표시라는 취지로 주장하자 B는 1999. 3. 31. 위의 임차보증금반환채권을 C에게 다시 양도하고 그 양도통지를 하여 1999. 4. 6. 그 통지가 乙에게 도달하였다. 甲은 1998. 5. 7. A의 전세권을 가압류한 후 A를 상대로 이음금 등의 청구소송을 제기하여 승소하게 되자 그 판결에 기하여 1999. 8. 11. A의 乙에 대한 전세금반환채권에 대하여 채권압류 및 전부명령을 받았으며, 그 명령은 그 무렵 乙에게 송달되어 그대로 확정되었는데 그 채권압류 및 전부명령에는 압류 및 전부명령의 대상인 전세금반환채권이 채무자인 A가 B에게 양도하였다가 다시 양도받은 채권으로 되어 있다. 한편 A의 채권자들이 1998. 4. 3.부터 1998. 11. 30.까지 사이에 A의 乙에 대한 전세금반환채권에 대하여 16건의 전세권부채권가압류 결정을 받았다. 甲이 乙을 상대로 전부금의 지급을 청구하는 경우 인용될 수 있는가? (대판 2002. 8. 23. 2001다69122 참조)

◆ 乙은 2000. 2. 16. A회사와 사이에 X건물 중 3층 부분에 관하여 전세금 524,000,000원, 전세기간 2000. 2. 16.부터 2001. 2. 15.까지, 전세권자 A로 하는 전세권설정계

약을 체결하고, 2000. 2. 22. 전세권설정등기를 경료하여 주었다. 乙은 위 전세기간 만료에 임박한 2001. 2. 5.경 A회사에게 전세금을 600,000,000원으로 증액하고 전세기간을 2001. 2. 16.부터 2002. 2. 15.까지로 하는 전세권설정계약을 다시 체결하자는 의사를 통지하였고 A회사도 이에 동의하였으나, 그 후 A회사는 전세금 인상분 76,000,000원을 지급하지 아니하였다. 그러자 乙은 2001. 4. 12. 전세계약 해지를 통보하였다가, 당초의 전세기간 만료 이후인 2001. 6. 18.경 위 전세금 인상분을 월차임으로 전환하여 2001. 2. 16.부터 소급하여 매월 152만원을 지급받겠다고 통보하였고, A회사도 이에 동의하였다. 乙은 그 직후인 2001. 7. 1.경 A회사와의 전세계약을 합의해지하고, 丙과 사이에 이 사건 부동산에 관하여 임대보증금을 506,375,670원(위 금액은 A의 전세금 524,000,000원에서 그 동안의 관리비 미납금과 월차임 미지급분을 공제한 금액으로서, 丙이 乙에게 위 임대보증금을 현실로 지급한 바는 없다), 월 차임을 1,872,480원, 임대차기간을 2001. 7. 1.부터 2002. 2. 15.까지로 하는 부동산임대차계약서를 작성하였다. 한편, 丙은 같은 날 A회사와 사이에서 乙의 승인하에 A 명의의 위 전세권에 관한 양도계약을 체결하고, 2001. 7. 6. 위 전세권설정등기의 전세권자를 丙으로 바꾸는 전세권이전의 부기등기를 마쳤다. A는 B주식회사의 계열회사이었는데, 丙은 B회사의 직원(영업부장)이다. 한편, X건물 중 3층부분은 2001. 7. 1.경에 이루어진 위 전세계약의 합의해지와 전세권양도계약의 체결 및 丙명의의 부동산임대차계약의 체결을 전후하여서부터 계속하여 A와 B가 순차로 점유·사용하고 있다. 甲은 2001. 7. 9. A에 대한 집행력 있는 약속어음 공정증서 정본을 가진 채권자로서, A의 乙에 대한 전세금반환채권을 압류하고 이를 甲에게 전부하는 내용의 채권압류 및 전부명령을 받았는데, 위 명령은 그 무렵 乙에게 송달되어 같은 달 28. 확정되었다. 甲은 丙에 대하여, 전세권설정등기를 이전받은 명의자로서, A와 乙 사이의 전세계약관계가 2001. 7. 1.자 해지로써 종료하였음을 이유로 전세권설정자(乙)에게 위 전세권설정등기의 말소등기절차를 이행할 것을, 乙에 대하여는 丙으로부터 이 사건 전세권설정등기의 말소등기절차를 이행받음과 동시에, 전부채권자인 甲에게 전세금 5억 2,400만원에서 전부명령이 乙에게 송달된 시점까지의 연체차임과 미납관리비를 공제한 잔액의 지급을 청구할 수 있는가? (대판 2005. 3. 25. 2003다35659 참조)

☑ 기타 검토사항

- 전세권이 양도되면 전세금반환채권도 이전되는가?
- 미등기전세에서 목적물을 명도하기 전에 임차보증금반환채권을 양도할 수 있는가? (대판 1969. 12. 23. 69다1745 참조)
- 저당권부 채권의 양도는 어떻게 이루어지는가? (대판 2005. 6. 10. 2002다15412,15429 참조)

☑ 참고문헌

- 권기훈, 전세기간 만료 후의 전세금반환채권의 양도, 재판과 판례(대구판례연구회) 14집, 205면 이하, 2006.
- 남효순, 전세금과 전세권의 관계— 전세권 요소의 법적 의미와 전세권의 법적 성질, 서울대 법학 49권 3호, 181면 이하, 2008.

2. 전세권자의 경매청구권

대결 2001. 7. 2. 2001마2120

[사안] X건물의 7층 업무시설 중 남측에 관한 전세권자 甲이 X건물 전부에 대한 임의경매신청을 하였다. 제 1 심법원은 甲의 경매신청이 부적법하다고 각하하였다.

[판지] 전세권의 목적물이 아닌 나머지 건물부분에 대하여는 우선변제권은 별론으로 하고 경매신청권은 없으므로, 건물의 일부에 대하여 전세권이 설정되어 있는 경우에 전세권자는 전세권의 목적이 된 부분을 초과하여 건물 전부의 경매를 청구할 수 없다.

전세권의 목적이 된 부분이 구조상 또는 이용상 독립성이 없어 독립한 소유권의 객체로 분할할 수 없고 따라서 그 부분만의 경매신청이 불가능하다고 하여 달리 볼 것은 아니다.

☑ 쟁 점

이 판결에서는 부동산의 일부에만 전세권이 설정된 경우에 전세권자가 건물 전부의 경매를 청구할 수 있는지가 문제되었다.

☑ 검토사항

- 경매청구권이란 무엇인가?
- 부동산의 일부에만 전세권이 설정된 경우에는 전세권자에게 경매청구권이 인정되지 않는 이유는 무엇인가?

☑ 기타 검토사항

- 부동산 일부에 전세권을 취득한 자가 전세금반환채권으로써 강제경매를 신청한 경우

그 경매절차에서 우선변제를 받을 수 있는가? (대판 2006. 2. 10. 2005다21166 참조)

- 주택임대차보호법상의 대항요건을 구비한 임차인으로서 임대차계약서에 확정일자를 받은 경우 경매청구권이 인정되는가? (대판 2006. 2. 10. 2005다21166 참조)

☑ 참고문헌

- 김영희, 건물의 부분전세권자의 경매청구권에 관한 연구, 비교사법 15권 3호(한국비교사법학회), 165면 이하, 2008.
- 소재선, 건물의 일부에 설정된 전세권 경매청구권의 범위, Jurist 410호(2006. 2), 청림인터렉티브, 418면 이하.

제 6 장 담보물권

제 1 절 유 치 권

제 1 항 유치권의 성립

1. 채권과 물건 사이의 견련관계

● **판례 1**

대판 2007. 9. 7. 2005다16942

[사안] A는 2002. 2. 1 B에게 7동 총 56세대 규모의 다세대주택을 재건축하는 공사를 도급하였다. 甲(피고)은 2002. 7. B로부터 위 재건축 공사 중 창호, 기타 잡철 부분 공사에 해당하는 공사(이하 "이 사건 공사"라고 한다)를 일괄적으로 하도급을 받아 2003. 5. 공사를 완료하였다. 이 사건 공사계약 당시 공사대금은 구분건물의 각 동호수별로 구분하여 지급하기로 하지 않고 이 사건 공사 전부에 대하여 일률적으로 지급하기로 약정하였다. 또한, 이 사건 공사에는 각 구분건물에 대한 창호, 방화문 등뿐만 아니라 공유부분인 각 동의 현관, 계단 부분에 대한 공사 등이 포함되어 있었고, 공사대금은 각 구분건물에 관한 공사부분별로 개별적으로 정해진 것은 아니었다. 그 후 B가 총 공사대금 267,387,000원 중 110,000,000원만을 지급하고 나머지 157,387,000원은 지급하지 아니하자 甲은 그 무렵 신축된 다세대주택 중 구분소유권의 목적인 한 세대에 해당하는 주택(이하 "이 사건 주택"이라 한다)을 점유하기 시작하였고, 2003. 5. 13. A에게 공사대금채권에 기하여 이 사건 주택을 포함한 7세대의 주택에 대하여 유치권을 행사

한다는 통지를 하였다. 그 후 甲은 나머지 주택에 대한 점유는 상실하고 이 사건 주택만을 점유하게 되었는데 이 사건 주택에 대한 공사대금은 합계 3,542,263원이었다. 이러한 상황 하에서 2003. 4. 25. 이 사건 주택의 완전한 소유권을 취득한 乙(원고)은 甲에게 이 사건 주택의 인도를 청구하였다. 이에 대하여 甲은 乙에게 공사대금채권 잔액 157,387,000원의 채권 전부를 피담보채권으로 하는 유치권을 주장하며 공사대금채권 잔액 전부를 지급받기 전까지는 이 사건 주택을 인도하지 않겠다고 항변하였다.

[원심] 甲은 B로부터 하도급 받은 이 사건 공사에 관하여 아직 변제받지 못한 공사대금채권이 남아 있고, B에 대한 위 공사대금채권은 이 사건 주택에 관하여 생긴 채권에 해당하며, 피담보채권의 채무자 아닌 제 3 자 소유의 물건이라고 하더라도 피담보채권과 유치물 사이의 견련성이 인정되는 이상, 甲은 B에 대한 이 사건 공사대금채권을 피담보채권으로 하여 이 사건 주택에 대한 유치권을 행사할 수 있다. 이 사건 주택으로 담보되는 피담보채권액에 관하여, 유치물의 소유자가 제 3 자인 경우에는 그 제 3 자의 희생이 어느 정도 불가피한 점에 비추어 비록 채권자가 적법한 권원에 기하여 유치권을 행사하고 있더라도 그 행사범위는 공평의 원칙상 당해 채권과 유치권자가 점유하고 있는 특정한 물건과의 견련성이 인정되는 범위로 엄격히 제한될 필요성이 있고, 민법 제320조 규정의 문언 자체에 해석에 의하더라도 타인 소유의 특정한 물건을 점유하고 있는 자는 그 특정한 물건에 관하여 생긴 채권에 대하여만 유치권을 행사할 수 있는 것으로 해석되고, 이 사건 주택은 구분건물로서 다른 55세대의 주택과는 구별되이 독립한 소유권의 객체가 되는 특정한 부동산인 점에 비추어 이 사건 주택을 담보로 성립하는 甲의 유치권은 甲이 시행한 이 사건 공사에 대한 나머지 공사대금 전부에 해당하는 157,387,000원이 아니라 甲이 점유하고 있는 이 사건 주택에 대하여 시행한 공사대금 3,542,263원만을 피담보채권을 성립한다.

[판지] 민법 제320조 제 1 항에서 '그 물건에 관하여 생긴 채권'은 유치권 제도 본래의 취지인 공평의 원칙에 특별히 반하지 않는 한 채권이 목적물 자체로부터 발생한 경우는 물론이고 채권이 목적물의 반환청구권과 동일한 법률관계나 사실관계로부터 발생한 경우도 포함하고, 한편 민법 제321조는 "유치권자는 채권 전부의 변제를 받을 때까지 유치물 전부에 대하여 그 권리를 행사할 수 있다"고 규정하고 있으므로, 유치물은 그 각 부분으로써 피담보채권의 전부를 담보하며,

이와 같은 유치권의 불가분성은 그 목적물이 분할 가능하거나 수개의 물건인 경우에도 적용된다.

다세대주택에 대한 재건축공사 중 창호와 기타 잡철 부분을 일괄적으로 하도급하는 하나의 공사계약에 따라 공사대금을 구분건물의 각 동호수 별로 구분하여 지급하기로 한 것이 아니라 하도급 공사 전부에 대하여 일률적으로 지급하기로 약정되어 있었고, 그 공사에는 각 구분건물에 대한 창호, 방화문 등뿐만 아니라 공유부분인 각 동의 현관, 계단 부분에 대한 공사 등이 포함되어 있었으며, 공사대금 중 일부를 지급한 것도 특정 구분건물에 관한 공사대금만 따로 지급한 것이 아니라 그 공사의 목적물 전체에 관하여 지급하였다는 사정이 있는 경우, 공사를 완성한 하수급인이 공사대금채권 잔액을 변제받기 위하여 위 다세대주택 중 한 세대를 점유하여 유치권을 행사하는 때에 그 유치권은 위 한 세대에 대하여 시행한 공사대금만이 아니라 다세대주택 전체에 대하여 시행한 공사대금채권의 잔액 전부를 피담보채권으로 하여 성립한다고 보는 것이 우리 민법상 공평의 견지에서 채권자의 채권확보를 목적으로 법정담보물권으로서의 유치권 제도를 둔 취지에도 부합한다고 할 것이다.

그럼에도 불구하고 원심은 피고의 유치권이 피고가 이 사건 주택 한 세대에 대하여 시행한 공사대금 3,542,263원만을 피담보채권으로 하여 성립한다고 판단하였는 바, 이는 민법상 유치권에 있어서의 채권과 목적물 사이의 견련관계 및 유치권의 불가분성 등에 관한 법리를 오해함으로써 판결 결과에 영향을 미친 위법이 있다고 할 것이다.

☑ 쟁 점

위 판결은 유치권 성립에 있어서 채권과 물건 사이의 견련관계 및 유치권의 불가분성이 문제된 것이다.

☑ 검토할 사항

- 민법상 유치권에 있어서 채권과 목적물과의 견련관계는 어떤 기준에 근거하여 판단되는가?
- 유치권의 불가분성은 무엇인가?
- 만약 B가 甲에게 다세대주택에 대한 재건축공사 중 창호와 잡철 부분을 일괄적으로 하도급한 것이 아니라 구분건물의 각 동호수 별로 구분하여 공사를 하도급하고,

공사대금의 지급도 각 동호수별로 구분하여 지급된 경우에도 이 사건 주택과 甲의 하도급 공사대금채권 잔액 전부 사이에 견련관계가 인정되는가?

☑ 관련사례

- 주택건물의 신축공사를 한 수급인이 도급인 소유의 신축 건물을 점유하고 있고 그 건물에 관하여 생긴 공사대금채권이 존재하는 경우 건물과 공사대금채권 사이에 견련관계가 인정되는가? (대판 1995. 9. 15. 95다16202,16219 참조)
- 나아가 건물과 공사대금채권의 지연손해금채권 사이에도 견련관계가 인정되는가? (대판 1976. 9. 28. 76다582 참조)
- 건물신축공사를 도급받은 수급인이 사회통념상 독립한 건물이 되지 못한 정착물을 토지에 설치한 상태에서 공사가 중단된 경우 수급인은 공사 중단 시까지 발생한 공사대금 채권을 피담보채권으로 하여 위 정착물 또는 토지에 대하여 유치권을 행사할 수 있는가? (대결 2008. 5. 30. 2007마98 참조)

☑ 참고문헌

- 양창수, 유치권의 발생요건으로서의 「채권과 물건 간의 견련관계」, 민법연구 제 1 권, 227면 이하, 2004.

판례 2

대판 1976. 5. 11. 75다1305

[사안] 甲(원고)과 乙(피고)은 1970. 6. 22. 부천시 소사동 소재 창고 1동(이하 “이 사건 건물”이라 한다)에 관하여 甲을 임대인, 乙을 임차인으로 하고 임차보증금은 200,000원, 월임료 금 35,000원, 기간은 1년으로 정하여 임대차계약을 체결하였다. 甲은 乙이 이 사건 건물을 공장으로 사용할 수 있도록 전기동력시설을 설치하여 주기로 약속하였으나 이를 이행하지 아니하여 乙이 직접 금 135,400원의 비용을 들여 전기동력시설을 설치하였고 이와 같이 전기동력시설의 설비가 지연됨으로 인하여 공장을 가동하지 못하여 손해가 발생하였다. 한편, 乙은 이 사건 건물 내부에도 금 225,328원 상당의 비용을 들여 밑바닥 콘크리트포장과 칸막이 세멘블럭 벽 설치공사를 하였다. 그 후 1971. 6. 22. 기간만료로 위 임대차관계가 종료되자 甲은 乙을 상대로 이 사건 건물을 인도하라는 소송을 제기하였다. 이에 대하여 乙은 위 임차보증금반환채권, 甲이 당초 약속한대로 전기동력시설을 하지 아니하여 乙에게 발생한 손해배상채권 및 이 사건 건물의 전기동력

시설 및 내부 공사에 들어간 비용을 지급받을 때까지는 이 사건 건물의 인도청구에 응할 수 없다고 유치권 항변을 하였다.

[판지] 건물의 임대차에 있어서 임차인의 임대인에게 지급한 임차보증금반환청구권이나 임대인이 건물시설을 아니하기 때문에 임차인에게 건물을 임차목적대로 사용 못한 것을 이유로 하는 손해배상청구권은 모두 민법 제320조에 규정된 소위 그 건물에 관하여 생긴 채권이라 할 수 없으므로 원심판결이 이와 같은 취지에서 보증금반환채권과 손해배상채권에 관한 피고의 유치권 주장을 배척한 조치는 정당하고, 원심판결이 전기동력시설비 금 135,400원 및 건물 내부시설비 금 225,328원의 유익비 지출을 인정하여 이에 대한 유치권을 인용한 조치는 정당하다.

☑ 쟁 점

위 판결은 유치권의 성립과 관련하여 임차인의 임차보증금반환채권, 손해배상채권 및 유익비상환청구권과 임차건물 사이의 견련관계가 인정되는지 여부가 문제된 것이다.

☑ 검토할 사항

- 임차인은 임차보증금반환채권 또는 임대인의 채무불이행으로 인한 손해배상채권으로 임차건물에 대하여 유치권을 행사할 수 있는가?
- 임차인은 필요비 또는 유익비반환청구권으로 임차건물에 대하여 유치권을 행사할 수 있는가?

☑ 관련사례

- 임대인과 임차인 사이에 건물명도시 권리금을 반환하기로 하는 약정이 있는 경우 그 권리금반환청구권을 가지고 건물에 대한 유치권을 행사할 수 있는가? (대판 1994. 10. 14. 93다62119 참조)
- 임차인이 부속물매수청구권을 행사한 경우에 부속물대금채권과 건물 또는 건물의 부지인 대지의 반환의무 상호간에 견련관계가 인정되는가? (대판 1977. 12. 13. 77다115 참조)
- 명의신탁자와 명의수탁자가 이른바 계약명의신탁약정을 맺고 명의수탁자가 당사자가 되어 명의신탁약정이 있다는 사실을 알지 못하는 소유자와 부동산에 관한 매매계약을 체결한 뒤 수탁자 명의로 소유권이전등기를 마친 경우, 명의신탁자는 명의수탁자에 대하여 가지는 부동산 매수자금 상당의 부당이득반환청구권을 피담보채권으로 하여 위 매매계약의 목적물인 부동산에 대하여 유치권을 주장할 수 있는가?

(대판 2009. 3. 26. 2008다34828 참조)

2. 타인의 물건 · 유가증권의 점유

판례 1

대판 1993. 3. 26. 91다14116

[사안] 甲(원고)은 乙회사(피고1)로부터 乙소유인 X대지에 아파트 신축공사를 수급하면서, 공사에 필요한 자재는 甲이 제공하고 공사대금 중 1차 기성고는 착공일로부터 3월 후에, 그 후의 남은 부분은 매 2월마다 지급받기로 약정하였다. 甲은 공사에 착수하여 공사의 일부분을 마친 상태(이하 '이 사건 기성부분'이라고 한다)에서 乙에게 1차 기성고 공사대금 등을 합하여 지급을 청구하였으나 乙은 甲이 부실공사를 하였다는 등의 이유를 들어 그 지급을 거절하였다. 이에 甲은 공사를 중단하고 乙에게 이 사건 공사도급계약을 해제한다고 통보하고 장비와 인원을 철수시킨 채 경비원 한 사람으로 하여금 독립한 건물에 해당하는 이 사건 기성부분을 점유 · 관리하게 하였다. 그 후 X대지에 설정되어 있던 근저당권이 실행되어 X대지의 소유권은 丙(피고2)에게 이전되었다. 丙은 甲에게 이 사건 기성부분을 철거하고 X대지를 인도할 것을 청구하였으나 甲이 이 사건 기성부분의 소유권을 주장하며 X대지의 인도를 거절하자 丙은 무단으로 이 사건 기성부분을 철거하였다. 이에 甲은 丙에게 불법행위로 인한 손해배상을 청구하면서, 불법철거로 인하여 甲이 이 사건 기성부분에 대한 소유권을 상실함으로써 발생한 손해 및 불법철거로 인하여 甲이 이 사건 기성부분에 대한 유치권을 상실함으로써 발생한 손해 등을 배상하라고 주장하였다.

[판지] 이 사건 기성부분은 甲의 재료와 노력으로 건축되었고 독립한 건물에 해당하기 때문에 이는 甲의 소유라 할 것이고, 따라서 甲이 이에 대하여 유치권을 가진다는 주장은, 유치권이 타물권인 점에 비추어 이유 없다.

☑ 쟁 점

위 판결은 수급인이 자신의 재료와 노력으로 신축한 건물에 대하여 공사대금채권을 담보하기 위하여 유치권을 행사할 수 있는지 여부가 문제된 것이다.

☑ 검토할 사항

- 도급공사에 있어서 신축 건물의 소유권은 도급인과 수급인 중 누구에게 귀속하는가?
- 도급공사에 있어서 수급인이 자신의 재료와 노력으로 건물을 신축한 경우 수급인은 공사대금채권을 가지고 그 신축 건물에 대하여 유치권을 행사할 수 있는가?
- 만약 도급공사에 있어서 도급인이 건축 재료 등을 제공하였다면 수급인은 건축된 건물에 대하여 공사대금채권을 담보하기 위한 유치권을 가질 수 있는가?

판례 2

대판 2008. 4. 11. 2007다27236

[사안] 甲(피고1)과 乙(피고2)은 A로부터 건물신축 공사를 도급받아 X건물(이하 "이 사건 건물"이라고 한다)의 신축공사를 완공하였음에도 甲은 2,076,380,000원, 乙은 786,500,000원의 공사대금을 지급받지 못하였다. 따라서 甲과 乙은 2004. 12. 22. A와의 사이에, A가 피고들에게 공사대금을 완불할 때까지 이 사건 건물을 甲과 乙이 점유·사용하기로 하고, A는 甲과 乙의 동의를 얻어 건물 일부를 사용할 수 있다는 것을 주요 내용으로 하는 "건물관리 및 사용계약"을 체결하였다. 한편, 이 사건 건물은 A의 며느리인 B가 2004. 4. 1.경부터 2005. 10. 15.까지 A를 위하여 관리하였는데, 2004. 12. 27. 이 사건 건물에 대하여 임의경매개시결정의 기입등기가 경료되었다. 甲과 乙은 2005. 1.경부터 이 사건 건물 내에 유치권 행사 안내문을 부착하고, 같은 달 15. 이 사건 건물의 임의경매절차에서 유치권자로서 권리신고를 하였고, 甲과 乙의 직원들이 가끔 이 사건 건물에 들러 지하 1층에 있는 총무과 사무실에 있는 책상을 사용하기도 하였으나 甲과 乙의 직원들이 이 사건 건물에 상주하거나 건물을 관리하지는 않았다. 그 후 甲과 乙은 2005. 10. 15.경 이 사건 건물 1층에 있는 사무실을 점유하고 乙의 직원인 C등이 B로부터 이 사건 건물의 열쇠를 교부받아 그 무렵부터 이 사건 건물의 출입을 통제하여 왔다. 위와 같은 상황 하에서 위 임의경매절차에서 경락받아 이 사건 건물의 소유권을 취득한 丙(원고)은 甲과 乙에 대하여 이 사건 건물의 인도를 청구하였다. 이에 대하여 甲과 乙은 이 사건 건물의 임의경매개시결정의 기입등기가 경료되기 전인 2004. 12. 22.부터 A가 위 건물관리 및 사용계약에 따라 이 사건 건물의 점유권자인 甲과 乙의 허락 하에 B를 통하여 이 사건 건물을 직접 점

유·사용하여 왔으므로 甲과 乙은 A를 통하여 이 사건 건물을 간접적으로 점유하였으며, 2005. 10. 15. 이후부터는 B로부터 이사건 건물의 열쇠를 넘겨받아 타인의 출입을 통제하며 이 사건 건물을 직접 점유하였음을 주장하면서 이 사건 건물에 대하여 A에 대한 위 각 공사대금채권을 피담보채권으로 하는 유치권이 성립하였음을 주장하며 항변하였다.

[원심] A는 2004. 12. 22. 이후 건물관리 및 사용계약에 따라 이 사건 건물의 점유권자인 피고들(甲과 乙)의 허락 하에 B를 통하여 이 사건 건물을 직접 점유·사용하여 왔고, 피고들은 위 사용계약에 따라 A를 통하여 이 사건 건물을 간접적으로 점유하여 왔다고 봄이 상당하며, 피고가 B로부터 이 사건 건물의 열쇠를 넘겨받아 타인의 출입을 통제하기 시작한 2005. 10. 15.부터 현재까지는 피고들이 이 사건 건물을 직접 점유하여 오고 있다. 그렇다면 피고들은 A에 대한 위 각 공사대금을 지급받기 위하여 위 임의경매개시결정의 기입등기 이전인 2004. 12. 22.부터 위 사용계약에 기하여 A를 통하여 이 사건 건물을 간접점유하기 시작한 것이므로, 이 사건 건물에 대하여 A에 대한 위 각 공사대금채권을 피담보채권으로 하는 유치권을 갖게 되었다 할 것이고, 따라서 위 유치권에 기하여 위 공사대금을 지급받을 때까지 丙의 이 사건 건물 인도청구를 거절할 수 있다 할 것이다.

[판지] 유치권의 성립요건이자 존속요건인 유치권자의 점유는 직접점유이든 간접점유이든 관계가 없으나, 다만 유치권은 목적물을 유치함으로써 채무자의 변제를 간접적으로 강제하는 것을 본체적 효력으로 하는 권리인 점 등에 비추어 그 직접점유자가 채무자인 경우에는 유치권의 요건으로서의 점유에 해당하지 않는다고 할 것이다. 그런데 원심은 채무자를 직접점유자로 하여 채권자가 간접점유를 하였더라도 유치권을 취득하는데 장애가 되지 않는다는 반대의 견해를 전제로, 피고들이 이 사건 건물에 관한 공사대금채권자로서 임의경매개시결정의 기입등기가 경료되기 이전인 2004. 12. 22.부터 채무자인 A의 직접점유를 통하여 이 사건 건물을 간접점유함으로써 유치권을 취득하였으므로 그 유치권에 기하여 경매절차의 매수인인 丙의 건물 명도청구에 대항할 수 있다고 판단하였으니, 원심판결에는 유치권의 요건인 점유에 관한 법리를 오해한 위법이 있다.

☑ 쟁 점

유치권의 요건인 유치권자의 점유에 채무자의 직접점유를 매개로 한 유치권자의 간접점유도 포함되는지 여부가 문제된 것이다.

☑ 검토할 사항

- 유치권의 성립요건이자 존속요건으로서 유치권자의 점유에 간접점유도 인정되는가? (대결 2002. 11. 27. 2002마3516)
- 그렇다면 채무자를 직접점유자로 하는 유치권자의 간접점유를 유치권의 요건인 점유로 인정하지 않는 이유는 무엇인가?

☑ 관련사례

- 채무자 소유의 부동산에 강제경매개시결정의 기입등기가 경료되어 압류의 효력이 발생한 후 채무자가 위 부동산에 관한 공사대금채권자에게 그 점유를 이전함으로써 그로 하여금 유치권을 취득하게 한 경우, 공사대금채권자는 그 유치권을 내세워 그 부동산에 관한 경매절차의 매수인에게 대항할 수 있는가? (대판 2005. 8. 19. 2005다22688 참조)

제 2 항 유치권의 효력

● 판례 1

대판 2009. 9. 24. 2009다40684

[사안] 甲(피고1)과 乙(피고2)은 A회사로부터 X건물에 대한 공사대금채권을 각각 변제받지 못하였다. 이에 甲은 A회사 소유의 X건물 3층 전체를, 乙은 처 B를 시켜 2층 전체를 점유하면서 X건물 및 그 건물이 소재한 Y대지에 대한 임의경매절차에서 위 공사대금채권을 피담보채권으로 하는 유치권이 있다고 주장하면서 2006. 5. 3. 각 유치권 신고를 하였다. 이후 甲과 乙은 각 A회사를 상대로 X건물에 대한 공사대금 청구의 소를 제기하여 2007. 1. 24. 법원으로부터 승소판결을 받아 그 판결이 확정되었다. 한편, 丙(원고)은 2007. 2. 28. 위 임의경매절차에서 매각허가결정을 받아 2007. 3. 22. 매수대금을 완납하고 2007. 4. 10. 그 소유

권이전등기를 마침으로써 X건물 및 Y대지의 소유권을 취득하였다. 위와 같은 상황 하에서 丙(원고)은 甲과 乙에게 소유권에 기하여 X건물 2층 및 3층의 인도를 청구하였고, 甲과 乙은 X건물에 대하여 위 확정판결에 따른 공사대금채권을 가지고 있고, 현재까지 이를 변제받지 못하였으므로 X건물의 2,3층을 유치할 권리가 있다고 항변하였다. 이에 대하여 丙은 상환이행판결을 구하면서 甲과 乙의 유치권 항변이 정당하다고 하더라도 그 피담보채권인 공사대금채권에서 甲과 乙이 X건물의 2, 3층을 점유 사용한 기간 동안의 월 임료 상당의 부당이득은 공제되어야 한다고 주장하였다.

[판지] 민법 제324조에 의하면, 유치권자는 선량한 관리자의 주의로 유치물을 점유하여야 하고, 소유자의 승낙 없이 유치물을 보존에 필요한 범위를 넘어 사용하거나 대여 또는 담보제공을 할 수 없으며, 소유자는 유치권자가 위 의무를 위반한 때에는 유치권의 소멸을 청구할 수 있다고 할 것인바, 공사대금채권에 기하여 유치권을 행사하는 자가 스스로 유치물인 주택에 거주하며 사용하는 것은 특별한 사정이 없는 한 유치물인 주택의 보존에 도움이 되는 행위로서 유치물의 보존에 필요한 사용에 해당한다고 할 것이다. 그리고 유치권자가 유치물의 보존에 필요한 사용을 한 경우에도 특별한 사정이 없는 한 차임에 상당한 이득을 소유자에게 반환할 의무가 있다. 원심은 피고들이 유치권자로서 이 사건 건물 2, 3층을 사용하는 것은 유치물의 보존에 필요한 사용이라는 판단을 전제로 차임에 상당한 이득을 반환할 의무가 있다는 취지로 판단한 것으로 위 법리에 비추어 정당하고 법리오해 등의 위법이 없다.

☑ 쟁 점

유치권자가 유치물인 주택에 거주하며 사용하는 것이 유치물의 보존에 필요한 사용인지 여부 및 이 경우 차임 상당 이득을 소유자에게 반환할 의무가 있는지 여부가 문제된 것이다.

☑ 검토할 사항

- 유치권자가 보존에 필요한 범위 내에서 유치물을 사용한 경우 그 사용에 의하여 얻은 이익은 반환되어야 하는가?
- 이 때 유치권자의 과실수취권과의 관계는 어떠한가?
- 유치물의 소유자가 채무자가 아닌 제3자인 경우에도 유치권자는 유치물의 사용이

익에 대하여 과실수취권을 주장할 수 있는가?

☑ 관련사례

- 유치권자가 채무자의 승낙 없이 유치물을 임대한 경우 임차인은 그 점유로 경매절차를 통해 유치물을 매수한 매수인에게 대항할 수 있는가? (대결 2002. 11. 27. 2002마3516 참조)

판례 2

대판 1989. 2. 14. 87다카3073

[사안] 甲(피고)은 A에게 6,000,000원을 빌려주었으나 변제받지 못하였다. 이에 甲은 A로부터 A 소유의 무허가 미등기건물인 X건물을 위 채무의 변제에 갈음하여 양도받아 점유하고 있으나 甲 앞으로 소유권이전등기가 경료되지는 아니하였다. 한편, X건물의 대지소유자인 乙(원고)은 甲에게 불법점유를 근거로 X건물의 철거와 그 대지의 인도를 청구하였다. 이에 甲은 A에 대한 채권을 근거로 X건물에 대한 유치권을 주장하면서 乙의 청구를 거절한 사안이다.

[판지] 건물철거는 그 소유권의 종국적 처분에 해당하는 사실행위이므로 원칙적으로 소유자에게만 철거처분권이 있으나 미등기건물을 그 소유권의 원시취득자로부터 양도받아 점유 중에 있는 자는 비록 소유권취득등기를 하지 못하였다고 하더라도 그 권리의 범위 내에서는 점유 중인 건물을 법률상 또는 사실상 처분할 수 있는 지위에 있으므로 그 건물의 존재로 불법점유를 당하고 있는 토지소유자는 위와 같은 건물점유자에게 그 철거를 구할 수 있다. 건물점유자가 건물의 원시취득자에게 그 건물에 관한 유치권이 있다고 하더라도 그 건물의 존재와 점유가 토지소유자에게 불법행위가 되고 있다면 그 유치권으로 토지소유자에게 대항할 수 없다.

☑ 쟁 점

대지를 불법 점유하고 있는 건물에 성립된 유치권으로 건물철거청구권을 갖는 대지소유자에게 대항할 수 있는지 여부가 문제된 것이다.

☑ 검토할 사항

- 채무자가 채권자에게 부동산으로 대물변제하기로 약정한 경우 대물변제의 효력이

발생하여 채무가 소멸하는 시점은 언제인가?
- 위 사안에서 유치권의 피담보채무는 존재하는가?
- 무허가 미등기건물에 대해서도 유치권은 성립하는가?
- 대지를 불법 점유하고 있는 건물에 성립된 유치권으로 대지소유자에게 대항할 수 있는가?

제 2 절 질 권

대판 1997. 5. 30. 96다22648

[사안] 甲은행(피고)의 지점장 대리인 A는 1992. 10. 초경 B로부터 그의 처인 C명의로 금 3억원의 정기예금이 있는 것처럼 허위의 정기예금통장을 만들어 그 통장에 정기예금에 대하여 질권을 설정하여 준 것처럼 허위의 질권 설정 표시를 하고 위 정기예금에 대한 질권설정승낙서를 작성하여 달라는 부탁을 받고, 같은 달 9. 위 정기예금에 대한 질권설정승낙의뢰서에 위 질권 설정에 대하여 아무런 이의를 유보하지 아니하고 승낙한다는 뜻을 기재하고 甲은행의 대리 약인을 찍은 질권설정승낙서를 乙회사(원고)의 부장인 D에게 교부하였다.

[판지] 민법 제451조 제 1 항은 채무자의 승낙이라는 사실에 공신력을 주어 양수인을 보호하고 거래의 안전을 꾀하기 위한 규정으로서, 이 경우 양도인에게 대항할 수 있는 사유로서 양수인에게 대항하지 못하는 사유는 협의의 항변권에 한하지 아니하고 넓게 채권의 성립, 존속, 행사를 저지하거나 배척하는 사유를 포함하고, 이는 지명채권에 대한 질권설정의 경우에도 같다. 은행 지점의 지점장 대리가 허위의 정기예금통장을 만들어 가공의 정기예금에 대한 질권설정승낙의뢰서에 질권설정에 대하여 아무런 이의를 유보하지 아니하고 승낙한다는 뜻을 기재하고 은행의 대리 약인을 찍은 질권설정승낙서를 교부한 경우, 은행은 그 질권자에게 그 정기예금채권에 대한 질권 설정에 이의를 유보하지 아니한 승낙을 하였으므로 그 정기예금채권의 부존재를 이유로 질권자에게 대항할 수 없다.

☑ 쟁 점

실제 존재하지 않는 가공의 정기예금채권에 대한 질권 설정에 제3채무자인 은행이 이의를 유보하지 아니하고 승낙을 한 경우 향후 은행이 정기예금채권의 부존재를 이유로 질권자에게 대항할 수 있는지 여부가 문제된 것이다.

☑ 검토할 사항

- 정기예금채권에 대한 질권은 질권설정자와 질권자 사이의 질권 설정의 합의만으로 성립하는가(민법 제347조 참조)?
- 민법 제451조 제1항이 제3채무자가 이의를 유보하지 않은 승낙을 한 경우에 그 항변권을 제한하는 취지는 무엇인가?
- 실제 존재하지 않는 가공의 정기예금채권에 대한 질권 설정에 제3채무자인 은행이 이의를 유보하지 않고 승낙한 경우 은행은 정기예금채권의 부존재를 이유로 질권자에게 대항할 수 있는가?
- 위 사안에서 乙회사가 甲은행의 지점장 대리인 A의 질권 설정 승낙행위가 甲은행에 대한 배임행위에 해당한다는 것을 알았거나 중과실로 인하여 알 수 없었던 경우에도 甲은행은 질권 설정 승낙행위에 대한 책임을 부담하는가? (대판 2002. 3. 29. 2000다13887)

☑ 관련사례

- 보험자가 이의를 유보하지 아니하고 보험금청구권의 양도 또는 질권 설정을 승낙한 경우 보험료 미납을 이유로 한 해지 항변으로써 양수인 또는 질권자에게 대항할 수 있는가? (대판 2002. 3. 29. 2000다13887 참조)

제3절 저 당 권

제1항 의의와 법적 성질

대판 2004. 5. 28. 2003다70041 ··································

[사안] 甲(원고)은 A와 통모하여 허위의 의사로 채권최고액 1억 원의 근저당권 설정계약을 체결하고 근저당권을 설정하였다. A는 乙(피고)에게 근저당권설정계

약서를 제시하면서 금원을 빌려줄 것을 요청하였고, 乙은 A에게 3,200만원을 대여해 준 다음, 근저당권설정등기의 피담보채권 중 3,200만원 부분에 대하여 근저당권부 채권가압류결정을 받아 그 기입등기가 경료되었다. 甲은 근저당권이 무효임을 주장하여 乙에 대해 제 3 자 이의의 소를 제기하였다.

[원심] 원심은, 원고가 A와 통모하여 허위의 의사로 채권최고액 1억원의 근저당권설정계약을 체결하고 이에 따른 근저당권을 경료하였는데, A가 피고에게 위 근저당권설정계약서를 제시하면서 금원을 빌려줄 것을 요청하여, 피고가 A에게 3,200만원을 대여해 준 다음, 근저당권설정등기의 피담보채권 중 3,200만원 부분에 대하여 근저당권부 채권가압류결정을 받아 그 기입등기가 경료된 사실을 인정한 뒤, 피고가 통정허위표시인 근저당권설정계약이 유효하다고 믿고 그 피담보채권에 대하여 가압류결정을 받은 선의의 제 3 자에 해당하는 한 원고가 피고에 대하여 근저당권설정계약의 무효를 주장하거나, 피담보채권이 부존재한다거나 무효라고 볼 수도 없으므로 피고는 근저당권의 말소에 대한 승낙의 의사표시를 할 의무가 없다고 판단하였다.

[판지] 통정한 허위표시에 의하여 외형상 형성된 법률관계로 생긴 채권을 가압류한 경우, 그 가압류권자는 허위표시에 기초하여 새로운 법률상 이해관계를 가지게 되므로 민법 제108조 제 2 항의 제 3 자에 해당한다고 봄이 상당하고, 또한 민법 제108조 제 2 항의 제 3 자는 선의이면 족하고 무과실은 요건이 아니다. 따라서 원심이, 피고가 원고와 A 사이의 근저당권설정계약이 유효하다고 믿고 그 피담보채권에 대하여 가압류하였음을 전제로 민법 제108조 제 2 항의 신의의 제 3 자에 해당한다고 본 것은 정당하고, 거기에 주장과 같은 통정허위표시의 제 3 자에 대한 법리오해의 위법이 없다. 그러나 근저당권은 그 담보할 채무의 최고액만을 정하고, 채무의 확정을 장래에 보류하여 설정하는 저당권으로서(민법 제357조 제 1 항), 계속적인 거래관계로부터 발생하는 다수의 불특정채권을 장래의 결산기에서 일정한 한도까지 담보하기 위한 목적으로 설정되는 담보권이므로, 근저당권설정행위와는 별도로 근저당권의 피담보채권을 성립시키는 법률행위가 있어야 한다. 한편, 근저당권이 있는 채권이 가압류되는 경우, 근저당권설정등기에 부기등기의 방법으로 그 피담보채권의 가압류사실을 기입등기하는 목적은 근저당권의 피담보채권이 가압류되면 담보물권의 수반성에 의하여 종된 권리인 근저당권에도 가압류의 효력이 미치게 되어 피담보채권의 가압류를 공시하기 위한 것이므로,

만일 근저당권의 피담보채권이 존재하지 않는다면 그 가압류명령은 무효라고 할 것이고, 근저당권을 말소하는 경우에 가압류권자는 등기상 이해관계 있는 제 3 자로서 근저당권의 말소에 대한 승낙의 의사표시를 하여야 할 의무가 있다.

☑ 쟁 점

통정허위표시에 의하여 경료된 근저당권설정등기에 관하여 근저당권부 채권가압류결정을 받아 그 기입등기가 경료된 경우, 피담보채권의 부존재 등을 이유로 하는 근저당권설정 말소에 대하여 승낙할 의무가 있는지가 문제된 것이다.

☑ 검토할 사항

- 저당권에서 성립상의 부종성은 무엇을 의미하는가?
- 근저당권은 담보할 채무의 최고액만을 정하고, 채무의 확정을 장래에 보류하여 설정하는 저당권(민법 제357조 제 1 항)이다. 이 경우 성립상의 부종성은 어떠한 특수성을 보이는가?
- 원심의 판단과 같이 민법 제108조 제 2 항을 적용하여 원고의 청구를 기각하는 것은 고려할 여지가 없는가?

☑ 관련사례

- 저당채권자가 저당권과는 분리하여 그 피담보채권만을 양도한 경우 저당권의 운명은? (대판 1997. 11. 25. 97다29790 참조)
- 저당권의 피담보채권에 대해 채무자가 정당한 금액을 변제제공하여 채권자가 수령지체 상태에 있거나 채권자가 이를 변제로 수령한 경우, 저당권 설정자는 경매개시결정에 대해 이의를 제기할 수 있는가? (민사집행법 제265조, 대결 1968. 4. 24. 68다300, 대결 1973. 2. 26. 72마991 등 참조)

☑ 기타의 쟁점

- 저당권은 어떠한 권리이며, 어떠한 이유로 부종성이 정당화될 수 있는가?

☑ 참고문헌

- 김재형, 2004년 물권법 판례의 동향, 사법행정 46권 3호(2005. 03), 9-20면.

제 2 항 저당권의 성립과 내용

1. 저당권의 설정

판례 1

대판 1994. 1. 25. 93다16338

[사안] 甲(원고) 소유의 부동산 X에 관하여 1989. 9. 27. 乙(피고)을 근저당권자로 하여 근저당권설정등기가 경료되었다. 근저당권의 피담보채무가 소멸되기 이전인 1990. 4. 1. 甲은 X를 소외 A에게 매도하고 같은 달 9. 그 소유권이전등기까지 경료하여 주었다. 이후 甲은 소유권을 상실하였음에도 불구하고 근저당권설정등기의 피담보채무가 변제 및 변제공탁으로 인하여 소멸되었다는 이유로 피고를 상대로 그 말소를 청구하였다.

[판지] 근저당권이 설정된 후에 그 부동산의 소유권이 제 3 자에게 이전된 경우에는 현재의 소유자가 자신의 소유권에 기하여 피담보채무의 소멸을 원인으로 그 근저당권설정등기의 말소를 청구할 수 있음은 물론이지만, 근저당권설정자인 종전의 소유자도 근저당권설정계약의 당사자로서 근저당권소멸에 따른 원상회복으로 근저당권자에게 근저당권설정등기의 말소를 구할 수 있는 계약상 권리가 있으므로 이러한 계약상 권리에 터잡아 근저당권자에게 피담보채무의 소멸을 이유로 하여 그 근저당권설정등기의 말소를 청구할 수 있다고 봄이 상당하고, 목적물의 소유권을 상실하였다는 이유만으로 그러한 권리를 행사할 수 없다고 볼 것은 아니다.

☑ 쟁 점

이 판결은 근저당권을 설정한 부동산 소유자가 부동산을 타인에게 처분한 후 피담보채무를 소멸시킨 경우 근저당등기의 말소를 청구할 수 있는가 하는 점이 문제된 것이다.

☑ 검토할 사항

- 이 판결에서 甲의 말소등기 청구권은 무엇을 기초로 발생하는가?
- 근저당권설정계약은 저당권 설정에 있어 어떠한 역할을 수행하는 계약인가?

- 근저당권이 소멸한 경우 저당부동산의 소유자는 소유권에 기하여 근저당등기의 말소청구를 할 수 있다. 그런데 근저당권 설정계약에 기초한 계약상 말소청구권을 인정할 실익은 무엇인가?
- 근저당권 설정계약의 해석으로 당사자들에게 어떠한 의무들이 인정될 수 있는가?

☑ 참고문헌

- 윤진수, 소유권을 상실한 저당권설정자의 저당권설정등기 말소청구의 가부, 법조 44권 2호(통권 461호)(1995. 02), 166-178면.
- 김황식, 근저당권설정자인 종전 소유자도 근저당권설정등기의 말소를 청구할 수 있는지 여부, 민사판례연구 17권(1995. 04), 89-96면.

판례 2

대판 2000. 1. 14. 99다51265,51272

[사안] A는 동생 乙(피고—반소원고)과 동업으로 'X약품'이라는 상호로 의약품 도매업을 하여 오면서 자금관계 업무를 담당하여 왔는데, 당좌수표 등을 할인하는 방법으로 甲(원고—반소피고)과 금전거래를 하면서 X약품 계좌(乙의 명의 등으로 개설되어 있었다)에서 인출한 자금으로 甲에게 대여하여 왔고, 甲도 이러한 사정을 잘 알고 있었다. 甲은 乙을 근저당권자로 하여 현재 부담하고 있거나 장래 부담하게 될 일체의 채무에 대한 담보로 Y 아파트에 근저당권을 설정한다는 내용의 근저당권설정계약서를 작성하고, 乙에게 그 각 근저당권의 채권최고액에 상당한 액면 금 70,000,000원과 금 100,000,000원의 각 약속어음을 발행·교부하는 한편, Y 아파트의 담보가치를 유지하기 위하여 이를 타에 임대하지 아니하되, 이에 관하여 물권 등을 설정할 경우 乙의 동의를 받기로 하는 내용의 각서를 작성하였다. 소외 A가 甲에게 대여한 금원 중 상당 부분이 乙의 은행계좌에서 출급된 바 있으며, 이 사건 부동산 Z에 대한 경매절차에서 소외 A가 배당받은 금 167,959,460원이 乙 계좌로 입금된 바 있다. 甲이 乙에 대하여 근저당권설정등기의 말소를 청구하자, 乙은 甲에 대하여 대여금의 반환을 청구하였다.

[판지] 이 사건 근저당권설정 당시 甲과 乙 및 위 A 사이에 乙 명의로 근저당권을 설정하는 것에 대한 합의가 있었음은 물론이고, 甲이 X약품의 대표자로서 일부 대여자금을 제공한 乙 앞으로 위와 같이 약속어음을 발행하고 이 사건 각 근저당권을 설정하여 준 이상 甲이 이 사건 각 근저당권설정등기를 경료하면서,

乙에 대하여 아무런 채무를 부담하지 않고 무효인 명목상의 근저당권을 설정했다고 볼 수는 없고, 저당권 명의자인 乙도 채권자로서 채무자인 甲으로부터 채권을 변제받을 수 있고, 채무자인 甲으로서도 당초의 채권자인 위 A나 저당권 명의자인 乙 중 누구에게든 채무를 변제할 수 있으며 이같이 변제하는 경우 당초의 채권자인 위 A나 저당권명의자인 乙 모두에게 그 유효함을 주장할 수 있는 관계 즉, 묵시적 약정에 의하여 乙은 소외 A와 더불어 불가분적 채권자의 지위에 있다고 봄이 상당하다.

☑ 쟁 점

이 판결은 채무자가 채권자 아닌 제 3 자 명의로 근저당권설정등기를 경료해 준 경우 근저당권의 유효 여부가 문제된 것이다.

☑ 검토할 사항

- 저당권의 성질을 고려할 때 채권자 아닌 제 3 자 명의로 근저당권을 설정하는 것을 유효하다고 볼 수 있는가?
- 대법원은 어떠한 고려에 기초하여 채권자 아닌 제 3 자 명의로 근저당권을 설정할 수 있는 예외를 인정하고 있는가?

☑ 관련사례

- A가 자기소유 부동산을 B에게 명의신탁한 후 乙과의 거래관계에서 발생하는 차용금 채무를 담보하기 위하여 위 부동산에 乙명의로 근저당권을 설정함에 있어 당사자 간의 편의에 따라 B를 채무자로 등재한 경우, 위 부동산의 근저당권이 담보하는 채무의 채무자는 누구로 보아야 하는가? (대판 1980. 4. 22. 79다1822 참조)
- 매매잔대금채무를 지고 있는 부동산 X의 매수인인 주식회사 B가 매도인 A와의 사이에 소유권이전등기를 경료하지 아니한 상태에서 그 부동산 X를 담보로 하여 대출받는 돈으로 매매잔대금을 지급하기로 하는 한편, 매매잔대금의 지급을 위하여 당좌수표를 발행 교부하고 이를 담보하기 위하여 그 부동산 X에 제 1 순위 근저당권을 설정하되, 그 구체적 방안으로서 채권자인 매도인 A와 채무자인 매수인 B 및 A가 지정한 A의 처 乙 사이의 합의 아래, 근저당권자를 乙로, 채무자를 A로 하기로 하였고, 이를 위하여 매도인 A는 乙과 아무런 금전대차관계가 없음에도 불구하고 형식상 乙로부터 매매잔대금 상당액을 차용하는 내용의 차용금증서를 작성 교부하고 같은 날, 이를 피담보채권으로 하여 부동산 X에 관하여 채무자를 A, 근저당권자를 乙, 채권최고액을 2억원으로 하는 근저당권설정등기를 마친 후, 매수인

B로부터 액면 2억원의 당좌수표를 발행 교부받으면서 향후 잔대금 2억원을 지급받기로 하고 B에게 근저당권설정등기에 필요한 일체의 서류를 교부하였다. 부동산 X 상에 있는 근저당권에 대하여, 이는 매도인 A가 乙에게 단순히 근저당권의 명의만을 신탁한 것으로 볼 것인가? 아니면 채무자인 매수인 B의 승낙 아래 매매잔대금채권이 제 3 자인 乙에게 이전되었다고 보아야 하는가? 또한 제 3 자인 乙명의의 근저당권설정등기는 부종성에 반하는 무효의 등기인가? (대판(전) 2001. 3. 15. 99다48948 참조)

☑ 참고문헌

- 윤홍근, 근저당권의 부종성의 한계, 민사판례연구 24권, 56-89면, 2002.
- 김미리, 제 3 자 명의 저당권등기의 효력, 법조 51권 2호(2002. 02), 207-237면.

2. 저당권에 의해 담보되는 피담보채권의 범위

대판 1992. 5. 12. 90다8855 ··

[사안] 甲은 乙에 대한 자신의 채무를 담보하기 위하여 '가등기담보 등에 관한 법률'의 적용을 받는 부동산 양도담보를 乙에게 설정해 주었다. 乙이 '가등기담보 등에 관한 법률'에 따라 청산금을 통지하자(동법 제 3 조 제 1 항), 甲은 이 경우 준용되는 민법 제360조에 따라(동법 제 3 조 제 2 항 참조) 지연이자는 1년분에 한하여 담보된다고 주장하면서, 乙이 통지한 액수보다 많은 청산금의 반환을 요구하였다.

[판지] 저당권의 피담보채무의 범위에 관하여 민법 제360조가 지연배상에 대하여는 원본의 이행기일을 경과한 후의 1년분에 한하여 저당권을 행사할 수 있다고 규정하고 있는 것은 저당권자의 제 3 자에 대한 관계에서의 제한이며 채무자나 저당권설정자가 저당권자에 대하여 대항할 수 있는 것이 아니고, 민법 제360조가 양도담보의 경우에 준용된다고 하여도 마찬가지로 해석하여야 할 것인 만큼, 양도담보의 채무자가 양도담보권자에 대하여 민법 제360조에 따른 피담보채권의 제한을 주장할 수는 없는 것이다.

☑ 쟁 점

이 판결은 저당권에 의해 담보되는 피담보채권의 범위를 정하는 민법 제360조, 특히 그 단서의 의미 및 이것이 가등기담보에도 그대로 적용되는지가 문제된 것이다.

☑ 검토할 사항

- 민법 제360조 단서가 지연이자에 대해서는 1년분에 한하여 저당권에 의해 담보되도록 하는 취지는 무엇인가?
- 저당채무자가 저당권 등기를 말소하기 위해 저당권자에게 변제제공해야 할 금액에 관해서 민법 제360조 단서가 적용되는가?
- 물상보증인이 저당권 등기를 말소하기 위해 저당권자에게 변제제공해야 할 금액에 관해서 민법 제360조 단서가 적용되는가?
- 제 3 취득자가 저당권 등기를 말소하기 위해 저당권자에게 변제제공해야 할 금액에 관해서 민법 제360조 단서가 적용되는가?

☑ 기타의 쟁점

- 근저당권의 경우에도 민법 제360조는 적용되는가? (대판 2007. 4. 26. 2005다38300 참조)

3. 저당권의 효력이 미치는 범위

판례 1

대판 1995. 6. 29. 94다6345

[사안] A 주식회사는 주유소 영업을 위하여 토지 X 위에 주유소 사무실 등으로 사용되는 건물 Y를 축조하는 이외에 X의 지하를 굴착하여 콘크리트 옹벽을 쳐 탱크박스를 만들고, 그 안에 유류저장탱크를 설치한 후 콘크리트로 덮개를 타설하여 이를 매설하였다. 한편 Y와는 별개로 X 위에 철파이프조 스라브지붕 단층 캐노피 144㎡를 축조한 후 그 밑에 콘크리트 받침대를 설치하고 거기에 볼트를 고정하는 방법으로 주유기를 설치하여 유류저장탱크와의 사이에 지하로 관으로 연결한 후 X 및 Y와 함께 주유소 영업에 사용하였다. 유류저장탱크는 지하에 설치되어 있는 관계로 콘크리트 덮개 부분을 떼어낸 후 배관을 분해하면 그 해체 및 이관이 가능하나 거기에는 금 320만원 상당의 비용이 소요되었다. Y에 관한 등기부 표제부에는 Y의 용도가 "위험물 저장 및 처리시설(주유소)"이라고 등재되어 있고 그 도면 또한 도면편철장에 편철되어 있었다. 유류저장탱크는 X의 지하에 설치되어 유류를 저장하는데 사용되는 것으로서 콘크리트 덮개를 훼손하

지 아니하면 이를 분리할 수 없거나 분리에 과다한 비용을 요하는 상태이다. 이후 X에 저당권이 설정되었는데, 이후 저당권 실행절차에서 경매법원은 유류저장탱크와 주유기에는 저당권의 효력이 미치지 않는 것으로 상정하여 배당을 진행하였다. 저당권자인 원고는 배당이의의 소를 제기하였다.

[판지] 이 사건 유류저장탱크를 토지로부터 분리하는 데는 과다한 비용이 들고 또한 사실관계가 위와 같다면 지하에 매설된 유류저장탱크를 분리하여 발굴할 경우 그 경제적 가치가 현저히 감소할 것임은 경험칙상 분명하므로 이 사건 유류저장탱크는 이 사건 토지에 부합된 것이라고 할 것이다. 이 사건 주유기는 비록 독립된 물건이기는 하나 유류저장탱크에 연결되어 유류를 수요자에게 공급하는 기구로서 주유소 영업을 위한 이 사건 건물이 있는 이 사건 토지의 지상에 설치되었고 그것이 설치된 이 사건 건물은 당초부터 주유소 영업을 위한 건물로 건축되었다는 것인바, 이러한 점 등을 종합하여 보면, 이 사건 주유기는 계속해서 이 사건 주유소 건물 자체의 경제적 효용을 다하게 하는 작용을 하고 있으므로 이 사건 건물의 상용에 공하기 위하여 부속시킨 종물이라고 보아야 할 것이다.

일반적으로 공장저당법에 의한 공장저당을 설정함에 있어 공장의 토지, 건물에 설치된 기계, 기구 등은 같은 법 제7조 소정의 기계, 기구 목록에 기재하여야만 공장저당의 효력이 생긴다고 함은 위 법조의 해석상 당연하고 당원의 판례임은 소론과 같다. 그러나 이와는 달리 공장건물이나 토지에 대하여 민법상의 일반저당권이 설정된 경우에는 민법 제358조에 의하여 공장건물이나 토지의 종물이거나 부합물에까지 당연히 그 저당권의 효력이 미치기 때문에 이 경우에는 공장저당법과는 상관이 없으므로 동법 제7조에 의한 목록의 작성이 없더라도 그 저당권의 효력이 공장건물이나 토지의 종물 또는 부합물에까지 미치게 되는 것이다. 그러므로 앞에서 본 바와 같이 이 사건 주유기는 이 사건 주유소 건물의 종물이고 유류저장탱크는 이 사건 토지에 부합되었으므로 민법 제358조에 의하여 이 사건 토지 또는 건물에 설정된 원고의 저당권의 효력이 그 종물 또는 부합물인 이 사건 주유기 및 유류저장탱크에도 공장저당법 제7조의 목록 제출과 상관없이 당연히 미친다고 할 것이다.

☑ 쟁　　점

이 판결은 저당권이 설정된 토지에 부합된 물건이나 종물에 저당권의 효력이 미치는지 여부가 문제된 것이다.

☑ 검토할 사항

- 부합의 의미는 무엇인가? (민법 제256조 참조)
- 종물의 의미는 무엇인가? (민법 제100조 참조)
- 여기서 유류저장탱크와 주유기에 저당권이 효력이 미친다는 말은 이들이 경매절차에서 어떻게 취급된다는 의미인가?

☑ 관련사례

- 근저당권이 설정된 A 건물 건평 12평과 B 창고 건평 18평이 그 후 한데 붙여 지어져서 건물을 증축한 결과, 통합된 창고 및 공장 1동의 현존건물이 되었고 그에 따라 건평도 약 43평이 증가되어 도합 73평으로 되어 종래의 건물과 현존건물이 동일한 것이라고 판단함에 위법이 없다. 이 경우, 종래의 건물에 대한 저당권이 동일한 건물로서 증축된 현존 건물에 미치는가? 경매법원이 경매기일의 공고 또는 경락허가 결정에 있어 종래의 등기부기재의 표시와 증축되어 동일 건물로 인정되는 현존 건물의 표시를 같이한 조처는 적법한가? (대결 1967. 6. 15. 67마439 참조)
- 저당부동산인 호텔에 설치 비치된 전기, 위생, 냉난방, 세탁, 전화교환, 공청, 방송, 소방, 승강기등 시설 및 각 방실에 시설된 텔레비전, 전화기, 호텔세탁실에 시설된 세탁기, 탈수기, 드라이크리닝기, 호텔주방에 시설된 냉장고 제빙기, 호텔방송실에 시설된 브이티일(비데오), 앰프 등에 관하여 저당권의 효력이 미치는가? (대판 1985. 3. 26. 84다카269 참조)
- 2003. 6. 甲은 A에게 금 1억 2000만원을 대출하여 주고 그 담보로 A 소유 부동산에 근저당권을 설정하였다. 乙은 A로부터 이 사건 부동산을 임차하고 전입신고를 마쳤다. 그 이후 甲은 임의경매를 신청하고, 2005. 10. 28. 법원이 임의경매개시결정을 함에 따라 같은 해 10. 31. 위 임의경매개시결정 기입등기가 이루어졌다. 경매절차가 진행되자 乙은 2006. 3.부터 A에게 차임을 지급하지 아니하였다. 저당목적 아파트에 관하여 임의경매개시결정 기입등기가 이루어진 2005. 10. 31.부터의 A의 乙에 대한 차임채권은 乙의 임대차보증금에서 공제되어야 하는가? (서울동부지법 2007. 4. 24. 2006가단62400 참조)

☑ 기타의 쟁점

- 저당권이 저당목적물의 법정과실(예를 들어 차임채권)에 미치는 경우 강제경매와 달리 민사집행법에 따른 강제관리를 할 수 없다. 이 때 강제관리의 실익은 있는가?

☑ 참고문헌

- 김재형, 담보법에서의 담보목적물의 확장문제, 법조 47권 3호(1998. 03), 63-97면.
- 박인환, 민법상 종물의 공시방법, 민사법학 32호, 157-200면, 2006.

판례 2

대판 1987. 5. 26. 86다카1058

[사안] 소외 A는 1982. 9. 30. B은행(피고보조참가인)으로부터 금 538,000,000원을 대출받음에 있어서, 그 채무를 연대보증함과 동시에 이를 담보하기 위하여 A가 소외 C은행에 예탁한 금 120,000,000원의 정기예금채권에 대하여 질권을 설정하였다. 그 후 A는 1983. 3. 경 사업부진으로 1983년도 각종 국세를 납부하지 아니한 채 도피하여, 乙(피고 대한민국)은 추계방식에 의하여 A에 대해 합계 금 138,148,845원의 과세처분을 한 다음, 국세징수법에 따라 B의 질권이 설정된 A의 C은행에 대한 정기예금채권(원금 120,000,000원 및 그 이자 금 4,860,367원)을 압류하고 국세 등에 충당하였다. 그런데 A의 국세 등의 부과처분에 대한 실사신청에 따라 실사를 한 결과, 1984. 6. 30 과세처분 중 금 51,678,889원에 해당하는 부과처분이 취소됨으로써 결국 충당된 예금채권 중 그때까지의 체납된 세금 등을 공제한 나머지 금 28,606,915원의 국세환급금이 발생하였다.
한편 甲(원고)은 1983. 7. 26. A에 대한 집행력 있는 판결정본에 기하여 채무자를 A, 제 3 채무자를 乙, 청구채권을 금 37,953,223원으로 하여 A가 乙에 대하여 가지는 국세환급금 금 28,606,915원 중 청구채권 상당금액에 관하여 채권압류 및 전부명령을 얻고(그 정본은 7. 27. 乙에게 송달되었음), 전부금의 지급을 청구하였다.
[판지] 국세징수법 제34조, 제80조 제 2 호, 제81조 제 1 항 및 제84조 등의 규정은 국가의 체납처분으로 인하여 질물인 금전채권들이 압류되어 그 질권등이 상실되는 경우 이러한 질권자를 보호하기 위하여 세무서장으로 하여금 그 배분된 금원을 한국은행에 예탁하도록 의무화한 것이라고 할 것이고 이처럼 세무서장에게 배분된 금원에 대하여 공탁의무가 부과된 이상 위 금원은 압류된 것과 같이 특정되었다 할 것이어서 질권자는 민법 제342조 단서에 의한 압류를 하지 않더라도 당연히 그 물상대위권의 효력이 미쳐 국가로부터 이를 지급받을 수 있으며, 질권설정자 또는 이로부터 양도, 전부받은 자는 그 배분된 금전 중에 위

담보채권을 초과한 잔액이 없는 한 국가에 대하여 직접 이를 청구할 수는 없다고 할 것이다.

위 국세환급금은 위 국세징수법의 규정에 따라 모두 질권자인 B에게 배분되어야 할 금원이라 할 것이고, 그 잔여금액이 존재하지 아니하는 이상, 비록 위 B가 위 환급채권에 대하여 민법 제342조 단서에 의한 압류를 하기 전에 甲이 미리 위 환급채권에 대하여 압류 및 전부명령을 받은 바 있다고 하더라도 위 압류 및 전부명령은 그 효력이 발생할 수 없다고 할 것이다. 위와 같이 甲의 압류 및 전부명령이 효력이 없다고 판단된 이상 국세환급금채권의 피전부적격이 있었다는 피고의 상고논지에 대한 판단은 필요 없이 그 이유가 없다

☑ 쟁 점

이 판결은 질권이 설정된 채권이 소멸하고 다른 내용의 채권으로 변경된 경우, 당해 채권에 대한 질권자의 물상대위와 당해 채권에 대한 압류·전부명령의 우열이 문제된 것이다. 이는 채권질권에 대한 판결이지만, 저당권의 경우에도 물상대위에서 압류요건의 의미 및 전부채권자와의 우열의 문제에 대해 직접 적용되는 법리를 밝히고 있다는 점에서 의미가 있다.

☑ 검토할 사항

- 민법 제370조, 제342조에 의하면 저당권자가 물상대위를 하기 위해서는 "지급 또는 인도 전에 압류하여야 한다"고 한다. 이 압류가 요구되는 이유는 무엇인가?
- 저당권자가 압류하기 전에 다른 채권자가 대위목적채권을 압류한 경우, 저당권자는 여전히 물상대위권을 행사할 수 있는가?
- 저당권자가 압류하기 전에 다른 채권자가 대위목적채권을 압류받아 전부받은 경우, 저당권자는 여전히 물상대위권을 행사할 수 있는가?
- 저당권자가 압류하기 전에 대위목적채권이 양도된 경우, 저당권자는 여전히 물상대위권을 행사할 수 있는가?

☑ 관련사례

- 저당목적물이 소실되어 저당권설정자가 보험회사에 대하여 화재보험계약에 따른 보험금청구권을 취득한 경우 그 보험금청구권에 대하여 물상대위권을 행사할 수 있는가? (대판 2004. 12. 24. 2004다52798 참조)

☑ 참고문헌

- 고상룡, 물상대위제도의 재검토 소고, 사법의 제문제: 경허 김홍규박사화갑기념 II, 71-94면, 1992.
- 강동세, 저당권의 물상대위, 법조 49권 9호, 65-104면, 2000.
- 유승정, 물상대위권의 행사, 민사재판의 제문제 10권, 160-204면, 2000.

판례 3

대판 1994. 11. 22. 94다25728 ··

[사안] 甲(원고)은 1989. 11. 16. 회사 A에 대한 대출금채권의 담보를 위하여 A 회사 소유의 토지 X에 대하여 채권최고액을 500,000,000원으로 한 근저당권설정등기를 경료하였고, 1993. 4. 30. 현재 대출금채권의 원리금이 509,733,416원에 이르렀다. 한편 한국토지개발공사는 1991. 7. 25. X를 수용하고, 같은 해 8. 30. 그 보상금으로 25,055,500원을 법원에 공탁하였다. 이에 甲은 같은 해 12. 9. 대출금 채권의 일부인 25,055,500원을 청구금액으로, 乙(피고)은 같은 해 12. 31. 2,145,000,000원을 청구금액으로 하여 A 회사의 공탁금출급청구권에 대하여 각각 채권가압류 결정을 받았고, A 회사의 근로자들은 임금청구사건의 집행력 있는 판결정본에 기하여 공탁금출급청구권에 대하여 채권압류 및 전부명령을 받아, 각각 그 무렵 제 3 채무자인 대한민국에 송달되는 등 위 공탁금출급청구권에 대하여 압류와 가압류가 경합되었다. 그러자 공탁공무원은 1992. 11. 17. 사유신고서를 작성하여 집행법원에 제출하였으며, 그 후 甲은 같은 해 12. 2. 대출금채권의 일부인 25,055,500원을 청구금액으로 하여 위 공탁금출급청구권에 대하여 물상대위에 의한 채권압류 및 전부명령을 받았고, 이 명령은 그 무렵 제 3 채무자인 대한민국에 송달, 확정되었다. 집행법원은 1993. 4. 30. 위 공탁금출급청구권에 관한 강제집행사건의 배당절차에 있어서 甲의 가압류의 피보전채권액인 25,055,500원과 乙의 가압류의 피보전채권액인 2,145,000,000원의 비율에 따라 甲에게 289,000원을, 乙에게 24,766,100원을 배당하여 乙은 그 배당금을 수령하였다. 이에 甲은 자신에게 우선변제권이 있음을 전제로 하여 乙이 교부받은 금원이 甲에 대한 관계에서 부당이득이 된다고 주장하여 그 반환을 청구하였다.

[판지] 민법 제370조, 제342조 단서가 저당권자는 물상대위권을 행사하기 위하

여 저당권설정자가 받을 금전 기타 물건의 지급 또는 인도 전에 압류하여야 한다고 규정한 것은 물상대위의 목적인 채권의 특정성을 유지하여 그 효력을 보전함과 동시에 제 3 자에게 불측의 손해를 입히지 않으려는 데 있는 것이므로, 저당목적물의 변형물인 금전 기타 물건에 대하여 일반 채권자가 물상대위권을 행사하려는 저당채권자보다 단순히 먼저 압류나 가압류의 집행을 함에 지나지 않은 경우에는 저당권자는 그 전은 물론 그 후에도 목적채권에 대하여 물상대위권을 행사하여 일반 채권자보다 우선변제를 받을 수가 있고, 그 실행절차는 민사소송법 제733조[현행 민사집행법 제273조]에서 채권 및 다른 재산권에 대한 강제집행절차에 준하여 처리하도록 규정하고 있으므로, 결국 채권의 압류 및 전부명령을 신청하여야 할 것이나 이는 어디까지나 담보권의 실행절차이므로, 그 요건으로서 담보권의 존재를 증명하는 서류를 집행법원에 제출하여 개시된 경우이어야 하고, 또 민사소송법 제733조, 제580조[현행 민사집행법 제247조]의 각 규정의 취지에 비추어 보면 이와 같은 방법의 물상대위권의 권리실행은 늦어도 민사소송법 제580조에서 규정하고 있는 배당요구의 종기까지 하여야만 물상대위권자의 우선변제권이 확보되는 것이고, 그 이후에는 그런 권리가 없다고 봄이 상당하다고 할 것이다.

원고가 비록 그 저당목적물인 이 사건 토지가 수용되어 민법 제370조, 제342조, 토지수용법 제69조에 의하여 그 수용으로 인한 소외 A 회사의 위 공탁금출급청구권에 대하여 물상대위를 할 수 있다고 하더라도 위 공탁금출급청구권에 대하여 원고 스스로 위 물상대위권의 행사가 아닌 강제집행에 의하여 가압류를 하고, 그 후 다른 가압류채권자 등에 있어 제 3 채무자인 대한민국이 민사소송법 제581조 제 2 항[현행 제248조 제 2 항]에 의하여 그 채무액을 공탁하고, 그 사유를 집행법원에 신고한 이상 원고로서는 그 배당요구의 종기, 즉 대한민국이 사유신고를 한 1992. 11. 17.까지 집행법원에 저당권의 존재를 증명하는 서류를 제출하고 저당권에 기한 배당요구 또는 이에 준하는 저당권행사의 신청을 하였어야 위 배당절차에서 우선변제를 받을 수 있다고 할 것인데, 그 배당요구의 종기가 지난 같은 해 12. 2.에야 비로소 물상대위에 기한 채권압류 및 전부명령을 받고 그 시경 위 명령이 제 3 채무자에게 송달되었을 뿐이므로, 위 배당절차에서 우선변제를 받을 수 없다고 할 것이고, 따라서 원고에게 우선변제권이 있음을 전제로 하여 피고가 교부받은 금원이 원고에 대한 관계에서 부당이득이 된다는 원고의 청구를 이유 없다고 배척한 원심의 조치는 정당하다 할 것이고, 이와 반대의 입장에서 물상대위권은 배당요구의 종기 이후에도 그 특정성을 추급만 할 수 있으면 언제까지라도 가능하다는 등의 이론으로 원심판결에 법리오해의 위법이 있다고 비난하는 상고논지는 받아들일 수 없다.

☑ 쟁 점

저당권자가 물상대위권을 실행하여 만족을 받고자 하는 경우 권리실행의 방법과 시기 나아가 물상대위권을 실행하지 못한 경우 부당이득반환청구가 인정되는지가 문제된 것이다.

☑ 검토할 사항

- 저당권자가 물상대위권을 행사하여 우선변제를 받는 방법으로는 민사집행법의 규정(제273조 참조)에 의할 때 어떠한 방법들이 있는가?
- 대법원에 의하면 물상대위권의 행사는 어떠한 시점까지 허용되는가? 그 이유는 무엇인가?

☑ 관련사례

- 제 3 자의 불법행위로 근저당목적물이 멸실되어 소유자가 보상을 받은 경우에 소유자의 근저당권자였던 자는 소유자에 대해 부당이득을 청구할 수 있겠는가? (대판 1975. 4. 8. 73다29 참조)
- 수용대상토지에 대하여 담보물권의 등기가 되어 있는 저당권자가 물상대위권을 행사하여 우선변제를 받기 위한 권리실행방법 및 저당권자가 물상대위권를 행사하지 아니한 채 그 보상금 또는 이에 관한 변제공탁금으로부터 이득을 얻은 다른 채권자에 대하여 부당이득 반환을 청구할 수 있겠는가? (대판 2002. 10. 11. 2002다33137 참조)

☑ 기타의 쟁점

- 강제집행에서 배당을 받을 수 있었던 우선변제권 있는 채권자가 우선변제권에 따른 만족 없이 강제집행이 종료된 경우 만족을 받은 다른 채권자에 대해 부당이득을 청구할 수 있는 경우로는 어떠한 것이 있는가?

☑ 참고문헌

- 김형석, 저당권자의 물상대위와 부당이득, 서울대학교 법학 제50권 제 2 호, 497-562면, 2009.

제 3 항 저당권 실행 전의 효력

1. 저당물소유자의 권한

대판 1971. 4. 6. 71다26 ···

[사안] A는 부동산 X의 소유자로서 乙(피고)에 대한 채무자인 B 주식회사의 물상보증인이 되어 B 회사가 乙에게 이미 부담하고 있거나 장차 부담하게 될 채무 중 금 1,350,000원 한도 내의 금액에 대하여 본건 부동산을 담보로 제공하는 취지의 근저당권설정계약을 乙과 체결하고, 그 등기를 경료하였다. 乙은 B 회사의 채무불이행을 이유로 근저당권에 기하여 X의 경매신청을 하여 경매개시결정이 내려졌다. 그 후 1969. 5. 7. 甲(원고)은 A로부터 X를 매수하여 그 해 5. 8. 소유권이전등기를 마친 다음, 그 달 16. X의 제 3 취득자로서, 채무자인 B 주식회사를 대위하여 B의 乙에 대한 채무 중 X에 의하여 담보되어 있는 채권 최고액 1,350,000원과 경매비용 22,000원을 변제공탁하였다. 채무자인 B 주식회사는 채권자인 乙에 대하여 변제공탁일 현재로 위의 담보최고액을 초과하는 금 5,618,240원의 대금채무를 부담하고 있다. 甲은 근저당권이 설정된 X의 제 3 취득자로서 그 담보최고액을 변제공탁한 이상, 이를 초과하는 잔금 대부금 채무가 남아있다고 하더라도, 담보최고액의 변제공탁으로서 근저당권이 소멸되었다고 주장하며 말소를 청구하였다.

[판지] 근저당에 의하여 담보되는 채권액의 범위는 결산기에 이르러 확정되는 채권 중 근저당설정계약에 정하여진 채권최고액을 한도로 하는 것이고, 이 최고액을 초과하는 부분의 채권액까지 담보하는 것은 아니라 할 것이고, 근저당을 규정한 민법 제357조에 정하기로 한 그 담보할 채무의 최고액이란 뜻도 위와 같은 내용으로 해석하여야 할 것인바, 甲이 본건 경매목적부동산을 매수한 제 3 취득자로서 채무자인 위 소외 회사 B를 대위하여 같은 회사의 乙(피고)에 대한 채무 중 본건 부동산에 의하여 담보되어 있는 채권최고액 금 1,350,000원과 그 경매비용 전부를 변제공탁한 것이라면 甲은 민법 제364조에 의하여 본건 근저당권의 소멸을 청구할 수 있고, 이는 고유의 권리라 할 것인데도 불구하고, 원심이 乙의 소외회사에 대한 대금채권 중 담보최고액을 초과하는 부분의 금액까지도 본건 부

동산에 의하여 담보된 채권으로 보고, 이것이 잔존하고 있는 이상, 乙은 채권중의 일부를 변제 받은 것에 지나지 못한 것이니, 본건 근저당권은 소멸되었다고 할 수 없다 하여 甲의 청구를 배척하였음은 법률의 해석을 그릇하여 판단을 잘못한 위법이 있다.

☑ 쟁 점

이 판결은 민법 제364조의 "그 부동산으로 담보된 채권"의 의미와 관련하여 근저당권이 담보하는 최고액을 변제제공한 제 3 취득자가 근저당권의 소멸을 청구할 수 있는지 여부가 문제된 것이다.

☑ 검토할 사항

- 이 사건에서 제 3 취득자가 변제해야 할 액수는 얼마인가? 법률의 어떤 규정으로부터 그러한 결론이 도출되는가?
- 근저당권이 아닌 보통의 저당권의 경우, 제 3 취득자가 변제해야 할 피담보채권의 범위는 어떠한가?
- 제 3 취득자가 아닌 물상보증인도 민법 제364조에 따른 저당권소멸청구를 할 수 있는가?

☑ 기타의 쟁점

- 저당권 소멸청구 이후 제 3 취득자는 구상권을 가지는가? 그 구상권의 근거와 내용은 무엇인가?

☑ 참고문헌

- 권성, 제 3 취득자의 저당권소멸청구권, 민사판례연구 3권, 28-44면, 1981.
- 남효순, 저당부동산의 제 3 취득자의 법적 지위, 고시계 39권 11호, 131-150면, 1994.

2. 저당권의 보호

판례 1

대판 1996. 3. 22. 95다55184

[사안] 동산 X는 공장저당 설정 당시 설정자인 A 회사의 인천 남동구 소재 공장 안에 있었는데, 그 후 공동저당권자인 甲(원고)의 동의 없이 A 회사와 乙(피

고) 사이의 임대차약정에 따라 乙 회사의 안산시 소재 공장으로 반출되었다. 甲은 방해배제청구권의 행사로서 X를 점유하고 있는 乙에 대하여 이 사건 동산을 원래의 설치 장소인 A 회사의 공장건물에 원상회복할 것을 청구하였다.

[판지] 저당권자는 물권에 기하여 그 침해가 있는 때에는 그 제거나 예방을 청구할 수 있다고 할 것인바(민법 제370조, 제214조 참조), 공장저당권의 목적동산이 저당권자의 동의를 얻지 아니하고 설치된 공장으로부터 반출된 경우에는 저당권자는 점유권이 없기 때문에 설정자로부터 일탈한 저당목적물을 저당권자 자신에게 반환할 것을 청구할 수는 없지만, 저당목적물이 제 3 자에게 선의취득되지 아니하는 한 원래의 설치 장소에 원상회복할 것을 청구함은 저당권의 성질에 반하지 아니함은 물론 저당권자가 가지는 방해배제권의 당연한 행사에 해당한다고 할 것이다.

☑ 쟁　　점

이 판결은 공장저당권의 효력이 미치는 동산이 반출된 경우 저당권자가 방해배제청구권을 행사하여 반환을 청구할 수 있을 것인지 여부가 문제된 것이다.

☑ 검토할 사항

- 이 사건에서 공장저당법상 이러한 결론이 인정될 수 있을 근거규정이 있는가?
- 일반 저당권의 효력이 미치는 종물이 반출된 경우에도 같은 결론이 인정될 수 있는가?
- 민법 제370조는 방해배제청구권(민법 제214조)만을 준용하고 있다. 그 취지는 무엇인가? 이런 법률의 취지를 고려할 때에도 판례는 정당화될 수 있는가?

☑ 참고문헌

- 김재형, 저당권에 기한 방해배제청구권의 인정범위: 독일민법과의 비교를 중심으로, 저스티스, 통권85호, 101-121면, 2005.
- 배성호, 저당권에 기한 방해배제청구의 허용범위: 일본에서의 학설과 판례를 참조하여, 민사법학 28호, 73-110면, 2005.
- 이준현, 저당권에 기한 방해배제청구권, 재산법연구 24권 2호, 61-102면, 2007.

판례 2

대판 2006. 1. 27. 2003다58454

[사안] A 종합건설 주식회사가 대지 X에 관하여 주식회사 B은행에게 근저당권 설정등기를 마치고 X 위에 20층 규모의 오피스텔을 신축한 지 1년 여 만에 지하층의 공사를 한 상태에서 부도를 냈다. 乙 조합(피고)은 그 무렵 A 회사로부터 건축사업 시행권을 양수하고 공사를 속행하였고, 이후 B 은행으로부터 근저당권부 채권을 양수한 甲의 신청에 의하여 임의경매절차가 개시되었음에도 공사를 강행하였다. 이에 甲은 乙 조합의 공사는 甲의 저당권을 침해하는 행위라고 판단하여 그 중지를 청구하였다.

[판지] 저당권자는 저당권을 방해하거나 방해할 염려 있는 행위를 하는 자에 대하여 방해의 제거 및 예방을 청구할 수 있다(민법 제370조, 제214조). 저당권은 목적부동산의 사용·수익을 그대로 설정자에게 맡겨 두었다가 경매 절차를 통하여 경매목적물을 환가하고 그 대금에서 피담보채권을 우선 변제받는 것을 본질적인 내용으로 하는 담보물권으로서(민법 제356조) 저당부동산의 소유자 또는 그로부터 점유권원을 설정받은 제 3 자에 의한 점유가 전제되어 있으므로 소유자 또는 제 3 자가 저당부동산을 점유하고 통상의 용법에 따라 사용·수익하는 한 저당권을 침해한다고 할 수 없다. 그러나 저당권자는 저당권 설정 이후 환가에 이르기까지 저당물의 교환가치에 대한 지배권능을 보유하고 있으므로 저당목적물의 소유자 또는 제 3 자가 저당목적물을 물리적으로 멸실·훼손하는 경우는 물론 그 밖의 행위로 저당부동산의 교환가치가 하락할 우려가 있는 등 저당권자의 우선변제청구권의 행사가 방해되는 결과가 발생한다면 저당권자는 저당권에 기한 방해배제청구권을 행사하여 방해행위의 제거를 청구할 수 있다. 대지의 소유자가 나대지 상태에서 저당권을 설정한 다음 대지상에 건물을 신축하기 시작하였으나 피담보채무를 변제하지 못함으로써 저당권이 실행에 이르렀거나 실행이 예상되는 상황인데도 소유자 또는 제 3 자가 신축공사를 계속한다면 신축건물을 위한 법정지상권이 성립하지 않는다고 할지라도 경매절차에 의한 매수인으로서는 신축건물의 소유자로 하여금 이를 철거하게 하고 대지를 인도받기까지 별도의 비용과 시간을 들여야 하므로, 저당목적 대지상에 건물신축공사가 진행되고 있다면, 이는 경매절차에서 매수희망자를 감소시키거나 매각가격을 저감시켜 결

국 저당권자가 지배하는 교환가치의 실현을 방해하거나 방해할 염려가 있는 사정에 해당한다.

☑ 쟁 점

이 판결은 저당권이 실행되거나 실행이 임박함에도 저당부동산의 소유자나 용익권자가 건축을 하는 경우에 저당권자가 방해배제로 건축의 중지를 청구할 수 있는지 여부가 문제된 것이다.

☑ 검토할 사항

- 저당권이 실행되고 있지 않은 시점에 저당권자는 저당부동산 소유자나 용익권자의 건축에 대해 중지를 청구할 수 있는가? 그 이유는 무엇인가?
- 저당권이 실행되거나 실행이 임박한 경우, 결론을 달리 볼 수 있는가? 있다면 어떠한 이유에 근거하는 것인가?
- 이 판결은 아래 〈판례 3〉의 판결의 내용과 조화될 수 있는가?

☑ 참고문헌

- 위 〈판례 1〉의 참고문헌
- 양창수, 토지저당권에 기한 방해배제와 건물신축행위의 중지청구, 법률신문 3479, 2006. 8.

판례 3

대판 2005. 4. 29. 2005다3243

[사안] ㅇㅇ동 1158-8 지상 3층 다세대 주택 X의 3층 301호는 A의 명의로 등기되어 있고, A는 이 부동산에 대하여 甲(원고)에게 근저당권을 설정해 주었다. 저당권에 따라 부동산의 경매를 신청한 甲은 저당부동산을 점유하고 있는 乙(피고)의 존재 때문에 경매가 방해될 것을 우려하여, 乙에 대하여 퇴거를 청구한다. 그런데 乙은 1158-8의 다세대주택을 신축한 E 주식회사가 ㅇㅇ동 1158을 분할하여 등기하는 과정에서 착오로 1158-2를 1158-8로, 1158-8을 1158-2로 등기함으로써 등기가 잘못된 것인데, 乙은 1158-2 301호를 분양받은 B로부터 이를 매수한 후 건물의 외벽에 "가"동으로 표시된 1158-8 301호에 거주하고 있으므로 자신은 이 사건 주택(1158-8)을 점유할 정당한 권원이 있다고 주장하였다.

[원심] 원심은, 乙은 B로부터 1158-2 301호를 매수하고 소유권이전등기를 마

친 것에 불과하고 분할이나 등기과정에서 착오가 있었다는 증거가 없다는 이유로 이를 배척하고, 1158-8의 주택 X에 대한 경매개시결정 이후에 1158-8의 주택 X의 소유권을 주장하는 乙의 점유는 A에 의하여 설정된 근저당권자인 甲의 근저당권을 침해하는 것이라 하여 근저당권에 기하여 乙에 대하여 1158-8의 주택 X로부터 퇴거를 구하는 원고의 이 사건 청구를 인용하였다.

[판지] 피고의 위 주장은 결국 소외 A의 분양목적물과 등기가 일치하지 아니한다는 주장으로 보아야 할 것인데, 기록에 의하면, 이 사건 다세대주택의 대지와 인접한 위 ○○동 1158-2 지상에도 이 사건 다세대주택과 같은 구조의 다세대주택이 신축되어 두 다세대주택(이하 '인접 다세대주택'이라 한다)이 모두 1989. 9. 27. 보존등기가 되어 있고, 인접 다세대주택 3층 301호(이하 '인접 건물'이라 한다)에 관하여는 소외 B의 소유권이전등기에 이어 피고의 소유권이전등기가 순차 경료되어 있으나 실제로는 이 사건 주택의 등기명의인인 소외 A가 거주하고 있는 사실, 이 사건 다세대주택의 외벽에는 "가"동이라고 표시되어 있고, 인접 다세대주택의 외벽에는 "나"동이라고 표시되어 있으며, 소외 A의 등기부 및 주민등록상 주소는 "○○동 1158-8 E주택 나동 301호"로, 소외 김명두 및 피고의 주소는 "○○동 1158-2 E주택 가동 301호"로 되어 있는 사실, 소외 A와 B는 이 사건 각 다세대주택의 보존등기 이후에 최초로 소유권이전등기가 경료된 자들인 사실을 각 인정할 수 있다. 위와 같은 사실과 아울러 다세대주택을 분양받거나 매수하는 경우에 위치를 특정하여 분양 또는 매수하는 것이 일반적이라는 점과 소외 A나 B 그리고 피고의 주민등록상 주소는 건물 외벽의 동 표시와 일치한다는 사실에 비추어 보면 소외 A와 B가 모두 착오를 일으켜 잘못 입주하였다고 선뜻 단정하기는 어려우므로 원심으로서는 분양계약서를 포함하여 분양과정과 입주과정을 심리하고, 아울러 다른 입주자들의 등기와 입주관계는 어떻게 되어 있는지를 심리하여 소외 A와 B가 분양받은 주택과 등기의 일치 여부를 판단하였어야 할 것이다.

한편, 저당권은 경매절차에 있어서 실현되는 저당부동산의 교환가치로부터 다른 채권자에 우선하여 피담보채권의 변제를 받는 것을 내용으로 하는 물권으로, 부동산의 점유를 저당권자에게 이전하지 않고 설정되고, 저당권자는 원칙적으로, 저당부동산의 소유자가 행하는 저당부동산의 사용 또는 수익에 관하여 간섭할 수 없고, 다만 저당부동산에 대한 점유가 저당부동산의 본래의 용법에 따른 사용·수익의 범위를 초과하여 그 교환가치를 감소시키거나, 점유자에게 저당권의 실현을 방해하기 위하여 점유를 개시하였다는 점이 인정되는 등, 그 점유로 인하여 정상적인 점유가 있는 경우의 경락가격과 비교하여 그 가격이 하락하거나 경매절차가 진행되지 않는 등 저당권의 실현이 곤란하게 될 사정이 있는 경우에는 저당권의 침해가 인정될 수 있을 것이다. 원심은, 피고가 소유권을 주장하면서 이 사건 주택을 점유하고 있어 경매법원의 낙찰불허가결정이 내려지고 경매기일이 추정되는 등 경매절차가 제대로 진행되지 못하고 있는 사실 등을 들어 원고의 저당권이 침해되었다고 판단하였으나, 경매법원이 이 사건 주택의 낙찰불허가결정을 한 것은 이 사건 주택의 소유관계와 그에 기초한 원고의 저당권의 효력에 관한 법률관계를 명확하게 한 이후에 경매를 진행하겠다는 경매법원의 판단에 의한 것이지, 피고의 소유권 주장으로 인한 것이라고는 볼 수 없고, 기록상 그 밖에 피고의 점유가 이 사건 주택의 점유로서는 적정하지 않다거나, 경매절차의 진행이나 경락을 곤란하게 하여 그로 인하여 정상적인 경락가격보다 교환가치를 하락시켜 원고의 저당권을 침해하고 있다고 볼 사정도 보이지 아니하므로, 원고가 이 사건 저당권에 기한 방해배제 또는 소유자의 방해배제청구권을 대위하여 피고에게 이 사건 주택에서의 퇴거를 구하는 것은 받아들이기 어려워 보인다.

☑ 쟁 점

이 판결은 저당권자가 어떠한 요건 하에 저당권에 기한 방해배제청구권에 의해 저당부동산의 점유자에 대해 반환청구를 할 수 있는지가 문제된 것이다.

☑ 검토할 사항

- 이 사건에서는 어떠한 이유로 퇴거청구가 부정되었는가?
- 피고가 주장하는 점유할 권리는 무엇인가? 그것이 존부에 따라 사건의 결론이 달라지는가?
- 원칙적으로 저당권의 점유자에 대한 반환청구가 인정되지 않는 이유는 무엇인가?
- 판례가 이 사건에서 밝힌 대로 예외적으로 반환청구를 인정하는 경우는 어떠한 경우들인가? 그 이유는 무엇이라고 생각하는가?

☑ 참고문헌

- 위 〈판례 1〉의 참고문헌
- 이인규, 경매절차에 있어서 점유자의 소유권 주장과 저당권에 근거한 방해배제청구

권, 대법원판례해설 54호(2005 상반기), 83-101면, 2006. 1.

판례 4

대판 1997. 11. 25. 97다35771(저당권 침해의 경우 손해배상) ··············

[사안] 법무사 乙(피고)의 피용자 A의 과실로 말미암아 부동산 X에 관한 근저당권설정등기가 위법하게 말소되었다. 그 이후에 甲(원고)보다 후순위 근저당권자인 B의 경매신청에 의하여 경매절차가 진행되어 경락허가결정이 확정되고 그 경락인이 경락대금을 완납하였으나 甲이 그 명의의 근저당권설정등기가 말소되어 아직 회복등기를 경료하지 못한 연유로 X에 대한 경매절차에서 피담보채권액에 해당하는 금액을 전혀 배당받지 못한 채 그 근저당권이 소멸하였다. 甲은 乙에 대하여 손해배상을 청구하였다.

[판지] 부동산에 관하여 근저당권설정등기가 경료되었다가 그 등기가 위조된 관계 서류에 기하여 아무런 원인 없이 말소되었다는 사정만으로는 곧바로 근저당권이 소멸하는 것은 아니라고 할 것이지만, 부동산이 경매절차에서 경락되면 그 부동산에 존재하였던 저당권은 당연히 소멸하는 것이므로(민사소송법 제608조 제2항, 제728조 참조) 근저당권설정등기가 원인 없이 말소된 이후에 그 근저당 목적물인 부동산에 관하여 다른 근저당권자 등 권리자의 신청에 따라 경매절차가 진행되어 경락허가결정이 확정되고 경락인이 경락대금을 완납하였다면, 원인 없이 말소된 근저당권은 비로소 소멸하였다고 할 것이다. 원심이 적법하게 인정한 바와 같이 피고의 피용자인 소외 A의 과실로 말미암아 이 사건 X부동산에 관한 근저당권설정등기가 위법하게 말소되었고 나아가 그 이후에 원고보다 후순위 근저당권자인 소외 B의 경매신청에 의하여 경매절차가 진행되어 경락허가결정이 확정되고 그 경락인이 경락대금을 완납하였으나 원고가 그 명의의 근저당권설정등기가 말소되어 아직 회복등기를 경료하지 못한 연유로 위 부동산에 대한 경매절차에서 피담보채권액에 해당하는 금액을 전혀 배당받지 못한 채 그 근저당권이 소멸하였다면, 위 A의 사용자인 피고로서는 그 근저당권의 소멸로 인하여 원고가 입은 손해를 배상할 책임이 있다고 할 것이다

타인의 불법행위로 인하여 근저당권이 소멸되는 경우에 있어 근저당권자로서는 근저당권이 소멸하지 아니하였더라면 그 실행으로 피담보채무의 변제를 받았을

것임에도 불구하고 근저당권의 소멸로 말미암아 이러한 변제를 받게 되는 권능을 상실하게 되는 것이므로, 그 근저당권의 소멸로 인한 근저당권자가 입게 되는 손해는 근저당 목적물인 부동산의 가액 범위 내에서 채권최고액을 한도로 하는 피담보채권액이라고 할 것이다. 따라서 원고가 피고의 피용자의 불법행위에 기하여 이 사건 X부동산에 관한 근저당권이 소멸함으로써 입은 손해는 특별한 사정이 없는 한 그 근저당권에 의하여 담보되는 대출금 및 이에 대한 약정이자라고 할 것이므로, 원심이 같은 취지에서 이 사건 대출금에 대한 약정이자 상당액도 손해액에 포함된다고 보아 원고가 수령한 일부 변제금을 대출금에 대한 약정이자에 먼저 충당한 것은 정당하고 거기에 소론과 같은 불법행위책임의 범위에 관한 법리오해 등의 위법이 있다고 할 수 없다

☑ 쟁 점

이 판결은 근저당권의 침해로 인한 근저당권자가 손해를 입은 경우, 손해배상청구의 가부 및 손해산정이 문제된 것이다.

☑ 검토할 사항

- 저당권의 침해는 어떠한 모습으로 나타날 수 있겠는가?
- 저당권에 대한 침해가 있는 경우, 그 자체로 불법행위가 성립할 것인가? 아니면 불법행위의 손해요건이 충족되기 위해서는 어떠한 사정이 요구되는가?
- 이 사안에서 甲은 X에 관한 경매절차에서 배당받은 채권자들에 대하여 배당금의 한도에서 부당이득반환을 청구할 수 있을 것인데, 이러한 결론은 손해배상청구에 영향이 있는가?

☑ 관련사례

- 피담보채권의 이행기가 도래하기 전에 저당권 침해가 있어 저당권이 소멸한 경우, 불법행위로 인한 손해배상청구권의 소멸시효 기산점(제766조 참조)은 언제인가? (대판 1998. 11. 10. 98다34126 참조)
- 저당권의 목적이 된 부동산 중 일부 건물이 乙(피고)에 의하여 멸실되었다. 나머지 부동산은 경매절차에서 매각이 되었으나 항고절차에서 그 매각이 취소되고 경매절차가 각하됨에 따라 甲(원고)이 배당받을 금액이 확정될 수 있는 단계에 이르지 못하였다. 甲의 乙에 대한 손해배상청구권에서 손해산정의 기준시점은 언제인가? (대판 2009. 5. 28. 2006다42818 참조).

☑ 참고문헌

- 곽종훈, 불법행위로 인한 손해배상청구권에 관한 단기소멸시효의 기산점, 대법원판례해설 31호(98년 하반기), 36-51면, 1999.
- 지원림, 담보권 침해와 손해배상, 민사법학 18호, 342-360면, 2000.

3. 저당권의 처분

대판 2003. 10. 10. 2001다77888

[사안] B는 1997. 12. 16. A의 甲(원고)에 대한 어음할인거래 및 신용카드거래 약정에 의한 채무를 담보하기 위하여 B 소유의 부동산 X에 관하여 채권최고액 2억5천만원, 채무자 A, 근저당권자 甲으로 된 근저당권설정계약을 체결하고, 같은 날 근저당권설정등기를 마쳤다. 그러나 그 후 A는 채무액에 대한 이자를 상환하지 않고 있다. 그런데 甲은 C에게 대출원금채권과 신용카드대금채권 합계액 261,697,276원 및 이에 대한 지연이자 등 채권 전액을 양도하였고, 1999. 9. 29. 채무자 A 및 연대보증인 B에게 확정일자 있는 증서로 채권양도통지를 하였으나, 근저당권이전등기는 하지 아니하였다. 2000. 2. 24. 다른 근저당권자 D가 자신의 근저당권에 기하여 X에 관하여 관할 집행법원에 담보권실행을 위한 경매신청을 하였다. 甲은 근저당권에 의하여 담보되는 A에 대한 채권액이 322,707,608원이라는 채권계산서를 제출하였고, 乙(피고)은 1995. 6. 20.자 확정일자 있는 주택임차인으로 배당요구를 하였다. 집행법원은 1번 근저당권자 E에 35,191,400원, 2번 근저당권자 F에 28,843,887원, 3번 근저당권자 D에 30,319,262원, 4번 교부권자 G에 528,330원, 5번 주택임차권자 乙에 100,000,000원, 6번 주택임차권자 H에 38,991,310원을 배당하였다. 甲은 자신의 근저당권을 주장하며 배당이의를 제기하였는데, 乙은 이에 대해 甲은 피담보채권을 양도하였으므로 더 이상 채권자가 아닐 뿐 아니라 이 사건 근저당권은 소멸하였고, B는 이 사건 근저당권의 피담보채무를 모두 변제하였다고 주장하였다.

[판지] 원심이 이 사건 근저당권의 피담보채권이 확정되어 보통의 저당권으로 되었다고 판단한 것은 옳고, 또한 甲과 C 사이에 이 사건 근저당권의 양도를 배제하는 특약이 있었다고 인정할 증거가 없는 이 사건에서는 피담보채권과 저당

권을 함께 양도하기로 하였다고 봄이 상당한데, 이처럼 피담보채권과 저당권을 함께 양도하는 경우에 채권양도는 당사자 사이의 의사표시만으로 양도의 효력이 발생하지만 저당권이전은 이전등기를 하여야 하므로 채권양도와 저당권이전등기 사이에 어느 정도 시차가 불가피한 이상 피담보채권이 먼저 양도되어 일시적으로 피담보채권과 저당권의 귀속이 달라진다고 하여 저당권이 무효로 된다고 볼 수는 없으므로 이 점에서 원심이 피담보채권의 양도로 인하여 이 사건 근저당권이 소멸한다고 볼 수 없다고 판단한 것은 수긍할 수 있으나, 그렇다고 하더라도 근저당권이 소멸하지 아니하였다는 이유만으로 甲이 그 피담보채권의 변제를 수령할 수 있음을 전제로 甲의 이 사건 청구를 인용한 원심의 판단은 수긍할 수 없다. 즉, 甲 명의의 이 사건 근저당권은 그 피담보채권의 양수인인 C에게 이전되어야 할 것에 불과하고, 甲은 피담보채권을 양도하여 결국 피담보채권을 상실한 셈이므로, 집행채무자로부터 변제를 받기 위하여 배당표에 자신에게 배당하는 것으로 배당표의 경정을 구할 수 있는 지위에 있다고 볼 수 없고, 또한 C가 이 사건 저당권을 이전받지 못할 아무런 장애도 없는데도 피담보채권을 양수하고도 단지 등록세 등의 비용을 절약하기 위하여 장기간 저당권의 이전등기를 해태한 끝에 결국 저당권이 말소된 이 사건에서 양도인인 甲이 양수인인 C를 대신하여 변제를 수령할 수 있다고 볼 아무런 근거도 없다고 할 것이다.

☑ 쟁　　점

이 판결은 피담보채권과 저당권의 양도의 과정에서 양자의 귀속주체가 분리된 경우 저당권만을 보유한 사람이 경매절차에서 우선변제를 받을 권리가 있는지가 문제된 것이다.

☑ 검토할 사항

- 피담보채권은 대항요건을 갖추어 양도되었지만 저당권은 아직 이전되지 않은 경우 저당권자는 우선변제 여부에 대해 판례의 입장은 무엇인가? 그 이유는 무엇인가?
- 판례와 다른 결론을 취할 여지는 있는가? 생각할 수 있는 입장과 근거, 이론구성을 제시해 보라.

☑ 관련사례

- A는 B와 대출한도액 50억원의 팩토링거래 약정을 체결한 다음 그 채무를 담보하기 위해 부동산 X에 관하여 근저당권을 설정하였다. 그 후 A는 乙(피고)로부터 88

억원을 대출받으면서 그 대출금채무를 담보하기 위해 X에 관하여 제 2 순위 근저당권을 설정하였다. B는 대출원금과 지연손해금 등을 변제받지 못하자 X에 대하여 담보권실행을 위한 경매를 신청하였고, 그 절차가 진행 중이던 중 甲(원고)에게 A에 대한 채권을 양도하고 甲 앞으로 근저당권의 이전 등기를 경료하였다. B는 경매법원에 채권양도통지서를 제출하는 한편, A에게 계속해서 채권양도통지서를 내용증명우편으로 발송하였는데 이는 '수취인 부재' 등의 사유로 모두 반송되었다. 피담보채권을 저당권과 함께 양수하고 저당권이전의 부기등기를 마친 甲의 신청에 의하여 개시된 경매절차는 적법한가? 후순위 저당권자인 乙은 채권양도의 대항요건을 갖추지 못하였다는 이유로 경매개시결정에 대해 다툴 수 있겠는가? (대판 2005. 6. 23. 2004다29279 참조)

☑ 참고문헌

- 노만경, 근저당권부 채권이 양도되었으나 근저당권의 이전등기가 경료되지 않은 상태에서 실시된 배당절차에서 근저당권의 명의인이 배당이의를 할 수 있는지 여부, 대법원판례해설 46호, 460-480면, 2004.
- 이우재, 근저당권의 피담보채권과 함께 근저당권을 양수하였으나 …, 대법원판례해설 54호, 158-180면, 2006.
- 정병호, 저당권부 채권의 양도에 관한 하나의 시론, 우리 민법학은 지금 어디에 있는가?(민사법학 특별호 36호), 415-436면, 2007.
- 최수정, 피담보채권의 양도와 저당권이전, 민사법학 48호, 131-162면, 2010.

제 4 항　저당권의 실행

1. 저당권의 실행과 법정지상권

판례 1

대판 1991. 4. 26. 90다19985

[사안]　乙(피고)은 물상보증인으로서 자기 소유인 11의1, 11의2, 11의3 세필지의 대지에 관하여 근저당권자 주식회사 B은행, 채권최고액 금 45,000,000원으로 하는 근저당권설정등기를 1983. 2. 2.자로 경료한 후, 11의2 지상에 근저당권설정 당시부터 건립되어 있던 주택 1동을 철거하고 그곳에 새로운 건물인 Y를 신축하

였다. 그 후 각 대지들은 토지구획정리사업법에 의하여 신지번인 대지 X로 환지되었다. 그런데 X는 근저당권의 실행으로 1984. 3. 27. 甲(원고)이 경락받음으로써 X와 Y는 그 소유자를 각 달리하게 되었다. 甲은 乙에 대하여 건물의 철거 및 대지의 인도와 임료상당의 손해금의 지급을 청구하였다.

[판지] 민법 제366조 소정의 법정지상권이 성립하려면 저당권의 설정 당시 저당권의 목적이 되는 토지 위에 건물이 존재하여야 하는 것이고, 저당권설정 당시 건물이 존재한 이상 그 이후 건물을 개축·증축하는 경우는 물론이고 건물이 멸실되거나 철거된 후 재축 신축하는 경우에도 법정지상권이 성립한다 할 것이며, 이 경우의 법정지상권의 내용인 존속기간, 범위 등은 구건물을 기준으로 하여 그 이용에 일반적으로 필요한 범위 내로 제한된다고 할 것이다. 이 사건 근저당권설정 당시 이 사건 대지상에 위 구건물이 존재하였음이 명백한 이 사건에서 피고들은 새로이 건축한 이 사건 건물을 위한 법정지상권의 성립을 주장할 수 있고, 다만 그 범위는 구건물의 유지 및 사용을 위하여 필요하였던 범위내의 대지부분에 한정된다고 할 것이므로, 원심으로서는 이 사건 대지위에 성립되는 법정지상권의 범위를 확정한 후 이 사건 건물의 철거 여부와 그 범위를 확정하고 그에 따른 지료나 손해금의 지급을 명하여야 함에도 불구하고 법정지상권의 성립을 부인하고 이 사건 건물의 철거와 대지의 인도 및 임료상당의 손해금의 지급을 명하였음은 위와 같은 법리를 오해한 위법을 범하였다고 하겠다.

☑ 쟁 점

이 판결은 저당권이 토지에 설정될 당시에 존재하던 건물이 증축 · 개축된 이후 경매로 토지와 건물이 다른 소유자에게 귀속하는 경우, 저당권자가 건물 소유자에게 철거를 청구할 수 있는지 아니면 법정지상권의 성립하여 건물의 존재를 인용해야 하는지가 문제된 것이다.

☑ 검토할 사항

- 민법 제366조에 따를 때 법정지상권이 성립하기 위한 요건은 무엇인가?
- 법정지상권이 성립하기 위해서는 토지에 저당권이 설정될 때 건물이 존재할 것이 요구된다고 하는데, 그 이유는 무엇인가?
- 건물이 증축 · 개축된 이 사건에서 대법원의 결론은 어떠한 이유를 들어 긍정할 수 있을 것인가?

- 이 판례에 의할 때 발생할 수 있는 건물 소유자의 불이익으로는 어떠한 것이 있는가?

☑ 관련사례

- 乙은 A로부터 대지 및 그 지상의 미등기건물을 일괄하여 매수하였으나 대지의 지분에 관하여만 소유권이전등기를 경료받고 건물에 관하여는 등기를 이전받지 못하고 있다가, 대지에 대하여 저당권을 설정하고 그 저당권의 실행으로 대지가 경매되어, 대지의 소유권이 甲에게 이전되었다. 乙 또는 A는 위 미등기건물을 위한 법정지상권이나 관습상의 법정지상권을 취득할 수 있는가? 乙은 A를 대위하여 관습상의 법정지상권을 행사할 수 있겠는가? (대판(전) 2002. 6. 20. 2002다9660 참조)
- 토지 X는 1996. 8. 30.자 근저당권 및 1996. 8. 31.자 근저당권이 설정될 당시 나대지 상태였고 건물 Y는 착공되지도 아니하였다. 1996. 8. 30.자 근저당권에 기한 경매절차에서 경락으로 인하여 그 소유권이 A에게 넘어간 토지 X에 대하여 건물 Y의 소유를 위한 법정지상권이나 관습상의 법정지상권이 인정될 수 있겠는가? 만약 토지 X의 소유자이던 B가 토지 X에 관하여 1996. 8. 30.자 근저당권을 설정할 당시 근저당권자가 건물 Y의 건축에 동의한 경우는 어떠한가? (대판 2003. 9. 5. 2003다26051 참조)

☑ 기타의 쟁점

- 우리 법제에서 법정지상권이 인정되고 있는 근거는 무엇인가?

☑ 참고문헌

- 김관재, 대지에 관하여 근저당설정등기가 경료된 후에 그 지상에 신축된 건물을 위하여 법정지상권이 성립될 수 있는 것인지 여부, 대법원판례해설 15호, 209-215면, 1992.
- 양창수, 지상건물의 재건축과 법정지상권, 인권과 정의 177호(1991. 5), 94-111면.

판례 2

대판(전) 2003. 12. 18. 98다43601 ··

[사안] 대지 X 위에는 단층주택이 건축되어 있었는데, X 및 단층주택을 매수하여 소유권을 취득한 乙(피고)은 1989. 2. 11. X 및 단층주택을 공동담보로 제공하여 A에게 근저당권설정등기를 경료해 주었다. 그런데 乙은 1991. 10.경 단층주택을 철거하고 3층 주택 Y의 신축공사를 시행하여 1992. 3.경 완공하였으나, 준공검사를 받지는 못하고 있고, 신축건물 Y는 乙이 점유하고 있었다. 그 후 1991.

12. 5. 근저당권의 실행에 의하여 X와 단층주택에 대해 임의경매절차가 개시되었다. 그러나 임의경매절차에서는 단층주택이 이미 철거되었다는 이유로 단층주택에 대한 경매절차는 취소되고, X에 대한 경매절차만이 속행되어 1992. 4. 23. P가 이 사건 대지를 경락받았다. 그 후 X의 소유권은 P로부터 Q를 거쳐 1994. 10. 11. 甲 재건축조합(원고)에게로 순차 이전되었다. 甲은 1997. 12. 18. 乙로부터 Y를 대금 1억4400만원에 매수하기로 약정하고 계약금 1500만원을 乙에게 지급하였다. 甲은 乙에 대하여 주위적 청구로서 건물철거 및 대지인도청구를 하고, 예비적 청구로서 신축건물 Y에 관한 매매계약의 이행으로서 그 매매잔대금의 지급과 상환으로 신축건물 Y의 명도와 이 사건 대지의 인도를 청구하였다.

[판지] 동일인의 소유에 속하는 토지 및 그 지상 건물에 관하여 공동저당권이 설정된 후 그 지상 건물이 철거되고 새로 건물이 신축된 경우에는 그 신축건물의 소유자가 토지의 소유자와 동일하고 토지의 저당권자에게 신축건물에 관하여 토지의 저당권과 동일한 순위의 공동저당권을 설정해 주는 등 특별한 사정이 없는 한 저당물의 경매로 인하여 토지와 그 신축건물이 다른 소유자에 속하게 되더라도 그 신축건물을 위한 법정지상권은 성립하지 않는다고 해석하여야 하는바, 그 이유는 동일인의 소유에 속하는 토지 및 그 지상 건물에 관하여 공동저당권이 설정된 경우에는, 처음부터 지상 건물로 인하여 토지의 이용이 제한 받는 것을 용인하고 토지에 대하여만 저당권을 설정하여 법정지상권의 가치만큼 감소된 토지의 교환가치를 담보로 취득한 경우와는 달리, 공동저당권자는 토지 및 건물 각각의 교환가치 전부를 담보로 취득한 것으로서, 저당권의 목적이 된 건물이 그대로 존속하는 이상은 건물을 위한 법정지상권이 성립해도 그로 인하여 토지의 교환가치에서 제외된 법정지상권의 가액 상당 가치는 법정지상권이 성립하는 건물의 교환가치에서 되찾을 수 있어 궁극적으로 토지에 관하여 아무런 제한이 없는 나대지로서의 교환가치 전체를 실현시킬 수 있다고 기대하지만, 건물이 철거된 후 신축된 건물에 토지와 동순위의 공동저당권이 설정되지 아니 하였는데도 그 신축건물을 위한 법정지상권이 성립한다고 해석하게 되면, 공동저당권자가 법정지상권이 성립하는 신축건물의 교환가치를 취득할 수 없게 되는 결과 법정지상권의 가액 상당 가치를 되찾을 길이 막혀 위와 같이 당초 나대지로서의 토지의 교환가치 전체를 기대하여 담보를 취득한 공동저당권자에게 불측의 손해를 입게 하기 때문이다. 이 사건에서, 피고 乙의 소유이던 이 사건 대지 및 그 지상

단층주택에 관하여 A의 공동저당권이 설정된 후, 위 단층주택이 철거되고 이 사건 신축건물이 신축되었으나, 그 신축건물에 관하여 A가 이 사건 대지에 대한 것과 동일한 순위의 공동저당권을 설정받지 못하였으므로, 이 사건 대지에 대한 저당권의 실행에 의하여 이 사건 대지와 그 지상의 이 사건 신축건물이 각각 다른 사람의 소유에 속하게 되었다고 하더라도, 이 사건 신축건물을 위한 법정지상권은 성립되지 아니한다고 할 것이다.

☑ 쟁 점

이 판결은 토지와 그 지상건물에 공동저당권이 설정되었으나 지상건물이 증축·개축되었고 이후 경매로 토지와 건물이 다른 소유자에게 귀속하는 경우, 저당권자가 건물소유자에게 철거를 청구할 수 있는지 아니면 법정지상권의 성립하여 건물의 존재를 인용해야 하는지가 문제된 것이다.

☑ 검토할 사항

- 앞서 살펴본 〈판례 1〉의 법리를 여기에 단순히 적용한다면 어떠한 결과가 되는가? 대법원은 어떠한 이유를 들어 그러한 결과를 회피하고 있는가?
- 이 판결에 의할 때, 토지와 그 지상건물에 공동저당권이 설정되었으나 지상건물이 증축·개축되었고 이후 경매로 토지와 건물이 다른 소유자에게 귀속하는 경우에도, 예외적으로 공동저당권이 성립될 수 있는 경우는 어떤 경우인가? 그 이유는 무엇인가?
- 이 판결에 반대하여 〈판례 1〉의 결론을 공동저당이 성립된 경우에도 그대로 유지하는 주장은 가능한가? 어떤 점을 근거로 할 수 있는가?

☑ 참고문헌

- 박순성, 공동저당권의 실행과 법정지상권의 성립, 대법원판례해설 47호, 163-192면, 2004.
- 이현수, 공동저당권의 목적인 건물을 재건축한 경우 법정지상권의 성부, 민사판례연구 27권, 112-167면, 2005.
- 김제완, 공동저당의 목적인 건물의 재건축과 법정지상권, 민사법학 32호, 117-156면, 2006.

2. 일괄경매청구

대결 1994. 1. 24. 93마1736

[사안] 대지 X를 목적으로 하여 근저당권설정자를 주식회사 A 건설, 근저당권자를 B로 하는 근저당권을 설정한 이후, X 위에 건물 Y가 축조되었다. 이후 A로부터 甲에게 Y에 대한 소유권이전등기가 경료되었다. 근저당권자 B가 X와 Y의 일괄경매를 청구하였다. 甲은 집행법원의 경매개시결정에 대한 이의를 제기하였다.

[판지] 민법 제365조가 토지를 목적으로 한 저당권을 설정한 후 그 저당권설정자가 그 토지에 건물을 축조한 때에는 저당권자가 토지와 건물을 일괄하여 경매를 청구할 수 있도록 규정한 취지는, 저당권은 담보물의 교환가치의 취득을 목적으로 할 뿐 담보물의 이용을 제한하지 아니하여 저당권설정자로서는 저당권설정 후에도 그 지상에 건물을 신축할 수 있는데, 후에 그 저당권의 실행으로 토지가 제 3 자에게 경락될 경우에 건물을 철거하여야 한다면 사회경제적으로 현저한 불이익이 생기게 되어 이를 방지할 필요가 있으므로 이러한 이해관계를 조절하고, 저당권자에게도 저당토지상의 건물의 존재로 인하여 생기게 되는 경매의 어려움을 해소하여 저당권의 실행을 쉽게 할 수 있도록 한 데에 있다고 풀이되며, 그러한 규정취지에 비추어보면 민법 제365조에 기한 일괄경매청구권은 저당권설정자가 건물을 축조하여 소유하고 있는 경우에 한한다고 봄이 상당하다. 원심이 이와 같은 취지에서 이 사건 대지의 근저당권에 기하여 판시와 같이 근저당권설정 이후에 축조되고 근저당권설정자인 주식회사 A 건설로부터 甲 앞으로 소유권이전등기가 경료된 건물에 대한 이 사건 경매개시결정은 위법하다고 판시한 조치는 정당한 것으로 수긍이 가고, 그 과정에 소론이 지적하는 바와 같은 법리오해의 위법이 있다 할 수 없다.

☑ 쟁　　점

이 결정은 건물의 축조자와 현재 건물 소유자가 일치하지 않는 경우 저당권자의 일괄경매청구가 허용되는지가 문제된 것이다.

☑ 검토할 사항

◆ 민법 제365조의 일괄경매청구가 가능하기 위해서는 어떠한 요건이 충족되어야 하

는가?

- 대법원은 일괄경매청구를 누구의 이익을 위한 제도로 파악하는가?
- 일괄경매청구를 저당권자의 권리가 아닌 의무로 이해할 여지는 있는가? 그러한 경우 일괄경매청구는 어떠한 목적을 위한 제도로 파악되어야 하는가?

☑ 관련사례

- 저당권설정 당시에 건물의 존재가 예측되고 또한 당시 사회경제적 관점에서 그 가치의 유지를 도모할 정도로 건물의 축조가 진행되어 있는 경우에도 건물에 대해 일괄경매청구가 가능한가? (대판 1987. 4. 28. 86다카2856 참조)
- 저당권설정자로부터 저당토지에 대한 용익권을 설정받은 자에 의하여 축조된 건물의 소유권을 저당권설정자가 취득한 경우 일괄경매청구가 허용되는가? (대판 2003. 4. 11. 2003다3850 참조)

☑ 참고문헌

- 김상수, 민법 제365조의 일괄경매의 가능성과 한계, 인권과 정의 326호, 180-187면, 2003.
- 문용선, 저당권설정자가가 취득한 용익권자가 축조한 건물에 대한 일괄경매청구, 대법원판례해설 44호, 606-619면, 2004.
- 이진기, 저당권의 침해와 일괄경매청구권의 확대: 저당권의 효력에 대한 재인식, 인권과 정의 385호, 72-153면, 2008.

제 5 항 특수저당권

1. 근 저 당

판례 1

대판 1990. 7. 10. 89다카12152 ··

[사안] A, B, C의 공유이던 선박 X에 대하여 1985. 7. 19. 채무자를 A, 근저당권자를 乙(피고)로 한 근저당권설정등기가 경료되었다. 이후 X는 D를 거쳐 1986. 4. 1. 甲(원고) 명의로 소유권이전등기가 경료되었다. 근저당권설정계약을 체결할 때 당사자들은 피담보채무를 A가 乙에 대하여 계약체결일 당시 부담하고 있거나

장래 부담하게 될 어음대출, 대여 등 각종 거래로 인한 채무와 보증채무 기타 각종 원인으로 인한 모든 채무로 약정하였다. 그런데 A는 1985. 6. 1. E가 乙로부터 X 건조자금으로 대출받은 원금 97,776,000원과 이에 대한 이자채무를 인수하고, 또 그날 그의 처인 F가 인수한 G의 乙에 대한 다른 선박 Y 건조자금 대출채무금 97,776,000원 및 이에 대한 이자채무를 연대보증하였다. 1987. 11. 20. 당시 A가 乙에게 부담하고 있던 X에 대한 근저당채무원금잔액은 57,036,000원이고, A가 연대보증한 F의 乙에 대한 Y의 건조자금 대출채무의 원금잔액은 63,751,094원이었다. 甲은 X의 피담보채무는 원금잔액 57,036,000원과 이에 대한 이자액의 합계액인 57,192,263원이라고 주장하여 이를 변제공탁하고 X에 대한 근저당권설정등기의 말소를 청구하였다. 乙은 이에 대해 근저당권의 피담보채무에는 A가 주채무자로서 부담하는 채무 외에 Y에 관하여 연대보증인으로서 부담하는 채무도 포함된다고 주장하였다.

[판지] 근저당권설정계약서는 처분문서이므로 특별한 사정이 없는 한 그 계약문언대로 해석하여야 함이 원칙이긴 하나, 그 근저당권설정계약서가 금융기관 등에서 일률적으로 일반거래약관의 형태로 부동문자로 인쇄해 두고 사용하는 계약서인 경우에 그 계약조항에서 피담보채무의 범위를 그 근저당권설정으로 대출받은 당해 대출금채무 외에 기존의 채무나 장래에 부담하게 될 다른 원인에 의한 모든 채무도 포괄적으로 포함하는 것으로 기재하였다고 하여도 당해 대출금채무와 기존채무의 각 성립 경위 및 각 채무액과 그 근저당권의 채권최고액과의 관계 등 기타 여러 사정에 비추어 인쇄된 계약문언대로 피담보채무의 범위를 해석하면 오히려 금융기관 등의 일반대출관례에 어긋난다고 보여지고 당사자의 의사는 당해 대출금채무만을 그 근저당권의 피담보채무로 약정한 취지라고 해석하는 것이 합리적인 때에는 위 계약서의 피담보채무에 관한 포괄적 기재는 부동문자로 인쇄된 일반거래약관의 예문에 불과한 것으로 보아 그 구속력을 배제하는 것이 타당하다.

1985. 7. 19. 채무자 A가 부담하고 있던 선박 X의 건조자금대출채무액과 A가 연대보증한 소외 F의 다른 선박 Y에 대한 건조자금대출채무액은 모두 똑같이 977,760,000원이고 위 각선박에 대하여 각 200,000,000원을 채권최고액으로 한 근저당권이 별개로 각각 설정되었으며 A는 다시 1985. 7. 30. 추가로 이 사건 선박을 담보로 乙로부터 30,000,000원의 영업자금을 대출받았음을 알 수 있는바,

만일 원심판시와 같이 이 사건 선박에 대한 근저당권의 피담보채무에 다른 선박 Y의 건조자금 대출채무에 대한 연대보증채무까지도 포함된다고 본다면 그 피담보채무액은 무려 225,552,000원이 되어 이 사건 선박에 대한 근저당권의 채권최고액 200,000,000원을 초과하게 되는데, 이와 같이 금융기관이 근저당권의 채권최고액을 초과한 금액을 채무자에게 대출한다는 것은 대출관례상 극히 이례에 속하는 것으로 일반관례에 어긋난다고 하지 않을 수 없다. 또 A는 F의 다른 선박 Y의 건조자금대출채무를 연대보증하였으나 F은 위 A의 이 사건 선박 건조자금대출채무를 연대보증한 바 없으므로, 위 각 선박의 소유자가 상대방선박의 건조자금대출채무를 상호보증을 하여 각자의 선박을 상대방선박의 건조자금대출채무에 대한 공동담보로 제공할 의사였다고 보기도 어렵다.

위와 같은 여러 사정에 비추어 보면 이 사건 선박에 대한 근저당권설정계약 당시 당사자의 의사는 그 근저당권설정으로 대출받은 이 사건 선박 건조자금대출채무를 피담보채무로 약정한 취지이고 다른 선박 Y에 의하여 별도로 담보된 그 선박의 건조자금대출채무에 대한 연대보증채무까지 위 피담보채무에 포함시키는 취지는 아니었다고 해석하는 것이 합리적이라고 하겠으므로, 이 사건 선박에 대하여 작성된 근저당권설정계약서에 부동문자로 기존채무도 그 피담보채무에 모두 포함된다는 취지의 문구가 인쇄되어 있다고 하여도 이는 일반적인 경우의 예문에 불과하다고 보아야 할 것이다.

☑ 쟁 점

이 판결은 근저당권설정자가 피담보채무를 변제공탁하고 근저당권자에게 근저당권설정등기의 말소를 청구한 사안에서 근저당권설정계약서에 부동문자로 인쇄된 '기존채무도 피담보채무에 포함된다'는 취지의 기재가 피담보채무의 범위 확정에 있어서 구속력이 있는지 문제된 것이다.

☑ 검토할 사항

- 이 사건에서 대법원은 어떠한 이유로 피담보채무의 범위를 제한하고 있는가?
- 대법원의 이러한 해석을 일반적인 계약해석의 법리로 정당화할 수 있는가?

☑ 기타의 쟁점

- 이 판결의 법리를 대법원의 근보증의 피담보채무 범위 해석에 관한 판례와 비교해 보라.

☑ 참고문헌

- 손지열, 포괄근저당 조항과 개별약정, 법과 정의: 경사 이회창선생화갑기념논문집, 549-564면, 1995.
- 김재형, 근저당권의 피담보채권에 관한 고찰, 판례월보 335호, 37-63면, 1998. 8.

판례 2

대판 1993. 12. 14. 93다17959

[사안] 乙 공제조합(피고)은 조합원인 화물자동차 운송사업자 甲 등이 보유하는 사업용 자동차의 교통사고로 인한 대인 및 대물손해를 전보하는 공제사업을 운영하고 있었는데, 공제사업의 자산은 甲 등의 조합원이 납부하는 금원에 의하여 충당되고 있다. 공제조합 규정에 따르면, 연도말 결산 결과 공제지급금의 결손금이 발생하였을 때에는 총회의 결의에 따라 당해 사업연도 중 공제계약을 체결한 바 있는 조합원에게 추가분담금을 부과하여 소정기간 내에 보전하도록 되어 있고, 분담금의 결정은 매년 乙 공제조합 연합회 총회의 결의에 의하여 정하게 되어 있다. 운송사업자 甲은 乙 공제조합에 조합원으로서 지입차량에 관한 공제계약을 체결한 이래 각 공제기간이 종료될 때마다 그 기간을 6개월씩 갱신하여 오면서 乙 공제조합에 공제분담금을 납부하였다. 이후에도 甲은 乙 공제조합과의 공제계약을 계속 유지하였고, 이에 따라 乙 공제조합은 장래 발생하게 될 추가분담금도 함께 지급하기로 하는 내용의 각서와 그 담보로 각 차량에 관하여 근저당권자를 乙, 채무자 및 근저당권설정자를 甲으로 하고, 기왕에 부담하거나 또는 장래에 부담하게 될 추가분담금채무를 저당채무로 하는 내용의 근저당권설정계약을 체결하고 이에 따른 저당등록이 이루어졌다. 그 후 1990. 6. 6.부터 12. 6. 사이에 甲은 乙 공제조합을 탈퇴하였다. 한편 乙 공제조합은 차량의 공제가입기간 중에 공제지급금의 결손금이 발생하였음에도 1992. 12. 1.에 이르기까지 총회에서 추가분담금 부과의 결의를 한 적이 없었다. 甲은, 乙 공제조합 명의의 근저당권설정등록은 이 사건 각 자동차에 관한 공제계약에 따른 추가분담금의 채무를 담보하기 위한 근저당권 설정계약을 원인으로 마쳐진 것인데 그 피담보채권을 확정할 시기에 저당채무가 존재하지 아니하므로 근저당권등록의 말소를 청구하였다. 乙은 이에 대하여 1989 내지 1990 사업연도에 이르기까지 비록 당해사

업연도의 결산을 마치기는 하였으나, 아직까지 이 사건 자동차에 관한 추가부담금 부과 여부에 관한 총회의결이 없었기 때문에, 피담보채무가 확정되지 아니하였다고 주장하였다.

[판지] 위 공제조합 조합원들의 추가분담금채무는 당해 사업년도말의 결산총회에서 추가분담금부과의 결의가 된 때에 비로소 발생 확정되는 것이지, 공제사업의 결손이 생긴 사실만에 의하여 바로 발생하는 것은 아니라고 할 것이고, 또 공제지급금의 결손이 생겼음에도 당해 사업년도말의 결산총회에서 그 결손을 보전하기 위한 추가분담금부과의 결의를 하지 아니하고 이를 다음 사업년도로 이월시켰다면, 이로써 결손금처리의 방식이 확정되어 그 이후에는 그 결손을 보전하기 위한 추가분담금부과의 결의를 새로 할 수는 없는 것으로 보아야 할 것이므로, 이와 같은 취지에서 피고가 이 사건 차량들의 공제가입기간 중에 공제지급금의 결손이 생겼음에도 당해 사업년도말의 결산총회에서 그 결손을 보전하기 위한 추가분담금부과의 결의를 일체 하지 않았던 이상, 이 사건 근저당권의 피담보채무는 결산기에 이르러 존재하지 않게 되었다고 본 원심의 판단은 정당한 것으로 수긍이 되고, 원심판결에 소론과 같이 민법의 규정에 따른 탈퇴조합원의 책임이나 위 공제규정상의 추가분담금의 성질과 부과시기 등에 관한 법리를 오해한 위법이 있다고 볼 수도 없으므로, 이 점에 관한 논지는 모두 이유가 없다

계속적 거래계약에 기한 채무를 담보하기 위하여 존속기간의 약정이 없는 근저당권을 설정한 경우에 그 거래관계가 종료됨으로써 피담보채무로 예정된 원본채무가 더 이상 발생할 가능성이 없게 된 때에는 그 때(이 사건의 경우는 거래관계가 종료된 시점이 속하는 사업년도말의 결산총회시)까지 잔존하는 채무가 근저당권에 의하여 담보되는 채무로 확정되는 것이며, 이 경우에 근저당권이 확정될 당시 피담보채무가 존재하지 않는다면 저당목적물의 소유권을 취득한 제3자도 근저당권자에 대하여 그 근저당권의 소멸을 청구할 수 있다고 할 것이다. 따라서, 원심이 근저당권설정계약이 해지되어야만 근저당권설정등록의 말소를 청구할 수 있는 것처럼 판시한 표현은 꼭 적절한 것이라고 볼 수는 없으나, 이 사건 근저당권이 기본적인 거래관계의 종료로 확정되었고 그 근저당권이 확정된 때에 피담보채무가 존재하지 아니하므로 그 근저당권설정등록이 말소되어야 한다고 판단한 결론은 정당하고, 원심판결에 소론과 같이 근저당채권의 확정시기나 말소청구권자에 관한 법리를 오해하여 판결에 영향을 미친 위법이 있다고 볼 수 없으므로,

이 점에 관한 논지도 이유가 없다.

☑ 쟁 점

이 판결은 근저당권설정자가 거래관계가 종료한 이후 피담보채무가 없음을 이유로 근저당권의 말소를 청구하는 사안에 대한 것으로, 근저당권의 확정사유로서 기초관계의 종료 여부가 문제된 것이다.

☑ 검토할 사항

- 근저당권의 확정이란 무엇인가? 근저당권은 왜 확정이 필요한가?
- 이 사건에서는 근저당권의 확정사유는 무엇인가? 그리고 그것은 어떠한 이유에서 확정사유가 될 수 있는가?
- 기타의 확정사유로는 어떠한 것들을 생각할 수 있는가?

☑ 관련사례

- 甲, 乙은 근저당권의 존속기한은 채권자 乙의 근저당권 설정계약에 관한 해제통고일까지로 약정하는 근저당권 설정계약서를 작성하였고, 甲, 乙의 근저당권 설정등기의 내용에는 따로 그 존속, 확정 기한이 없다. 甲은 피담보채권이 소멸하였다는 것을 전제로 근저당권의 설정등기의 말소를 구하고 있고, 근저당권자인 乙은 乙이 甲에게 근저당권 설정계약에 대하여 해제통고를 하지는 않았기 때문에 근저당권은 그 피담보채권의 존부에 불구하고 유효하게 존속하고 있다고 주장하고 있다. 누구의 주장이 타당한가? (대판 1966. 3. 22. 66다68 참조)
- 근저당권자인 A가 그 피담보채무의 불이행을 이유로 경매신청을 한 이후에 제 3 자로부터 채무자에 대한 채권을 양도받은 경우, 이 양수채권은 근저당권의 피담보채권에 포함될 수 있는가? (대판 1988. 10. 11. 87다카545 참조)
- 근저당권자 A가 저당부동산에 대하여 경매신청을 하지 아니하던 중에 다른 채권자인 B가 저당부동산에 대하여 경매신청을 하였다. 이에 따른 경매개시결정에 따른 채권신고최고서가 A에게 도달하여 선순위 근저당권자 A가 담보권 실행을 위한 경매절차가 개시되었음을 안 때 이후에도 A의 선순위 근저당권의 피담보채무액은 증가하였다. 그러던 중에 저당부동산에 대한 경락인의 경락대금 완납이 이루어졌다면, 어느 시기에 A의 근저당권의 피담보채권이 확정되겠는가? (대판 1999. 9. 21. 99다26085 참조)

☑ 참고문헌

- 김재형, 근저당권 연구, 2000.

2. 공동저당

대판 1994. 5. 10. 93다25417 ··

[사안] 乙(피고)은 C에게 1,218,979,822원을 대여하면서, C 소유의 제3부동산 및 각각 甲(원고), B, D, E 소유의 제1, 2, 4, 5부동산(이하 제1 내지 5부동산)에 대하여 각 1, 2, 3번 공동근저당권설정등기를 경료하고, 그 후 추가로 위 E의 소유의 이 사건 제5부동산에 대하여 5번 근저당권설정등기까지 경료하였다.
신용보증기금은 C에게 7,022,460원을 대여하면서, 제1 내지 5부동산에 대하여 각 4번 공동근저당권설정등기를 경료하고, P가 위 D에게 300,000,000원을 대여하면서, D 소유의 제4부동산 및 각각 B, 채무자 C 소유의 제2, 3부동산에 대하여 각 5번 공동근저당권설정등기를 경료하였다.
Q 은행이 R에게 291,695,643원을 대여하면서, E 소유의 제5부동산에 대하여 6번 근저당권설정등기를 경료하였다.

<table>
<tr><td></td><td>1) 원고 甲</td><td>2) B</td><td>3) 채무자 C</td><td>4) D</td><td>5) E</td></tr>
<tr><td>1순위</td><td colspan="5" rowspan="3">공동근저당 피고 乙 : 1,218,979,822 원</td></tr>
<tr><td>2순위</td></tr>
<tr><td>3순위</td></tr>
<tr><td>4순위</td><td colspan="5">공동근저당 신용보증기금 : 7,022,460 원</td></tr>
<tr><td>5순위</td><td></td><td colspan="3">공동근저당 P : 300,000,000 원</td><td>근저당 乙 : 위의 채무</td></tr>
<tr><td>6순위</td><td></td><td></td><td></td><td></td><td>근저당 Q : 291,695,643원</td></tr>
</table>

그 후 채무자 C가 대출금상환을 연체하자 乙은행은 공동담보물인 이 사건 제1 내지 5부동산에 대하여 각각 따로 임의경매신청을 하는 바람에, 각 그 경매절차가 별도로 진행되었다. 그 결과 이 사건 제2 내지 5부동산에 대한 경매절차가 먼저 종료되어 각 그 배당절차에서 피담보채권을 전부 변제받고 이 사건 제1부동산에 대한 경매는 이를 취하하였다. 한편 신용보증기금은 이 사건 제5부동산에 대한 경매절차에서 그 피담보채권 전액을 변제받았으나, 각 부동산에 대한 경매절차가 동시에 이루어지지 아니하고 다른 시점에 이루어짐에 따라, 후순위근저당

권자인 P는 제2, 3, 4부동산에 대한 경매절차에서 전혀 배당을 받지 못하였고, 후순위근저당권자인 Q 은행은 이 사건 제 5 부동산에 대한 경매절차에서 금 23,528,860원만을 배당받았다. 甲은 乙에 대하여 제 1 부동산에 대해 근저당권설정등기의 말소를 청구하였다. P와 Q 은행은 乙의 저당권이 자신에게 이전하였음을 주장하여 피고보조참가를 하였다.

[판지] 공동저당의 목적인 채무자 소유의 부동산과 물상보증인 소유의 부동산에 각각 채권자를 달리하는 후순위저당권이 설정되어 있는 경우에 있어서, 물상보증인 소유의 부동산에 대하여 먼저 경매가 이루어져 그 경매대금의 교부에 의하여 1번 저당권자가 변제를 받은 때에는 물상보증인은 채무자에 대하여 구상권을 취득함과 동시에, 민법 제481조, 제482조의 규정에 의한 변제자대위에 의하여 채무자 소유의 부동산에 대한 1번 저당권을 취득한다고 봄이 상당한바, 이는 물상보증인은 다른 공동담보물인 채무자 소유의 부동산의 담보력을 기대하고 자기의 부동산을 담보로 제공하였으므로, 그 후에 채무자 소유의 부동산에 후순위저당권이 설정되었다는 사정에 의하여 그 기대이익을 박탈할 수 없기 때문이라 할 것이다. 또한 이러한 경우 물상보증인 소유의 부동산에 대한 후순위저당권자는 물상보증인에게 이전한 위 1번 저당권으로부터 우선하여 변제를 받을 수 있다고 봄이 상당한바, 이는 물상보증인 소유의 부동산에 대한 후순위저당권자로서는 공동저당의 목적물 중 채무자 소유의 부동산의 담보가치 뿐만 아니라, 물상보증인 소유의 부동산의 담보가치도 고려하여 저당권을 설정받았고, 물상보증인으로서는 자기 소유의 부동산에 설정된 후순위저당권에 의한 부담을 위 후순위저당권의 설정 당초부터 이를 감수하고 있었다고 할 수 있으며, 공동저당의 목적물 중 채무자 소유의 부동산이 먼저 경매된 경우 또는 공동저당의 목적물의 전부가 일괄경매된 경우와의 균형상, 물상보증인 소유의 부동산이 먼저 경매되었다는 우연한 사정에 의하여 물상보증인이 그 구상권에 대하여 채무자 소유의 부동산으로부터 후순위저당권자 보다도 우선하여 변제를 받을 수 있고, 본래 예정되어 있던 후순위저당권에 의한 부담을 면할 수 있다고 하는 것은 불합리하므로, 물상보증인 소유의 부동산이 먼저 경매된 경우에 있어서는 민법 제368조 제 2 항 후단이 후순위저당권자의 보호를 기하고 있는 취지를 고려하여 물상보증인에게 이전한 1번 저당권은 위 후순위저당권자의 피담보채권을 담보하는 것으로 되어, 위 후순위저당권자는 마치 위 1번 저당권상에 민법 제370조, 제342조의 규정에 의

하여 물상대위를 하는 것과 같이 그 순위에 따라 물상보증인이 취득한 1번 저당권으로부터 우선하여 변제를 받을 수 있다고 보아야 하기 때문이다.

그리고 이러한 법리는 물상보증인이 수인인 경우에도 마찬가지라 할 것이므로(이 경우 물상보증인들 사이의 변제자대위관계는 민법 제482조 제2항 제4호, 제3호에 의하여 규율될 것이다), 자기 소유의 부동산이 먼저 경매되어 1번 저당권자에게 대위변제를 한 물상보증인은 위 1번 저당권을 대위취득하였고, 그 물상보증인 소유의 부동산의 후순위저당권자는 위 1번 저당권에 대하여 물상대위를 할 수 있다 할 것이므로, 그 1번 저당권설정등기는 말소등기가 경료될 것이 아니라 위 물상보증인 앞으로 대위에 의한 저당권이전의 부기등기(부동산등기법 제148조)가 경료되어야 할 성질의 것이며, 따라서 아직 경매되지 아니한 공동저당물의 소유자로서는 위 1번저당권자에 대한 피담보채무가 소멸하였다는 사정만으로는 그 말소등기를 청구할 수 없다고 보아야 할 것이다.

따라서 원심이 공동저당물 중 물상보증인 소유의 부동산이 있는 경우에도 민법 제368조 제2항의 규정이 적용되어야 함을 전제로 원고의 이 사건 청구를 기각한 것은 후순위근저당권자의 대위에 관한 법리를 오해한 위법을 범하였다 할 것이다.

그러나 원심은 원고의 이 사건 청구에 대한 부가적 판단으로 가사 물상보증인의 변제자대위가 우선한다 하더라도 물상보증인들이 변제자대위에 의하여 이 사건 제1부동산에 대한 1, 2, 3번 근저당권을 취득하였으므로 원고는 그 근저당권설정등기들의 말소등기를 청구할 수 없다고 판단하여 원고의 청구를 기각하였는바, 원심이 적법히 인정한 위 사실관계에 의하면, 물상보증인인 위 B, D, E는 각 자기의 책임분담액을 초과하는 금액(그 구체적인 액수는 이 사건 제1부동산이 경매되어야 확정될 것이다)의 한도에서 변제자대위에 의하여 이 사건 제1부동산에 대한 위 근저당권들을 취득하였다 할 것이고, 위 물상보증인들 소유의 이 사건 제2, 4, 5부동산에 대한 후순위저당권자인 참가인들은 위 물상보증인들에게 이전된 위 근저당권들에 대하여 물상대위를 할 수 있다 할 것이므로(다만 참가인 P의 후순위저당권 중 채무자 소유의 이 사건 제3부동산에 설정되어 있는 저당권은 민법 제368조 제2항이 적용되지 아니하므로 소멸하였다 할 것이다), 위 근저당권설정등기들은 위 소외인들 앞으로 대위에 의한 저당권이전의 부기등기가 경료되어야 할 성질의 것인즉, 원고로서는 피고에 대한 피담보채무가 소멸하였다는 사정만으로는 그 말소등기를 청구할 수 없다 할 것이다. 원심의 위와 같은 부가적 판시는 다소 미흡한 점은 있으나, 결국 위 소외인들이 변제자대위에 의하여 위 근저당권들을 취득함으로써 원고가 그 말소등기를 청구할 수 없다는 취지로 판단하고 있으므로, 위 근저당권설정등기들이 원인무효라는 원고의 주장은 배척될 것임이 명백하며, 따라서 원심의 위와 같은 법리오해는 판결결과에 영향이 없어 파기의 이유가 되는 위법이라 할 수 없다.

☑ 쟁　　점

이 판결은 공동저당 부동산이 이시배당되어 물상보증인 한 사람이 전액만족을 받은 공동저당권자에 대해 말소등기를 청구하고 있는 사안에서, 공동저당 부동산의 일부가 물상보증인의 소유인 경우 물상보증인의 변제자대위와 후순위저당권자의 대위 사이의 우열 및 물상보증인이 공동저당권에 후순위로 설정한 후순위저당권자의 권리가 문제된 것이다.

☑ 검토할 사항

- 민법 제368조가 공동저당에 대하여 동시배당과 이시배당의 경우를 나누어 특별한 규율을 두고 있는 이유는 무엇인가?
- 공동저당권이 설정된 부동산이 모두 채무자 소유인 경우, 민법 제368조 제 2 항에 따른 대위는 어떠한 기능을 수행하는가?
- 공동저당권이 설정된 부동산의 일부가 물상보증인에게, 일부가 채무자에게 속하는 경우, 민법 제368조에 의한 대위를 후순위저당권자에게 인정할 수 있겠는가? 인정할 수 없다면 어떤 이유에서인가?
- 대법원에 의하면 후순위저당권자가 대위를 할 수 없고 물상보증인이 변제자대위를 할 수 있다면, 물상보증인이 제공한 부동산에 후순위저당권을 가지고 있는 후순위저당권자는 어떠한 방법으로 만족을 받아야 하는가? 이 경우 압류(민법 제370조, 제342조)는 필요하다고 볼 것인가?

☑ 관련사례

- 선순위 공동저당권자 A가 피담보채권을 변제받기 전에 공동저당 목적 부동산 X, Y 중 X에 관한 저당권을 포기하였다. 그 때 Y에 대해서는 이미 후순위저당권자 B가 존재하고 있다. 이후 Y에 관한 경매절차에서 B는 A가 '저당권을 포기하지 아니하였더라면 자신이 X에 존재하는 A의 저당권에 대위할 수 있었던 한도'에서 A는 Y로부터 우선변제를 받을 수는 없다고 주장한다. 타당한가? (대판 2009. 12. 10. 2009다41250 참조)

- 민법 제368조는 공동근저당권자가 다른 사람이 실행한 경매에서 우선배당을 받는 경우에도 적용되는가? 예를 들어 부동산 X, Y에 대해 공동저당권을 설정받은 공동근저당권자 A가 X의 수용보상금에 대한 배당절차에 참가하여 우선변제권 범위의 채권최고액에 해당하는 전액을 배당받은 경우, Y에 대한 담보권 실행을 위한 경매절차에서 우선변제권을 행사할 수 있는가? 만일 X에 후순위저당권자 B가 있었다면 그는 Y에 설정된 A의 근저당권을 대위하는가? 그 경우 공동근저당권은 확정되었다고 볼 수 있는가? (대판 2006. 10. 24. 2005다14502 참조)

☑ 참고문헌

- 양창수, 후순위저당권자 있는 공동저당 부동산에 대한 경매와 물상보증인의 지위, 민사판례연구 18권, 163-203면, 1996.
- 김형석, 민법 제368조에 대한 단상, 서울대학교 법학 51권 1호, 191-213면, 2010.
- 양창수, 공동근저당권에 있어서 선행경매절차에서의 일부배당이 후행절차상의 우선변제권에 미치는 영향, 아세아여성법학 7호, 181-200면, 2004.

제 4 절 비전형담보물권

제 1 항 비전형담보의 의의

판례

대판 1998. 4. 10. 97다4005

[사안] 丙(제 1 심 공동피고)이 이 사건 부동산에 관하여 채권최고액 합계 금 37,500,000원 상당의 근저당권을 소외 A에게 설정하여 주고 금전을 차용하였다가 그 돈을 갚지 못하자 A의 신청으로 임의경매절차가 진행되던 중, 丙이 乙(피고)로부터 1986. 7. 23. 금 45,000,000원 및 같은 달 말경 추가로 금 5,000,000원을 각 차용하여 A에 대한 채무를 변제하고 근저당권설정등기를 말소하였다. 丙은 1986. 7. 23.자로 乙과 사이에 금 45,000,000원을 대금으로 하여 이 사건 부동산을 乙에게 일시불로 매도하는 내용의 매매계약서를 작성하고 같은 달 30. 乙 앞으로 소유권이전등기를 경료하였는데, 매매계약서 작성 당시 丙이 같은 날부터

1991. 7. 23.까지 5년 이내에 금 45,000,000원 및 이에 대한 은행이자 상당을 일시불로 乙에게 지급하면 이 사건 부동산을 반환받기로 하되, 위 기간이 경과하도록 위 금원을 지급하지 아니하면 위 약정은 무효가 된다는 내용의 합의를 하였다. 위 약정 당시 이 사건 부동산의 가액은 금 58,129,900원 정도였다. 원고 甲은 丙으로부터 이 사건 부동산의 소유권을 양수받기로 하였고, 乙과 丙사이에 체결된 약정에 따라서 乙이 소유권을 취득하기 위한 청산절차를 거치지 않았음을 이유로 乙에 대하여 소유권이전등기말소를 丙을 대위하여 청구하였다.

[원심] 피고 乙과 丙사이에는 이 사건 부동산에 관하여 추가 차용금을 포함한 합계 금 50,000,000원을 피담보채무로 하여 정산절차를 예정한 약한 의미의 양도담보 약정이 이루어진 것으로 보아야 하며, 가사 이를 대물변제의 예약으로 본다 하더라도 예약 당시의 차용 원리금은 위 금 50,000,000원으로서 당시 이 사건 부동산의 가액이 그 차용 원리금을 초과하므로 대물변제의 예약 자체는 무효이고 다만 양도담보로서의 효력만이 인정되어 채권자인 피고 乙로서는 여전히 가등기담보등에관한법률 소정의 청산절차를 거쳐야 한다고 판단하였다(피고 乙이 상고).

[판지] 기존의 채무를 정리하는 방법으로 다른 재산권을 이전하기로 하면서 일정 기간 내에 채무 원리금을 변제할 때에는 그 재산을 반환받기로 하는 약정이 이루어졌다면, 다른 특단의 사정이 없는 한 당사자 간에는 그 재산을 담보의 목적으로 이전하고 변제기 내에 변제가 이루어지지 않으면 담보권 행사에 의한 정산절차를 거쳐 원리금을 변제받기로 하는 약정이 이루어진 것으로 해석하여야 한다. (중간생략) 피고 乙과 丙사이에 이 사건 부동산에 관하여 정산절차를 예정한 약한 의미의 양도담보 약정이 이루어졌다면 乙은 채무의 변제기 후 반드시 담보권 실행을 위한 정산절차를 거쳐야만 하는 것이고, 丙은 乙이 담보권을 실행하여 정산절차를 마치기 전에는 채무를 변제하고 이 사건 부동산에 대한 피고 乙 명의의 소유권이전등기의 말소를 구할 수 있다고 할 것인바, 이는 위 양도담보 약정 당시 이 사건 부동산의 시가가 채권 원리금에 미달한다 하더라도 마찬가지라고 하여 상고를 기각하였다.

☑ 쟁 점

기존 채무의 정리방법으로 다른 재산권을 이전하기로 하면서 일정 기간 내에 원리금을 변제할 때에는 그 재산을 반환받기로 하는 약정이 이루어진 경우, 그 약정을 양도담보를 설정한 것으로 볼 수 있는가? 만약 양도담보의 설정을 인정한다면 담보권 실행은 어떤 절차에 따라 이루어져야 하는가?

☑ 검토할 사항

- 민법이 규정하는 담보물권 외에 비전형의 담보방법 내지 비전형의 담보물권에는 어떤 것이 있으며, 각각의 장점과 단점은 무엇인가?
- 위 판결에서는 기존채무를 변제하기 위하여 다른 재산권을 이전하기로 하는 것을 대물변제의 예약과 양도담보로 구분하고 있는바 그 기준은 무엇인가?
- 대물변제의 예약이나 양도담보 등과 같이 기존채무를 변제하기 위하여 다른 재산권을 이전하기로 하는 것은 전형적인 담보방법에 비하여 어떤 점이 채권자에게 유리하며, 채무자에게 불리한 점은 무엇인가?
- 양도담보가 설정되었다고 볼 수 있는 경우에 목적물의 소유권이 채권자에게 이전되기 위해서는 어떠한 절차를 거쳐야 하는가?

☑ 기타 검토할 사항

- 약한 의미의 양도담보에 있어서 약정 당시의 목적물의 시가가 채권 원리금에 미달하는 경우에도 정산절차를 거쳐야 채권자가 소유권을 취득하는가?
- 채권의 담보 목적으로 재산권(주식)을 채권자에게 이전한 경우에 그것이 어떤 형태의 담보계약인지를 판단하는 기준은 무엇인가, 그리고 다른 특약이 인정되지 아니하는 경우에는 당사자 사이에 정산절차를 요하는 약한 의미의 양도담보로 추정할 수 있는가?
- 가등기담보에 있어서 담보부동산의 예약 당시의 시가가 피담보채무액에 미치지 못하는 경우에도 가등기담보 등에 관한 법률이 적용되는가?
- 매매잔대금 지급과 관련하여 다른 재산권을 이전하기로 약정한 경우에도 가등기담보 등에 관한 법률이 적용되는가?
- 채권자와 채무자 사이에 채무액을 넘는 시가의 부동산에 관하여 대물변제약정을 하였으나 그에 기한 소유권이전등기를 경료하지 않은 경우에도 가등기담보 등에 관한 법률 제 3 조가 적용될 수 있는가?

☑ 관련사례

- 재산권 이전의 예약 당시 재산에 대하여 선순위 근저당권이 설정되어 있어 재산의 가액에서 피담보채무액을 공제한 나머지 가액이 차용액 및 이에 붙인 이자의 합산

액을 초과하지 않음으로써 가등기담보 등에 관한 법률이 적용되지 않는 경우에도 채권자가 채권담보의 목적으로 부동산에 가등기를 경료하였다가 그 후 변제기까지 변제를 받지 못하여 위 가등기에 기한 소유권이전의 본등기를 경료한 경우에 '약한 의미의 양도담보'가 된다고 할 수 있는가? (대판 2006. 8. 24. 2005다61140)

☑ 참고문헌

- 김상용, 민법 제607조, 제608조 및 가등기담보법의 운용상의 문제점과 그 해결, 한국민법이론의 발전 : 무암 이영준 박사 화갑기념 논문집 I 총칙 · 물권편, 453-474면, 1999.

제 2 항 가등기담보

1. 가등기담보에 관한 법률의 적용범위

판례

대판 2001. 1. 5. 2000다47682 ··

[사안] 부천시 소재 380㎡ 면적의 대지 X는 원래 甲(반소원고) 및 소외 A의 소유였는데, 소외 B가 1992. 8. 12. 甲으로부터 대지 X를 대금 2억7천만원에 매수하면서 계약금과 중도금으로 합계 금 1억8천만원을 먼저 지급하고 나머지 잔대금은 위 대지에 신축할 12세대의 다세대주택을 타인에게 분양하여 수령할 분양대금에서 우선적으로 지급하기로 하되, 그 지급을 담보하기 위하여 위 다세대주택의 건축허가를 甲의 명의로 받기로 약정하였다. 그 후 B는 자신의 노력과 비용을 들여 위 12세대의 다세대주택의 건축을 모두 완성한 다음 잔대금 지급채무의 담보를 위하여 그에 관하여 1993. 8. 7.자로 甲과 A 명의로 각 소유권보존등기를 하여 두었다. B는 위 12세대 중 11세대를 제 3 자에게 분양하고, 甲은 B로부터 대지 X의 매매대금 명목으로 분양대금을 수령한 후 수분양자들 앞으로 그 각 소유권이전등기를 경료하여 주었으나, 나머지 한 세대인 이 사건 건물 Y는 B와 甲 사이의 매매 잔대금 지급내역에 관한 다툼으로 타인에게 분양을 하지 못하고 있었다.

그러던 중 乙(반소피고)은 1995. 3. 29. B를 대리한 소외 C, D로부터 건물 Y를 임대차보증금을 금 3천만원, 임대차기간을 1995. 4. 2.부터 12개월로 정하여 임차한 다음 1995. 4. 12. 전입신고를 마친 이래 위 임대차계약을 묵시적으로 갱신하면서 이 사건 건물을 점유·사용하여 왔다. 한편 B는 이 사건 대지 X의 매매 잔대금 중 금6천만원 및 그에 대한 지연손해금을 지급하지 않고 있다. 이에 甲은 이 사건 건물 Y에 관하여 담보 목적의 소유권보존등기를 경료한 양도담보권자로서, 그 담보권 실행을 위하여 건물 Y의 임차인인 乙에 대하여 건물 Y의 명도를 청구하였다.

[원심] B가 이 사건 대지의 잔대금 중 금 60,000,000원 및 그에 대한 지연손해금을 지급하지 않고 있으니 이 사건 건물에 관하여 담보 목적의 소유권보존등기를 경료한 담보권자로서, 그 담보권 실행을 위하여 乙에 대하여 이 사건 건물의 명도를 구한다는 甲의 주장에 대하여, 이 사건 건물의 담보권 실행이라 함은 양도담보권자인 甲이 가등기담보등에관한법률 소정의 청산절차를 거쳐 귀속정산의 형식으로 이 사건 건물의 소유권을 취득하는 것을 의미하는데, 乙은 이 사건 건물의 원시취득자인 B로부터 이 사건 건물을 적법하게 임차하여 전입신고를 마친 후 이를 점유·사용하고 있는 주택임대차보호법 소정의 대항력 있는 임차인이므로 장차 甲이 담보권 실행을 한다면 甲은 주택임대차보호법에 따라 이 사건 건물의 임대인으로서의 지위를 승계한다고 할 것이고, 따라서 담보권을 실행할 경우 이러한 지위에 놓이게 되는 甲과 乙 사이에서 甲이 乙에 대하여 이 사건 건물의 명도를 구할 수는 없다고 판단한 끝에 甲의 주장을 배척하고 이 사건 반소청구를 모두 기각하였다.

[판지] 채무의 담보를 위하여 채무자가 자기의 비용과 노력으로 신축하는 건물의 건축허가 명의를 채권자 명의로 하였다면 이는 완성될 건물을 양도담보로 제공하기로 하는 담보권 설정의 합의로서, 완성된 건물에 관하여 자신 명의로 소유권보존등기를 마친 채권자는 채무자가 변제기를 도과하여 피담보채무의 이행지체에 빠졌을 때에는 담보계약에 의하여 취득한 목적 부동산의 처분권을 행사하기 위한 환가절차의 일환으로서 즉, 담보권의 실행으로서 채무자에 대하여 그 건물의 명도를 구할 수 있고, 제 3 자가 채무자로부터 적법하게 건물의 점유를 이전받아 있는 경우에는 그 제 3 자를 상대로 명도청구를 할 수도 있으며, 여기의 제 3 자에는 담보권 설정 후에 대항요건을 갖춘 주택임차인도 당연히 포함된다고

할 것이다.

원심판결 이유에 의하면, B는 甲에 대한 대지 매매대금채무의 담보를 위하여 이 사건 건물을 포함한 12세대의 다세대주택의 건축허가 명의를 甲 앞으로 하였다가 그 완성 후에 그에 관하여 甲 명의의 소유권보존등기까지 마쳐주었다는 것인바, 그렇다면 甲은 그에 관하여 적법하게 담보권을 취득하였다고 할 것이므로, 만약 B가 이 사건 대지 매매대금채무의 이행을 지체하고 있다면 다른 특별한 사정이 없는 한 담보권자인 甲으로서는 그 담보권의 실행을 위하여, B로부터 이를 임차하여 점유·사용하고 있는 乙에 대하여 그 명도를 구할 수 있다고 할 것이다.

주택의 임대차는 그 등기가 없는 경우에도 임차인이 주택의 인도와 주민등록을 마친 때에는 그 익일부터 제 3 자에 대하여 효력이 생기고, 그 경우 임차주택의 양수인은 임대인의 지위를 승계한 것으로 보게 되나(주택임대차보호법 제 3 조 제 1 항, 제 2 항), 이와 같은 대항요건을 갖춘 주택임차인이라고 하더라도 그에 앞서 담보권을 취득한 담보권자에게는 대항할 수 없고, 그러한 경우에는 그 주택임차인은 그 담보권에 기한 환가절차에서 당해 주택을 취득하는 취득자에 대하여도 자신의 임차권을 주장할 수 없다고 할 것인바, 이러한 법리는 채무의 담보를 위하여 부동산의 소유권을 이전하는 양도담보의 경우에도 그대로 타당하다고 할 것이므로, 乙이 B로부터 이 사건 건물을 임차한 후 이를 인도받아 주민등록을 마침으로써 주택임대차보호법 소정의 대항요건을 갖추었다고 하더라도 乙은 그러한 사유를 들어 그에 앞서 담보권을 취득한 甲이나 그 담보권에 기한 환가절차에서 이 사건 건물을 취득하는 취득자에 대하여 자신의 임차권을 주장할 수 없으며, 이는 그 환가절차가 담보권자 자신에게 목적물의 소유권을 귀속시키는 귀속정산의 방법으로 이루어진다고 하여 달리 볼 수 없다고 할 것이다. 그럼에도 불구하고, 원심은 乙이 주택임대차보호법 소정의 대항요건을 갖추었다는 점만에 근거하여 그 판시와 같은 이유로 甲의 담보권 실행을 위한 명도 청구를 기각하고 말았으니 원심판결에는 양도담보나 주택임대차의 효력에 관한 법리를 오해하여 필요한 심리를 다하지 아니한 위법이 있다고 할 것이다.

☑ 쟁 점

매매대금의 지급을 담보하기 위하여 부동산의 소유권을 이전하는 경우, 또는 신축할 주택의 소유권을 이전하는 약정이 가등기담보 등에 관한 법률의 적용을 받는 가등기담보 또는 양도담보에 해당하는가?

☑ 검토할 사항

- 채무의 담보를 위하여 채무자가 자신의 비용과 노력으로 신축하는 건물의 건축허가명의를 채권자 명의로 한 것을 가등기담보 등에 관한 법률에서 규정하고 있는 담보권을 설정한 것으로 볼 수 있는가?
- 첫 번째 사례에서 원심판결이 담보권의 설정을 인정하면서도 주택임대차보호법에 의하여 반소피고가 보호되는 것으로 본 근거는 무엇이며, 대법원이 원심판결을 파기하고 환송한 근거는 무엇인가?
- 가등기담보 등에 관한 법률의 적용을 받는 피담보채권에 해당하는지 여부를 판단하는 기준은 무엇인가?
- 공사잔대금 채권을 담보하기 위하여 체결된 양도담보계약에 기하여 소유권이전등기를 구하는 경우 가등기담보 등에 관한 법률이 적용되는가?
- 대금의 일부만 지급받은 상태에서 금융편의를 위하여 소유권이전등기를 하면서 매매잔대금 채권을 담보하기 위하여 경료된 가등기에 기한 본등기절차의 이행을 구하는 경우에 가등기담보 등에 관한 법률이 적용되는가?
- 물품대금선급금의 반환채무를 담보할 목적으로 이루어진 가등기에 대해서도 가등기담보 등에 관한 법률이 적용될 수 있는가?
- 매매대금채권을 담보하기 위하여 양도담보를 설정하였으나 양도담보권 설정계약 후 대여금채권이 그 피담보채권에 포함된 경우 가등기담보 등에 관한 법률이 적용되는가?

☑ 관련사례

- 토지를 매도한 후 잔금을 지급받지 않은 상태에서 토지소유권을 이전하면서 토지매매대금 등의 지급의 담보와 그 불이행의 경우의 보상을 위하여 소유권이전청구권보전을 위한 가등기가 경료된 경우에 가등기담보 등에 관한 법률이 적용되는가? (대판 1990. 6. 26. 88다카20392)
- 매매계약 합의해제로 인하여 매매대금을 반환할 경우 그 매매계약상의 소유권이전등기청구권 보전을 위해 경료했던 가등기를 말소하기로 약정한 것만으로 그 가등기가 담보가등기로 되는가? 나아가 소유권이전등기청구권 보전을 위한 가등기를 매매계약 해제에 따른 대금반환채무를 담보하는 담보가등기로 유용하기로 합의하면 가등기담보 등에 관한 법률이 적용되는가? (대판 1996. 11. 29. 96다31895)
- 채권자가 낙찰자로서의 권리를 포기하는 대가로 채무자가 지급하기로 약정한 금원을 담보하기 위하여 채권자 앞으로 경매목적물에 대한 가등기가 경료된 경우에 가등기담보 등에 관한 법률이 적용되는가? (대판 1998. 6. 23. 97다1495)

- 가등기나 소유권이전등기가 금전소비대차나 준소비대차에 기한 차용금반환채무와 그 외의 원인으로 발생한 채무를 동시에 담보할 목적으로 경료되었으나 그 후 금전소비대차나 준소비대차에 기한 차용금반환채무만이 남게 된 경우, 그 가등기담보나 양도담보에 가등기담보 등에 관한 법률이 적용될 수 있는가? (대판 2004. 4. 27. 2003다29968)
- 가등기담보 등에 관한 법률의 적용대상이 되는 재산이 토지로서 담보권 설정 당시에 신축 중이던 건물이 있어 법정지상권의 성립가능성이 있는 등 토지이용상 제한을 받는지 여부가 불분명한 경우에는 가등기담보법의 적용 여부를 판단하기 위한 토지가액은 어떻게 산정해야 하는가? (대판 2007. 6. 15. 2006다5611)

☑ 참고문헌

- 호제훈, 신축건물에 설정된 양도담보에 관한 몇 가지 문제, 민사판례연구 24권, 90-115면, 2002.
- 김태창, 담보권자명의의 건축허가로 건물을 신축한 경우의 법률관계, 판례연구(부산판례연구회) 15집, 141-176면, 2002.
- 김상용, 매매대금채권담보를 위한 가등기의 법적 성질과 적용법률, 판례월보 258호 (1992. 3), 26-35면, 1992.

2. 가등기담보권의 설정

판례

대판 2002. 12. 24. 2002다50484

[사안] 甲(원고)은 乙(피고)이 소유하는 부동산에 대하여 채권담보를 목적으로 가등기를 설정하였는데, 사실 그 채권의 내용을 보면, 甲의 부친이 채권자로서 乙에 대한 매매대금채권 42억원과 甲과 甲의 부친이 乙에 대한 채권자로서 갖는 대여금채권 5억9천만원이 혼재되어 있다. 그 후 甲의 부친은 채무자 乙에 대한 채권의 만족을 위한 일체의 사무를 甲에게 포괄적으로 위임하였으며, 또한 乙에 대한 자신의 채권 일부를 甲에게 양도하고 그 사실을 乙에게 통지하였다. 甲은 이 가등기에 기하여 담보권을 실행하려고 하였다. 乙은 이 가등기가 실권리자 명의의 등기가 아니므로 '부동산 실권리자 명의 등기에 관한 법률'에 규정된 명의신탁 약정의 금지에 위반된다고 주장하였다.

[판지] 채권담보를 목적으로 가등기를 하는 경우에는 원칙적으로 채권자와 가

등기명의자가 동일인이 되어야 하지만, 채권자 아닌 제 3 자의 명의로 가등기를 하는 데 대하여 채권자와 채무자 및 제 3 자 사이에 합의가 있었고, 나아가 제 3 자에게 그 채권이 실질적으로 귀속되었다고 볼 수 있는 특별한 사정이 있거나, 거래경위에 비추어 제 3 자의 가등기가 한낱 명목에 그치는 것이 아니라 그 제 3 자도 채무자로부터 유효하게 채권을 변제받을 수 있고 채무자도 채권자나 가등기명의자인 제 3 자 중 누구에게든 채무를 유효하게 변제할 수 있는 관계 즉, 채권자와 제 3 자가 불가분적 채권자의 관계에 있다고 볼 수 있는 경우에는, 그 제 3 자 명의의 가등기도 유효하다고 볼 것이고, 이와 같이 제 3 자 명의의 가등기를 유효하게 볼 수 있는 경우에는 제 3 자 명의의 가등기를 부동산 실권리자 명의 등기에 관한 법률이 금지하고 있는 실권리자 아닌 자 명의의 등기라고 할 수는 없다.

☑ 쟁 점

가등기담보권은 담보권자와 담보권설정자간의 계약에 의하여 설정되는데, 이 때 담보권자는 채권자이어야 한다는 것이 원칙이다. 그렇다면 예외적으로 채권자 이외의 자가 담보권설정자와의 계약에 의하여 담보권자가 될 수 있는가?

☑ 검토할 사항

- 가등기담보권을 설정하기 위한 계약의 성립요소에는 어떠한 것이 있는가.
- 담보권설정에 있어서 담보권자가 채권자가 아닌 경우에도 담보권의 설정을 인정할 수 있는가. 이러한 담보권의 설정이 부동산 실권리자 명의 등기에 관한 법률에 위반되는 것은 아닌가.
- 이 사건에서는 매매대금 채권과 대여금 채권을 담보하기 위하여 가등기를 설정하였는바, 이러한 경우에 가등기 담보 등에 관한 법률이 적용되는가.

☑ 관련사례

- 부동산 매매대금의 지급을 담보하기 위하여 당사자 간의 합의에 의하여 소유권이전등기를 매수인에게 경료하지 않은 상태에서 목적 부동산 위에 근저당권자를 매도인이 지정하는 제 3 자로, 채무자를 매도인으로 하는 근저당권을 설정한 경우, 그 근저당권설정등기가 담보물권의 부수성에 반하여 무효라고 하여야 할 것인가? (대판(전) 2001. 3. 15. 99다48948)
- 당사자간에 채무금을 1개월 내에 변제하지 못할 경우에는 채무액을 아파트의 매매대금으로 하여 소유권이전등기를 한다고 약정한 경우, 그러한 약정이 양도담보의

약정에 해당한다고 볼 수 있는가? (대판 1996. 5. 10. 94다35565, 35572)

3. 가등기담보권의 효력 및 실행

가. 피담보채권의 범위

● 판례

대판 1993. 4. 13. 92다12070

[사안] 이 사건 부동산은 乙(피고)와 그의 처인 A의 공유이다. 甲(원고)은 A에게 1988. 4. 15.부터 같은 달 19.까지 사이에 3회에 걸쳐 합계 금 200,000,000원을 이자는 월 2푼 5리로 하고 甲이 요구할 때 변제하기로 하여 대여하고, 계속하여 같은 해 9. 16.까지 사이에 6회에 걸쳐 합계 금 560,000,000원을 대여하였다. 乙과 A는 같은 해 4. 19. 甲이 A에게 위 일자까지 대여한 금원을 담보하기 위하여 이 사건 부동산에 관하여 甲 명의로 가등기를 경료한 후 A가 소외 B 주식회사에 선순위근저당권을 설정하기 위하여 甲에게 요청하여 한때 위 가등기를 말소시켰다가 같은 해 10. 5. 대여금채무와 A가 앞으로 부담할 채무를 담보하기 위하여 이 사건 부동산에 관하여 그들을 공동매매예약자로 한 甲 명의의 이 사건 가등기를 경료해 주었다. 그 후 다시 甲은 A에게 같은 달 26.부터 1989. 6. 30.까지 11회에 걸쳐 합계 금 540,000,000원을 대여하였고, 위 대여금과는 별도로 A에게 1988. 4.경부터 수시로 합계 금 220,000,000원을 대여하였으며 그 밖에 A에 대하여 구상금채권을 취득하여 그 중 금 100,000,000원을 대여금으로 전환함으로써 甲의 A에 대한 채권액을 모두 합하면 금 1,620,000,000원이 되고 甲이 이 사건 가등기담보권 실행의 통지를 하였다(이 당시의 이 사건 부동산에 대한 선순위담보권자들의 채권원리금 합계는 금 2,137,042,483원인데 甲의 위 채권액과 선순위담보권자들의 채권원리금을 합하면 이 사건 부동산의 가액을 초과한다).

[판지] 채권자와 채무자 또는 물상보증인이 가등기담보권설정계약을 체결함에 있어 가등기 이후에 발생될 채무도 가등기부동산의 피담보채무범위에 포함시키기로 한 약정은 가등기담보 등에 관한 법률 제 4 조 제 1 항 내지 제 3 항의 어느 규정에도 반하는 것이라고 볼 수 없고 가등기담보권의 존재가 가등기에 의하여 공시되므로 후순위권리자로 하여금 예측할 수 없는 위험에 빠지게 하는 것도 아

니어서 같은 취지의 원심판단에도 지적하는 바와 같은 법리오해의 위법이 없다. 또한 원고가 이 사건 부동산으로 담보되는 A에 대한 채권액으로 금 200,000,000원을 초과하는 금액을 피고에게 주장하는 것은 신의성실의 원칙에 반한다는 피고의 주장에 대하여 이 사건 가등기는 판시금액의 채권뿐만 아니라 그 후 위 백기화가 원고로부터 차용할 모든 채무를 담보하고 있다고 판단하여 이를 배척하였는바 기록에 비추어 원심의 판단은 옳게 수긍이 가고 거기에 지적하는바와 같은 신의성실의 원칙과 권리남용에 관한 법리를 오해한 위법이 없다.

☑ 쟁 점

채권자와 채무자 또는 물상보증인이 가등기담보권설정계약을 체결함에 있어 가등기 이후에 발생될 채무도 피담보채무의 범위에 포함시키기로 한 경우 그 약정은 유효한가?

☑ 검토할 사항

- 가등기담보권에 의하여 담보될 채권의 범위는 어떤 기준에 의하여 결정되는가(가등기담보의 적용범위에 관한 판결도 참고할 것)?
- 이 사건의 경우와 같이 장래의 채권을 담보하는 가등기담보에 있어서 담보되는 채권의 가액은 어떻게 정해져야 하는가?

☑ 기타의 쟁점

- 가등기담보 채권자가 그의 권리를 보전하기 위하여 가등기담보 채무자의 제 3 자에 대한 선순위 가등기담보채무를 대위변제하여 가지는 구상금채권도 담보가등기의 피담보채권에 포함되는가?
- 일반적으로 장래의 채권을 담보하거나 강제하기 위하여 취할 수 있는 조치에는 어떠한 것이 있는가?

☑ 참고문헌

- 채규성, 근가등기담보권과 그에 의하여 담보되는 채권의 범위, 대법원판례해설 19-1호, 243-255면, 1993.

나. 가등기담보권의 효력(가압류채권과의 관계)

판례

대판 1992. 3. 27. 91다44407

[사안] 甲(원고)이 소외 A에 대한 채권 중 일부인 금1억 원의 채권을 피보전채권으로 하여 1989. 5. 20. A 소유의 X 부동산에 대해 가압류집행을 하였다. B도 같은 날 A에 대한 금16,002,650원의 채권을 피보전채권으로 하여 X 부동산에 대해 가압류집행을 하였다. 그 후 乙(피고)이 같은 달 27. A에 대한 금 72,000,000원의 채권에 대해 X 부동산에 대해 가등기담보권을 취득하였다. 甲은 같은 해 8. 11. A에 대한 채권 중 나머지 채권 금 131,935,930원을 피보전채권으로 하여 X 부동산에 대해 다시 가압류집행을 하였다.

甲의 신청에 의한 강제경매 절차에서 X 부동산이 금 1억2천만 원에 경락되어 대금이 납부되자 집행비용을 공제한 금 116,872,130원에 대하여 집행법원은 다음과 같이 배당을 실시하였다.

1차 : 甲의 선순위가압류채권, B, 가등기담보권자(乙), 甲의 후순위가압류채권 按分配當

2차 : 甲의 후순위가압류채권 배당액 중에서 선순위담보가등기권자(乙)에게 그 부족액을 吸收配當

이에 대해 甲이 가등기담보권자인 乙의 채권에 이의를 제기하고 배당이의의 소를 제기하였다.

[원심] 원심은 X 부동산의 경매에 의한 매득금 중 경매비용을 제외한 금 116,872,130원을 배당함에 있어 甲(원고)의 금 100,000,000원의 선순위 가압류채권과 금 131,935,930원의 후순위 가압류채권 및 乙(피고)의 가등기담보권의 피담보채권 금 72,000,000원은 모두 A에 대한 채권으로서 평등한 지위에 있다 할 것이므로 1차로 채권액에 따른 안분비례에 의하여 평등배당을 받고, 나아가 담보가등기권자인 乙은 甲의 후순위 가압류채권에 대하여는 우선변제권이 인정되어 그 채권에 의한 배당액으로부터 자기의 채권액을 만족시킬 때까지 이를 흡수하여 변제받을 수 있다 할 것이므로 그와 같이 작성한 경매법원의 배당표는 정당하다고 하여 이에 대한 甲의 이의를 이유 없다고 기각하였다.

[판지] 가등기담보권자는 그 담보가등기가 경료된 부동산에 대하여 경매 등이

개시된 경우에 다른 채권자보다 자기채권에 대하여 우선변제를 받을 권리가 있다고 할 것이고 이 경우 그 순위에 관하여는 그 담보가등기권리를 저당권으로 보고 그 담보가등기가 경료된 때에 저당권설정등기가 행해진 것으로 보게 되므로(가등기담보등에관한법률 제13조), 이 사건에 있어, 가등기담보권자인 乙은 선순위로 가압류등기가 된 甲의 제 1 채권에 대하여는 우선변제권을 주장할 수 없어 제 1 차로 이루어진 안분비례에 의한 평등배당에는 변함이 없으나 후순위로 가압류등기가 이루어진 甲의 제 2 채권에 대하여는 乙의 우선변제권이 인정되어 甲의 판시 제 2 채권으로부터 받을 배당액으로부터 자기의 채권을 만족시킬 때까지 이를 흡수하여 배당받을 수 있고 제1, 제 2 채권이 모두 동일인인 甲의 권리라 하여 그 귀결이 달라지는 것이 아니라 할 것이다.

☑ 쟁 점

가압류등기 후에 경료된 담보가등기의 효력 및 가압류채권자와 위 담보가등기권자와 간의 배당순위가 문제된 것이다.

☑ 검토할 사항

- 담보가등기는 압류 또는 가압류와의 관계에서 어떠한 효력을 가지는가?
- 담보가등기와 저당권 또는 근저당권과의 관계는 어떠한가?

☑ 관련사례

- A 건설회사의 대표이사가 구속된 후 회사의 업무집행권한을 위임받은 B가 회사직원인 乙과 공모하여 A 건설회사 소유 분양주택에 관하여 아무런 원인 없는 가등기를 경료하고 이어서 수분양자 甲에게 소유권이전등기가 경료되었다. 그 후 A 건설회사의 대표이사가 위 가등기를 乙등의 임금채권을 담보하는 것으로 추인하고 위 가등기에 기하여 乙등에게 소유권이전등기를 경료하여 주기로 약정한 경우, 위 가등기는 유효한 등기로 전환될 수 있는가? (대판 1992. 5. 12. 91다26546)
- 담보가등기가 경료된 부동산이 경매되어 경락인이 소유권을 취득한 후 담보가등기에 기하여 본등기가 경료된 경우, 본등기의 효력은 인정될 수 있는가? (대판 1994. 4. 12. 93다52853)
- 제1, 2순위의 근저당권 사이에 소유권이전청구권 보전의 가등기가 경료된 부동산에 대하여 제 2 순위 근저당권의 실행을 위한 경매절차의 낙찰허가결정 선고 전에 가등기에 기한 본등기가 경료되었으나 경락허가결정이 확정되고 경락대금이 완납된 경우, 경매취소신청을 할 수 있는가? (대결 1997. 1. 16. 96마231)

- '가등기담보 등에 관한 법률' 시행 당시 담보가등기에 기한 본등기가 제소전 화해조서에 기하여 이루어진 경우, 그 조서 작성 이후에 채무원리금을 변제하였음을 이유로 가등기 및 본등기의 말소를 청구하는 것이 기판력에 저촉되는가? (대판 1995. 2. 24. 94다53501)
- 가등기담보 등에 관한 법률 제13조에 의하면 채권 담보의 목적으로 마쳐진 가등기에는 우선변제권이 인정되는바, 법률이 시행되기 이전에 마쳐진 담보 목적의 가등기에도 우선변제권이 인정되는가? (대판 1997. 12. 26. 97다33584,33591)

☑ 참고문헌

- 안영문, 가압류채권자와 담보가등기권자의 배당우선순위, 대법원판례해설 17호, 219-225면, 1992.
- 김주수, 후순위 가압류채권자와 가등기담보권자의 우선변제권, (논점)민법판례연습 : 물권법, 1999.

다. 가등기담보권의 실행

판례

대판 2002. 12. 10. 2002다42001 ··························

[사안] 망 A는 甲(원고)에게 1990. 8. 14. 금 2억 원, 1990. 11. 10. 금 2억 원, 합계 금 4억 원을 변제기 1991. 12. 31.로 정하여 대여하고, 이를 담보하기 위하여 甲으로부터 등기권리증 및 인감증명서 등 소요서류를 교부받아, 甲의 소유이던 분할 전의 ○○동 126-37 대 455.3㎡(이하 '이 사건 분할 전 토지'라 한다)에 관하여, 매매예약을 원인으로 한 소유권이전청구권가등기(이하 '이 사건 가등기'라 한다)를 경료하고, 그 밖에 별지목록 기재 제3, 4부동산에 관하여, B 회사(피고) 명의로 1990. 11. 10.자 설정계약에 따라 채권최고액 4억 원, 채무자 甲, 근저당권자 B 회사로 된 근저당권설정등기를 경료하였다. 그 후 분할 전 토지는 제1, 2부동산으로 분할되었고, 위 가등기 및 근저당권설정등기 경료 당시 위 분할 전 토지 및 제3, 4부동산의 시가 합계는 위 대여금 4억 원을 현저히 초과하였다.
망 A는 甲이 원리금을 변제하지 않자 1993. 3. 24. 이 사건 제3, 4부동산에 관하여 B 회사 명의로 경료된 근저당권설정등기에 기하여 부동산임의경매를 신청하는 한편, 甲을 상대로 대여금청구의 소를 제기하여 甲은 A에게 금 455,000,000

원 및 이에 대한 지연손해금을 지급하라는 판결을 받아 확정되었고, B 회사는 위 임의경매절차에서 제3, 4부동산을 경락받아 그 대금을 전부 납부하고, 자신 명의의 소유권이전등기를 마쳤고 근저당권설정등기는 경락을 원인으로 경매법원에 의하여 직권으로 말소되었다.

한편, 성업공사는 甲이 △△구청에 재산세 12,466,950원을 납부하지 않았음을 이유로 1997. 1. 8. 이 사건 분할 전 토지에 관하여 공매처분할 것을 통지하였는데, 위 성업공사의 감정 결과에 따른 공매가격은 금 956,550,000원이었다. A는 1997. 1. 31. 甲을 대리한 C 와 사이에 위 가등기에 기한 채무액을 정산하기로 하면서, 이 사건 분할 전 토지의 평가액을 위 금 956,550,000원으로, 피담보채권액을 금 817,200,000원으로 확정짓고, 甲에게 위 평가액에서 피담보채권액을 공제한 금액(139,350,000원)보다 더 많은 금 230,000,000원을 정산금으로 지급하기로 합의하고, 1997. 2. 6. 그 중 130,000,000원을 지급한 후, 같은 날 이 사건 분할 전 토지에 관하여 위에서 마쳐진 가등기에 기하여 위 매매를 원인으로 한 A 명의의 소유권이전등기의 본등기를 경료하였다. A는 소송계속중인 1999. 9. 3. 사망하여 그의 처와 자식들(소송수계인)이 A의 재산을 상속하였다. 이에 甲은 담보목적으로 경료된 이 사건 가등기에 기하여 이루어진 본등기는 가등기담보등에관한법률의 청산절차를 거치지 아니하고 이루어진 것으로 무효의 등기이므로 이 사건 본등기의 말소를 구한다는 청구를 하였다.

[원심] 원심은, 담보목적으로 경료된 A 명의의 가등기에 기하여 이루어진 이 사건 본등기는 가등기담보등에관한법률 소정의 청산절차를 거치지 아니하고 이루어진 것이므로 무효의 등기라는 甲의 주장에 대하여 이 사건 가등기는 A의 甲에 대한 대여금채권을 담보하기 위하여 경료된 것으로서 위 가등기 당시 담보부동산의 시가가 대여 원리금을 초과하였으므로 가등기담보법 소정의 가등기라고 할 것이고, 이런 경우에는 채권자가 담보계약에 의한 가등기담보권을 실행하여 그 담보목적 부동산의 소유권을 취득하기 위하여는 채권의 변제기 후에 가등기담보법 제 3 조, 제 4 조 소정의 청산금의 평가액을 통지하고 그 통지가 채무자 등에게 도달한 날로부터 2개월간의 청산기간이 경과하여야 하며, 채권자의 청산금의 지급의무와 담보 부동산의 소유권이전등기의무는 동시이행의 관계에 있는 등 가등기담보법 제 3 조, 제 4 조 소정의 절차에 따라야 하고, 이에 반하는 특약으로서 채무자 등에게 불리한 것은 그 효력이 없다고 전제한 후, A와 甲의 이

사건 정산 합의가 가등기담보법이 규정하고 있는 2개월의 청산기간을 부여하지 아니하고, 본등기와 청산금 일부가 동시이행으로 이루어지지 않는 등 가등기담보법 소정의 청산절차를 그대로 따르고 있지 않은 점은 있으나, 이 사건 정산합의는 변제기 후에 이루어졌고, 담보부동산의 평가액은 객관적인 감정가격을 기초로 한 성업공사의 공매처분 감정가격으로, 피담보채권액은 이미 확정된 판결에 기하여 산정한 금액으로 각 계산하여 청산한 점, 그 결과 담보부동산의 평가액이 139,350,000원 정도 많았으나, A는 그 보다 많은 금 230,000,000원을 정산금으로 지급하는 동시에 甲의 체납재산세 및 공매수수료 등을 추가 지급하는 조건으로 이 사건 본등기를 경료하기로 한 점, 실제로 A는 1997. 2. 6. 정산금 중 130,000,000원을 甲의 대리인 B에게 지급하고, 같은 날 위 가등기에 기하여 이 사건 본등기절차를 경료하였으며, 1997. 3. 31. 甲이 체납한 재산세 금 15,798,300원, 성업공사에 대한 공매수수료 금 1,132,280원을 각 변제한 점, A의 甲에 대한 나머지 정산금 100,000,000원은 그 후 위 양수채권과 상계·소멸하여 정산이 완료된 점 등 이 사건 변론과정에 나타난 제반 사정을 종합하여 고찰하면, 甲과 A 사이의 이 사건 정산합의는 담보부동산의 평가액에서 피담보채권액을 초과하는 금액을 반환하는 방법으로 청산절차가 이루어진 것으로서, 적법한 담보권실행으로 유효하다고 인정된다고 판단하였다.

[판지] 가등기담보법이 제 3 조와 제 4 조에서 가등기담보권의 사적 실행방법으로 귀속정산의 원칙을 규정함과 동시에 제12조와 제13조에서 그 공적 실행방법으로 경매의 청구 및 우선변제청구권 등 처분정산을 별도로 규정하고 있는 점, 위 제 4 조가 제 1 항 내지 제 3 항에서 채권자의 청산금 지급의무, 청산기간 경과와 본등기청구, 청산금의 지급의무와 부동산의 소유권이전등기 및 인도 채무의 동시이행관계 등을 순차로 규정한 다음, 제 4 항에서 제 1 항 내지 제 3 항에 반하는 특약으로서 채무자 등에게 불리한 것은 그 효력이 없다(다만, 청산기간 경과 후에 행하여진 특약으로서 제 3 자의 권리를 해하지 아니하는 경우는 제외된다.)고 규정하고 있는 점, 나아가 제11조는 채무자 등이 청산금 채권을 변제받을 때까지 그 채무액을 채권자에게 지급하고 그 채권담보의 목적으로 경료된 소유권이전등기의 말소를 청구할 수 있다고 규정하고 있는 점 등을 종합하여 보면, 가등기담보권의 사적 실행에 있어서 채권자가 청산금의 지급 이전에 본등기와 담보목적물의 인도를 받을 수 있다거나 청산기간이나 동시이행관계를 인정하지 아니하는

'처분정산'형의 담보권실행은 가등기담보법상 허용되지 아니하고, 또한 가등기담보법 제 3 조, 제 4 조의 각 규정에 비추어 볼 때 위 각 규정을 위반하여 담보가등기에 기한 본등기가 이루어진 경우에는 그 본등기는 무효라고 할 것이고, 설령 그와 같은 본등기가 가등기권리자와 채무자 사이에 이루어진 특약에 의하여 이루어졌다고 할지라도 만일 그 특약이 채무자에게 불리한 것으로서 무효라고 한다면 그 본등기는 여전히 무효일 뿐, 이른바 약한 의미의 양도담보로서 담보의 목적 내에서는 유효하다고 할 것이 아니고, 다만 가등기권리자가 가등기담보법 제 3 조, 제 4 조에 정한 절차에 따라 청산금의 평가액을 채무자 등에게 통지한 후 채무자에게 정당한 청산금을 지급하거나 지급할 청산금이 없는 경우에는 채무자가 그 통지를 받은 날로부터 2월의 청산기간이 경과하면 위 무효인 본등기는 실체적 법률관계에 부합하는 유효한 등기가 될 수 있다고 할 것이다.

한편, 가등기담보권자인 채권자가 청산기간이 경과하기 전 또는 가등기담보법 제 6 조 제 1 항에 의하여 채무자에게 청산통지를 하였다는 사실 등을 후순위권리자에게 통지하지 아니하고, 채무자에게 청산금을 지급한 경우에는 이로써 후순위권리자에게 대항할 수 없는 것이나, 이러한 채권자의 변제 제한의 효력은 후순위권리자에게만 적용되는 상대적인 것이므로, 후순위권리자는 청산금채권이 아직 소멸하지 않은 것으로 보고 채권자에게 직접 권리를 행사할 수 있고 후순위권리자가 채권자에게 청산금을 지급하여 줄 것을 청구하게 되면 채권자로서는 청산금의 이중 지급의 책임을 면할 수 없다는 취지일 뿐이지, 후순위권리자가 존재한다는 사유만으로 채무자에게 담보권의 실행을 거부할 권원을 부여하는 것은 아니라고 할 것이다.

원심이 적법하게 인정한 사실관계에 의하면, 이 사건 정산합의는 가등기담보권의 사적 실행에 있어서 채권자가 청산금의 지급 이전에 본등기와 담보목적물의 인도를 받을 수 있게 하고, 청산기간이나 동시이행의 항변권을 인정하지 아니하는 내용으로 가등기담보법 제 4 조 제 2 항 및 제 3 항에 위반하는 특약으로서 채무자 등에게 불리한 것이므로 같은 법 제 4 조 제 4 항에 의하여 무효라고 할 것이고, 따라서 이 사건 정산합의에 기하여 행하여진 이 사건 본등기도 원인무효의 등기였다고 할 것이다. 그러나 원심이 적법하게 인정한 사실관계에 의하면, A는 甲과 이 사건 정산합의를 함에 있어서 이 사건 토지의 가액은 1997. 1. 8.경 이 사건 토지에 대한 성업공사의 공매처분 감정가격으로, 채권액은 A와 甲 사이의 판결에서 확정된 금원으로 각 산정하고, 그 차액에다가 A가 甲에게 추가로 지급하기로 한 금 90,650,000원을 더한 합계 금 230,000,000원을 청산금으로 하여 甲에게 담보권을 실행할 의사를 표시한 사실, A는 이 사건 정산합의가 있은 날로부터 2개월이 경과하기 전에 이 사건 가등기에 기한 본등기를 경료하고 그 때 청산금 중 130,000,000원을 甲에게 지급하였으며, A의 상속인들이 C의 甲에 대한 채권을 양수한 후 나머지 청산금과 대등액에서 상계함으로써, 2000. 8. 30.경 위 청산금 230,000,000원이 모두 지급된 사실을 알 수 있다. 사정이 그러하다면, A와 甲 사이의 이 사건 정산합의가 가등기담보법 제 4 조 제 4 항에 의하여 무효라고 하더라도, A가 甲에게 청산금의 평가액을 금 230,000,000원으로 하여 이 사건 가등기담보권을 실행할 의사를 표시한 이상 적어도 이는 담보권실행의 통지로서의 효력은 있다고 할 것이므로, 앞서 본 법리에 비추어 그 통지일로부터 2개월의 청산기간이 경과하고, 위 금 230,000,000원이 모두 지급되었으며, 원심이 적법하게 인정한 바와 같이 위 금 230,000,000원이 정당한 청산금이라고 볼 수 있으니, 甲이 정당한 청산금을 모두 지급받은 때에 이 사건 가등기에 기한 본등기는 실체적 법률관계에 부합하는 유효한 등기로 되었다고 봄이 상당하고, 담보권실행의 통지를 받지 못한 후순위권리자가 존재한다고 하더라도 이와 달리 볼 사정은 되지 못한다고 할 것이다. 따라서 원심이 이 사건 정산합의가 가등기담보법 제 4 조 제 1 항 내지 제 3 항의 규정에 반하는 특약으로서 채무자 등에게 불리한 것으로서 무효라는 甲의 주장을 배척한 데에는 가등기담보법상의 청산절차에 관한 법리를 오해한 잘못이 있다고 할 것이나, 이 사건 가등기에 기한 본등기가 실체적 법률관계에 부합하는 유효한 등기라고 볼 수 있는 이상 甲의 청구를 배척한 원심의 조치는 수긍이 가고, 거기에 판결의 결과에 영향을 미친 잘못이 있다고 할 수 없다.

☑ 쟁 점

이른바 '처분정산'형의 담보권실행이 가등기담보법상 허용되는지, 가등기담보법 제 3 조, 제 4 조의 각 규정에 위반하여 경료된 가등기에 기한 본등기가 사후에 실체적 법률관계에 부합하게 된 경우 유효한 등기가 될 수 있는지 나아가 가등기담보법 제 6 조 제 1 항에 의한 후순위권리자에 대한 통지를 결여한 채 행하여진 청산절차는 효력이 인정되는지가 문제된 것이다.

☑ 검토할 사항

- 담보목적물의 환가를 위한 방법으로서 처분정산형 담보권실행과 귀속정산형 담보권실행의 차이점은? 어느 쪽이 채무자에게 더 불리한가?
- 가등기담보 등에 관한 법률에서 규정하고 있는 청산절차는 어떻게 구성되어 있는가?
- 당사자의 합의에 의하여 청산절차를 따르지 않기로 한 경우 그 담보가등기의 실행은 효력이 인정될 수 있는가?

☑ 관련사례

- 가등기담보 등에 관한 법률 제 3 조, 제 4 조를 위반하여 이루어진 담보가등기에 기한 본등기는 그 효력이 인정될 수 있는가, 그 후 가등기권리자가 위 규정에 정한 청산절차를 마치면 무효인 본등기가 실체적 법률관계에 부합하는 유효한 등기로 되는가? 유효한 등기가 되었는지 여부에 대한 증명책임은 누가 부담하는가? (대판 2010. 8. 19. 2009다90160,90177)
- 가등기담보권의 실행을 위한 담보권 실행 통지에는 어떤 내용이 포함되어야 하는가? 채권자가 주관적으로 평가한 청산금 액수가 객관적인 청산금 평가액에 미치지 못하는 경우에도 담보권 실행 통지의 효력이 인정되는가? (대판 1996. 7. 30. 96다6974,6981)
- 담보가등기의 피담보채권은 가등기 원인증서인 매매예약서상의 매매대금을 한도로 제한되는가, 확장될 수는 없는가? (대판 1996. 12. 23. 96다39387,39394)
- 가등기담보 등에 관한 법률 제16조 제 2 항에 해당하는 담보가등기권리자가 집행법원이 정한 기간 안에 채권신고를 하지 아니한 경우, 매각대금의 배당을 받을 권리를 상실하는가? (대판 2008. 9. 11. 2007다25278)
- 채권자가 주관적으로 평가한 청산금이 정당하게 평가된 청산금에 미치지 못하는 경우, 그 통지의 효력과 이때 채무자가 정당하게 평가된 청산금을 청구할 수 있는가? (대판 2008. 4. 11. 2005다36618)

☑ 참고문헌

- 박순성, 가등기담보등에관한법률 소정의 청산절차를 거치지 않은 가등기에 기한 본등기의 효력, 대법원판례해설 42호, 742-755면, 2003.

라. 가등기에 기한 본등기와 국세 압류등기의 말소

◉ 판례

대판(전) 2010. 3. 18. 2006마571 ································

[사안] △△시 소재 15층의 ○○오피스텔에 관하여 2001. 2. 2. 재항고인 중 1인인 C 앞으로 소유권보존등기가 마쳐진 다음, D, E 앞으로 △△등기소 2001. 2. 23. 접수로 같은 날 매매예약을 원인으로 한 소유권이전청구권가등기(이하 이 사건 가등기라 한다)가 마쳐졌다. 그 후 ○○오피스텔에 관하여 같은 등기소 2001. 4. 18. 접수로 A를 채권자로 한 가처분등기, 2001. 10. 24. 접수로 대한민국을 권리자로 한 압류등기, 2003. 7. 19. 접수로 △△시를 권리자로 한 압류등기가 각 마쳐졌다. 한편 ○○오피스텔에 관하여 2004. 7. 13. 구분등기가 마쳐진 다음, 그 중 별지 제 3 목록 기재 부동산(별지 제 1 목록 기재 부동산 중 일부이다)에 관하여 2005. 3. 21. 접수로 B를 채권자로 한 강제경매개시결정등기가 마쳐졌고, 별지 제1, 2 목록 기재 각 부동산에 관하여 항고인들 앞으로 2005. 3. 29. 2005. 5. 19.에 각 이 사건 가등기상의 권리의 양도를 원인으로 한 이 사건 가등기에 관한 부기등기가 마쳐진 다음 같은 날 이 사건 가등기에 기한 본등기가 마쳐졌다.

항고인은, ① 별지 제1, 2 목록 기재 각 부동산에 관하여 항고인들 앞으로 이 사건 가등기에 기한 본등기가 마쳐졌으므로, 이 사건 가등기가 담보가등기인지 여부와 관계없이 △△등기소 등기관이 가등기에 기한 본등기를 한 경우에 직권말소하여야 하는 등기(예규 제1063호, 이하 예규라 한다) 제 2 항 가호 6, 7목에 따라 이 사건 가등기 이후에 마쳐진 위 가처분등기, 강제경매개시결정등기를 직권으로 말소하여야 함에도 불구하고 진정성립이 인정되지 아니한 사문서를 근거로 이 사건 가등기를 담보가등기로 보고 위 가처분등기 등을 말소하지 아니하기로 한 결정을 유지한 제 1 심 결정은 위법하고, ② 이 사건 가등기가 담보가등기라 하여도, 대한민국을 권리자로 한 위 압류등기는 당해세가 아닌 종합소득세, 부가가치세, 인지세, 양도소득세의 체납처분에 기한 것으로 그 법정기일 전에 이 사건 가등기가 마쳐졌고, △△시를 권리자로 한 위 압류등기는 취득세, 등록세, 재산세, 자동차세, 주민세의 체납처분에 기한 것이나 그 중 당해세는 재산세와 자동차세에 불과하고 나머지 취득세, 등록세, 주민세의 법정기일 전에 이 사건 가등기가 마쳐졌으므로 결국 등기관이 예규 제 4 항 나호에 따라 위 압류등기들도 직권으로 말소하여야 함에도 불구하고 위 압류등기들을 말소하지 아니하기로 한 결정을 유지한 제 1 심 결정은 위법하다고 주장하였다.

[원심] ① 주장에 관하여 살피건대, 예규 제 2 항에 의하면 소유권이전청구권보전가등기에 기하여 소유권이전의 본등기를 한 경우에 가등기 이후 본등기 이전에 마쳐진 가처분등기, 경매개시결정등기 등은 본등기와 양립할 수 없으므로 직권으로 말소하도록 하고 있으나, 위 규정의 취지가 그 가등기가 매매예약에 기한 순위보전의 가등기가 아니라 채무담보를 위한 가등기 즉 담보가등기인 경우에도 그 가처분등기 등을 직권으로 말소하여야 하는 것으로 보기는 어렵다 할 것인데, 위 가처분등기 등의 직권말소등기통지를 받은 A 등이 이 사건 가등기가 담보가등기라는 점에 관한 소명자료를 제출하면서 위 가처분등기 등을 직권으로 말소하여서는 아니 된다는 내용의 이의신청을 함으로써 이 사건 가등기가 담보가등기인지 여부 및 그 효력에 관하여 이해관계인 사이에 실질적인 다툼이 있고 그에 관한 A 등의 주장에 상당한 근거가 있음을 엿볼 수 있는 이상, 형식적인 심사권밖에 없는 등기관으로서는 이 사건 가등기를 순위보전의 가등기로 인정하여 위 가처분등기 등을 직권으로 말소할 수 없다.

② 주장에 관하여 살피건대, 예규 제 4 항 나호에 의하면 담보가등기 또는 소유권이전청구권가등기라 하더라도 사실상 담보가등기인 경우에 법정기일이 담보가등기가 마쳐지기 전인 국세 및 지방세 채권에 의한 압류등기, 당해 재산에 부과된 국세(당해세)의 체납처분에 의한 압류등기 등은 직권으로 말소할 수 없도록 규정하고 있는데, 이 사건 가등기가 담보가등기인지 여부 및 그 효력에 관하여 이해관계인 사이에 실질적인 다툼이 있고, △△시를 권리자로 한 위 압류등기에는 당해세인 재산세, 자동차세의 체납처분에 의한 것이 포함되어 있으며, 종합소득세 등의 법정기일 전에 이 사건 가등기가 마쳐졌다고 단정하기도 어려운 점 등에 비추어 볼 때 등기관이 위 압류등기들을 말소하지 아니하기로 한 결정은 정당하다.

[판지] 구 국세기본법 및 지방세법의 해당 조항은 위 규정에 해당하는 가등기의 권리자가 그 재산에 대한 체납처분에 대하여 그 권리를 주장할 수 없다는 실체법상 효력을 규정한 것이지만, 등기절차에서 위 규정의 실효성을 확보하기 위하여는 그에 필요한 범위 내에서 등기관에게 가등기와 압류등기 사이의 실체법상 우열 여부를 심사할 수 있도록 할 필요가 있다. 그러나 부동산등기법상 등기

관의 심사권은 형식적인 것에 한정되는 것이 원칙이므로 이러한 점을 감안하여 등기관의 심사범위를 정하여야 한다. 그러므로 소유권이전 청구권 보전의 가등기 이후에 국세 · 지방세의 체납으로 인한 압류등기가 마쳐지고 위 가등기에 기한 본등기가 이루어지는 경우, 등기관은 체납처분권자에게 부동산등기법 제175조에 따른 직권말소 통지를 하고, 체납처분권자가 당해 가등기가 담보 가등기라는 점 및 그 국세 또는 지방세가 당해 재산에 관하여 부과된 조세라거나 그 국세 또는 지방세의 법정기일이 가등기일보다 앞선다는 점에 관하여 소명자료를 제출하여, 담보 가등기인지 여부 및 국세 또는 지방세의 체납으로 인한 압류등기가 가등기에 우선하는지 여부에 관하여 이해관계인 사이에 실질적으로 다툼이 있으면, 가등기에 기한 본등기권자의 주장 여하에 불구하고 국세 또는 지방세 압류등기를 직권말소할 수 없고, 한편 이와 같은 소명자료가 제출되지 아니한 경우에는 등기관은 가등기 후에 마쳐진 다른 중간 등기들과 마찬가지로 국세 또는 지방세 압류등기를 직권말소하여야 한다고 봄이 상당하다. 그러나 등기관이 국세 또는 지방세 압류등기의 말소를 위하여 위와 같은 심사를 한다고 하더라도, 나아가 그 본등기가 가등기담보 등에 관한 법률(이하 '가등기담보법'이라 한다) 제 1 조에 의하여 가등기담보법의 적용을 받는 가등기에 기한 것으로서 가등기담보법 제 3 조 및 제 4 조가 정한 청산절차를 거친 유효한 것인지 여부까지 심사하여 그 결과에 따라 국세 또는 지방세 압류등기의 직권말소 여부를 결정하여야 하는 것으로 볼 것은 아니다.

원심결정 이유에 의하면, 소유권이전 청구권 보전의 이 사건 가등기 후 소외 1 명의의 가처분등기, 대한민국의 국세 압류등기, △△시의 지방세 압류등기, 소외 B가 신청한 강제경매개시결정등기가 마쳐지고, 재항고인들 앞으로 이 사건 가등기에 기한 본등기가 이루어진 점, 등기관이 위 본등기 후 이해관계인에게 직권말소 통지를 하자 대한민국 등은 이 사건 가등기가 담보 가등기라고 주장하며 소명자료를 제출하였으나, 대한민국이 체납처분한 국세에는 이 사건 각 부동산에 부과된 조세가 포함되어 있지 아니한 점을 알 수 있다. 이를 앞서의 법리에 비추어 보면, 위 가처분등기와 강제경매개시결정등기는 이 사건 가등기가 담보 가등기인지 여부와 관계없이 직권말소되어야 하고, 당해세가 아닌 국세의 경우 그 법정기일과 가등기일 사이의 선후에 따라 직권말소 여부가 결정되어야 할 것이다. 한편 △△시가 체납처분한 지방세에는 이 사건 각 부동산에 부과된 조세인 재산세가 포함되어 있음을 알 수 있다. 이를 앞서의 법리에 비추어 보면, 등기관은 △△시의 지방세 압류등기를 직권말소할 수 없다고 할 것이므로, 이 부분에 관한 원심의 판단은 정당하고, 거기에 등기관의 형식적 심사권 및 등기추정력, 가등기에 기한 본등기에 있어서의 중간 등기의 직권말소 여부에 관한 법리오해나 채증법칙 위반 · 심리미진 등으로 재판에 영향을 미친 헌법 · 법률 · 명령 또는 규칙의 위반이 없다.

☑ 쟁 점

소유권이전 청구권 보전을 위한 가등기가 행하여진 후에 국세나 지방세의 체납으로 인한 압류등기가 마쳐지고 그 후 가등기에 기한 본등기가 이루어진 경우, 등기관이 압류등기를 직권으로 말소하여야 하는가?

☑ 검토할 사항

- 소유권이전 청구권 보전을 위한 가등기가 담보가등기 인지 여부를 판단하기 위한 기준은 무엇인가?
- 소유권이전청구권 보전을 위한 가등기는 등기법상의 효력인 순위보전의 효력 등과의 관계에서 어떠한 효력을 인정할 수 있는가?
- 가등기가 담보가등기임이 증명된 경우 국세나 지방세의 법정기일에 관한 자료가 제출되면 등기관은 가등기담보권에 대하여 어느 범위까지 심사권을 행사할 수 있는가?

☑ 관련사례

- 가등기 이후 국세 압류등기가 경료된 사안에서 당해 가등기가 담보 가등기라는 점에 관하여 소명자료가 제출되어 담보 가등기인지의 여부가 다투어지는 경우, 당해 가등기가 담보 가등기인지 여부는 어떤 기준에 의하여 결정되어야 하는가? (대결 1998. 10. 7. 98마1333)
- 소유권이전 청구권 보전의 가등기 이후에 국세 · 지방세의 체납으로 인한 압류등기가 마쳐지고 위 가등기에 기한 본등기가 이루어지는 경우, 압류등기의 직권말소를 위한 등기관의 심사 범위 및 직권말소되는 등기의 범위는? (대결 2010. 4. 15. 2007마327)

4. 담보권의 시효소멸

판례

대판 2009. 11. 12. 2009다51028

[사안] 甲(원고)은 을(피고)에 대하여 1982. 12. 31.까지 이 사건 목재대금 1,130만 원을 지급받기로 한바, 그 담보 목적으로 乙 소유이던 이 사건 부동산에 관하여 甲 명의로 소유권이전청구권의 가등기가 경료되었다. 그러나 乙이 甲에게 이 사건 목재대금을 지급하지 못하게 되자 1982. 12. 31.경 甲에게 이 사건 부동산을 인도하고, 목재대금 채권의 이자 또는 지연손해금의 지급에 갈음하여 甲으로 하여금 이 사건 아파트를 사용·수익할 수 있도록 하였다. 甲은 이 사건 주위적 청구원인으로, 이 사건 부동산에 관하여 위 가등기에 기하여 소유권이전의 본등기절차 이행을 청구하였다.

[원심] 원심은, 원고 명의 담보가등기의 피담보채권인 이 사건 목재대금 채권은 1982. 12. 31. 변제기에 도달하였고 그로부터 10년이 경과한 1993. 1. 1. 시효의 완성으로 소멸하였으므로 위 가등기 역시 원인무효가 되어 이에 기한 소유권이전의 본등기절차 이행을 구할 수 없다고 보아 원고의 이 사건 주위적 청구를 배척하였다.

[판지] 담보가등기를 경료한 부동산을 인도받아 점유하더라도 담보가등기의 피담보채권의 소멸시효가 중단되는 것은 아니지만, 채무의 일부를 변제하는 경우에는 채무 전부에 관하여 시효중단의 효력이 발생하는 것이므로, 채무자가 채권자에게 담보가등기를 경료하고 부동산을 인도하여 준 다음 피담보채권에 대한 이자 또는 지연손해금의 지급에 갈음하여 채권자로 하여금 부동산을 사용·수익할 수 있도록 한 경우라면 채권자가 부동산을 사용·수익하는 동안에는 채무자가 계속하여 이자 또는 지연손해금을 채권자에게 변제하고 있는 것으로 볼 수 있으므로 피담보채권의 소멸시효가 중단된다고 보아야 한다.

앞서 본 법리와 원심이 인정한 사실관계에 따르면, 乙은 이 사건 목재대금 채권의 이자 또는 지연손해금 지급에 갈음하여 甲에게 이 사건 부동산을 인도하고 사용·수익할 수 있도록 하였는바, 甲이 乙의 동의를 얻어 이 사건 부동산을 사용·수익하고 있는 동안에는 乙이 계속하여 이 사건 목재대금 채권의 일부를 변제하고 있는 것으로 볼 수 있으므로 그 기간 동안에는 피담보채권의 소멸시효가 중단된다고 볼 여지가 충분하다. 그럼에도 불구하고 이 사건 담보가등기의 피담보채권이 시효로 소멸하였다고 속단한 원심판결에는 소멸시효에 관한 법리오해 또는 심리미진으로 판결에 영향을 미친 위법이 있다.

☑ 쟁 점

채무자가 채권자에게 담보가등기를 경료하고 부동산을 인도하여 준 다음 피담보채권에 대한 이자 또는 지연손해금의 지급에 갈음하여 채권자로 하여금 부동산을 사용·수익할 수 있도록 한 경우, 피담보채권의 소멸시효가 중단되는지가 문제된 것이다.

☑ 검토할 사항

- 담보가등기에 의하여 담보되는 채권은 어떤 기준에 의하여 정하여지는가?
- 피담보채권의 범위를 결정하기 위한 당사자의 합의에 대한 의사해석방법
- 피담보채권이 시효로 소멸한 경우 담보가등기도 말소되어야 하는가?

☑ 관련사례

- 담보가등기를 경료한 토지를 인도받아 점유하는 경우 담보가등기의 피담보채권의 소멸시효가 중단되는가? 담보가등기의 피담보채권이 시효로 소멸하면 대상 토지의 소유권이전등기청구권의 소멸시효 중단 여부와 관계없이 담보가등기와 그에 기한 소유권이전등기가 말소되어야 하는가? (대판 2007. 3. 15. 2006다12701)

제 3 항 양도담보

1. 의 의

판례

대판 2005. 7. 15. 2003다46963

[사안] 이 사건 토지는 원래 A의 소유였는데, A는 乙(피고)로부터 1981. 12.경 5,000만 원, 1982. 3. 18. 8,000만 원을 각 이자는 월 2%로 정하여 차용하고, 그

담보로 이 사건 토지에 관하여 1982. 3. 22. 乙 앞으로 소유권이전청구권가등기(이하 '이 사건 가등기'라 한다)를 경료하였다. 甲(원고 회사)은 1982. 3. 25. A로부터 이 사건 토지를 매수하면서 채권자인 乙의 승낙하에 이 사건 가등기의 피담보채무도 중첩적으로 인수하였고, 같은 날 이 사건 토지에 관하여 그 앞으로 소유권이전등기를 경료하였다. 그런데 甲이 이 사건 가등기 채무를 인수한 후 그 원리금 채무를 변제하지 아니하자, 乙은 A를 상대로 이 사건 가등기에 기한 본등기절차이행청구를 하여 1983. 12. 22. 승소판결을 받았고, 그 후에는 甲과 A를 공동피고로 하여 위 대여원금 1억 3천만 원에 그 간의 연체이자를 합한 1억 4,170만 원 및 이에 대한 지연손해금을 지급하라는 대여금청구의 소를 제기하여 1985. 4. 9. "피고들(이 사건의 甲 및 A)은 연대하여 원고(이 사건의 乙)에게 1억 4,170만 원 및 이에 대한 1982. 8. 1.부터 1985. 3. 27.까지는 연 24%, 그 다음날부터 완제일까지는 연 25%의 각 비율로 계산한 돈을 지급하라"는 판결을 선고받았고, 그 판결은 1985. 5. 8. 확정되었다. 乙은 이 사건 가등기에 기한 본등기절차이행청구소송의 승소판결에 의하여 1987. 8. 4. 이 사건 토지에 관하여 그 명의의 소유권이전본등기(이하 '이 사건 본등기'라 한다)를 마쳤다. 본등기를 경료하고 9년여가 경과한 후 甲은 乙을 상대로 소유권이전등기청구권의 보전의 가등기 및 본등기의 말소를 청구하였다.

[원심] 원심은, 이 사건 가등기 및 그에 기한 이 사건 본등기는 담보의 목적으로 경료된 것이므로 비록 채무의 변제기가 도과하였다 하더라도 채권자가 담보권을 실행하여 정산절차를 마치기 전에는 채무자인 甲은 언제든지 채무를 변제하고 채권자에게 위 각 등기의 말소를 청구할 수 있다고 할 것이니, 乙은 甲으로부터 위 가등기채무의 원리금을 변제 받은 후 이 사건 가등기 및 이 사건 본등기의 각 말소등기절차를 이행할 의무가 있다고 판단하고, 나아가 이 사건 본등기는 대물변제 또는 정산절차를 배제한 특약에 기한 것이어서 이로써 이 사건 토지의 소유권은 확정적으로 乙에게 귀속되었다는 乙의 주장에 대하여는, 그 판시와 같은 이유로 이를 배척하였다.

[판지] 가등기담보 등에 관한 법률이 시행되기 전에 채권자가 채권담보의 목적으로 부동산에 가등기를 경료하였다가 그 후 변제기까지 변제를 받지 못하게 되어 위 가등기에 기한 소유권이전의 본등기를 경료한 경우에는 당사자들 사이에 채무자가 변제기에 피담보채무를 변제하지 아니하면 채권채무관계는 소멸하고

부동산의 소유권이 확정적으로 채권자에게 귀속된다는 명시의 특약이 없는 한, 그 본등기도 채권담보의 목적으로 경료된 것으로서 정산절차를 예정하고 있는 이른바 '약한 의미의 양도담보'가 된 것으로 보아야 한다.

그리고 가등기담보 등에 관한 법률이 시행되기 전에 성립한 약한 의미의 양도담보에서는 채무의 변제기가 도과된 이후라 할지라도 채권자가 그 담보권을 실행하여 정산을 하기 전에는 채무자는 언제든지 채무를 변제하고 그 채무담보 목적의 가등기 및 가등기에 기한 본등기의 말소를 구할 수 있는 것이고, 한편 약한 의미의 양도담보가 이루어진 경우 부동산이 귀속정산의 방법으로 담보권이 실행되어 그 소유권이 채권자에게 확정적으로 이전되었다고 인정하려면 채권자가 가등기에 기하여 본등기를 경료하였다는 사실만으로는 부족하고 담보 부동산을 적정한 가격으로 평가한 후 그 대금으로써 피담보채권의 원리금에 충당하고 나머지 금원을 반환하거나 평가 금액이 피담보채권액에 미달하는 경우에는 채무자에게 그와 같은 내용의 통지를 하는 등 정산절차를 마친 사실이 인정되어야 하므로, 양도담보권자가 본등기 이후 10여 년 동안이나 제세공과금을 납부하는 등 대외적으로 소유권을 행사해 오는 동안 양도담보설정자나 채무자가 정산절차의 이행을 촉구하거나 나아가 피담보채무의 변제를 조건으로 가등기 및 본등기의 말소를 요구하지 않았다고 하여, 이를 두고 묵시적 대물변제 또는 귀속정산이 이루어졌다고 할 수는 없고, 상고이유에서 들고 있는 그 밖의 사정만으로는 이 사건 토지에 관하여 묵시적 대물변제 또는 귀속정산이 이루어졌다고 할 수 없으므로, 원심이 이와 관련된 피고의 주장을 배척한 것은 정당하고, 거기에 채증법칙을 위반하여 묵시적 대물변제 또는 귀속정산에 관하여 사실을 오인하였거나 법리를 오해하는 등의 위법이 있다고 할 수 없다.

☑ 쟁　　점

가등기담보등에관한법률의 시행 전에 채권자가 채권담보의 목적으로 가등기를 경료하였다가 변제를 받지 못하여 가등기에 기한 본등기를 경료하였으나 정산절차를 거치지 않은 경우, 목적물의 소유권이 채권자에게 이전하는지가 문제된 것이다.

☑ 검토할 사항

- 양도담보를 설정하기 위한 합의에는 어떤 내용이 포함되어야 하는가?
- 당사자간에 양도담보 설정을 위한 명시적인 약정을 하지 않은 경우에도 양도담보

의 성립을 인정할 수 있는가, 그 경우 양도담보는 어떤 특성을 가지는가?
- '약한 의미의 양도담보'란 어떠한 양도담보를 일컫는 말인가?

☑ 관련사례

- 건축업자가 대지를 매수하고 그 대금의 담보를 위하여 대지 소유자 명의로 건축허가를 받아 건물을 완성하여 타에 분양한 후 대지 소유자 명의로 건물에 대한 소유권보존등기가 경료된 경우 양도담보가 성립하였다고 할 수 있는가? (대판 2002. 7. 12. 2002다19254)
- 재산권 이전의 예약에 의한 가등기담보에 있어서 예약 당시 선순위 근저당권이 설정되어 있는 경우, '가등기담보 등에 관한 법률'이 적용되기 위한 요건은 무엇인가? (대판 2006. 8. 24. 2005다61140)
- 가등기담보 등에 관한 법률 제 3 조, 제 4 조에 위반하여 이루어진 본등기는 효력이 인정되는가? 채권담보조로 소유권이전등기가 경료된 양도담보의 경우 본등기를 경료한 후에 위 조항에 정한 정산절차를 마치면 무효인 등기가 실체적 법률관계에 부합하는 유효한 등기로 되는가? (대판 2007. 12. 13. 2007다49595)
- 채권자가 채권담보의 목적으로 가등기를 하였다가 변제를 받지 못하여 가등기에 기한 소유권이전의 본등기를 경료한 경우 이른바 약한 의미의 양도담보가 된 것으로 볼 수 있는가? (대판 1992. 1. 21. 91다35175)
- 채권자가 채권담보의 목적으로 가등기를 경료하였다가 채권을 변제받지 못하여 가등기에 기한 본등기를 경료하였으나 채권자와 채무자 사이에 채무자가 채무를 변제하지 못하여 채권자가 가등기에 기한 본등기를 마칠 경우 채권자가 채무자의 근저당권자에 대한 채무를 인수하기로 약정한 경우, 위 본등기는 약한 의미의 양도담보에 해당하는가? (대판 1998. 6. 23. 97다1495)
- 점유개정의 방법으로 동산에 대한 이중의 양도담보설정계약이 체결된 경우, 뒤에 설정계약을 체결한 후순위 채권자가 양도담보권을 취득할 수 있는가? (대판 2005. 2. 18. 2004다37430)

☑ 기타의 쟁점

- 양도담보권자와 양도담보권설정자 사이에 청산절차가 행하여지지 않은 경우, 당사자 사이의 법률관계는?
- 양도담보권의 실행을 위한 정산절차를 거치지 않은 경우, 채무자는 기간의 제한 없이 채무를 변제하고 목적물의 반환을 청구할 수 있는가? 이 경우 채무자의 권리행사에 대하여 실효의 법리가 적용될 수 있는가?

☑ 참고문헌

- 김숙자, 최근의 가등기담보에 관한 판례 고찰, 명지법학 6호, 25-42면, 2007.
- 강윤구, 가. 합명회사의 청산중에 사원의 퇴사가 허용되는지 여부(소극), 나. 가등기담보 등에 관한 법률이 시행되기 전에 채권자가 채권담보의 목적으로 부동산에 가등기를 마쳤다가 그 후 변제기까지 변제를 받지 못하게, 대법원판례해설 57호, 177-204면, 2006.

2. 양도담보의 효력

판례

대판 2004. 10. 28. 2003다30463

[사안] 甲(원고)은 1997. 4. 2. 양돈업을 하는 주식회사 A와의 사이에 1997. 3. 25.자 대여금 10억 원의 채권담보를 위하여 A 돼지 사육 농장에서 사육중인 그 소유의 돼지 10,000마리를 점유개정의 방법으로 양도받고, 이에 부가하여 A가 위 금전채무를 이행하지 않을 경우에는 즉시 강제집행을 하여도 이의가 없음을 인낙하는 취지의 양도담보부 금전소비대차계약을 체결하고 이에 관한 공정증서를 작성하였다. 乙(피고)은 1997. 10. 11. A와의 사이에 10억 원을 A에 투자하여 그 주식 50%를 양수하고, 당시 대표이사이던 B와 乙이 공동대표이사로 취임하기로 하는 내용의 동업계약 및 주식양도계약을 체결하고, 같은 날 계약금 2억 원을, 같은 달 20. 중도금 3억 원을 각 지급한 후, 같은 달 25. A의 공동대표이사로 취임하였다가, 1997. 11. 4. 위 동업계약을 해제하고 공동대표이사직을 사임한 후, 위 투자금 5억 원 반환채권의 담보를 위하여, 같은 달 5. A 소유의 부동산들에 관하여 채권최고액을 5억 원으로 하는 4순위의 근저당권설정등기를 경료받음과 아울러, 같은 달 6. A 소유의 전체 돼지 약 8,000 내지 9,000마리 중 구체적으로 특정하지 아니한 5,000마리에 관하여 매매일자를 1997. 10. 11.로 소급하여 5억 원에 매수한다는 내용의 매매계약을 체결하고, 위 매매계약에 관한 인증서를 작성하였다. A의 대표이사 B는 A가 1997. 11. 6. 금융기관으로부터 불량거래자로 등록되고 같은 달 10. 부도로 인해 사료공급을 받을 수 없게 됨에 따라 더 이상 돼지 사육이 곤란하여 돼지들의 폐사가 우려되고 다른 채권자들의 강제집행이 예상되자, 같은 달 14. 乙과의 사이에 乙이 위 농장에 있는 돼지 전부를 사육하

여 그 수익으로 乙에 대한 채무를 정산하기로 합의한 후 같은 달 16. 乙에게 담보로 제공한 돼지 5,000마리를 포함하여 위 농장에 있는 돼지 전부를 乙에게 인도하였고, 같은 날 乙은 A로부터 위 농장의 축사를 임차하고, 'C'라는 상호로 사업자등록을 한 후 위 농장에서 돼지들을 사육하여 왔다. 甲이 1997. 11. 26. 집행력 있는 이 사건 공정증서 정본에 기하여 금 650,000,000원을 청구금액으로 하여 위 농장에서 당시 사육되고 있던 돼지들 합계 7,219마리(웅돈 17마리, 모돈 872마리, 자돈 2,944마리, 비육돈 및 육성돈 3,386마리) 중 2,721마리(모돈 847마리와 생후 110 내지 145일된 육성돈 1,874마리, 이하 '이 사건 돼지들'이라 한다)에 관하여 압류하였다(이하 '이 사건 강제집행'이라 한다). 그런데 乙은 1997. 12. 9. 甲을 상대로 제 3 자이의의 소를 제기하면서 이 사건 돼지들에 대한 집행관의 인도 요구를 거부하고 같은 법원에 강제집행정지신청을 하였고, 이에 같은 법원은 1997. 12. 12. 위 제 3 자이의의 소의 본안판결 선고시까지 이 사건 강제집행의 정지를 명하는 결정을 하였다. 위 소송의 제 1 심에서는 2000. 1. 14. 乙(제 3 자이의의 소의 원고) 전부 패소판결이 선고되었고, 이에 乙은 같은 법원에 다시 강제집행정지신청을 하여 2000. 2. 10. 같은 법원으로부터 보증금 2억 원을 공탁하는 조건으로 위 제 3 자이의의 소의 본안판결 확정시까지 이 사건 강제집행의 정지를 명하는 결정이 내려졌고, 乙은 같은 날 위 보증금 전액을 공탁하였다. 위 소송의 항소심에서는 2001. 2. 1. '이 사건 돼지들 중 육성돈 1,874마리는 이 사건 공정증서가 작성된 1997. 4. 2. 이후에 출생한 돼지들임이 명백하여 이 사건 공정증서에 의하여 甲에 양도담보로 제공된 돼지가 아니므로 이에 관하여는 乙이 양도담보권자로서 대외적으로 소유권을 행사할 수 있다'는 취지로 乙 일부 승소의 판결이 내려졌고, 이에 甲이 상고하였다가 이를 취하함에 따라 위 항소심판결은 2001. 2. 22. 확정되었다. 乙은 이 사건 강제집행이 정지된 상태로 집행이 지연되자, 위 압류집행 이후 2000. 3.경까지 수회에 걸쳐 이 사건 돼지들을 모두 임의로 처분하였다.

[원심] 원심은, 인정사실에 의하면, 이 사건 돼지들 중 위 압류 당시 생후 110 내지 145일로서 그 출생일을 압류집행일인 1997. 11. 26.로부터 역수로 계산하여 이 사건 공정증서가 작성된 1997. 4. 2. 이후에 출생한 돼지임이 명백한 육성돈은 이 사건 공정증서에 의해 甲에게 양도담보로 제공된 돼지가 아니므로 이를 제외한 나머지 모돈 847마리에 관하여는 甲의 위 대여금 중 미변제 금액의 반환채권

을 담보하기 위한 양도담보의 효력이 미친다고 판단하였다.

[판지] 금전채무를 담보하기 위하여 채무자가 그 소유의 동산을 채권자에게 양도하되 점유개정에 의하여 채무자가 이를 계속 점유하기로 한 경우 특별한 사정이 없는 한 동산의 소유권은 신탁적으로 이전됨에 불과하여 채권자와 채무자 사이의 대내적 관계에서 채무자는 의연히 소유권을 보유하나 대외적인 관계에 있어서 채무자는 동산의 소유권을 이미 채권자에게 양도한 무권리자가 되는 것이어서 다시 다른 채권자와의 사이에 양도담보 설정계약을 체결하고 점유개정의 방법으로 인도를 하더라도 선의취득이 인정되지 않는 한 나중에 설정계약을 체결한 채권자는 양도담보권을 취득할 수 없는데, 현실의 인도가 아닌 점유개정으로는 선의취득이 인정되지 아니하므로, 결국 뒤의 채권자는 양도담보권을 취득할 수 없다 할 것이다. 원심이 적법하게 확정한 사실 및 기록에 의하면, D 주식회사는 A와의 사이에 1996. 7. 25. D의 A에 대한 사료대금채권의 담보를 위하여 D가 A로부터 위 농장에 있는 A 소유의 돼지들 중 모돈 1,000마리를 포함하여 3,087마리를 4억 원에 매수하고, A는 1996. 7. 31.까지 위 돼지들의 소유권을 D에게 이전한다는 내용의 매매계약서를 작성하고, 1996. 8. 23. 위 매매계약서에 관한 공정증서를 작성하였으며, 그 후 1997. 11. 26. 서울지방법원 동부지원 97카단20319호 유체동산가압류결정정본에 기하여 이 사건 돼지들을 가압류하였고, 한편 주식회사 E는 A와 사이에 1996. 7. 27. 사료대금 5천만 원의 채권담보를 위하여 위 농장에 있는 A 소유의 돼지들 중 모돈 800마리에 관하여 목적물이 증감·변경되어도 동종의 목적물이 당연히 담보목적물이 되는 것으로 약정하여 이를 점유개정의 방법으로 양도받고, 이에 부가하여 A가 위 금전채무의 불이행시에는 즉시 강제집행을 하여도 이의가 없음을 인낙하는 취지의 양도담보부 채무변제계약을 체결하고 이에 관한 공정증서를 작성하였고, 또한 1997. 9. 19. 사료대금 5천만 원의 채권담보를 위하여 같은 돼지들 중 비육돈 5,000마리를 집합물로 양도받고, 같은 취지의 양도담보부 채무변제계약을 체결하고 이에 관한 공정증서를 작성하였으며, E는 甲의 이 사건 강제집행에 앞서 1997. 11. 13. 위 각 집행력 있는 공정증서 정본에 기하여 위 각 채권합계금 1억 원을 청구금액으로 하여 이 사건 돼지들을 압류하였다. 그리고 위 농장에서 사육되는 모돈은 1,800마리를 넘지 않는다. 이에 의하면, D 또는 E가 적어도 이 사건 돼지들 중 모돈 847마리 전부 또는 각 일부씩에 관한 양도담보권을 취득하였을 개연성이 충분한 반면, 기

록상 甲이 위 모돈 847마리에 관한 양도담보권을 선의취득하였음을 인정할 아무런 자료도 없으므로, 甲이 이 사건 공정증서 작성 당시에 위 모돈 847마리에 관한 양도담보권을 취득하였다고 보기 어렵고, 나아가 그 후 D 또는 E의 위 모돈 847마리에 관한 양도담보권이 소멸하였다고 하여 그로써 양도담보권을 취득하지 못하였던 甲이 위 모돈 847마리에 관한 양도담보권을 당연히 새로 취득한다고 볼 수도 없다. 그럼에도 원심이 이와 견해를 달리하여 갑이 위 모돈 847마리에 관한 양도담보권을 취득하였다고 단정하여 이를 전제로 乙이 甲의 위 양도담보권을 침해하였다고 판단하였으니, 이는 필요한 심리를 다하지 아니하고, 동산의 이중양도담보에 있어서 후순위 양도담보약정자의 지위에 관한 법리를 오해하여 판결 결과에 영향을 미친 위법을 저지른 경우에 해당한다 할 것인바, 이 점을 지적하는 피고의 상고이유의 주장은 이유 있다.

☑ 쟁 점

점유개정의 방법으로 동산에 대한 이중의 양도담보 설정계약이 체결된 경우, 뒤에 설정계약을 체결한 후순위 채권자가 양도담보권을 취득할 수 있는가?

☑ 검토할 사항

- 동산에 관한 양도담보를 설정하기 위한 요건은 무엇인가.
- 질권의 경우와는 달리 점유개정의 방법에 의하여 양도담보를 설정하는 것은 가능한가?
- 담보의 대상이 되는 동산은 어떤 기준에 의하여 특정할 수 있는가?

☑ 관련사례

- 특정 돈사에서 대량으로 사육되는 돼지를 집합물에 대한 양도담보의 목적물로 삼은 다음 새로이 자금을 투입하여 구입한 돼지를 위 양도담보로 제공된 돼지가 사육되는 돈사에 합사하여 함께 사육한 경우, 새로운 자금을 투입하여 구입한 돼지에도 양도담보의 효력이 미치는가? 새로 구입한 양도담보의 효력이 미치지 않는다면 양도담보의 효력이 미치는 돼지의 존재와 그 범위에 관한 입증책임은 누가 지는가? (대판 2004. 11. 12. 2004다22858)
- 동일한 동산에 대하여 점유개정의 방법으로 이중으로 양도담보설정계약이 체결된 경우, 나중에 양도담보설정계약을 체결한 채권자는 양도담보권을 취득할 수 있는가? (대판 2005. 2. 18. 2004다37430; 대판 2007. 2. 22. 2006도8649)
- 집행증서를 소지한 동산양도담보권자는 양도담보권설정자의 일반채권자가 신청한

강제집행의 배제를 구할 수 있는가? 또한 이에 의하지 아니하고 이중 압류의 방법으로 배당절차에 참가하여 양도담보권설정자의 일반채권자에 우선하여 배당을 받을 수도 있는가? (대판 2004. 12. 24. 2004다45943)

- 차용금채무의 담보를 위한 양도담보계약이 체결되었으나 그에 따른 소유권이전등기가 경료되지 않은 경우, 가등기담보 등에 관한 법률 소정의 청산절차가 없었음을 이유로 소유권이전등기를 거절할 수 있는가? (대판 1996. 11. 15. 96다31116)
- 양도담보의 채무자가 양도담보권자에 대하여 민법 제360조 단서에 따른 피담보채권의 제한을 주장할 수 있는가? (대판 1992. 5. 12. 90다8855)

☑ 참고문헌

- 김재형, 2004년 물권법 판례의 동향, 사법행정 46권 3호(2005. 3), 9-20면.
- 이채문, 동산에 관한 이중 양도담보의 효력, 판례연구(부산판례연구회) 17집, 133-176면, 2006.

3. 목적물의 이용관계

판례

대판 2008. 2. 28. 2007다37394,37400 ··································

[사안] A는 2002. 10.경 D교회의 지교회인 甲(원고 및 반소피고) 교회를 설립하기로 하고, 교회당으로 사용할 건물을 물색하던 중, 같은 해 12. 17. B의 대리인인 C로부터 △△시 5층 건물의 4층 406호를 분양받았다. A는 분양대금의 잔금 등을 마련하기 위하여 乙(피고 및 반소원고)로부터 변제기나 이자의 약정 없이 약 6,000만 원을 차용하고 이에 대한 담보조로 2003. 4. 9. 이 사건 건물에 관하여 乙 명의로 소유권이전등기를 경료하였다. 甲은 2003. 3. 중순 이 사건 건물에 입주하여 같은 달 23. 개척예배를 올렸으며, 2004. 4. 4. 교회 정관을 만들고 같은 날 교회 정관에 대한 승인 및 교회 대표자 선임에 관한 결의를 하여 A를 대표자로 선임하고, 현재까지 이 사건 건물을 교회당으로 점유·사용하고 있다. 갑은 을에 대하여 소유권이전등기의 말소를 청구하였고 이에 대하여 을은 반소로서 갑에 대하여 건물의 인도와 그동안의 건물 사용에 대하여 사용이익 상당의 부당이득금의 반환을 청구하였다.

[원심] 원심은, 교회는 비법인 사단으로서 특별한 사정이 없는 한 사단법인에 관한 규정이나 설립중의 회사에 관한 법리가 유추적용되고, 설립중의 교회의 대

표자가 설립중의 교회 명의로 법률행위를 하면, 설립중의 교회 명의로 취득한 권리의무는 설립중의 교회에 총유의 형식으로 귀속하였다가 성립 후의 교회에 별도의 이전행위 없이 귀속하게 된다고 전제한 후, A는 甲을 대표하여 이 사건 분양계약을 체결한 것이고, 그 당시 甲이 설립중의 교회였음은 명백하다 할 것이어서 A가 설립중의 교회를 대표하여 이 사건 분양계약을 체결한 계약상의 지위는 별도의 이전행위 없이 甲에게 귀속하며, 乙은 명의신탁자인 甲으로부터 그 등기명의만을 신탁받은 명의수탁자에 불과하다 할 것이고, 이러한 명의신탁약정과 그에 기한 등기는 부동산 실권리자명의 등기에 관한 법률에 의하여 무효로 되고 그 결과 명의신탁된 부동산은 매도인 소유로 복귀하므로, 명의신탁자는 매도인에 대한 소유권이전등기청구권을 보전하기 위하여 매도인을 대위하여 명의수탁자에게 무효인 그 명의 등기의 말소를 구할 수 있다 할 것이어서, 乙은 甲에게 이 사건 건물에 관한 乙 명의의 소유권이전등기의 말소등기절차를 이행할 의무가 있다고 판단하였다.

[판지] 대여금 채권의 담보를 위하여 부동산에 소유권이전등기를 경료한 양도담보권자는 가등기담보 등에 관한 법률 제 3 조 및 제 4 조에 정한 청산절차를 밟아야만 목적부동산의 소유권을 취득한다. 그리고 일반적으로 부동산을 채권담보의 목적으로 양도한 경우 특별한 사정이 없는 한 목적부동산에 대한 사용수익권은 채무자인 양도담보설정자에게 있는 것이므로, 양도담보권자는 사용수익할 수 있는 정당한 권한이 있는 채무자나 채무자로부터 그 사용수익할 수 있는 권한을 승계한 자에 대하여는 사용수익을 하지 못한 것을 이유로 임료 상당의 손해배상이나 부당이득반환청구를 할 수 없다. 원심이 적법하게 인정한 사실관계에 의하면, 이 사건 건물에 관한 乙 명의의 소유권이전등기는 A에 대한 대여금 채권의 담보 목적으로 경료된 것이고, 한편 A는 甲의 교회당으로 사용하기 위하여 이 사건 건물을 분양받고 그 후 甲의 대표자로 선임되어 현재까지 이 사건 건물을 甲의 교회당으로 점유·사용하고 있음을 알 수 있어서 甲은 A로부터 적법하게 이 사건 건물을 인도받아 점유·사용하고 있다 할 것이므로, 양도담보권자인 乙이 가등기담보 등에 관한 법률이 정한 청산절차를 밟아 이 사건 건물의 소유권을 취득하였다고 볼 아무런 자료가 없는 이 사건에서, 乙은 甲에게 이 사건 건물의 소유권에 기하여 그 인도를 구하거나 사용이익 상당 부당이득의 반환을 구할 수는 없다 할 것이다. 원심이 같은 취지에서 乙의 반소 청구를 배척한 것은 옳

고, 거기에 상고이유의 주장과 같은 심리미진이나 법리오해 등의 위법이 있다고 할 수 없다.

☑ 쟁 점

부동산양도담보에 있어 목적부동산에 대한 소유권 또는 사용수익권은 누가 행사하는가가 문제된 것이다.

☑ 검토할 사항

- 양도담보의 목적물에 대한 소유권은 누구에게 귀속되는가? 이에 관한 학설의 대립을 검토하시오.
- 양도담보권자와 양도담보설정자는 목적물에 대하여 각각 어떠한 권리를 행사할 수 있는가?
- 양도담보권이 실행된 경우와 양도담보권이 소멸된 경우에 목적물의 소유권은 누구에게 귀속되는가?

☑ 관련사례

- 동산에 대하여 양도담보권설정계약이 이루어진 경우에 양도담보권자는 양도담보권설정자를 제외한 제 3 자에 대한 관계에 있어서는 자신이 그 동산의 소유자임을 주장하여 권리를 행사할 수 있는가? (대판 1999. 9. 7. 98다47283)
- 부동산의 양도담보권설정자가 그 부동산에 대한 불법점유의 배제를 청구할 수 있는가? (대판 1988. 4. 25. 87다카2696,2697)
- 양도담보권의 피담보채권이 소멸한 경우, 파산자에게 양도담보권을 설정해 준 자가 파산법 제79조에 의하여 환취권을 행사할 수 있는가? (대판 2004. 4. 28. 2003다61542)

☑ 기타의 쟁점

- 채무의 변제를 담보하기 위하여 채권자가 부동산에 관한 물권을 이전받는 경우는 부동산 실권리자명의 등기에 관한 법률 제 4 조 소정의 무효로 되는 명의신탁약정에 해당하는가?

판례색인

저자약력(가나다 순)

강봉석
서울대 법대 졸업
법학박사(독일 Göttingen대)
(현) 홍익대학교 법과대학 교수

권대우
서울대 법대 졸업
법학박사(독일 Bonn대)
(현) 한양대학교 법학전문대학원 교수

김학동
서울대 법대 졸업
법학박사(서울대)
(현) 서울시립대학교 법학전문대학원 교수

김형석
서울대 법대 졸업
법학박사(독일 Trier대)
(현) 서울대학교 법과대학/법학대학원 교수

박인환
연세대 법대 졸업
법학박사(서울대)
(현) 인하대학교 법학전문대학원 교수

송호영
경북대 법대 졸업
법학박사(독일 Osnabrück대)
(현) 한양대학교 법학전문대학원 교수

엄동섭
서울대 법대 졸업
법학박사(서울대)
(현) 서강대학교 법학전문대학원 교수

오종근
서울대 법대 졸업
법학박사(서울대)
(현) 이화여자대학교 법학전문대학원 교수

이상욱
영남대 졸업
법학박사(경북대)
(현) 영남대학교 법학전문대학원 교수

이은희
서울대 법대 졸업
법학박사(서울대)
(현) 충북대학교 법학전문대학원 교수

이준현
연세대 법대 졸업
법학박사(독일 Freiburg대)
(현) 서강대학교 법학전문대학원 교수

임성권
서울대 법대 졸업
(현) 인하대학교 법학전문대학원 교수

전경근
서울대 법대 졸업
법학박사(서울대)
(현) 아주대학교 법학전문대학원 교수

정소민
서울대 법대 졸업
변호사
(현) 한국외국어대학교 법학전문대학원 교수

로스쿨 물권법

2011년 8월 25일 초판인쇄
2011년 9월 5일 초판발행

공저자 김학동 외
발행인 안 종 만
발행처 (주)박영사
서울특별시 종로구 평동 13-31번지
전화 (733) 6771 FAX (736) 4818
등록 1959. 3. 11. 제300-1959-1호(倫)

www.pakyoungsa.co.kr e-mail: pys@pakyoungsa.co.kr

정 가 29,000원 ISBN 978-89-6454-752-6